新 利 益 法 学 丛 书

新利益法学

部门法的方法论基础

（第1册）

梁上上　主编

NEW JURISPRUDENCE OF INTERESTS

The Methodological Application in Branches of Law

法律出版社
LAW PRESS·CHINA
北京

图书在版编目（CIP）数据

新利益法学：部门法的方法论基础. 第1册 / 梁上上主编. -- 北京：法律出版社，2024. --（新利益法学丛书）. -- ISBN 978-7-5197-9708-9

Ⅰ. D912.5

中国国家版本馆 CIP 数据核字第 2024MA3537 号

新利益法学：部门法的方法论基础（第1册）
XIN LIYI FAXUE：BUMENFA DE FANGFALUN JICHU（DI-YI CE）

梁上上　主编

策划编辑　似　玉
责任编辑　似　玉
装帧设计　汪奇峰

出版发行 法律出版社
编辑统筹 法律应用出版分社
责任校对 李　军
责任印制 刘晓伟
经　　销 新华书店

开本 710 毫米×1000 毫米　1/16
印张 24.25　**字数** 326 千
版本 2024 年 12 月第 1 版
印次 2024 年 12 月第 1 次印刷
印刷 永清县金鑫印刷有限公司

地址：北京市丰台区莲花池西里 7 号（100073）
网址：www.lawpress.com.cn
投稿邮箱：info@lawpress.com.cn
举报盗版邮箱：jbwq@lawpress.com.cn

销售电话：010-83938349
客服电话：010-83938350
咨询电话：010-63939796

书号：ISBN 978-7-5197-9708-9　**定价**：98.00 元

凡购买本社图书，如有印装错误，我社负责退换。电话：010-83938349

序

在中国社会科学院研究生院攻读硕士学位时，本人就对利益衡量的相关理论产生了浓厚的兴趣，并开始了持续性的研究，撰写了一系列论文，提出了一些原创性观点。最早发表的是《利益的层次结构与利益衡量的展开——兼评加藤一郎的利益衡量论》一文，①该文提出了新利益法学的基本理论框架。据中国知网2024年1月1日的数据，该文的被引用率居《法学研究》发表论文的第6位，在学术界与实务界都产生了广泛的影响。关于制度利益的研究，本人的《制度利益衡量的逻辑》一文发表于《中国法学》2012年第4期。该文于2014年12月获得了中国法学会第三届“中国法学优秀成果奖”一等奖，在社会上产生了很大影响。此外，本人还在《政法论坛》上陆续发表了《利益衡量的界碑》②《异质利益衡量的公度性难题及其求解——以法律适用为场域展开》③《公共利益与利益衡量》④等一系列文章，并在《法学》等刊物上发表了多篇案例分析文章。

在这些论文的基础上，经过不断地体系化，最后形成了专著《利益衡

① 梁上上：《利益的层次结构与利益衡量的展开——兼评加藤一郎的利益衡量论》，载《法学研究》2002年第1期。

② 梁上上：《利益衡量的界碑》，载《政法论坛》2006年第5期；梁上上：《利益衡量的界碑》，载《民商法学》2007年第1期。

③ 梁上上：《异质利益衡量的公度性难题及其求解——以法律适用为场域展开》，载《政法论坛》2014年第4期；梁上上：《异质利益衡量的公度性难题及其求解——以法律适用为场域展开》，载《法理学、法史学》2014年第10期。

④ 梁上上：《公共利益与利益衡量》，载《政法论坛》2016年第6期；梁上上：《公共利益与利益衡量》，载《社会科学文摘》2017年第1期。

量论》。《利益衡量论》第1版于2013年6月出版,2015年12月获得了第七届高等学校科学研究优秀成果奖(人文社会科学)三等奖。该书第2版于2016年9月出版,2017年12月获得了第一届"方德法治研究奖"一等奖。该书第1版与第2版都曾多次重印,获得图书市场的广泛认可。该书第3版于2021年7月出版。虽然已经是该书的第3版了,但其销售量依然火爆,不到3年的时间就已经4次重印,似乎有一些将严肃的学术书变成畅销书的味道了。

在这一系列研究成果中,本人系统地提出了利益的层次结构理论,将疑难案件中的利益解析为当事人利益、群体利益、制度利益与社会公共利益等不同层次的利益。这种层次结构要求法官在判案过程中遵循这样一种衡量过程:以当事人的具体利益为起点,在社会公共利益的基础上,联系群体利益和制度利益,特别是对制度利益进行综合衡量后,得出妥当的结论,即对当事人的利益是否需要加以保护。本人主张的利益衡量论不同于以前学说的根本特征在于,是以利益的层次结构为基础而展开的利益衡量。为此,有的学者以结构论来描述它。同时,在这一理论中居于核心地位的是制度利益,是沿着当事人利益、群体利益、制度利益与公共利益的路径,对这些不同利益进行匹配性衡量的。所以,有的学者以制度论来概括它。不管是以结构论描述还是以制度论来概括,都称为"新利益法学"。

新利益法学在理论界与实务界都产生了重要影响,不同学科不同领域的论文都在大量引用。新利益法学理论与方法的提出已经20多年了,也已经来到驻足回望的阶段了。这些引用文章有什么特点?它们在不同的学科中分别扮演怎样的角色?呈现出怎样的面貌?蓦然回首,发现新利益法学成为一种常用的基本方法出现在不同的法学学科中。为此,萌生了出版"新利益法学论文精选"的念头。新利益法学的理论体系中,制度利益居于核心地位。它是本人创造的一个词汇,具有标识性特征。为此,在北大法宝搜索论文时,将制度利益设置为关键词进行搜索。然后,通过逐篇阅读的方式,将把新利益法学方法作为论文的基本研究方法或者主要研究方法之一的作品挑选出来,再从这些作品中选取具有代表性的文章。本书一共选取了 12 篇论文,并命名为《新利益法学:部门法的方法论基础》。这些论文来自刑法、行政法、民商法、经济法、网络与信息法等不同的学科,分别发表于《法学研究》《法律科学》等不同的刊物。这些文章的作者既有来自清华大学、复旦大学、西南政法大学等高校的专家学者,也有来自法院系统的法官。感谢本书论文的各位作者,感谢引用新利益法学的理论与方法,感谢对本书编辑工作的支持,感谢对新利益法学理论的鼓励与支持。在此,我还要特别感谢引用与传播新利益法学理论的所有专家与学者,正是大家的支持才能使新利益法学满园春色。

梁上上

清华大学法学院

2024 年 3 月 5 日

目　录 / Contents

四、经济法学

五、网络与信息法学

Chapter 1 刑法学

法益衡量原理的教义学检讨

劳东燕*

目次

摘要:将法益衡量说当作违法阻却一般原理的做法存在重大疑问。这是结果无价值论将利益衡量混同于法益衡量所致。在实体层面,法益衡量原理在适用于正当防卫、紧急避险与被害人同意时,面临诸多体系上的矛盾。在方法论层面,法益衡量原理的缺陷在于未考虑制度利益与法治国的基础利益。方法论上的缺陷,使得法益衡量说的利益衡量观违反立法判断优先的设定,对解释者的主观性也缺乏必要制约,还易于忽视不同正当化事由在内在结构上的差异。违法性判断中的利益衡量,必须以制度利益为核心来展开;对制度利益的解读,则应超脱具体当事人

* 劳东燕,清华大学法学院教授。
本文原载于《中外法学》2016年第2期,第355~386页。

的利益,并以法治国的基础利益所彰显的价值为指导;对法治国的基础利益的核心部分不允许作相对化的处理。

关键词:利益衡量;法益衡量;结果无价值;违法性判断;正当化事由;实质论

法益衡量说是结果无价值论用以说明违法阻却的实质根据的理论。它与结果无价值论的理论立场之间,存在内在的逻辑关联。随着结果无价值论在我国学界的强势崛起以及对实务的有力渗透,法益衡量说已获得广泛的影响力;它甚至开始超越结果无价值论的阵营,脱离作为根基的结果无价值论而受到追捧。无论在学理上还是实务中,到处充斥着与法益衡量相关的话语。即使是结果无价值论阵营外的论者,也往往不自觉地运用法益衡量的原理,来解说正当防卫、紧急避险与被害人同意等事由的正当化根据与其成立要件。

正是在法益衡量说的支配之下,诸多为通说所主张的见解,比如偶然防卫的行为构成犯罪,为拯救多人生命而不得已牺牲一人生命的行为仍属违法,经被害妇女同意的拐卖行为不能阻却犯罪等,正受到严重的质疑。依据法益衡量说的逻辑,前述行为都将由于存在优越的法益或者欠缺值得保护的法益,而得出阻却违法(或构成要件)的结论。不可否认,有关前述行为的定性,立足于法益衡量的辩驳与论证看起来无懈可击,似乎提供了相当有力的体系化理由;相反,通说的见解则在说理上粗糙单薄,简直处于不堪一击的境地。围绕此类行为定性所产生的质疑,其症结在于,法益衡量说是否果真如支持者所设想的那样,足以承担起作为违法阻却的一般根据的重任?法益衡量说认为,在涉及利益冲突的场合,只需将冲突的法益纳入考量的范围,且其中的法益限定于涉案主体当下的现实法益,两相比较后便可对行为的违法性做出判断。然而,试图通过如此狭隘的"利益衡量",来"一刀切"地处理违法性判断的问题,其合理性未免让人生疑。基于法益衡量说在当前的广泛影响,无论是从理论推进还是从实务需求考虑,对其展开全面的审视与反思均有其必要性。本文的分析将表明,在前述行为的定性上,通说的见解在教义学层面存在充分的根据,真正有疑问的是将法益衡量说当作违法阻却的一般根据的做法。

本文的主旨不是要对结果无价值论展开批判。不过,鉴于法益衡量说与结果无价值论之间的内在关联,对法益衡量说的教义学检讨,势必波及结果无价值论,故客观上会起到批判的效果。尽管如此,本文关注的重心并非结果无价值论,也无意涉足于其与行为无价值论之间的立场之争。通过检讨法益衡量说在实体层面所面临的疑问与其在方法论上所存在的缺陷,本文真正关心的是利益衡量在刑法中的适用问题。法益衡量说不过是对利益衡量理论的不当理解的产物。利益衡量作为一种方法,与刑法体系的实质化之间存在千丝万缕的联系;在刑法理论日益实质化的今天,对利益衡量在刑法中的适用如何进行控制,以确保法的安定性价值,是一个极为重要的命题。

考虑到利益衡量与法益衡量之间的纠葛,而这种纠葛乃是源起于结果无价值论,本文第一部分首先论述我国的结果无价值论如何将利益衡量与法益衡量相混同,并对其法益观展开必要的考察。第二部分从实体层面入手,探讨法益衡量说作为违法阻却的一般原理,在适用于具体的正当化事由(也称违法阻却事由)时,会面临怎样的教义学疑问。第三部分意在揭示,法益衡量说背后的利益衡量观所存在的方法论缺陷。第四部分对作为方法的利益衡量在刑法中的适用进行定位,并试图提出一个体系性的框架来解决利益衡量的控制问题。

一、利益衡量与法益衡量的混同

耶林的目的论与利益概念,不仅在方法论上开启了由概念法学向利益法学的转折;[①]以李斯特的理论为主要媒介,刑法学的发展也深受其影响。[②] 耶林第一个提出,法律是调和个人和群体目标、平衡个人和群体利益的社会机制。[③] 此后,从利益冲突的角度界定违法性阶层,逐渐成为德国刑法理论的常规做法。相应地,对违法性的典型理解便是,"在违法性层面,人们探讨的是相对抗的个体利益或社会整体利益与个体需求之间产生冲突时,应该如何进行社会纠纷的处理"[④]。换言之,法适用层面对违法性的理解,要求以利益为思考基点,对法规范背后的各种冲突利益进行实质的比较与权衡。

所有的正当化事由都建立在利益衡量(Interessenabwägung)与必需性的原理基础之上。[⑤] 利益衡量理论表明的是这样的立场:在为维护更高价值的利益时,牺牲较低价值利益的行为是合法的。建立在利益衡量基础上的优越利益原理与利益欠缺原理,可谓正当化根据问题上最具影响力的学说。不同于一般的正当化事由,在同意的场合,既不涉及行为者与同意者之间的利益冲突,也不涉及行为的必需性。同意的这种结构性差异,促使梅茨格(Mezger)发展出正当化事由的复合体系;据此,在多数情形中正当化是根据优越利益原理,而在同意的场合则遵循利益欠缺原理。[⑥] 在德国刑法理论中,对优越利益的维护不允许与对较高位序的法益的保护相等同,因为在利益冲突的情形中,"利害的倾向"(die positiven und negativen Vorzugstendenzen)并非单独由所涉法益的抽象价值所决定也取决于许多进一步的因素。[⑦] 换言之,与利益法学中的利益

---

① 参见吴从周:《概念法学、利益法学与价值法学:探索一部民法方法论的演变史》,中国法制出版社2011年版,第168~170页。

② 参见[德]弗朗茨·维亚克尔:《近代私法史——以德意志的发展为观察重心》,陈爱娥、黄建辉译,上海三联书店2006年版,第555页。

③ 参见[爱尔兰]J. M. 凯利:《西方法律思想简史》,王笑红译,法律出版社2002年版,第281页。

④ [德]克劳斯·罗克辛:《刑事政策与刑法体系》(第2版),蔡桂生译,中国人民大学出版社2011年版,第21页。

⑤ Vgl. Roxin, Strafrecht Allgemeiner Teil, Band I, 4. Aufl. 2006, § 13 Rn. 22.

⑥ Vgl. Roxin, Strafrecht Allgemeiner Teil, Band I, 4. Aufl. 2006, § 13 Rn. 22.

⑦ Vgl. Schönke/Schröder, Strafgesetzbuch Kommentar, 28. Aufl. 2010, § 32 Rn. 7.

概念一样,[①]利益衡量中的利益被认为是一个宽泛的概念,包含在具体冲突情形中相互对立的所有价值,它并非由具体的法益来反映,而是由普遍的法原则来反映;因而,其衡量的对象范围超越冲突的法益,而应当包含"所有的利害倾向",包括行为对于法秩序整体的意义,以及维护最高法价值与普遍的法原则的共同体利益。[②] 由利益衡量入手来构建正当化的一般原理,以及对利益概念进行宽泛界定的做法,尽管受到某些学者的批判,[③]但并没有影响利益衡量理论在德国的主流地位。

从方法论的角度而言,利益衡量具有妥当性,它也并非结果无价值论所独有。行为无价值论将违法性的评价重心放在行为之上,本身便可谓是对所牵涉的各种利益进行审慎考量之后做出的价值选择。不过,与行为无价值论偏重于行为本身对规范的违反相比,结果无价值论对结果意义上的法益侵害的高度关注,使得利益衡量之于结果无价值论而言,不仅具有方法论上的意义,而且在实体层面发挥着至关重要的功能。在违法性的判断中,具有实体意义的法益衡量(Güterabwägung)的原理,被结果无价值论当作阻却违法的实质性根据。

利益衡量理论对行为效果的关注,恰好与结果无价值论的基本逻辑相契合。它的以结果为核心与思考起点的逻辑,决定其在违法性本质的问题上,也必然要围绕结果而展开。由于违法性涉及的是不同利益之间形成冲突时的评价,对结果无价值论而言,即便行为侵害法益也不构成违法的原理,只能是"依据社会生活实态的利益衡量"[④]。同时,由于犯

---

① 利益法学强调需在最广义的意义上使用利益的概念。其奠基者海克(Heck)明确提出,在使用利益的概念时,不要想成只是实体性利益。就像日常用法中说到人类的最高利益,或伦理与宗教利益一样,利益法学在使用这个术语时也是采取最宽泛的含义,包含人们认为的所有珍贵的东西,以及所有指导人们生活的观念。See Philipp Heck, *The Jurisprudence of Interests*, in M. Magdalena Schoch ed., The Jurisprudence of Interests, Harvard University Press, 1948, p. 33.

② Vgl. Renzikowski, Notstand und Notwehr, 1994, SS. 34, 37f.

③ Vgl. Renzikowski, Notstand und Notwehr, 1994, S. 35ff.

④ 付立庆:《日本刑法学中的行为无价值论与结果无价值论之争及中国的选择》,载《江苏行政学院学报》2013 年第 1 期。

罪的本质被认为是法益侵害,若要阻却行为的违法性,按其逻辑便必须消除其法益侵害性。因而,建立在利益衡量基础之上的优越利益原理与利益欠缺原理,很快便被日本的结果无价值论奉为圭臬;同时,基于法益概念在其违法论中的核心地位,日本学者在解读这种复合论时,往往下意识地以法益概念来替代其中的利益概念。可以说,对利益衡量与法益衡量不加区分,是日本结果无价值论的特点。[①] 受其影响,我国刑法理论也普遍这样看待利益衡量与法益衡量之间的关系。在我国相关论者的论证中,所谓的利益完全等同于法益,相应地,利益衡量的概念被认为可直接由法益衡量概念所替代。按张明楷教授的说法,在两种法益存在冲突的情况下,应当通过法益的衡量来判断行为正当与否;符合构成要件的行为,即使违反了某种规则,但只要保护了更为优越或者同等的法益,就成为正当化事由。[②] 简言之,从结果无价值论的立场出发,法益衡量原理构成违法阻却的实质根据。

一旦以法益衡量的概念取代利益衡量的原理,如何进行利益衡量的问题就变得简单:其一,既然此间的利益是指法益,则所谓的利益衡量,不过就是对不同的法益进行比较。其二,对此种法益必须做具体的界定,其指向的是涉案主体当下的现实的法益,而不包括与涉案主体无关的其他法益。与之相应,在违法性的判断中,如何进行利益衡量,往往就转变为对法益本身的价值排序问题。

由于不同主体的价值观念并不完全重合,人们会面临是按客观的一般人标准还是按法益主体的主观标准,来判断法益的价值排序的问题。一般人标准与法益主体标准,涉及的是社会整体的视角或法益主体的个人视角之间的分歧。比如,生命法益按一般人标准,会被认为在价值上高于人身自由的法益;不过,对于坚信"不自由,毋宁死"的自由斗士而

---

① 参见[日]山口厚:《刑法总论》(第2版),付立庆译,中国人民大学出版社2011年版,第105~106页;[日]西田典之:《日本刑法总论》(第2版),王昭武、刘明祥译,法律出版社2013年版,第113页。

② 参见张明楷:《行为功利主义违法观》,载《中国法学》2011年第5期。

言，自由的价值显然高于生命的价值。同时，就具体的个人而言，总是不可避免地存在高估自身法益价值，而低估他人法益之重要性的倾向。这意味着，至少在某些场合，是依照客观的一般人标准，还是采取法益主体的主观标准，在法益的价值位序判断上可能得出不同的结论。

对于拥护社会功利主义的结果无价值论而言，客观的一般人标准总是更受到青睐。它既简便可操作，又整齐划一，无须考虑个案的特殊情形，有助于确保法秩序的统一性。据此，在违法性判断中，原则上只要运用生命法益优于身体法益，身体法益优于财产法益的简单原理，便被认为足以完成对冲突利益的整个衡量过程。换言之，依据法益衡量的原理，与民法中复杂的利益衡量不同，刑法中的利益衡量，只要单纯比较当事各方主体的法益的客观价值大小就足矣。如果说民法中的利益衡量需要一套复杂的、综合的、法学家专属的技艺，那么，按法益衡量说的设想，在绝大多数的场合，刑法中的利益衡量犹如小学生都会做的算术。只要对冲突的两个法益的大小进行掂量，在一方法益高于另一方法益的场合，就应当说存在比该侵害法益更值得保护的利益，行为的法益侵害性被消除。[①] 西田甚至给出了更为简洁的公式：在保全法益（A）与侵害法益（B）之间存在 $B-A\geqslant 0$ 的关系时，从社会功利主义的角度，就可将该行为整体予以正当化。[②]

然而，在违法性的判断中，将利益衡量化约为法益衡量的做法，会面临一些明显的疑问。其一，仅仅着眼于冲突法益的客观价值，根本不能说明正当防卫的正当化根据，更不可能对正当防卫的成立要件做出合理的解释。其二，在冲突法益涉及同一法益主体的场合，单纯通过对法益的客观价值进行比较，也无法得出合理的结论。比如，在肾病患者明确拒绝的情况下，行为人为救助其性命而实施拘禁，强制在其身上连上透析设备做血液透析。对于此类行为，从法益客观价值的比较入手，势必

---

① 参见黎宏：《刑法总论问题思考》，中国人民大学出版社 2007 年版，第 355 页。

② 参见［日］西田典之：《日本刑法总论》（第 2 版），王昭武、刘明祥译，法律出版社 2013 年版，第 113 页。

得出行为阻却违法的结论,但法益衡量说的支持者往往也肯定行为的违法性。其三,法益客体的客观价值并不等于法益本身,抛开主体的处分自由来界定法益的内容,势必使法益概念成为僵化的存在,容易得出荒谬的结论。比如,在A基于B的请托而损毁后者之财物的场合,倘若将法益理解为财物的客观价值本身,必然得出A侵害B的财产法益之结论。

有的结果无价值论者意识到了这些疑问,所以试图对前述法益观做出调整。其调整意见可归纳为三个方面:①违法性判断中的法益衡量,并非以一般的、抽象的法益的价值序列为基准,而必须是根据相应法益的具体的保护价值来进行衡量。[①] ②在同一法益主体内部的"法益冲突"的场合,不能依照客观上的保护价值而进行"法益的衡量"的判断;既然属于法益主体内部的问题,且由于价值的内部序列只能根据法益主体的意思才能决定,故法益衡量的判断必须遵照法益主体的意思的基准而进行。[②] ③关于法益处分的"个人的自由",并非与法益不同的东西,而是法益本身的构成要素。[③] 简言之,相关的修正主要包括:一是以法益保护价值的比较来取代法益本身的比较;二是对同一法益主体内容的法益冲突,采取法益主体标准;三是将对法益的处分自由解读为法益概念内在的组成部分。

诚然,前述对通行的法益观所做的调整,有助于消除一些明显的逻辑矛盾,使其法益衡量说的适用在表面看来变得可接受。但是,这样的调整无法从根本上解决将利益衡量等同于法益衡量所带来的问题。至为明显的是,前述调整并没有改变结果无价值论在法益概念界定上自相

---

① 参见[日]山口厚:《刑法总论》(第2版),付立庆译,中国人民大学出版社2011年版,第145页。

② 参见[日]山口厚:《刑法总论》(第2版),付立庆译,中国人民大学出版社2011年版,第145页;[日]西田典之:《日本刑法总论》(第2版),王昭武、刘明祥译,法律出版社2013年版,第126页。

③ 参见[日]山口厚:《刑法总论》(第2版),付立庆译,中国人民大学出版社2011年版,第154页。

矛盾的现象。按结果无价值论的理解，违法性层面的法益仅指当下的、具体的法益，而刑法目的意义上的法益则还包含未然的、抽象的法益在内。对违法性层面的法益与刑法目的意义上的法益做不同的设定，必然使其法益概念难以保持内在的统一。

在违法性判断中，对具体境遇的强调，使得结果无价值论往往主张将法益理解为当下的、现实的法益。张明楷教授断然否定朝死人开枪行为的可罚性，便是立足于这样的法益观。按他的说法，“既然在此时、此地针对特定的死人开枪，不可能导致活人死亡，就应当否认其违法性”①。也是基于此，他对“即便是为了保护被害人的生命和尊严也不允许使用酷刑”的见解提出质疑，在他看来，为保护被害人的生命，不得已对加害者的身体施加痛苦，即使是由警察施加的，也因为保护了更为优越的利益而具备违法阻却事由。② 黎宏教授主张对偶然防卫不能实施防卫行为，同样是基于对涉案各方主体的现实法益进行比较衡量所得出的结论。③ 由于这样的法益概念存在外延过窄的弊端，无法适用于刑法目的意义上的法益；于是，相关论者不得不将未然的法益内容也悄然纳入其中。在行为人甲杀死被害人乙的场合，对行为人的处罚就不可能是为了保护涉案主体的具体的、现实的法益。结果无价值论者也不得不承认，在乙已被甲杀害的场合，对甲的处罚当然不是为了保护乙的生命，而是为了保护其他人的生命。④ 在此，其所谓的法益，已与当下的、具体的法益无关，指涉的是未然的、抽象的法益，即其他人的生命。

只是如此一来，人们在法益概念的问题上将面临一个两难困境：一方面，如果结果无价值论非要坚持，违法性判断中的法益侵害或危险，指的是针对特定对象的现实法益的侵害或危险，则势必造成法益概念的意

---

① 张明楷：《结果无价值论的法益观：与周光权教授商榷》，载《中外法学》2012 年第 1 期。

② 参见张明楷：《行为功利主义违法观》，载《中国法学》2011 年第 5 期。

③ 参见黎宏：《刑法学》，法律出版社 2012 年版，第 139 页。

④ 参见张明楷：《结果无价值论的法益观：与周光权教授商榷》，载《中外法学》2012 年第 1 期。

义分裂,因为刑法目的中的法益绝不可能仅局限于这样的内容。另一方面,倘若承认法益概念保持内在的意义统一有其必要,在内容上也包含未然的、抽象的法益,则其立足于法益衡量所做的诸多论证便不攻自破。结果无价值论认为,结果无价值论有一个简单的、基本的规则(保护法益),并且要将这种简单的、基本的规则贯彻到具体境遇中,即以当下特殊的具体境遇中对法益的保护作为行为的基本规则;因而,在具体的实际生活中,尤其是在冲突的境遇中,在与刑法相关联的意义上,人们只需要问"我的行为虽然符合构成要件,但能否最有效地保护法益"即可。[①]由于其所谓的"保护法益"明显是在刑法目的意义上而言,而此种法益概念必然包含未然的、抽象的法益,如此一来,从"最有效地保护法益"的考虑出发,在不能犯与偶然防卫等问题上势必得出相反的结论。以基于杀人意图而朝死人开枪的行为为例,只要承认所保护的法益也包含未然的法益按其所主张的规则,必将得出肯定开枪行为的可罚性才能最有效地保护法益的结论。无论如何,结果无价值论不能为了掩盖自身理论逻辑上的缺陷,在既遂犯中将法益解读为未然的法益,而在未遂犯中又将法益界定为当下、具体的法益。这种随意操控法益概念的做法,丝毫无助于证成结果无价值论或法益衡量说的合理性。

可以说,正是基于对法益概念的随意操控,法益才成为刑法理论中一个极为混乱的存在。

松宫孝明曾指出,在解释论中,如果陷入"法益万能主义"的话,会出现难以预料的弊害。[②] 结果无价值论期望借助法益的话语,来实现刑法学的封闭与完整。为拒绝其他的价值判断,其往往将价值冲突引入法益概念的内部。由此,在法益概念一致性的外表之下,掩藏了不同价值、实质原理之间冲突的暗流。诚如论者所言,把价值冲突隐含在法益概念内部的做法正是结果无价值论在核心层面存在的疑问。从本质上说,结果

---

① 参见张明楷:《行为功利主义违法观》,载《中国法学》2011 年第 5 期。

② 参见[日]松宫孝明:《"结果无价值论"与"行为无价值论"的意义对比》,张晓宁译,载《法律科学》2012 年第 3 期。

无价值论的法益概念是多种价值之间的内部妥协，这种含混的法益概念导致解释问题上的随意性，而这与结果无价值论理论的出发点是相悖的。[①] 结果无价值论与实质论的结合，便是以这样一种混合多种价值的法益概念为媒介。无怪乎一向以古典主义理论的继承者与发扬者自居的结果无价值论，在可罚性范围的限定上颇少建树。相反，借助于犹如变色龙一般的法益概念，结果无价值论在统合实质解释论之后，往往弃形式性的制约于不顾，极大地拓宽了刑事可罚性的范围。

总结我国结果无价值论的利益衡量观及相应的法益观，可发现几个特点：一是对利益概念与法益概念不加区分，将利益衡量完全等同于法益衡量。二是利益衡量的整个判断过程相当简单，原则上，只要完成对法益在价值位序上的定位，整个判断过程即告终结。三是违法性判断中所谓的法益，与刑法目的意义上的法益，在意义上并不保持统一。

二、法益衡量原理的实体性疑问

将法益衡量与利益衡量相等同的做法，乃肇始于结果无价值论。随着结果无价值论在我国影响力的日益扩大，国内其他论者乃至实务人员也经常将这两个概念混同使用。然而，将法益衡量与利益衡量相等同的见解，存在斟酌的余地。毕竟，无论是从内涵还是外延，利益的指涉都要比法益更为宽泛与丰富。由于利益衡量中需要考虑的对象不限于法益，也包括其他的因素，故经过法益衡量得出的判断未必与经过利益衡量得出的判断一致。通过利用含混的法益观，法益衡量论者得以在表面上实现论证上的自洽。然而，即便立足于这样的法益观，在利益冲突的场合，设想运用单纯的法益衡量原理，来“一刀切”地处理违法性的判断，也未

① 参见车剑锋：《“作为整体的法”与结果无价值论的法益概念》，载《武陵学刊》2013 年第 6 期。

免有些一厢情愿。一则,以法益保护价值的比较来取代法益本身的比较,诚然可对正当防卫的正当化根据做出说明;但是,如何判断法益保护价值的大小,并非法益衡量原理本身所能解决,而必须引入其他的实质性根据。二则,在具体进行法益衡量时,为什么时而采取一般人标准,时而又采取法益主体标准,法益衡量原理无法给出有说服力的解释。三则,将对法益的处分自由纳入法益范畴之下,在被害人同意的场合必然导致无冲突法益可予衡量;如此一来,又如何能够适用法益衡量的原理?

法益衡量原理将违法性层面复杂的价值判断,等同于所涉具体法益的大小比较。试图以如此简单的标准来“一刀切”地解决违法性判断的问题,一方面固然让人钦佩其勇气与胆略,另一方面也不禁对其所得出结论的妥当性表示担忧。下文试以正当防卫、紧急避险与被害人同意为例,来揭示单纯依据法益衡量而构建的违法阻却原理适用于具体的正当化事由时,在实体层面会面临怎样的疑问。

首先,就正当防卫而言,在宣称以法益衡量说作为正当化根据的唯一基础时,相关论者实际上在其中掺杂了其他异质的原理。

为使正当防卫能够被纳入法益衡量说的框架,人们往往借助对不法侵害人的法益做缩小的评价,由此而使优越利益原理的运用看起来成为可能。此种做法首先面临的疑问在于,法益是一种客观的存在,从法益比较的角度,无法说明为什么可以且必须对不法侵害人的法益做缩小的评价。同时,仅仅立足于法益衡量,也无法解释正当防卫成立条件中的一些限定,包括为什么防卫人一般没有退避的义务?为什么不要求所保护法益与所损害法益之间保持均衡?为什么在不法侵害系由无责任能力人或责任能力减轻者所实施的场合,防卫人便负有退避的义务,且必须严格控制防卫的限度等。

对此,法益衡量论者往往通过引入“法无需向不法让步”(或称“正当无需向不正当让步”)的原理,来说明为什么对不法侵害人的法益做缩小的评价。[①] 问题在于,"法无需向不法让步"的原理本身,根本不能从法益衡量说的逻辑中推断得出,它完全是异质性的因素。按照一般的理解,"法无需向不法让步"指涉的是社会权利面向的法确证(Rechtsbewährung)的内容。[②] 倘若需要依赖这一原理来说明正当防卫中的相关限定,则只能说人们是采用瞒天过海之术,在法益衡量说的基础上又掺杂了其他原理。让人困惑的是,相关论者一方面言之凿凿地对法确证原则给予诸多的指责,[③]另一方面又悄然将法确证的内容添加进去,使得其所谓的优越利益原理,实际上建立在法益衡量与法确证的二元论的基础之上。这样的自相矛盾,有违结果无价值论一向标榜的理论彻底性与逻辑自洽性。

然而,即便是引入法确证的因素,以法益衡量为主色的此种二元论在具体适用于正当防卫的场合时,也仍显得左支右绌。

其一,它无法解释,对单纯的公法益,为什么允许通过紧急避险来保护,却一般不允许通过正当防卫来保护。其二,它也不能说明,针对故意的不法侵害与过失的不法侵害,为什么在防卫的要求上一般会有所区别。由于故意与过失被认为并不影响行为的违法性,按结果无价值论的立场,对于故意的不法侵害与过失的不法侵害,将得出可同等防卫的结论。不止如此,结果无价值论认为,只要危及或侵害法益,客观上并不违反义务,也可以构成"不法侵害"。于是,从逻辑上讲,对根本不违反义务的"侵害",也允许防卫人像对故意的不法侵害那样,无须退避而径直采取超过侵害强度的反击措施。比如,A 在结冰的路上驾驶车辆,并未违反任何交通法规,但由于路面打滑致刹车失灵而撞向 B,B 明知 A 出于

---

① 参见[日]山口厚:《刑法总论》(第 2 版),付立庆译,中国人民大学出版社 2011 年版,第 114 页;张明楷:《刑法学》(第 4 版),法律出版社 2011 年版,第 190 页;黎宏:《论正当防卫的主观条件》,载《法商研究》2007 年第 2 期。

② Vgl. Kühl, Strafrecht Allgemeiner Teil, 6. Aufl. 2008, § 7 Rn. 8ff; Jescheck/Weigend, Lehrbuch des Strafrecht Allgemeiner Teil, 5. Aufl. 1996, S. 336.

③ 参见[日]山口厚:《刑法总论》(第 2 版),付立庆译,中国人民大学出版社 2011 年版,第 112 页;[日]西田典之:《日本刑法总论》(第 2 版),王昭武、刘明祥译,法律出版社 2013 年版,第 132 页;黎宏:《刑法学》,法律出版社 2012 年版,第 127 页。

无意,在能够轻易闪避的情况下,仍拿手中的长柄雨伞给予 A 致命一击,致 A 当场死亡。就上述案件而言,倘若认为 B 成立正当防卫,则这样的结论未免有纵容人们滥用防卫权之嫌,难以为正常的法秩序所认同。反之,如果人们主张 B 不成立正当防卫,则无法解释,为什么对于虽未违反义务但对法益造成同等危险的“不法侵害”,成立正当防卫的条件要更为严格。可想而知,上述案件中的 A 若是故意撞向 B,则 B 不予退避而直接采取致命的反击措施,也成立正当防卫。其三,它更无助于纠正对防卫限度的要件把握过严的做法。从法益衡量的角度出发,对防卫过当中的防卫限度,势必主要通过对所保护法益与所损害法益的比较来界定。这直接影响对我国《刑法》第 20 条第 2 款有关防卫过当规定的解释。对于该款中“明显超过必要限度造成重大损害”的内容,法益衡量论者往往主张以“造成重大损害”为核心来理解“明显超过必要限度”,认为“明显超过必要限度”的判断从属于有无“造成重大损害”的判断。[①] 据此,一旦防卫行为造成不法侵害人重伤或者死亡,防卫人便易被认定为防卫过当。可以说,以法益衡量为基础而建构正当防卫的正当化根据,由于偏好于事后判断,几乎难以避免此种唯结果论的倾向,[②]它至多只能允许“正当防卫所造成的损害表面上略大于所避免的损害”[③]。我国学理界与实务界动辄认定防卫过当的现象,根源也在于此。因而,即使立法者在 1997 年的立法修正中对正当防卫的限度作了实质性的放松,也未能从根本上纠正对防卫限度的把握偏于严苛的弊病。

其次,在紧急避险中,若仅将正当化的根据建立在法益衡量的基础上,不仅无法合理地说明紧急避险的补充性要件的存在意义,而且极易得出违反一般人正义感的结论。

---

① 参见张明楷:《刑法学》(第 4 版),法律出版社 2011 年版,第 202 页;黎宏:《刑法学》,法律出版社 2012 年版,第 142 页。

② 参见劳东燕:《结果无价值逻辑的实务透视:以防卫过当为视角的展开》,载《政治与法律》2015 年第 1 期。

③ 张明楷:《刑法学》(第 4 版),法律出版社 2011 年版,第 202 页;黎宏:《刑法学》,法律出版社 2012 年版,第 189 页。

对冲突的法益进行权衡,本身就是紧急避险的成立要件之一。以法益衡量说为基础来构建紧急避险的正当化根据,能够很好地解释这一要件的必要性,但它的功能也仅限于此。从法益衡量的角度,无法说明为什么紧急避险需要具备补充性的要件,即只有在没有其他方法避免危险时才允许采取避险措施。既然所保护的法益在价值上高于所损害的法益,则单从对冲突法益进行衡量的逻辑推理,即使有其他避免危险的方法,只要这样的方法所带来的成本相对更高,便应允许进行紧急避险,根本没有必要将紧急避险限定于"不得已"的场合。

不止如此,认为紧急避险的成立必须考虑避险手段的相当性的见解,会违背结果无价值论的基本逻辑;因而,结果无价值论立足于法益衡量说,往往得出手段相当的要求之于紧急避险的成立并无必要的推论。当人们主张,紧急避险的成立只需以法益优越与"不得已"为条件时,显然没有意识到:"没有其他方法消除紧急状况与避险人的窘迫境地,并不足以成为特定被害人,承担忍受义务的根据:为什么仅仅因为他人为救助其法益而有急需,一个与紧急状况无涉的个体就应当放弃自身的法益?"①放弃手段的相当性要求,必然导致紧急避险适用范围过于扩张的效果,从而得出有违普通人的朴素正义感的结论。它意味着,可以随意地将自身遭遇的危险转嫁给无关的第三人。对此,法益衡量论者论道:如果从个人主义的观点出发,就不应当将自己面临的危难转嫁于他人;但从社会整体的立场出发,在不得不丧失两个合法利益中的某一利益时,不管是谁的利益,保存价值更高的利益才是理想的,正是基于对整体社会利益的考虑,紧急避险在刑法上才是允许的。② 据此,不仅身着昂贵服装的A,在雨天为避免自己的衣服受损而夺过衣衫褴褛的路人B的雨伞的行为,可成立紧急避险;为救助病患生命而强制抽取他人血液甚至摘取其器官的行为,也有适用紧急避险而予以正当化的余地。

---

① Kühl, Strafrecht Allgemeiner Teil, 6. Aufl. 2008, § 7 Rn. 7.

② 张明楷:《行为功利主义违法观》,载《中国法学》2011 年第 5 期。

举例而言,O因车祸被送至医院急救,有生命危险,急需大量输血,但医院正巧缺乏同型血液。主治医师T1及护士T2知身体硬朗之医院义工P有同型血液,故要求P襄助,但遭到P的拒绝。T1、T2为救治O之生命,遂共同使用腕力强制抽取P之血液,P则奋力反抗,并殴打T1、T2,以终止其强制抽血行为。随后,O因失血过多死亡。本案(以下简称强制抽血案)中,由于O涉及生命法益,而P仅牵涉一般的身体健康法益(被抽取一定量的血液),两相比较,生命法益在价值上远高于一般的身体健康之法益。按法益衡量说的逻辑,势必得出T1与T2的行为构成阻却违法之紧急避险的结论。同时,既然T1与T2的行为具有正当性,P的反抗行为便属违法,P就有被追究刑事责任的可能。这样的结论符合结果无价值论的论理,但无疑严重违背普通人的伦理直觉。尤其是,按其逻辑推理,倘若摘取某人的器官能够救助病危患者的生命,或者牺牲一人能够救助多人时,则该人就被认为有承受的义务。如此一来,人们到医院看病或者经过医院附近时,岂非要人心惶惶?连普通的作为(救助)义务都没有的第三人,凭什么要忍受自身的血液被抽取或器官被摘取的侵害,而一旦拒绝或者反抗,竟要面临被追究刑事责任的风险,这实在匪夷所思。

从法益衡量说的立场出发,人们甚至可能会得出生命可进行量化比较,故为拯救多人生命而不得已牺牲一人生命的行为应予正当化的结论。自然,相关论者也意识到此类结论在妥当性上面临疑问,所以其往往通过附加其他条件的方式,比如,要求限于被牺牲者特定化的场合,被避险人对牺牲生命具有承诺,以及在“不得已”的判断上采取更为严格的标准等,[①]并希望据此来限定紧急避险的滥用。但这样的限定缺乏法教义学上的根据。一则,牺牲对象特定化的要求与“不得已”要件上更为严格的判断,无法从法益衡量说的论证逻辑中演绎得出。二则,如果承认

① 参见张明楷:《刑法学》(第4版),法律出版社2011年版,第210页;黎宏:《刑法总论问题思考》,中国人民大学出版社2007年版,第362~366页。

在冲突法益等值时为保护甲法益而损害乙法益的场合,由于从社会整体而言法益并没有受到损害而能对其予以正当化,[①]则在为拯救患者性命而不得已摘取他人器官,或者为拯救多人生命而不得已牺牲一人的情况下,没有理由额外附加被牺牲者特定化的要求。试想,牺牲等值法益的行为都能在不附加条件的情况下得到正当化,更何况是所牺牲的法益在价值上低于所保护的法益的场合? 三则,被避险人对牺牲生命有无承诺,不会改变法益之间的价值关系。即使被避险人对牺牲生命没有承诺,在肯定生命可量化比较的情况下,也必然会得出避险行为所保护的法益更为优越的结论。因而,只要坚持法益衡量的原理,无论被避险人对牺牲生命有无承诺,都不可能影响紧急避险的成立。前述论者要求只有在被避险人对牺牲生命具有承诺时才可能成立紧急避险的观点,明显与法益衡量原理的逻辑相矛盾。四则,前述论者同样承认对生命法益不能承诺,既然在被害人同意中坚持这样的立场,那么为什么在紧急避险的场合,来自被避险人的承诺便能成为影响行为违法性判断的关键因素? 这势必导致教义学逻辑上的自相矛盾。既然在被害人同意中对生命放弃的承诺不能阻却杀人行为的违法性,那么从理论的自洽性考虑,在紧急避险的场合,被避险人对牺牲生命的承诺,就不可能决定违法性的有无。人们充其量只能得出在被避险人对牺牲生命具有承诺时,相关行为的违法性程度得以降低的结论。

此外,如前所述,在涉及同一法益主体的冲突法益的场合,法益衡量论者从结论的可接受性考虑,会倾向于对法益位序的判断标准做出调整。比如,在患者 Y 因宗教信仰而明确拒绝接受输血,医师 X 却为救助 Y 生命而对其实施输血的案件(以下简称拒绝输血案)中,法益衡量论者得出的同样是 X 成立伤害罪的结论;为使这样的结论能够成立,其往往主张,在涉及同一法益主体的内部的法益冲突的场合,法益衡量的判断

---

① 参见张明楷:《行为功利主义违法观》,载《中国法学》2011 年第 5 期。

不应仅凭客观标准来判断,而应遵照法益主体的意思的基准来进行。[①]对法益价值位序的判断标准做这样的调整,能使伤害罪的结论看起来不至于太突兀,但它本身无法解释下列的疑问。其一,为什么在涉及同一法益主体的场合,个人的意思变得至关重要,而在涉及不同法益主体的法益冲突的场合,被避险人的意思就无关紧要,以至于即使后者明确拒绝,也必须强令其接受?其二,如果承认紧急避险是基于社会整体的立场而予以正当化,则为什么在涉及同一法益主体的场合,就可以放弃这一立场而改取个人主义的立场?

最后,在被害人同意的场合,大多不存在冲突的法益可予衡量;同时,立足于以法益衡量为基础的利益欠缺原理,不仅被害人同意在犯罪论体系中不可能是正当化事由,也无法在有些场合对同意有效与否的问题作出合理的解释。

如果承认违法性层面讨论的是,"社会如何才能对利益以及与之相对立的利益实现正确的管理"的问题,[②]则在存在有效被害人同意的情况下,并不涉及对冲突利益的管理,更不可能通过对两种对立法益的权衡,来说明被害人同意的正当化根据。一个经物主同意而拿走财物的行为,不可能符合盗窃罪中"窃取"的构成要件;一个经同意而进入他人住宅的行为,也不可能被认为属于非法侵入住宅罪中的"侵入";而一名男子在获得同意后与成年女子之间发生的自愿性行为,更不可能是强奸罪构成要件中的"强奸"行为。认为此类行为符合相关犯罪的构成要件,而只是由于存在被害人同意而在违法性层面予以正当化,是荒谬的。一则,此类行为中,根本不存在法益之间的冲突;既然没有法益冲突,自然更无进行法益衡量的余地。二则,对于"被害人"而言,这完全属于其自我决定

① 参见[日]山口厚:《刑法总论》(第2版),付立庆译,中国人民大学出版社2011年版,第145页;[日]西田典之:《日本刑法总论》(第2版),王昭武、刘明祥译,法律出版社2013年版,第126页。

② 参见[德]克劳斯·罗克辛:《刑事政策与刑法体系》(第2版),蔡桂生译,中国人民大学出版社2011年版,第21页。

权的处分范围。如果法益服务于个人的自由发展,则当行为以法益主体的处分为基础,且该处分没有损及其自由的发展而是这种自由发展的表达时,不可能存在法益侵害。[①]

认为在存在有效被害人同意的场合也有法益受到侵害的见解,明显是将行为的客体与法益混为一谈。在相关情形中,行为客体本身在物理上似乎的确是受到"损害",但这种损害绝不等于对法益的侵害。山口厚无疑也意识到了这一点,所以他对将产生的法益侵害与由于同意所实现的"个人的自由"加以衡量,从而对肯定违法性阻却的见解提出批评,认为这样的思考方法存在疑问。他明确提出,法益侵害和由于法益处分而实现的"个人的自由",不能摆在一起加以衡量。[②] 因为法益主体的意志本身便是被保护的对象,将法益主体的意志排除在外的做法,不仅导致对法益概念的理解失之偏颇,也有违个人自治的原则。按 Rudolph 的说法,"法益与对法益的支配权限不仅构成一个统一体,而且支配的对象与支配的权限,在其相互关联的状态中,本身便是构成要件所保护的法益"[③]。

只要承认法益主体的处分自由属于法益的内在组成部分,则经同意的财物毁损或经同意的性行为,由于没有侵犯法益主体的处分自由,而是其自我决定权的实现,故此类情形应认为并不存在法益侵害。实际上,当法益衡量论者主张应从欠缺法益或者法益欠缺保护性的角度来解说被害人同意的正当化根据时,其本身便蕴含着否定法益侵害的意思。

问题在于,一个根本没有侵害法益的行为,又如何能够实现构成要件?正如罗克辛所言,一个法律上完全中性的、社会相当的举止不可能实现犯罪类型,因而也不可能符合构成要件;确切地说,其中涉及的是没有不法表征意义的完全正常的日常生活事件。在存在有效同意的场合,

---

① Vgl. Roxin, Strafrecht Allgemeiner Teil, Band I, 4. Aufl. 2006, § 13 Rn. 12.

② 参见[日]山口厚:《刑法总论》(第2版),付立庆译,中国人民大学出版社2011年版,第154页。

③ Roxin, Strafrecht Allgemeiner Teil, Band I, 4. Aufl. 2006, § 13 Rn. 14.

意志因同意的存在而“予以恢复”,不可能认为存在意志违反,相反,意志自始便没有受侵害;由此,即使根据利益欠缺原理的前提,构成要件也并没有被实现。[1] 如果承认在存在有效被害人同意的场合,根本谈不上法益侵害,而没有侵害法益的行为也不可能符合相关犯罪的构成要件,则被害人同意理应是构成要件阻却事由,而非违法性阻却事由。这意味着,结果无价值论将被害人同意统一放在违法性层面进行处理的做法,[2] 与其理论前提,即以法益欠缺原理作为被害人同意的实质根据,存在无法消解的内在矛盾。因而,除非全盘否定构成要件符合性与违法性之间的区分意义,不然,人们不可能在坚持阶层论的同时,又认为被害人同意是放在构成要件还是置于违法性层面处理无关紧要。

不止如此,由于法益衡量论者在认定被害人同意的有效与否时,除同意本身的事实要件之外,只考虑法益的因素。因而,只要相关法益属于法益主体可处分的类型,人们往往理所当然地得出同意有效的结论。如此一来,便难免得出顾此失彼的结论。比如,在拐卖妇女罪中,只要被害妇女同意被拐卖,便认为可阻却构成要件符合性,[3]无须顾及将人当作商品买卖是否有违人性尊严(或称人的尊严)的因素。再如,在伤害类的案件中,倾向于将伤害的程度单独作为决定可罚性的关键因素。对法益衡量说而言,往往只有针对造成生命危险的重大伤害的同意才归于无效,也即对于有生命危险的伤害或者说重大伤害而言,同意伤害是可罚的。[4] 问题在于,如果伤害的程度是决定可罚性的唯一因素,则法益衡量论者势必无法合理地解释,为什么自愿捐献器官的场合,即使对生命存

---

① Vgl. Roxin, Strafrecht Allgemeiner Teil, Band I, 4. Aufl. 2006, § 13 Rn. 19, 22.

② 参见[日]山口厚:《刑法总论》(第2版),付立庆译,中国人民大学出版社2011年版,第152页;[日]西田典之:《日本刑法总论》(第2版),王昭武、刘明祥译,法律出版社2013年版,第157页。

③ 参见张明楷:《刑法学》(第4版),法律出版社2011年版,第799页。

④ 参见[日]山口厚:《刑法总论》(第2版),付立庆译,中国人民大学出版社2011年版,第163~164页;[日]西田典之:《日本刑法总论》(第2版),王昭武、刘明祥译,法律出版社2013年版,第158页。

在危险,也能阻却故意伤害罪的成立。同时,它也不能对我国《刑法》第234条之一的组织出卖人体器官罪给出合乎教义学逻辑的说明。依据法益欠缺原理,既然存在被害人的真实同意,且摘除器官未必总是危及人的生命,则该条的法益不应当是——或主要不是——出卖者的身体健康,而只能是器官移植方面的医疗卫生管理秩序。可是,一个只侵犯医疗卫生管理秩序的犯罪,不可能紧接着故意伤害罪而作为《刑法》第234条之一出现,更不可能配置如此严厉的法定刑。如何使对组织出卖人体器官罪的解释与其被害人同意的原理相协调,同时又不至于置明显的立法提示于不顾,对法益衡量论者是一个重大的挑战。

三、法益衡量原理的方法论缺陷

违法阻却根据上的一元论,[①]只有建立在完全抽象与形式的原则上才是可能的,如"益处大于损害"原则,"适用相当的手段以达成为法秩序所认可的目的","价值/利益衡量"的想法,或者"对利益与相反利益进行按社会观念恰当的规制"。[②] 法益衡量说因其标准偏于具体,考量的因素过于单一,而不可能具有强大的涵摄力;相应地,它也难以承担起作为统一的正当化原理的角色。不过,法益衡量说在适用于具体的正当化事由时面临的诸多疑问,根源却不在于法益衡量本身;在利益冲突的情形中,对冲突法益进行权衡,是利益衡量过程中不可或缺的组成部分。归根结底,这与结果无价值论在方法论上的偏差有关,即错误地将利益衡量等同于法益衡量,并认为除当下的现实法益之外,在违法性判断中并无考虑其他因素的必要。这意味着,仅仅在实体层面对法益衡量说提出疑问,只是触及问题的一个方面。若要完整揭示法益衡量说的结构性缺

① 以优越利益原理与利益欠缺原理为基本内容的复合论,由于是建立在利益衡量的基础之上,本质上也可视为一元论。

② Vgl. Jescheck/Weigend, Lehrbuch des Strafrecht Allgemeiner Teil, 5. Aufl. 1996, S. 325.

陷,那么从方法论层面对其背后的利益衡量观进行审视,实属不可或缺。鉴于法益衡量说本身是结果无价值论的组成部分,对其背后的利益衡量观的审视,其实就是对结果无价值论的利益衡量观的审视。

(一)方法论缺陷的审视

在刑法领域,从利益的层次结构来看,除当事人的利益之外,还有制度利益与法治国的基础利益需要考虑。刑法中的当事人利益,不仅指被告人与具体被害人的利益,也包含国家在指控犯罪方面所要维护的利益;刑事诉讼中,公诉方代表的国家本身就是作为一方当事人而存在的。制度利益是由相关的法律规定聚合在一起所共同追求的立法目的。法治国的基础利益则包含构成法治国根本的、深层的公平、正义等价值观,它们主要通过宪法所尊重与维护的基本价值体现出来,包括基本权利不容侵犯以及人民主权、权力分立、规则之治等基本原则与精神。这三类利益并非处于相同的层面,故不能做简单的加减处理,而应立体地予以看待。在当事人利益、制度利益与法治国的基础利益之间,存在后者制约前者的关系。其中,制度利益直接联结当事人利益与法治国的基础利益,对制度利益的衡量是利益衡量的核心所在。[①] 在进行利益衡量时,对当事人利益的衡量理应以相应的制度利益为参照物或坐标系,而对制度利益的解读与评价,则需以法治国的基础利益为参照物或坐标系;当事人的利益需要与制度利益进行比对与查验,只有与制度利益相吻合的当事人利益才能获得法律的认可。[②] 因而,合理地界定制度利益,并使对当事人利益的衡量与相应的制度利益相契合,是正确运用利益衡量的方法

---

① 参见梁上上:《利益的层次结构与利益衡量的展开——兼评加藤一郎的利益衡量论》,载《法学研究》2002 年第 1 期。需要指出,该文并未采用法治国的基础利益这一概念,而使用的是社会公共利益的概念。不过,因本文所指的法治国的基础利益与其所谓的社会公共利益,在意义指涉上存在相当程度的重合,故梁教授对民法中当事人利益、制度利益与社会公共利益之间关系的界定,仍可予以借鉴。至于为什么未采用社会公共利益的概念,笔者会在后文做出交代。

② 参见梁上上:《利益衡量论》,法律出版社 2013 年版,第 90 ~ 91 页。

论的关键。

法益衡量说的利益衡量观在方法论上的根本缺陷在于,忽视利益的层次结构,只将利益狭隘地界定为当事人双方的具体法益而不考虑制度利益与法治国的基础利益,对违法性的判断缺乏整体性的视野。利益衡量本质上是在解决价值判断的问题。个案中的违法性判断及相应的法解释,不仅涉及对特定行为的刑法定性,还要对未来人们的行为做出规范意义上的指引。因而,在法解释或裁决的过程中,应当将制度利益与法治国的基础利益同时纳入考量的范围。仅仅考虑当事人双方的利益而得出的结论,不仅可能使制度所追求的目的落空,而且会使个案结论违背法治国的基础利益,使得社会整体的利益安排格局趋于恶化。在涉及利益冲突的场合,当法益衡量说仅仅立足于对当事人双方法益的价值比较,而根本不考虑相关的制度利益与法治国的基础利益时,分明犯了"缺少对利益结构的整体衡量而导致的滥用"的错误;导致滥用的关键便在于,没有合理地处理"应当对哪些利益进行衡量的问题"。[①]

其一,法益衡量论者在进行利益衡量时,经常不将制度利益与法治国的基础利益纳入考量范围,这使得其所得出的解释结论,根本无助于实现利益的最大化。

法益衡量论者的诸多主张,包括认为偶然防卫不违法以及对防卫限度设定严苛的标准,承认为救助多人生命而牺牲他人的避险行为可阻却违法,主张被拐妇女只要存在自愿的同意便能阻却拐卖妇女罪的成立等,是利益衡量时不考虑制度利益或法治国的基础利益的结果。单是考虑当事人各方主体的法益,自然会得出前述的结论。然而,若是引入制度利益与法治国的基础利益的坐标系,则这样的结论失之偏颇,也与结果无价值论的"最有效地保护法益"的立足点相违背。

认为偶然防卫不违法及对防卫限度设定严苛标准的做法,并未将制度利益纳入考虑的范围。正当防卫的设立,是对诸多利益因素进行权衡

① 参见梁上上:《利益衡量的界碑》,载《政法论坛》2006 年第 5 期。

的结果；防卫人个人的权利；不法侵害人个人的利益；未然的防卫人群体的权利；未然的不法侵害人的利益；“法无需向不法让步”所代表的法确证利益；对未然不法侵害的预防效果等。在权衡这些利益因素之后，立法设定的是这样的利益格局：优先保护防卫人群体针对不法侵害的防卫权，同时实现对法确证利益的维护。这两点可谓正当防卫制度利益中的核心利益。在偶然防卫的场合，单是行为人客观上“保护”了另一主体的具体法益，不足以得出利益优越的结论，因为此间至少还有法确证的利益以及防卫人所代表群体的权利需要予以考虑。同时，结果无价值论者在防卫限度问题上的相关主张，妨碍公民对防卫权的正常行使，也无助于对法确证利益的维护；并且，它还会大大降低威慑的效果，刺激潜在的不法侵害人随意侵害他人的权利领域。可见，法益衡量说的解释困境在于错误地理解了问题所在：允许人们对不法侵害实施正当防卫并不在于该行为在每个具体的场合下都能真正实现法益最大化，而是因为如果《刑法》作出允许人们如此行事的规定，有利于在整体上实现法益最大化。[①] 就正当防卫中的利益衡量而言，关键不在于不法侵害者的法益受到缩小评价，而是其中涉及的当事人双方法益之外的、更为重要的制度利益的问题。

承认为救助多人生命而牺牲他人的避险行为可阻却违法，以及被拐妇女只要存在自愿的同意便能阻却犯罪成立的主张，显然没有考虑法治国的基础利益的制约作用。（阻却违法的）紧急避险旨在实现对更大价值的法益的保护，而被害人同意则意在保障个体的自我决定权。表面看来，法益衡量说的前述主张似乎符合紧急避险与被害人同意的制度利益，但这样的利益衡量实际上仍流于片面。就承认牺牲他人的避险行为可阻却违法的见解而言，相关的论者无疑没有将承认生命可量化比较所带来的损害纳入考量的范围，没有意识到此举无异于变相地鼓励人们，

① 参见马乐：《行为功利主义的逻辑与结果无价值论的困境》，载陈兴良主编：《刑事法评论》第 34 卷，北京大学出版社 2014 年版。

一旦身陷困境便可考虑选择牺牲他人生命的救助方式,由此而将更多的生命置于受威胁的境地;同时这更是没有意识到,生命权属于宪法中最为重要的基本权利,承认对他人生命权的无故剥夺,严重背离法治国的基础利益。而对被拐妇女只要存在自愿的同意便能阻却犯罪成立的观点来说,容许来自被害妇女的同意阻却拐卖行为的违法性,等于是在刑法上容认将人当作商品来买卖。这样的容认背离宪法上人格尊严不容侵犯的价值设定。从利益衡量的角度而言,背离宪法上的价值设定,便意味着损害法治国的基础利益。因而,结果无价值论者的相关主张,不仅无助于整体利益的最大化,也不可能实现其所宣称的"最有效地保护法益"的目的。

其二,即使有时考虑制度利益与法治国的基础利益,法益衡量论者也往往无视利益存在层次之分的事实,而对各类利益作简单的加减法处理。

利益法学的奠基者海克提出,以下三种利益对利益法学的规范形成有重要作用:一是生活利益,指那些需要法律的实质判断、应该采用法律保护的利益;二是实用性利益,即对系争生活利益的衡量,能够以必要的确定性与连续性来进行,如法律的安定性就是一种实用性利益;三是描述利益,即"基于概观性以及使用上容易性的需要"。海克将实用性利益与描述利益合称为"法律技术上的利益"。[①] 同时,从主体的角度考察,利益可分为个人利益、社会利益与国家利益;从价值位序来看,则利益在层次结构上可分为当事人利益、制度利益与法治国的基础利益。这意味着,利益衡量中需要加以考虑的利益具有多种类型,而不同的利益往往具有不同的性质。将性质不同的利益放在一个平面上,按简单的加减关系来处理,不但误解了利益冲突的本质,也不免使作为方法论的利益衡量走入歧途。

---

① 参见吴从周:《概念法学、利益法学与价值法学:探索一部民法方法论的演变史》,中国法制出版社 2011 年版,第 244 ~ 246 页。

以正当防卫中的法确证利益为例。法确证利益类似于海克所说的实用性利益，它不可能属于当事人或当事人所代表群体的利益，而只能放在制度利益或法治国的基础利益的范畴来理解。根据利益衡量的层次规律，对当事人双方（防卫人与不法侵害人）的法益是否值得保护的衡量，应当以包括法确证利益在内的制度利益作为参照物或坐标系；换言之，当事人双方的法益与制度利益之间是参照与被参照的关系，而不是简单的加减关系。然而，法益衡量论者在解读法确证利益时，往往误解这一点。比如，当山口厚在对如下见解，即将正当防卫的正当化根据建立在自我保全的利益与法确证利益的基础之上，提出批评时，便是下意识地将两种利益的关系理解为加算关系。由是之故，他才会得出这样的结论，即通过"法确证的利益"，并不能把握被侵害人的法益维护这一正当防卫的本质侧面。[①] 山口教授提出的法确证利益不能把握被侵害人法益维护的论断可谓荒谬：一则，法确证利益属于制度层面的利益，而被侵害人的法益属于当事人的利益，二者在利益结构中并非处于同一层次；二则，既然涉及不同的利益类型，自然不可能通过法确证的利益，来理解对被侵害人的法益的维护。在此，他不仅犯了将不同性质的利益相混同的错误，而且明显是将作为正当防卫正当化根据的两大支柱，即个人保护原则与法确证原则，机械地割裂开来进行理解。

其三，法益衡量论者偶尔也会不自觉地采用整体视野的考量方式，使得由此得出的结论与其理论的基本设定形成逻辑上的矛盾。

法益衡量论者一直坚持，法益衡量中的"法益"仅限于个案中当下的、现实的法益。按张明楷教授的说法，"将特定的行为手段本身作为禁止对象，意味着只要在彼时彼地可能发生侵害结果的行为，即使在此时此地不可能发生侵害结果，国民也不得实施，这显然极大地限制了国民的自由"[②]。在偶然防卫与未遂犯等场合，法益衡量论者的确是遵循这一

---

① 参见［日］山口厚：《刑法总论》（第2版），付立庆译，中国人民大学出版社2011年版，第112页。

② 张明楷：《结果无价值论的法益观：与周光权教授商榷》，载《中外法学》2012年第1期。

法益观来展开相应的法益衡量的。然而,在其他一些情形中,为了得出合理的结论,法益衡量论者往往又不自觉地、隐秘地采用整体视野的考量方式。

比如,为避免极端情形下处罚无辜者的做法变得正当,张明楷教授这样论证:如果刑法允许极端情况下处罚无辜者,那么,人们不禁会怀疑这个被宣布为罪犯的人是政府所找的替罪羊,正义仍然没有实现,不但暴行、骚乱不会停止,而且刑法的权威必然受到损害。不仅如此,在其他情况下,刑法将某种行为宣告为犯罪并科处刑罚,是否真能使人们觉得正义得到伸张,自己不再受到犯罪人的威胁,也都成为疑问。因为人们完全有理由怀疑当权者利用刑法欺骗他们,而潜在的犯罪人也似乎更愿意蔑视刑法的威慑力,因为他们会觉得即使犯了罪也可能会有某个倒霉的替罪羊为他们承担责任。此外,善良的人们还会担心自己有朝一日成为替罪羊。① 在前述论证中,张明楷教授并未局限于此时此地的具体法益的考量。不然,按法益衡量论者的逻辑,倘若处罚无辜者能使整场暴行、骚乱停止,基于暴行、骚乱的停止可使更多的人免受侵害,则理应得出允许刑法在极端情形下处罚无辜者的结论才对。张明楷教授也意识到此种结论的不合理性,为得出人们能接受的结论,他明显采取了整体性的考量方法,将大量其他的利益因素纳入了权衡的范围,包括刑法的权威、预防的利益、无辜之人在未来被定罪的可能等。在这些因素之中,既包括未来的法益,也包括法益之外的其他利益。无怪乎有批评者指出,张明楷教授在反驳"行为功利主义导致不正义"的批判时,事实上也采用了规则功利主义所强调的整体功利的计算方法。② 可见,根源于结果无价值论的法益衡量说,实际上并没有将其所坚持的利益衡量观与法益观贯彻到底。这不仅使其理论在体系逻辑上难以保持基本的自洽,也让人对其一直宣称的立场的彻底性表示怀疑。

---

① 参见张明楷:《行为功利主义违法观》,载《中国法学》2011 年第 5 期。

② 参见周详:《规则功利主义违法观之提倡——刑法学派之争视角的展开》,载《清华法学》2013 年第 1 期。

(二)方法论缺陷的后果

法益衡量说的利益衡量观在方法论上的缺陷,带来诸多消极的后果。这些消极后果的存在,使得这样的利益衡量观不仅面临正当性上的挑战,也违反教义学体系的基本逻辑。

首先,无视制度利益与法治国的基础利益的考量方式,使得法益衡量说容易忽视既有制度所作出的风险分配,以解释者自己的利益判断,来取代立法者设定的利益安排格局,从而有违罪刑法定的基本宗旨。

通常所说的利益衡量,虽多是在法律适用的意义上而言,但严格来说,利益衡量可分为立法层面的利益衡量与法律适用层面的利益衡量,或者说立法生成时的利益衡量与司法适用中的利益衡量。当立法者对社会上各种现存利益与将来可能产生的利益加以综合平衡,并将各方平衡的利益凝固于具体的法律制度之中时,就完成了立法层面的利益衡量;立法层面的利益衡量结果,通过制度利益表现出来,一旦凝固于具体法律制度之中,相应的制度利益也便成为该法律制度的一个不可分割的属性。① 立法层面的利益衡量具有优先的地位,应当得到包括法官在内的所有适用者的尊重。毕竟,法官并没有创造法律,所有他们用于裁判的资源,都是由正确理解了的现有法律所提供,这也是德沃金否认"强"(也就是法律上不能控制的)裁量权的缘由所在。② 因而,即便是利益法学的奠基者海克,也明确要求法官应当以"有所省思之服从"(denkenden Gehorsam)的方式来追随立法者已作出的利益选择,即使他认为,立法者一般认为优先的利益在具体个案里(相对于对立利益)较不值得保护;利益法学认为,蔑视立法者的一般性决定不仅会损及法律国家与司法政策

---

① 参见梁上上:《利益衡量论》,法律出版社2013年版,第95页。

② 参见[英]罗杰·科特瑞尔:《法理学的政治分析:法律哲学批判导论》,张笑宇译,北京大学出版社2013年版,第174页。

体系，同时也会危及法定命令的规范性质及其作为法条的品质。①

在强调罪刑法定的刑法领域，立法生成时的利益衡量结果，更是必须得到完全的遵循。罪刑法定内在地蕴含立法判断绝对优先的意涵，它对解释者的约束，不仅表现为禁止后者偏离法条的字面意思而进行法适用，还表现为不允许解释者以自己的利益判断，去改变或取代立法者设定的利益安排格局。基于此，刑法适用中的利益衡量，必须以尊重制度利益为必要的前提。任何背离制度利益的所谓利益衡量，都忽视了利益衡量的根本所在，是对立法权的隐秘篡夺，因而，不可避免地有违背罪刑法定之基本宗旨的嫌疑。

法益衡量说不将制度利益纳入考量范围的做法，意味着其置立法机构做出的利益分配框架于不顾。比如，在正当防卫的场合，制度上所做的利益安排，是相应的风险主要由不法侵害人所代表的群体来承担。作为利益冲突的肇始者，不法侵害人积极攻击了他人的权利领域，自然也应当承受由此带来的风险。因而，不法侵害人所实施行为的不法程度与所承担的风险成正比：其所实施的不法侵害程度越高，所需承担的风险相应也越大。立法层面既已做出优先保护防卫人群体的防卫权利与维护法确证利益的选择，解释者便只能在这样的利益分配框架之下展开行为是否具有违法性的判断。当人们主张从法益权衡的角度去判断行为的违法性时，恰恰改变了这样的利益分配框架。按其所主张的考量方式，不仅法确证的利益被完全弃之不顾，优先保护防卫人群体利益的立法设定，也被变更为基本对等地保护防卫人群体与侵害人群体的利益。这种擅自更改制度层面的利益安排，以解释者自认为合理的标准去认定优越利益的做法，不仅没有遵循立法者的评价，更是对利益衡量的严重扭曲。

其次，由于未能以制度利益作为坐标系，且无视法治国基础利益的

① 参见[德]弗朗茨·维亚克尔：《近代私法史——以德意志的发展为观察重心》，陈爱娥、黄建辉译，上海三联书店2006年版，第550页。

约束作用,法益衡量说会纵容解释者的主观性,使解释者的裁量权缺乏有效的制约,由此而严重危及法安定的价值。

在法适用层面,放弃对概念的单纯的、形式的演绎,而改为实质性地展开利益衡量,是法体系为应对复杂社会在方法论上所作的重要调整。实质的利益衡量在缓解一般正义与个案正义之间的紧张关系的同时,也能使法规范保持必要的开放性。就此而言,包括刑法在内的法学理论的实质化发展,有其必然性与必要性。在法学方法论的发展历史上,概念法学最终为以利益衡量为基础的评价法学所取代,其根源也在于此。然而,实质性的利益衡量,始终面临如何控制解释者的主观性的问题。利益衡量论使得解释者对法规范的解释,是依据其个人的主观价值判断而做出的。利益衡量的主观性本质,在使法律解释变得更为自由、更为灵活的同时,也不可避免地蕴含恣意解释的危险。海克强调"法官受制定法拘束",理由便在于防范主观判断的危险,防止利益衡量沦于个人的主观性而造成同案不同判的现象,以免危及法适用的统一性与可预测性。[①]

法益衡量说狭隘的利益衡量观,造成其所谓的利益衡量,往往缺乏必要的制约。无视制度利益的存在,意味着在利益衡量时丧失立法的指引与规约;而不将包括宪法基本价值在内的法治国的基础利益纳入考量的框架,则使得法益衡量说犹如脱缰的野马,超越利益衡量的应有边界肆无忌惮地适用于各类场合。结果无价值论得出为救助多人生命而牺牲他人的避险行为可阻却违法的结论,便是典型的例子。尤其是,在混乱的法益观的主导之下,在违法性的判断中,结果无价值论者几乎总是可以随心所欲地得出任何自己想要的结论。通过无所不用其极地操控法益的范畴,比如,在法益的内容中掺入其他的因素,或者对法益的内容作扩大或缩小的界定等,最终使法益论完全丧失其批判功能,而沦为一种"万金油"式的、促使可罚性范围大肆扩张的理论。

---

① 参见吴从周:《概念法学、利益法学与价值法学:探索一部民法方法论的演变史》,中国法制出版社2011年版,第232页。

再次,以法益为唯一考量因素的利益衡量观,使法益衡量论者热衷于构建统一的违法阻却原理而忽视具体的正当化事由在内在结构上的差异。

法益衡量论者大多乐观地相信,构建统一的违法阻却的实质原理不仅可能而且必要,并且不认为有建构多元化的违法阻却根据的余地。对其而言,违法阻却根据上的一元论并不存在太过抽象与形式而不具可操作性的缺陷,单个的正当化事由所呈现的不同结构无法掩盖其实质的一致性。山口厚甚至认为对法益衡量说做进一步的二元化处理都没有必要。他提出,固有的违法性阻却原理和基准,只提到基于法益衡量的同等利益、优越利益的保护就已足够;法益性的欠缺,可以在成为衡量对象的法益的评价中加以考虑,可不将其视为一个独立的违法性阻却的原理。① 山口的此种主张,与其将处分自由视为法益概念的组成部分的观点存在明显矛盾。既然处分自由属于法益内容的组成部分,则被害人同意的场合便不可能涉及法益冲突,在只有一种法益的情况下,又如何通过法益衡量来认定优越利益呢?

可以想见,遵循这样一种统一的基准,不同的正当化事由之间在结构上的差异,必然有意无意地受到忽视或者低估。最为明显的例子,是对正当防卫与紧急避险做趋同性的处理,下意识地将正当防卫视为紧急避险的亚类型。当前我国刑法理论界与实务界对防卫限度过于严格的把握,从根源上可追溯于此。这意味着,只要不放弃以法益衡量说为基础的统一性框架,动辄认定防卫过当的做法便不可能得到根本的纠正。此外,以法益为唯一考量因素的狭隘的利益衡量,也使法益衡量论者无法对某些正当化事由做出解释。比如,就职务行为而言,以政府名义实施的对个人权利或财产权利的侵害,焦点问题在于程序上的考虑;满足对政府所实施的侵扰行为的程序要求,所产生的合法性的效果便超越特

---

① 参见[日]山口厚:《刑法总论》(第2版),付立庆译,中国人民大学出版社2011年版,第106页。

定案件中的利益权衡。因而,警察不能以对个人利益的特定侵害在当时情形下属于较小恶害,来论证其逮捕和搜查行为的正当性,有效令状的要求不能被轻易规避。[①] 然而,依据法益衡量说,则往往会得出相反的结论:一个具有合理理由的无证搜查,事后若是表明执法人员的判断有误,将构成违法行为;而一个事前没有任何事实根据的无证搜查,若是意外地发现犯罪证据,便成立合法的职务行为。此外,法益衡量原理也不能说明,为什么一旦违反比例性要求,职务行为即不再具有合法性。因而,即使是结果无价值论者也不得不承认,"警察的职务行为,应以使违法犯罪人员停止违法犯罪行为为限度,而不能简单地进行法益衡量"[②]。

最后,无视制度利益与法治国的基础利益,而允许以解释者自身的利益衡量,来取代立法上做出的利益安排格局,法益衡量说时常导致法秩序评价上的失衡。

由于是以法益衡量作为基准,并不考虑制度利益与法治国的基础利益的因素,法益衡量说通过衡量所得出的结论,往往与既有立法做出的利益安排格局不尽一致。为了照顾自身逻辑的一致性,结果无价值论会选择无视其间的冲突,将解释者自身的利益衡量放在优先的地位。这样的做法,除面临正当性方面的质疑外,也不可避免地酿成法秩序评价上的失衡现象。这一点在正当防卫领域表现得特别明显,因为正当防卫的正当化根据根本不是建立在法益衡量之上,而是以个人的权利保护与法确证原则作为基础。

其一,法益衡量论者一方面动辄认为成立防卫过当,给防卫权设置过多的束缚;另一方面却又鼓动人们随意地发动防卫权。根据其法益衡量原理,即使是在正当防卫中,也只允许所损害的法益略大于所保护的法益。这直接导致对防卫限度要件的从严把握,故大量本应认定为防卫权的正当行使的情形,依法益衡量说的论证,均会按防卫过当来处理。

---

① 参见[美]乔治·弗莱彻:《反思刑法》,邓子滨译,华夏出版社 2008 年版,第 560 页。

② 张明楷:《刑法学》(第 4 版),法律出版社 2011 年版,第 214 页。

防卫人被科以过高的注意义务，不仅要保证反击行为本身的相当，还必须确保结果的可控性。这样一来，公民对防卫权的行使就受到很大的束缚。然而，法益衡量论者同时又认为，公民对客观上并不违反注意义务的行为所导致的法益侵害，也具有防卫权。允许对此类侵害适用正当防卫，不可避免地有鼓动滥用防卫权之嫌。在风险日益普遍化的社会中，立法者不可能也不应当鼓励人们，在不能辨认侵害是否属于不法的场合，不采取回避措施，不考虑有无其他更为温和的措施，而径直采取损害对方更高法益的方式来进行反击。这倒不是说，公民无论如何都必须容忍这样的侵害，而是说对于客观上并不违反注意义务的行为所导致的法益侵害，更适宜按紧急避险或假想防卫来处理。

其二，法益衡量说允许对客观上并不违反注意义务的行为所导致的法益侵害进行正当防卫，必然扰乱刑法上正与不正（或法与不法）的关系。比如，在行人违反交通规则，司机正常驾驶而要撞上行人的场合，如果认为司机的行为构成不法侵害，而允许行人行使正当防卫，则意味着行人可以通过侵害司机的更为重要的法益来保护自身法益；倘若司机的行为危及行人的重大人身安全，则行人甚至有权杀死对方。设若针对行人的攻击，司机进行了反击。根据结果无价值论的主张，由于行人的行为属于正当防卫，依对正当防卫不得再行防卫的原理，司机的行为将被认为违法。也即司机有忍受行人攻击的义务，并且，他也不可能求诸紧急避险来使自身的反击行为正当化。对行人之行为与司机之行为做这样的定性，不仅有违普通人的正义直觉，在法秩序的评价上也无法形成自洽。在前述情形中，倘若司机因刹车不及而将行人撞成重伤或死亡，因结果无法归责于司机，司机的行为并不符合相关犯罪的构成要件。反之，如果司机针对行人的攻击展开反击而导致行人死亡，即使其反击的力度与行人的攻击力度相当，司机也要承担故意伤害甚至故意杀人的刑事责任。这样的结论难以为人接受。

其三，个别法益衡量论者提出的正当防卫行为可产生保证人地位的见解，给予不法侵害人较防卫人还要高的刑法保护，不仅违反个人自我负责的法理,也严重违背正当防卫制度的价值设定。对于不作为犯中的先行行为,张明楷教授认为,使刑法保护的具体法益面临紧迫的危险,是先行行为成为作为义务来源的实质根据;据此,在正当防卫造成了伤害(该伤害本身不过当),具有死亡的紧迫危险,发生死亡结果就会过当的场合,应当肯定正当防卫人具有救助义务。[①] 在防卫行为本身并不过当的情况下,以死亡结果的出现作为认定过当的关键因素,表明我国的相关论者在防卫过当的判断上,采取的是以实际结果为中心的、行为后的判断标准。这样的见解,恐怕连同属结果无价值论阵营的山口与西田都无法认同。[②] 实际上,倘若果真能确定防卫行为本身并不过当,便不可能再得出防卫过当的结论。当张明楷教授主张正当防卫的行为也可作为先行行为而产生作为义务时,其明显违反了个人自我负责的基本原则。不法侵害人才是积极侵犯他人自治领域的一方,作为利益冲突状态的酿成者与冲击整体法秩序的肇事者,他理应为自己在实施侵害时可能遭受的各种损害的风险负责。同时,前述观点给予不法侵害人较防卫人还要高的刑法保护,也从根本上背离正当防卫制度的价值设定。如罗克辛所言,假如肯定正当防卫人的保证人地位,那么一个违法袭击者将会得到一种比毫无罪责地遭遇不幸的人更好的保护。这就不仅仅是违法行为人的一种不公正的特权,而且会与正当防卫法的意义相矛盾。那些通过自己合法的防卫,在个人保护之外还为保护公众利益服务的人,对此还

---

① 参见张明楷:《不作为犯中的先前行为》,载《法学研究》2011年第6期。

② 山口教授明确指出,将结果的重大性之判断纳入防卫行为的相当性的判断中,不但会加剧防卫行为的相当性这一概念及其判断基准的不明确,而且会导致广泛地认定防卫过当,过于限定正当防卫的成立。参见[日]山口厚:《刑法总论》(第2版),付立庆译,中国人民大学出版社2011年版,第131~132页。西田教授也认为,判断防卫行为是否具有相当性,还是应采取"行为的相当性"的方法。理由在于,只要认为正当防卫的正当化根据在于,"正"不必向"不正"让步这种作为权利行为的法律性质,那么,能要求遭受侵害者的,就应该限于,在当时的具体情况之下,在能够采取的防卫手段之中,尽量选择侵害性相对要小的防卫行为。并且,如果认为防卫行为的相当性完全属于结果判断,在虽实施防卫行为,但并无防卫效果的场合,也会否定成立正当防卫。参见[日]西田典之:《日本刑法总论》(第2版),王昭武、刘明祥译,法律出版社2013年版,第148页。

要承担额外义务,这违反了正当防卫法的意义。①

总体来说,作为法益衡量说的大本营,结果无价值论虽时常高举保障国民自由的大旗,但将其视为个体自由的捍卫者是一种误读。实际上,结果无价值论的价值立场中充斥着严重的内在撕裂。就正当防卫而言,其在对发生概率极小的偶然防卫表现出极端宽容的同时,对与守法公民切身相关的诸多问题,包括对防卫限度的从严把握与对不法侵害的广泛认定等,采取的都是使守法公民易于为刑法之网所攫获的严峻态度。而在紧急避险中,结果无价值论基于社会功利的单纯考虑,纵容人们随意侵犯他人自治的领域,甚至容许以牺牲他人生命的方式来进行避险,容许警察以保护被害人生命和尊严的名义而对犯罪嫌疑人使用酷刑。号称是基于自由保障之考虑而采取的结果无价值论,却时常对个体自治的价值不予理会。这样的自相矛盾,很难让人信服于这样的论断,即在违法性的判断上,结果无价值论会是一种更有利于保障个体自由的理论立场。

四、利益衡量方法论的刑法适用

结果无价值论在将利益衡量原理视为基本方法论的同时,更试图以法益衡量原理为基础,在实体层面为违法阻却的实质根据提供统一的标准。这样的努力已经被证明并不成功。为所有的正当化事由构建一个统一的实质基础,即使在理论上存在可能,也不应过高估计其意义,因为这样的统一理论必然是抽象的、无内容的,对于解读具体的正当化事由的成立要件并无多大的助益。在单个的正当化事由中,不同的价值观点以不同的权重和不同的结合方式发挥作用,包括法确证、必需性、合比例

---

① 参见[德]克劳斯·罗克辛:《德国刑法学总论》(第 2 卷),王世洲等译,法律出版社 2013 年版,第 581 页。

性、自由保障,尤其是"将法益归属于个人自治领域"(die Zuordnung der Rechtsgüter zur Autonomie des Einzeln)。如果人们想要对具体的正当化事由的成立条件与有效范围进行说明,则只有一种观察方式,即把它们各式各样的实体内容陈列出来。[①] 基于此,本文认为,刑法理论上对于利益衡量的关注,重心应当放在其作为方法论如何进行使用之上,而不是以之为基础,花费无谓的精力去构建统一的违法阻却原理。利益衡量充其量是为违法性的判断提供一个基本的方法论框架,但它并未给出实体意义上的统一基准,更未对规制的实质原理进行限定;何谓优越利益需要考虑诸多复杂的因素,且必须根据不同的情形作不同的处理。无论如何,基于社会生活的多样性与变动性,对权威的规制原理进行数量上的限定(numerus clausus),与对正当化事由的完全的体系化一样不太可能。[②]

本文认同利益衡量作为基本方法的合理性,同时也必须指出,它并未就如何进行利益衡量给出明确的标准。违法性判断中的利益衡量公式是否实际上受到利益法学的影响,学理上尚未有定论,但利益衡量公式与利益法学在内容上存在明显的亲缘性;二者不仅同样关注利益冲突,均对利益做宽泛的理解,而且都要求在法发现的过程中考虑所有的利益,包括整体法秩序的价值判断与价值观念。因而,利益衡量原理与利益法学的关联,较之于外在的名目上的相似性更为紧密。[③] 这意味着,作为方法论的利益衡量原理,一方面固然具备利益法学的相应优点,另一方面也分享利益法学的根本缺陷,即将利益概念用作评价利益的标准时,存在将评价客体与评价标准混为一谈的问题。作为方法的利益衡量的最大问题在于对利益的可度量性的假定,其认为存在一种利益得以被衡量的价值框架;同时,它也没有论证,为什么允许对冲突的利益进行算

① Vgl. Jescheck/Weigend, Lehrbuch des Strafrecht Allgemeiner Teil, 5. Aufl. 1996, S. 325f.

② Vgl. Roxin, Strafrecht Allgemeiner Teil, Band I, 4. Aufl. 2006, § 14 Rn. 39, 43.

③ Vgl. Renzikowski, Notstand und Notwehr, 1994, S. 37f.

计。[①] 利益本身是价值的载体,而对价值的比较,缺乏普通有效的标准,更不可能通过数学的方式来加以确定。因而,如何确保利益衡量在客观性上的可控制性,从而使作为方法的利益衡量能得到合理的适用,是当代法教义学所面临的重大课题。要实现对利益衡量在客观性上的可控制性,必须解决两个问题:一是什么样的利益或者哪些类型的利益应被纳入考量的范围。二是对不同性质与类型的利益,具体如何展开衡量。

(一)利益的层次结构理论的贡献与不足

我国民法学者梁上上教授提出的利益的层次结构理论,为利益衡量的合理运用勾勒了一个基本框架。按照这种理论,利益应分为"当事人的具体利益"、"群体利益"、"制度利益"(法律制度的利益)和"社会公共利益",同时,在利益衡量时应遵循这样的思维过程,即以当事人的具体利益为起点,在社会公共利益的基础上,联系群体利益和制度利益,特别是对制度利益进行综合衡量,据此而对当事人的利益是否需要加以保护做出判断。[②] 这一理论框架将利益区分不同的层次富于启发性。尤其是,它对作为利益衡量核心之所在的制度利益的深入挖掘,以及要求在利益衡量时,对当事人利益的衡量应以制度利益为参照物或坐标系,而对制度利益的解读与评价,则需以社会公共利益为参照物或坐标系的见解,[③]不仅避免了仅着眼于当事人利益的狭隘的利益衡量,也在相当程度上制约了实质论导向所带来的主观性。

不过,利益的层次结构理论存在几点明显的不足:①该理论对社会公共利益概念的定义,明显背离法学体系中该概念的常规用法。梁上上教授认为,从内容上看,社会公共利益基本上涉及经济秩序和社会公德等方面,同时它还涉及深层的公平正义等法律理念,包含其他如热爱和

---

① Vgl. Renzikowski, Notstand und Notwehr, 1994, SS. 39, 41.

② 参见梁上上:《利益的层次结构与利益衡量的展开——兼评加藤一郎的利益衡量论》,载《法学研究》2002 年第 1 期。

③ 参见梁上上:《利益衡量论》,法律出版社 2013 年版,第 90 ~ 91、119 页。

平等抽象理念。[①] 对社会公共利益做这样的界定,并不合乎人们对它的一般理解。在法学理论中,社会公共利益一般是相对于个体利益与国家利益而言,其与后二者属于同一层次的利益,差异主要在于主体属性的不同。对约定俗成的概念作有别于常规的界定,容易引起不必要的误解。当有论者批评,利益的层次结构理论过于倚重社会利益,将面临"异质利益如何比较""个人利益与社会利益孰轻孰重"这类社会哲学上的难题时,[②]其显然是以对社会公共利益的常规理解为基础的。这样的批评诚然有一定的误读之嫌,但归根结底是由利益层次结构理论的提出者对社会公共利益作特殊的定义所致。此外,将经济秩序、社会公德与深层的公平正义等法律理念笼而统之地纳入社会公共利益的意义范畴,不仅使得相关概念模糊不清,其所包摄的内容也未免太过庞杂,包含了诸多无论在性质上还是在价值位序上都极不相同的因素。这样的模糊性与庞杂性,一方面固然赋予社会公共利益的概念足够的弹性,另一方面却也容易使其变成像文化概念那样,什么都可以往里装的东西。一个缺乏确定内涵的概念,在包容力得以提升的同时,也大大削弱了其解释的能力与深度。因而,一旦将社会公共利益的概念做泛化的处理,便很难指望其有效地发挥参照物或坐标系的功能。②由于将利益分为当事人利益、群体利益、制度利益与社会公共利益,利益的层次结构理论多少存在将主体标准与价值位序标准混同使用的倾向,即在对利益进行分类时,同时采取了两种分类标准。这不仅使得该理论容易遭人误读,也大大淡化了不同层次的利益之间的立体结构关系。③"群体利益"是否足以构成一个独立的利益层次值得斟酌。在利益的层次结构理论中,群体利益被认为是连接当事人利益与制度利益的桥梁,具有把当事人的利益放大的功能。[③] 然而,针对相关的利益群体在制度上做出整体性的安排,理应

---

① 参见梁上上:《利益衡量论》,法律出版社2013年版,第79~80页。

② 参见陈林林:《方法论上之盲目飞行——利益法学方法之评析》,载《浙江社会科学》2004年第5期。

③ 参见梁上上:《利益衡量论》,法律出版社2013年版,第80~81页。

属于制度利益的组成部分。换言之,群体利益更适宜放在制度利益的范畴之内。基于此,即使承认群体利益概念在放大当事人利益方面的功能,也不宜将之视为独立的利益层次,它充其量只能充当解读制度利益时的一种手段或者方法。④利益的层次结构理论对其所称的参照物或坐标系的作用,在涉及对制度利益与公共利益之间的关系处理时具体如何理解与把握,并未做清晰的界定。⑤利益的层次结构理论也没有回答是否所有利益均可算计与相对化的问题。梁上上教授在将深层的公平正义等法律理念纳入社会公共利益范畴的同时,并未进一步处理此类利益可否相对化,是否能够为其他利益所逾越的问题。

(二)利益衡量在违法性判断之中的适用

鉴于利益的层次结构理论本身存在一些不足,同时,基于民法与刑法不同的任务与目的,围绕民法解释与裁判而发展出来的利益的层次结构理论,也不可能照搬到刑法之中而不做任何调整。故而,倘若刑法领域想要借鉴民法中的利益的层次结构理论,则如何使其合乎刑法中的利益衡量的特殊需要,是必须加以考虑的问题。本文基本认可利益的层次结构理论的合理性,同时,结合刑法适用的特性,做出如下三点重要的调整。

其一,有必要将制度利益与刑法中的规范保护目的理论整合在一起,并将群体利益的考量纳入制度利益的范畴。制度利益对于刑法体系而言是较为陌生的概念,它的核心内涵对应于刑法中的规范保护目的理论。对于刑法中的相关制度而言,规范保护目的所指向的保护对象正是制度利益。在此种意义上,规范保护目的与制度利益可谓是容器与实物的关系。制度利益的概念之于刑法体系的启示意义在于,对规范保护目的的解读,不应局限于对当事人具体利益的考量,而需着眼于中观层面的考虑,至少要联系相应群体的利益,整体地考察与确定相应制度所要保护的利益格局。同时,按照利益的层次结构理论,放在社会公共利益范畴之中予以处理的秩序利益,在刑法领域,也更适宜置于制度利益的层面来考虑。无论如何,刑法中对某个具体制度的制度利益进行解读时,不可能不考虑秩序方面的利益。

其二,不应采用社会公共利益的概念,尤其是不应以经济秩序和社会公德作为其核心内容;为防止不必要的误解,有必要引入法治国的基础利益这样的概念,并以宪法所确立的基本价值为中心来展开对其的理解。在刑法中,社会公共利益一般是指与个体相对的,以社会为主体的公法益,它不适宜作为约束当事人利益与制度利益的上位性概念。即使是个体性的利益,比如个体的生命权,也可能成为无论如何都不允许逾越的上位性利益。这意味着,将刑法中的利益从结构上分为当事人利益、制度利益与法治国的基础利益三类,不是根据主体的不同所做的区分,而更多的是从利益的价值位序的角度而言的。在当代,“国家的立法与法适用应受实质正义的最高原则拘束,以及法官的法适用不仅要实现立法者的个别目的,毋宁也应实现绝对的法律价值,这种公共确信渐居支配地位”①。这样的实质正义原则势必只能是为构建法治国所必需的基础价值,其往往通过宪法而得以实证化。因而,实质正义的最高原则,乃是或主要是由宪法所确立的基本价值来体现。同时,由于积极的价值评价并不属于刑法的任务,刑法上所谓的正当化,只是说相关的行为不为法秩序所禁止,由此而为其所接受;②相应地,在违法性判断中不可能也不应当考虑单纯的道德或伦理性的因素。

其三,强调当事人利益、制度利益与法治国的基础利益之间,不是同一平面的、根据主体标准所做的利益分类,而是立体性的、存在价值位序差异的三种利益类型,后者对前者具有一般意义上的制约作用。制度利益与当事人利益之间、法治国的基础利益与制度利益之间,应当是制约与被制约的关系,彼此在利益的结构中处于不同的价值层次。行为是否可予正当化的判断(或者说当事人利益保护与否的判断)受制度利益的

---

① [德]弗朗茨·维亚克尔:《近代私法史——以德意志的发展为观察重心》,陈爱娥、黄建辉译,上海三联书店2006年版,第572页。

② Vgl. Roxin, Strafrecht Allgemeiner Teil, Band I, 4. Aufl. 2006, § 14 Rn. 1.

约束,而对制度利益的解读,则受到法治国的基础利益的控制。在具体个案中,法治国的基础利益一般是通过作用于制度利益,而影响对行为是否可予正当化的问题的判断,它往往是一种间接作用的关系。在法治国的基础利益与当事人利益之间有很大的距离,二者之间需要以制度利益为媒介与桥梁。就刑法领域的制度利益与法治国的基础利益之间的关系而言,由宪法基本价值所代表的法治国的基础利益,对制度利益的解读具有积极的指导作用;同时,它也构成作为方法论的利益衡量的外在边界。一方面,在解读刑法相关制度所保护的制度利益时,应以宪法基本价值为准绳展开,使对制度利益的定位合乎宪法的价值取向,并有助于宪法基本价值的实现。另一方面,由宪法基本价值所代表的法治国的基础利益,构成利益衡量的外在边界。这种边界的限定功能主要体现为:一是对制度利益的解读不允许背离基本权利所彰显的价值;二是宪法中的某些基本价值具有绝对性,禁止对其作相对化的处理,即不允许其为其他利益所超越。

结合前述调整,利益衡量在刑法领域的适用,必须得到必要的控制。刑法中随心所欲适用利益衡量的方法,必然助长解释者的恣意,严重威胁法的安定性与客观性。本文之所以借鉴民法中的利益的层次结构理论并做出相应调整,正是试图为利益衡量在刑法中的适用提供一个基本的约束性框架以控制解释者的主观性。在很大程度上,建构这样一个框架,属于体系化构造的一种努力。如果承认法学的体系化有其重要的价值,则为利益衡量在刑法中的适用提供一个规范性的控制框架便有其必要。这不是要为刑法中利益衡量的判断提供一种统一的标准,而只是说,在违法性判断中进行利益衡量时必须遵守确定的定规。具体而言,在利益衡量时,解释者在以实定法为基础的同时,必须遵循以下三个准则。

首先,违法性判断中的利益衡量,应以制度利益为核心来展开。

违法性判断涉及利益冲突的状态,而相关的正当化事由正代表立法者对利益冲突状态所做出的制度性处理。在现代的民主体制中,此种权力只允许由立法机构所享有。立法完成权衡之后,解释者只能在立法者所设定的基本利益框架之下展开考量,不允许另起炉灶,简单地权衡竞逐利益后自行决定。换言之,刑法适用中的利益衡量必须服从于立法判断,包括法官在内的解释者"受到法律制度所代表价值的整体结构的束缚。他们也被要求要通过推进那些价值和描述为整体,以及价值完整一致的表达的法律学理的方式来对案件作出决定"①。由于立法判断已凝结为制度利益,故在利益衡量时理应以制度利益为核心来展开。抛开制度利益,转而关注具体境遇下更大利益的保护,并以之作为违法性判断的基准,不仅违反立法优先的设定,也背离民主体制的基本要求。理由很简单,"如果促进更大利益总能制造违法的正当性,那么,公民关于社会福利的任何判断都会损害民主决策的过程。偷富济贫就会成为正当行为,尽管议会定了什么是适当的社会财富再分配。为了保护环境而去炸毁管道也会成为正当行为,尽管立法机关已经就经济和生态利益的优势比较作出了判断"②。

此外,违法性判断中的规定性意味,也使得违法性判断中的利益衡量,必须在尊重制度利益的前提之下来进行。刑法规范兼具裁判规范与行为规范的双重特性。相应地,违法性判断绝不仅仅是在描述与界定行为是否违法的事实,同时更具有面向未来的规诫意味,警示行为人与其他国民可以为或不应为相应的行为。正如学者所言,诸如正当与违法的价值判断的核心意义在于其规定性,而一个判断具有规定性意味着它可以转换为祈使句("应当如何"),而结果无价值论的"正当"恰恰不蕴含"应当如何"的祈使成分。它使"正当"与"违法"丧失了其应有的规定性成分,从而蜕变为纯粹的描述性语词。③ 只要承认违法性判断中的规定

---

① [英]罗杰·科特瑞尔:《法理学的政治分析:法律哲学批判导论》,张笑宇译,北京大学出版社2013年版,第177页。

② [美]乔治·弗莱彻:《反思刑法》,邓子滨译,华夏出版社2008年版,第575页。

③ 参见马乐:《行为功利主义的逻辑与结果无价值论的困境》,载陈兴良主编:《刑事法评论》第34卷,北京大学出版社2014年版,第37页。

性意味，则行为本身是否在客观上保护了特定当事主体的法益，并非决定违法性的首要因素；相反，行为是否符合相关规定的制度利益，才是违法性判断的关键。

举例而言，对偶然防卫是否可排除违法，以及防卫是否过当（是否违法）的判断，均应着眼于正当防卫的制度利益。偶然防卫的行为人缺乏相应的权利意识，根本称不上是在行使防卫权。因而，以正当防卫的制度利益（优先保护防卫人群体的防卫权与维护法确证的利益的制度利益）作为参照物，则偶然防卫必定不可能成立正当防卫。倘若结果无价值论承认违法性的判断应着眼于“最有效地保护法益”的准则，则鉴于偶然防卫的行为具有对未然法益的侵害危险，将之当作不可罚的不能犯的见解①在逻辑上也并不自洽。同时，由相应的制度利益出发，对防卫限度也要求采取相对宽松的把握，尤其是对过当与否的判断，应当采取行为时标准，而不是采取唯结果主义的立场。不然，势必妨碍正当防卫的制度利益的实现。

其次，对具体的制度利益的解读，既要超脱于对当事各方现实法益的考量，又要以法治国的基础利益（尤其是宪法基本权利）所彰显的价值作为必要的指导。

如何解读制度利益，对于妥当的利益衡量而言至关重要。一方面，制度利益代表的是立法机构在一般意义上所作的利益选择，不可与特定案件中具体当事人的现实利益相混合。

以紧急避险为例。紧急避险的制度利益应当是，在确保人格自治的前提下，维护价值更高、遭受更大危险的法益。在此，所谓的人格自治指涉的是一般意义上的、抽象的自治价值，它虽与个案中具体当事人的自治存在关联，但二者是一般与个别、抽象与具体的关系。作为制度利益的自治，无疑具有极为重要的保护价值，因而，在具体的个案中，它不允

---

① 参见黎宏：《刑法学》，法律出版社 2012 年版，第 136 页；张明楷：《刑法学》（第 4 版），法律出版社 2011 年版，第 197、199 页。

许为看起来似乎更为重要的当事人利益所超越。这也是为什么,为救助他人生命而强制抽取血液或强行摘取器官的行为,不能依据紧急避险而予以正当化的根本原因。当山口厚主张,在将"危险"转嫁给无关系的他人的"攻击的紧急避险"的场合,对"自律性"的侵害是侵害法益本身而并不是另外的东西时,①他显然是将作为制度利益的自治或自决权,与具体法益主体的支配权限混合在了一起。法益主体的支配权限诚然是具体个体行使自治权的表现,但它只涉及当事人的利益,不能等同于制度利益层面的自治本身。正是由于对利益的层次结构缺乏必要的洞悉,山口教授才会错误地将自治的价值纳入法益概念的范畴。

不难发现,仅仅是在当事人利益的层次上理解自治的价值,在前述强制抽血案中,仍不足以解释,为什么 T1 与 T2 的行为不能成立阻却违法的紧急避险。从法益衡量的角度而言,P 的自治权 + P 的一般的身体健康权,未必就能压过患者 O 的生命权;相反,坚持 O 的生命权超越了 P 的权利,才是顺理成章的结论。同时,前述见解也无法说明,为什么同样是强制抽取血液的行为,在为救助他人生命而实施时不能阻却违法,而在酒后驾驶的场合,基于酒精含量测定的目的而实施反倒是被允许的:既然行为人的健康法益与自我决定权,很容易为公共安全的考虑所超越,则为什么在强制抽血案中,P 的健康法益与自我决定权就不能为更为重要的生命法益所超越?可见,在紧急避险中,只有将人格自治理解为是制度利益范畴的内容,认为它指涉的是一般人的自治利益,才能确保利益衡量在违法性判断中的妥当适用;在具体的个案中,也才可能得出妥当的结论。

另一方面,对制度利益的解读,应立足于法治国的基础利益,力求相关结论合乎法秩序的整体价值判断。任何脱离宪法所设定价值的解读结论,都不可能获得正当性。因而,在个案中解读相关制度的制度利益

---

① 参见[日]山口厚:《刑法总论》(第2版),付立庆译,中国人民大学出版社2011年版,第147页。

时,应当以宪法的基本决定与价值安排作为指导。这也是刑法解释中合宪性控制的应有之义。[①] 宪法上的基本权利,不仅是一项为公民个体所享有的请求权意义上的主观权利,而且是作为"客观的价值秩序"而存在的;基本权利作为"客观的价值秩序",意味着国家公权力应将基本权利视为宪法的价值决定,从而在一切活动中将基本权利的实现作为基本的指向。[②] 相应地,对制度利益的解读,自然应当将宪法基本权利所彰显的价值作为必要的指导。

仍以紧急避险为例。当人们提出,只要避险行为所保护的法益优越于所牺牲的法益便可成立阻却违法的紧急避险时,其分明仅从社会功利的角度来界定紧急避险的制度利益。这样的观点不仅不可避免地导致在某些个案中得出不当的结论,而且从法秩序的整体价值判断,也存在不容忽视的缺陷。正如 Kühl 所言,建立在比所救助法益具有更高价值基础之上的功利主义根据,并没有说服力。只要每个人的"只能依据法律而受到限制"的外在自由是正义观念的必要组成部分,就不允许仅仅因为这样能最好地服务于整体的利益(所有人的最大福利),便将一个人的行为实施空间,扩张至给他人的自由领域增加负担的程度。[③] 无论如何,作为法律美德的整体性(integrity),构成法律解释的重要原则,它不仅要求解释时需根据宪法的原则和精神进行全局考量,而且要求法律在根本原则上保持一致性,并确立基本权利的优先地位。[④] 从整体性的原则出发,紧急避险中的法益衡量,"必须受到人格自治(Persönlichkeitsautonomie)保障机制的限制"[⑤]。相应地,基于人格自治的考虑,无论是为拯救他人生命而强制抽取血液或摘取器官的行为,或是为公共利益而对某个人强行实施阉割的行为,都必须坚决地予以禁止。

---

① 参见劳东燕:《刑法中目的解释的方法论反思》,载《政法论坛》2014 年第 3 期。

② 参见张翔:《基本权利的体系思维》,载《清华法学》2012 年第 4 期。

③ Vgl. Kühl, Strafrecht Allgemeiner Teil, 6 Aufl. 2008, § 8 Rn. 8.

④ 参见高鸿钧:《德沃金法律理论评析》,载《清华法学》2015 年第 2 期。

⑤ [德]克劳斯·罗克辛:《刑事政策与刑法体系》(第 2 版),蔡桂生译,中国人民大学出版社 2011 年版,第 35 页。

在解读紧急避险的制度利益时将自治的限制放于其中,正是考虑了法治国的基础利益的结果。尊重个人的自治,属于宪法上人格自由发展的基本权利的范畴,[①]而人格自由发展的权利无疑属于法治国的基础利益。个人自治的价值一旦被接受,它就不能被与之竞逐的社会利益所胜出;将个人自治的价值克减为多种功利算计中的一种利益时,对个人尊严的推崇就被出卖了。[②] 这正是前述相关行为在刑法中无法正当化的根源所在。从人格自由发展的考虑出发,在个人的自治领域,应当尊重个人的自决权,即使这样的决定在一般人看来并不明智,因为人们对于自己的身体享有基本的、自由的自我决定权。即使有医学上的理由,也不足以构成超越个人自治的正当根据。医疗行为中的治疗权应当止步于个人的自我决定权。任何违背患者意愿的治疗行为,在刑法中都无法予以正当化。基于此,通过拘禁而强制肾病患者做血液透析的行为,或是前文拒绝输血案中为救助Y生命而对其实施输血的医生X的行为,均构成犯罪而没有成立紧急避险的余地。

可见,利益存在层次结构的命题,不仅意味着当事人利益应受制度利益的制约,也意味着制度利益应受法治国的基础利益的制约。在个案中进行利益衡量时,应考虑对整体法秩序与上位利益的维护;任何对上位利益(制度利益与法治国的基础利益)的背离,都意味着对优越利益的存在的否定,意味着行为所侵犯的法益具有更大的保护性,意味着相关的行为不可予以正当化。在利益的层次结构中,法治国的基础利益构成利益衡量的支点与根基。任何背离法治国基础利益的所谓利益衡量,都不可能具有妥当性。需要指出的是,法治国的基础利益是一个集概念,在不同的具体案件中所指向的利益可能会有所不同。同时,它与特定的

---

① 人格自由发展的权利可从我国《宪法》第38条的规定中解读得出,参见谢立斌:《中德比较宪法视野下的人格尊严——兼与林来梵教授商榷》,载《政法论坛》2010年第4期;林来梵:《人的尊严与人格尊严——兼论中国宪法第38条的解释方案》,载《浙江社会科学》2008年第3期。

② 参见[美]乔治·弗莱彻:《反思刑法》,邓子滨译,华夏出版社2008年版,第559~560页。

时代与社会环境存在关联,具有历史性;法治国的基础利益虽有相当的稳定性,但存在演变的可能。

最后,法治国的基础利益构成需要保护的上位价值,在进行利益衡量时,禁止对其核心部分作相对化的处理,即不允许为其他任何利益所逾越。

肯定利益衡量作为方法论的合理性,并不意味着对最大化功利的追求。正如弗莱彻所言,没有人会坚持认为,正当程序的宪法要求仅仅意味着最大化的功利,而德国法律传统的最高价值——对法和法治国的维护——仅仅有赖于特定情境下对最大利益的选择。[①]《德国刑法典》第34条第2款之所以明确规定,阻却违法的紧急避险需以手段上的适当性为要件,便是缘于对功利化追求的自我克制。该适当性条款指涉的是,对人性尊严的维护不可进行相对化的衡量。也即利益衡量的适用有其确定的边界,对人性尊严的违反无论如何都不是保护利益的适当手段;因人性尊严的绝对性特点,对它的违反从来都不能根据《德国刑法典》第34条第1款而建立优越的利益。[②]

这意味着,并非所有的利益都具有可算计性。对基本权利核心领域的侵犯,便不可能由所带来的公共利益或私人利益而予正当化。[③] 相关论者之所以会得出一些突破法治伦理底线的结论,包括容许以牺牲他人生命的方式来进行避险,容许警察以保护被害人生命的名义而对犯罪嫌疑人使用酷刑等,正是因为对利益衡量的适用边界缺乏必要的考虑。在其下意识里,所有的利益类型都被认为具有可算计性,都可以被相对化,可以为看起来似乎更为重要的利益所超越。实际上,宪法上的各种基本权利,都可追溯至人性尊严这一基础性价值。[④] 对基本权利虽然允许做

---

① 参见[美]乔治·弗莱彻:《反思刑法》,邓子滨译,华夏出版社2008年版,第572页。

② Vgl. Roxin, Strafrecht Allgemeiner Teil, Band I, 4. Aufl. 2006, §16 Rn. 95, 100.

③ Vgl. Renzikowski, Notstand und Notwehr, 1994, S. 42.

④ 尽管人性尊严能否从我国《宪法》第38条的规定中解读出来存在较大的争议,但我国宪法学界大体上都认同,人性尊严应作为各类基本权利的基础性价值。参见林来梵:《人的尊严与人格尊严——兼论中国宪法第38条的解释方案》,载《浙江社会科学》2008年第3期;谢立斌:《中德比较宪法视野下的人格尊严——兼与林来梵教授商榷》,载《政法论坛》2010年第4期。

法律保留,且基于正当理由可予以一定的限制;[①]但是,任何有损人性尊严这一基础性价值的权利限制,都不可能属于法律保留的范围。因而,人性尊严无论是作为价值出现,还是作为各项基本权利的上位性元权利存在,都禁止对其作相对化的处理。换言之,人性尊严具有绝对性,在任何时候,都不允许基于利益衡量的考虑而削减或牺牲人性尊严。它构成刑法中利益衡量的边界。这也是对恐怖分子使用酷刑的行为难以正当化的根据所在,因为人性尊严不允许在利益衡量中被纳入,而必须始终作为法秩序不可突破的基本保障而予以尊重。[②] 这一要求既适用于立法层面的利益衡量,也适用于法适用层面的利益衡量。

由于"自由是这样一种实践可能性:每个人按他/她认为适当的方式追求幸福、把自己的生活变成一系列个人工程并力图实现他们"[③],故而,人性尊严不能按某种理想的、先验的形象去框定,而应当从促进个体的自由发展与幸福的角度,立足于具体的个体来理解与把握。对此,德国学者的见解富于启发性。"(德国)基本法并不认为人的尊严在于把个人归属于某种先定的、具有超验正当性的个人或社会的完美理想,从人的尊严中可以推导出由国家来实施的义务,根据该义务,个人要尽全力去接近这种理想状态。相反,基本法认为人的尊严始终是已经存在的人的基本特质,从这种特质中,衍生出来的是个人的权利。据此,个人可以自治地决定生活计划和幸福观念,即使在人的早期阶段还不具备这种自治能力,或者由于严重的精神和生理缺陷而永远无法运用这种自治能力,作为人这个种群的一员,他们仍然应当受到尊重。"[④]对人性尊严的这种

---

① 参见张翔:《基本权利的体系思维》,载《清华法学》2012年第4期。

② Vgl. Roxin, Strafrecht Allgemeiner Teil, Band I, 4. Aufl. 2006, § 16 Rn. 96.

③ [英]韦恩·莫里森:《法理学:从古希腊到后现代》,李桂林等译,武汉大学出版社2003年版,第223页。

④ [德]迪特儿·卡林:《宪法视野下的预防问题》,刘刚译,载沈岿主编:《风险规制:德国的理论与实践》,法律出版社2012年版。

理解也为德国实务界所接受。这也是为什么在肌瘤案[①]的判决中,德国联邦最高法院肯定被告人构成过失侵害身体罪,并在判决理由中作出断言:病人也有可能愿意继续在其体内器官中保留一个本身很危险的肿瘤,而不愿意容忍以失去整个器官为代价去清除肿瘤。在她没有这个器官也可以继续存活的情况下,也许保留肿瘤对她自己而言会危及生命因而显得不够理智,但是对于这点,包括医生在内的任何人都必须考虑到并加以尊重。如果某个医生在能够及时得知病人意见的情况下,没有事前取得其认可就擅自任意地给他动手术,尽管这在医学上有正当的理由,也仍然属于对人类人格的自由和尊严的违法侵犯。[②]

承认人性尊严构成对追求功利最大化的绝对限制,意味着在违法性的判断中,即使符合制度利益的保护取向,并且对制度利益的解读合乎特定基本权利所彰显的价值,也不一定能够得出行为可予正当化的结论。换言之,当事人的利益即使符合制度利益的安排格局,一旦与法治国的基础利益相违背,也不应得到刑法的保护。在违法性的判断中,作为最后一个步骤,必须考虑如果将行为予以正当化,是否会损及包括人性尊严在内的宪法基础性价值的问题。一般来说,在对具体个案进行利益衡量时,不能将法治国的基础利益的考虑直接运用于对特定行为正当与否的判断,而必须借助制度利益这个媒介与桥梁。但是,在某些情况下,法治国的基础利益(准确地说,是其中的核心部分)对于特定行为是否可予正当化的判断,具有类似一票否决的功能。

举例来说,被害人同意的制度利益是要保障个体的自我决定权,这样的解读也合乎人格自由发展的基本权利的价值设定。据此,但凡属于个体可支配的法益,只要被害人存在真实自愿的同意,一般便会得出同

---

① 该案事实为:被告人是一家医院的主任医师。他给被害人 P 做了一例手术。在先前的检查中,P 被检查出一个有两个拳头大的子宫肌瘤,他建议 P 实施手术切除。在手术过程中发现,肿瘤并非长在子宫表面,而是和子宫牢牢地长在一起。由于除同时切除子宫外,没有别的办法可清除这个肿瘤,被告人就切除了整个子宫体。对于这样大的手术,P 当时并不同意。

② 参见[德]克劳斯·罗克辛:《德国最高法院判例:刑法总论》,何庆仁、蔡桂生译,中国人民大学出版社 2012 年版,第 73 页。

意有效,故行为可予正当化(或排除构成要件)的结论。由于财产法益不受限制地处于个体的支配权限之内,在被害人同意的情况下,并不存在利益衡量的余地;只有在法益不是一般可处分的场合,才可能涉及利益冲突的问题,从而需要进行利益衡量。[①] 对于经被害妇女同意而予以拐卖的行为,便不能简单依据法益衡量原理而认定无罪。诚然,拐卖妇女罪是侵犯公民人身权利的犯罪,而被害妇女对自己的人身及相关权益具有支配权,从尊重被害人同意的制度利益考虑,似乎可径直得出拐卖行为不违法或阻却构成要件的结论。但这样的结论分明只着眼于刑法体系内部,而未考虑作为宪法基础性价值的人性尊严的问题。将人当作商品进行买卖,必然有损人性尊严。如果承认人性尊严是利益衡量中不能予以相对化的因素,承认刑法的解释应受宪法所设定价值的制约,则在拐卖的情形中,不可能因被拐妇女存在真实自愿的同意,便在刑法上承认此种同意的有效性。

认为经同意后的拐卖能够阻却拐卖妇女罪的构成要件的观点,表面看来合乎教义学的逻辑。问题在于,"拐卖"乃是针对卖方与买方而言的,行为是否属于"拐卖",取决于买卖双方的意思,而不可能取决于被作为商品来对待的被害妇女的意思。只要买卖双方将人当作商品来买卖,即使被害妇女同意,也改变不了买卖行为的性质。以被害妇女存在同意为由,而得出不成立"拐卖"的结论,显然是对"拐卖"要件的误读。就此而言,我国通说与实务界的立场,[②]即被害人同意不能阻却拐卖妇女罪的成立,从其结论来说是合理的;但人们将症结点定位为对拐卖妇女罪所侵犯法益的理解,即该罪侵犯的法益是人身自由还是人身不受买卖的权利,则明显是"开错了药方"。仅仅着眼于刑法体系的内部逻辑,不可能

① Vgl. Lenckner, Der Grundsatz der Güterabwägung als Grundlage der Rechtfertigung, Goltdammer's Archiv für Strafrecht, 1985, S. 303.

② 参见高铭暄、马克昌主编:《刑法学》(第6版),北京大学出版社、高等教育出版社2014年版,第471页;最高人民法院刑事审判第一庭、第二庭编:《刑事审判参考》(总第30辑),法律出版社2003年版,第69~71页;敦宁:《拐卖妇女罪中被害人承诺之司法功能》,载《国家检察官学院学报》2013年第3期。

从根源上回答,为什么经被害妇女同意的拐卖行为仍然构成犯罪的问题。因为即使将拐卖妇女罪的法益理解为是人身不得买卖的权利,它也仍属于侵犯公民人身权利的犯罪,同样面临该权利是否属于个体的权利,被害妇女是否可予放弃的问题。

与经同意的拐卖行为相似,征得被害人同意后为救助多人生命而剥夺前者生命的行为,之所以不能成立阻却违法的紧急避险,根源也在于将个人生命当作避险手段的实质是将人贬低为单纯的客体,而这会损害宪法上人性尊严的价值。当代通行的法哲学所强调的对人的生命不可进行量化比较的理念,也正是建立在这一基础价值之上。

五、结语

将方法论意义上的利益衡量与实体意义上的利益衡量相混同,在我国是相当普遍的现象。实体意义上的利益衡量通过法益衡量原理体现,主要为结果无价值论所支持。应当看到,作为阻却违法之实质根据的法益衡量原理,在刑法中适用的场合极为有限。就正当防卫而言,根本无法依据法益衡量原理来构建正当化的实质根据;对紧急避险来说,法益衡量原理充其量只能成为部分的正当化根据;在被害人同意的场合,则根本不存在可予衡量的对立的法益,更无适用法益衡量原理的余地。与此相对,方法论意义上的利益衡量,适用范围要广泛得多。当前刑法中的实质化趋势,即与方法论意义上的利益衡量的适用密切相关。可以说,只要存在利益冲突的情形,利益衡量作为方法论,便有其适用的余地。不管在实质违法论的问题上坚持什么样的立场,在判断是否存在优越利益时,都必须借助利益衡量的方法。但不可否认,利益衡量只是给出了一个形式上的公式,它虽对新的发展与新的价值观念具有开放性,借此可将它们纳入法判断之中,但其危险在于缺乏实体的内容,在相当程度上是可随意填充的。[①] 基于此,如何使利益衡量的适用具有可控制性,是日益走向实质化的刑法理论不得不直面的重要命题。本文所勾勒的“法治国的基础利益—制度利益—当事人利益”的体系性框架,虽然不能解决利益衡量缺乏实体内容的问题,但至少使得对其的适用变得可控制,有助于在法的开放性与安定性之间保持必要的平衡。

---

① Lenckner, Der Grundsatz der Güterabwägung als Grundlage der Rechtfertigung, Goltdammer's Archiv für Strafrecht, 1985, S. 313.

被容许的风险

——法理表达与实践展开

喻浩东*

目次

摘要:否认被容许的风险的存在空间不仅不利于稳定公民的行动预期,而且无助于刑法一般预防目标的实现。为了平衡法益保护与自由保障之间的关系,应当提倡被容许的风险的独立价值,将其定位为阻却行为不法的归责排除事由。在论证路径上,功利主义的利益衡量说、自由主义的法主体性说和规范主义的社会角色说均存在难以克服的缺陷,吸纳它们各自合理内核的制度功利主义才是更为妥当的选择。基于制度功利主义的逻辑,行为因符合由制度确立的规则而被认可,与之相应,被

* 喻浩东,复旦大学法学院讲师。
本文原载于《法制与社会发展》2022 年第 6 期,第 137 ~ 155 页。

容许的风险成立的实质根据就在于风险行为符合法规范的期待，从而阻却不法。刑法系统运作封闭和认知开放的双重属性塑造了行为符合法规范期待的三种表现形式，即行为达到了法规范要求的谨慎程度，行为维护了宪法上公民的基本权利，行为遵守了其他社会子系统的规则。根据法规范期待的不同表现形式，可以分别设定实践中被容许的风险的判断标准。

关键词：客观归责；被容许的风险；法益保护；自由保障；法规范的期待

一、问题的提出

随着客观归责理论研究的不断深入，越来越多的学者认识到，这一理论的功用绝非仅限于限缩因果关系，相反，作为一种实质的构成要件论，其至少会在过失犯罪的行为归责中大有用处。[①] 德国学者罗克辛明确主张，应以"创设不被容许的风险"来取代注意义务的概念。[②] 我国台湾地区学者也指出，"创设不被容许的风险"不但可以解释各种认定过失的理由，还足以说明过失行为的不法本质。[③]

在司法实务中，亦有法官明确使用"被容许的风险"来界定被告人行为的性质。比如，在一起涉及危险驾驶的案件中，法官认定，危险驾驶行为侵犯的客体是公共安全，被告人在醉酒后以低于安全驾驶所要求的状

---

① 参见许玉秀：《当代刑法思潮》，中国民主法制出版社2005年版，第504页；劳东燕：《过失犯中预见可能性理论的反思与重构》，载《中外法学》2018年第2期；［德］沃尔夫冈·弗里施：《客观归责理论的成就史及批判——兼论对犯罪论体系进行修正的必要性》，陈璇译，载《国家检察官学院学报》2020年第1期。

② Vgl. Claus Roxin, Strafrecht Allgemeiner Teil, Band I, 4. Aufl., C. H. Beck, 2006, § 24 Rn. 10ff.

③ 参见许玉秀：《主观与客观之间——主观理论与客观归责》，法律出版社2008年版，第12～13页。

态坚持驾驶,其行为已经超出了被容许的风险的范围,故对其“社会危害性不大”的辩护意见不予采纳。[①] 又如,在一起涉及医疗损害的案件中,法官给出了“被容许的风险”的判断标准。

不过,“被容许的风险”这一概念也遭受诸多质疑。张明楷教授曾撰文否定这一概念存在的必要性。[②] 在客观归责理论的故乡德国,亦有诸多学者以相同理由否定“被容许的风险”的存在价值。耶赛克和魏根特直白地表示,“被容许的风险”概念与其说是各种具体的实体性要件,不如说是针对各种合法化事由的共同结构原理,尽管这是全社会所期盼的,但也不过是将行使有危险的行为的可能作为合法化事由加以承认而已。[③] 瓦利留斯赞同张明楷教授的观点,认为那些通过“被容许的风险”得到审理的主要案件均可经由注意义务、被害人同意等教义学机制得到解决,因而启用一个界定模糊的术语实无必要。[④]

尽管如此,风险社会的来临以及与之相应的刑法体系的变迁使我们不得不重新审视这一概念的价值。一方面,世界包含着无数的要素以及这些要素之间所可能构成的联系,但过强的复杂性实质上构成了人类行动的沉重负担。法律需要对复杂性进行二值代码的化约,使人类行动具有规范的安定性与预测性。[⑤] 另一方面,风险的普遍化造成的不安全感迫使刑法体系更具预防性,但若对人们因交往决策而创设的风险一概予以扼杀,社会就会失去发展活力,公民的自由也会受到根本限制。正因如此,在近年来颇有热度的关于自动驾驶汽车刑事责任的研究中,国内外学者均大力提倡以“被容许的风险”来限定汽车生产商的注意义务,以

① 内蒙古自治区莫力达瓦达斡尔族自治旗人民法院刑事判决书,(2019)内0722刑初270号。

② 参见张明楷:《论被允许的危险的法理》,载《中国社会科学》2012年第11期。

③ 参见[德]汉斯·海因里希·耶赛克、托马斯·魏根特:《德国刑法教科书》(上册),徐久生译,中国法制出版社2020年版,第543~544页。

④ 参见[德]布莱恩·瓦利留斯:《被允许的风险》,徐凌波译,载梁根林、[德]埃里克·希尔根多夫主编:《违法性论:共识与分歧》,北京大学出版社2020年版。

⑤ 参见泮伟江:《法律的二值代码性与复杂性化约》,载《环球法律评论》2017年第4期。

保障自动驾驶汽车行业的发展拥有充分的自由空间。[1] 还有学者主张以“行为创设被容许的风险”作为一些财产犯罪的出罪事由,以合理地区分民事违法与刑事犯罪。[2]

鉴于此,本文拟对“被容许的风险”进行法理探究,并在此基础上构[illegible]实践中的判断标准。首先,应否提倡这一概念的独立价值？其功能定[illegible]在？其次,如果认可“被容许的风险”具有某种归责功能,那么其实质[illegible]何在？最后,在实务案件中,应以何种标准来判断风险“被容许与否”？[illegible]将依次对这些问题展开研讨。

二、功[illegible]位:阻却行为不法的归责排除事由

随着人的不法理论及行为无价值二元论在德国取得主流学说的地位,“被容许的风险”这一概念逐渐获得多数学者的认可。相较而言,我国学界仍然存在结果无价值论与行为无价值论之间的立场分歧,因此,两大阵营对“被容许的风险”采取了完全不同的态度。本文认为,结果无价值论不仅在理论根基上存在无法克服的缺陷,而且无助于刑法体系预防功能的实现。因此,应当明确行为无价值论在不法成立中的关键地位,提倡将“被容许的风险”作为独立的归责排除事由,以有效缓和法益保护与自由保障之间的紧张关系。

(一)违法性立场决定被容许的风险之命运

在第二次工业革命期间,路德维希·冯·巴尔指出,发展工商业毫

---

① 参见储陈城:《自动汽车程序设计中解决“电车难题”的刑法正当性》,载《环球法律评论》2018年第3期;[德]埃里克·希尔根多夫:《现代技术与被允许的危险——以自动驾驶为例》,徐凌波译,载梁根林、[德]埃里克·希尔根多夫主编:《违法性论:共识与分歧》,北京大学出版社2020年版。

② 参见周光权:《客观归责论在财产犯罪案件中的运用》,载《比较法研究》2018年第3期。

无疑问具有危险性,但其不可或缺。尽管从统计学上看,一定数量的人在特定时期内极有可能失去生命,但只要工商业的发展能够满足人们的日常需求,我们就不可能对其予以禁止。[①] 在20世纪初,规范论的创始者宾丁明确提出了"适当的风险"之概念,认为被容许的行为所导致的损害结果只能被视为不可避免的不幸事件。[②] 目的行为论的提出者韦尔策尔则提倡以社会相当性来限定行为不法的成立,并将"被容许的风险"置于社会相当性概念之下。[③] 在此之后,不仅出现了系统性专著,[④]而且在主流教科书中,"被容许的风险"也被作为限定犯罪成立的思想,在犯罪论体系的各个阶层中被普遍加以讨论。

"被容许的风险"受到德国学者的青睐,这与人的不法理论的提出和行为无价值论在不法理论中受到重视有紧密关联。该理论强调,仅有法益侵害结果的发生,并不能说明不法的内涵,相反,违法性始终都是对某一与特定行为人相联系的行为的禁止。行为人有意为客观行为设置何种目的,其出于何种态度实施这一行为,其受到何种义务的约束,这些都在可能发生的法益侵害之外对行为不法发挥决定性作用。[⑤] 在人的不法理论的影响下,行为无价值二元论在德国逐渐占据支配地位。该理论主张,只有当结果无价值与行为无价值同时存在时,才能成立不法。结果无价值与行为无价值既相互关联,又相对独立。一方面,行为无价值在内容上愈加依赖于法益侵害,只有在客观上具备结果发生可能性的行为方式,才能成立行为无价值;另一方面,行为无价值具有独立于结果无价

---

① Vgl. Andreas Hoyer, Erlaubtes Risiko und technologische Entwicklung, ZStW 121 (2009), S. 863.

② Vgl. Preuß Wilhelm, Untersuchungen zum erlaubten Risiko, Duncker & Humblot Berlin, 1974, S. 34f.

③ Vgl. Hans Welzel, Studien zum System des Strafrechts, ZStW 58 (1939), S. 518.

④ Vgl. Preuß Wilhelm, Untersuchungen zum erlaubten Risiko, Duncker & Humblot Berlin, 1974; Kienapfel, Das erlaubte Risiko im Strafrecht: zur Lehre vom sozialen Handlungsbegriff, Klostermann Frankfurt am Main, 1966; Wiebke Schrürer-Mohr, Grundfragen des erlaubten Risikos im Bereich der Fahrlässigkeitsdogmatik, Lang Frankfurt am Main, 1998.

⑤ 参见[德]汉斯·韦尔策尔:《目的行为论导论:刑法理论的新图景》(增补第4版),陈璇译,中国人民大学出版社2015年版,第39页。

值的社会道德评价内容,只有当结果无价值依存于行为无价值的客观方面时,才能符合结果可归责的原则。[①]

在我国,赞成行为无价值论的学者大多强调"被容许的风险"这一概念的重要价值,并且较为一致地提倡以此来限定过失犯的成立范围。[②]但是,由于结果无价值论一直占据主导地位,因此,通说始终对这一概念保持怀疑和拒斥的态度。通说主张,犯罪的本质在于它危害了国家和人民的利益,危害了社会主义社会。基于此,犯罪客观方面中的危害行为就是在法律上对社会有危害的、基于人的意志支配的身体动静。某一付诸实施的行为只要符合刑法分则的规定,并且危害到了社会主义的社会关系和利益,其就为刑法规范所禁止。[③] 可是,即便在引入德日刑法理论之后,主流学说也并未给予"被容许的风险"这一概念真正的生存空间。其实,只要坚持犯罪的本质是法益侵害,且不认可行为无价值在不法成立中的关键作用,就不可能培育出"被容许的风险"概念赖以生存的土壤。

(二)结果无价值论的理论缺陷与功效缺陷

本文认为,将结果无价值论作为违法性的基本立场,不仅在理论根基上存在无法克服的缺陷,而且根本无助于刑法一般预防功效的实现。

1. 理论缺陷:结果无法脱离行为而单独建构不法

结果无价值论者坚信,犯罪的本质只能是法益侵害,但即便认为刑法的目的是保护法益,也无法从后者中推导出前者。

首先,只有人的行为所导致的侵害结果才可能引发刑罚的制裁。结果无价值论所迷恋的古典刑法理论仅仅将人的行为视为一个因果过程,

---

① 参见陈璇:《德国刑法学中的结果无价值与行为无价值二元论及其启示》,载《法学评论》2011年第5期。

② 参见周光权:《注意义务研究》,中国政法大学出版社1998年版,第155~156页;陈璇:《注意义务的规范本质与判断标准》,载《法学研究》2019年第1期。

③ 参见高铭暄、马克昌主编:《刑法学》(第9版),北京大学出版社、高等教育出版社2019年版,第60~61页。

也即一个身体举动及其所导致的外部世界的变动，而不关注该变动所具有的社会内涵。[①] 但刑法并不关心外部世界的变动，对行为人的处罚之所以是合法的，是因为其本人对法的效力提出了质疑，从而有责地引起了规范遭受侵蚀的危险。[②]

其次，只有当行为人以特定方式引起法益损害时，其才会受到刑法的制裁。法益保护只能是片断性的，刑法并没有打算对所有法益侵害均予以回应。法益侵害是所有部门法中违法性的共同特征，因此，仅通过有无法益侵害并不能区分刑法与其他部门法。[③] 正如韦伯在《经济与社会》中指出的，公众对道德或自我利益的关切，要求规范在遭到违犯时应进行抵偿。私人权利一旦遭受侵犯，受害方理应得到补偿，但这并不是在实施惩罚，而是在恢复法律所保障的状态。补偿和抵过与犯罪的概念毫不相干，因此，补偿和抵过也与反映内在动机和心理态度的犯罪程度观念毫不相干。刑法的原始形式是在“个人行为危及邻里、亲属或政治联合体的所有成员”状况下发展起来的。[④] 简言之，法益侵害本身只会引发私法的关注，若想追究行为人的刑事责任，必须在规范共同体层面寻找额外的实质根据。

最后，结果无价值论者认为，任何行为只要没有侵害刑法所保护的法益，刑法就不得干预。[⑤] 但这一命题无法从“刑法的目的是保护法益”中推导出来。其一，为何一定要等到法益面临具体危险时，刑法才开始介入？雅科布斯指出，按照“刑法的目的是保护法益”的思考逻辑，人们

---

① Vgl. Wessels/Beulke/Satzger, Strafrecht Allgemeiner Teil, 45. Aufl. 2015, C. F. Müller, Rn. 130.

② 参见[德]沃尔夫冈·弗里施：《变迁中的刑罚、犯罪与犯罪论体系》，陈璇译，载《法学评论》2016 年第 4 期。

③ Vgl. Claus Roxin, Strafrecht Allgemeiner Teil, Band I, 4. Aufl., C. H. Beck, 2006, § 2 Rn. 130ff.

④ 参见[德]马克斯·韦伯：《经济与社会》（第 2 卷），阎克文译，上海人民出版社 2020 年版，第 951 页。

⑤ 参见张明楷：《行为无价值论与结果无价值论》，北京大学出版社 2012 年版，第 47 页。

最好用刑法来对抗潜在犯罪人的危险思想以及该思想的源头。[①] 其二,刑法的介入无法保护“过去时”的法益,而只能预防性地保护未来一般人的法益。也就是说,法益侵害说中的“法益”与“刑法的目的是保护法益”中的“法益”根本就是不同客体。“犯罪的本质是侵犯法益”与“刑法的目的是保护法益”构成两个逆向命题。[②] 事实上,国内外的刑事立法和司法实践普遍认可对抽象危险犯和不能犯未遂等进行处罚的正当性。

2. 功效缺陷:结果好坏无法成为如何行动的指南

结果无价值论者强调,刑法规范主要是评价规范,而不是决定规范。但对事后结果的好坏评价根本不可能在事前指导人如何行动。

恩吉施曾断言,一个评价只有在被武装成命令的时候,才能够成为真正的法规范,仅凭借单纯的评价规范,法律根本无法发挥它对人类生活的支配作用。[③] 与民法中公平责任和损害救济的价值取向不同,刑罚的目的在于一般预防。要想发挥这种功能,刑法就必须针对能够理解和遵守刑法规范的人来发布命令,[④]但一个在事前发出的命令不可能以还未发生的结果之好坏作为前提。“你被不允许实施一个会造成法益净损失的行为”显然不是一个有效的命令语句,因为这种命令只适用于全知全能者,而绝非适用于认知有限的人类。更为致命的是,结果无价值论的正当性判断只提供了事实信息,而无法提供任何行动指导信息,因为正当与违法完全变成了一种描述性语句,丧失了作为其灵魂的规定性成分。当一个结果无价值论者声称“A的行为是违法的”时,我们无法得知应当避免A的行为,还是应当效仿A的行为。[⑤] 刑法规范是一种应然规

---

① Vgl. Günther Jakobs, Kriminalisierung im Vorfeld einer Rechtsgutsverletzung, ZStW 97 (1985), S. 753.

② 参见冀洋:《法益保护目的不能甄别不法论的立场》,载《政法论坛》2016年第5期。

③ Vgl. Karl Engisch, Einführung in das juristische Denken, 12. Aufl. 2018, Verlag W. Kohlhammer, S. 54.

④ 参见陈璇:《不法与责任的区分:实践技术与目的理性之间的张力》,载《中国法律评论》2020年第4期。

⑤ 参见马乐:《刑法学中的“正当”与违法性理论》,法律出版社2017年版,第67页。

范。[①] 只有那些包含"当为"的信息,才能充当行动的指南。至于刑法规范在事后对行为效果作出的否定评价,则是为了向人们证明实在法规范的有效性,从而通过保障行为规范的效力来间接保护法益。[②]

因此,法益侵害并非犯罪的本质,而只是法规范被违反的表象。[③] 行为是否违反了刑法功能运作所必需的行为规范才是不法评价的重心所在。刑法要想实现其一般预防的功效,就必须在事前告诉行为人应当如何行动。因此,问题不是"要不要"区分而是"如何"区分"被容许的风险"与不被容许的风险。[④]

(三)被容许的风险作为独立的归责排除事由

基于以上论述,对于风险行为,应当在刑法规范上区分"被容许与否"。在体系定位上,应当提倡以"被容许的风险"作为独立的归责排除事由,其既区别于紧急避险、社会相当性等阻却违法事由,又区别于合义务替代行为等阻却结果不法的归责排除事由。

首先,"被容许的风险"的成立前提在于,行为对法益产生了法律上重大的风险。如果行为根本不会威胁到相关法益,那么就不属于"被容许的风险"的适用范围。例如,有学者指出,行为人 A 隐瞒自己公车私用和 B 酒后驾车等相关事实,欺骗其他领导并使之作出错误决策,从而免除了本应由 A 和 B 自行承担的赔偿义务。从表面上看,这似乎是将单位财物据为己有,但其用公款赔偿被害人家属的行为之所以不构成贪污罪,是因为根据相关法律和司法解释的规定,单位本来就负有赔偿义务。

---

① 参见[德]伯恩·魏德士:《法理学》,丁晓春、吴越译,法律出版社 2013 年版,第 47 页。

② 参见[德]乌尔斯·金德霍伊泽尔:《法益保护与规范效力的保障——论刑法的目的》,陈璇译,载《中外法学》2015 年第 2 期。

③ 参见冯军:《刑法教义学的立场和方法》,载《中外法学》2014 年第 1 期。

④ 参见劳东燕:《被允许的危险理论与过失犯的归责》,载梁根林、[德]埃里克·希尔根多夫主编:《违法性论:共识与分歧》,北京大学出版社 2020 年版。

因此,B 酒后驾车肇事所导致的单位财产减少并非为法律所反对。[①] 但显而易见,由于单位的赔偿义务具有强制性,因此,从一开始就不存在财产减少的法益风险,也就谈不上风险"被容许与否"的问题。

其次,"被容许的风险"与紧急避险等正当化事由在性质上截然不同。尽管从广义上说,两者都属于刑法上的容许规范,但后者具有强容许的性质,属于赋权事由。金德霍伊泽尔指出,如果一种举动虽然为某一普遍有效的禁止性命令的描述所包摄,但在具体情境中基于特殊的情状而得到了容许,那么,该举动就获得了强容许。[②] 由此看来,正当防卫、紧急避险等强容许规范允许甚至鼓励行为人在特定情境中有目的地针对他人的法益实施"侵害",且行为效果及于结果,相对方对此负有容忍义务。[③] 然而,"被容许的风险"并非法律的赋权,而只是在个案情形中给予行为人的豁免。我们因行为人满足了法规范的要求而无法将法益侵害结果归责于行为人,但并不代表侵害结果也是法律所允许的。[④] 因此,有学者用"其他交往参与者遭受的不予防御的风险"来规范性地界定"被容许的风险",认为其与紧急避险相似,不同于后者的地方只在于,"被容许的风险"更强调一般性的利益衡量,它赋予了行为人在具体情境中不必为了降低风险而使出浑身解数(免于投入注意力资源)的空间。[⑤]

再次,"被容许的风险"不应从属于社会相当性理论。社会相当性理论被用来将那些字面上为刑法规范所涵盖但完全处在正常的、历史性形成的共同体生活的社会伦理秩序范围内的行为排除出不法的范围。[⑥] 尽

---

① 参见周光权:《客观归责论在财产犯罪案件中的运用》,载《比较法研究》2018 年第 3 期。

② 参见[德]乌尔斯·金德霍伊泽尔:《社会相当性与可罚的不法》,陈璇译,载《人民检察》2019 年第 17 期。

③ 参见陈璇:《紧急权:体系建构、竞合适用与层级划分》,载《中外法学》2021 年第 1 期。

④ 参见[德]乌尔斯·金德霍伊泽尔:《刑法总论教科书》(第 6 版),蔡桂生译,北京大学出版社 2015 年版,第 335 页。

⑤ Vgl. Michael Pawlik, Das Unrecht des Bürgers: Grundlinien der Allgemeinen Verbrechenslehre, Mohr Siebeck, 2012, S. 366f.

⑥ Vgl. Thomas Rönnau, Grundwissen-Strafrecht: Sozialadäquanz, JuS 2011, S. 311.

管有学者强调,在判定行为是否具有社会相当性时,除了考虑其通常性和必要性,还要考虑其是否为整体法秩序所接受,[①]但这也无法改变社会相当性判断重在"社会通常"的事实。然而,我们无法从实然推导出应然。[②] 有研究成果更是指出,社会相当性理论得以适用的场合均处于法律化尚未成熟的阶段,而"被容许的风险"却恰恰应当在法律化相对成熟的背景下才有适用余地。因此,在后者的意义上,社会相当性就是一个过时的概念。[③]

最后,"被容许的风险"不应被定位在结果归责的环节,因此,其与合义务替代行为的检验被区别开来。不同于个别论者将合义务替代行为的检验定位在"风险创设",[④]本文认为,合义务替代行为的检验只是为了将一些无法由遵守规范而得以避免的结果排除出归责范围,实质上仅仅在事后否定了注意义务的个案效力,但这并不能说明相关注意规范不是人们在事前应当遵循的行为指南。而且,之所以要进行合义务替代行为的检验,恰恰是因为行为人事实上没有在"被容许的风险"的范围内行动。因此,若要判定结果是否可归责于行为人,就要看"被容许的风险"是否能单独说明结果的发生。[⑤]

综上所述,"被容许的风险"应作为独立的阻却行为不法的归责排除事由,被定位在客观归责的行为归责环节,且不应被限于过失结果犯,而应被扩展到所有犯罪类型当中。而且,对于"被容许的风险",不应仅作出立法政策层面的考量,还应在刑法教义学中发展出具有司法可操作性

---

① 参见陈璇:《社会相当性理论的源流、概念和基础》,载陈兴良主编:《刑事法评论》第 27 卷,北京大学出版社 2010 年版。

② 参见[德]莱因荷德 · 齐佩利乌斯:《法哲学》(第 6 版),金振豹译,北京大学出版社 2013 年版,第 14 页。

③ Vgl. Florian Knauer, Zur Wiederkehr der Sozialadäquanz im Strafrecht-Renaissance einer überholten Rechtsfigur oder dogmatische Kategorie der Zukunft, ZStW 126(2014), S. 844ff.

④ 参见陈璇:《论过失犯的注意义务违反与结果之间的规范关联》,载《中外法学》2012 年第 4 期。

⑤ Vgl. Winfred Küper, Überlegungen zum sog. Pflichtwidrigkeitszusammenhang beim Fahrlässigkeitsdelikt, in: Festschrift für Lackner, 1987, S. 260.

的区分“被容许与否”的判断方法。

三、实质根据:符合法规范的期待而阻却行为不法

以“被容许的风险”排除行为不法,必须具有实质根据,否则就会成为循环论证。但既有规范层面的三种论证路径都存在难以克服的论证缺陷,因此,吸纳了三种路径各自合理内核的制度功利主义才是更为完善的论证思路。按照制度功利主义的逻辑,行为只能因符合由制度所确立的行为规则而被法律认可。与之相应,“被容许的风险”的成立的实质根据就在于,风险行为符合法规范的期待从而阻却行为不法。

(一)功利主义的利益衡量路径及其缺陷

恩吉施曾指出,为了实现法秩序所允许的目的,可以容许人们创造风险,但必须要综合测算所追求之目的的实现可能性,以及冒险行为造成法益侵害的可能性。① 罗克辛也认为,风险是否应被容许,取决于对以下两个方面的衡量:一方面是人的行动自由及与行使该自由紧密关联的社会利益,另一方面是其中不可避免的风险。② 黄荣坚进一步给出了判断思路:既要考虑利益的大小,也要考虑风险的大小。分开来看,所要争取的相对利益越大,越容许冒险;风险越小,越容许冒险。合并来看,即便某一利益(如生命)显著高于另一行动利益(如使用水果刀),但后者可能引发的风险没有大到让人牺牲后者来保全前者,因此,风险还是会被人们所容许。③

---

① Vgl. Karl Engisch, Untersuchungen zum Vorsatz und Fahrlässigkeit im Strafrecht, Aalen: Scientia-Verlag, 1995, S. 288.

② Vgl. Claus Roxin, Bemerkungen zum Regressverbot, in: Festschrift für Herbert Tröndle, 1989, S. 177 (187).

③ 参见黄荣坚:《基础刑法学》(上册)(第3版),中国人民大学出版社2009年版,第193~194页。

尽管利益衡量路径一直处于通说地位，但其理论上的缺陷无从回避。首先，如果单纯比较生命利益与其他任何一种利益，自然应以生命利益至高无上为由要求放弃行动的实施，这等于否定了风险被容许的可能性。而且，严格的数字量化并非利益衡量路径的发展方向。汉德公式所采取的计算方法，尽管表面上使整个衡量过程具备了客观性和精确性，但这种方式能否胜任司法判断的任务却值得怀疑。这是因为，当我们对所要量化的各种对象不能寻找到共通的统一尺度时，就不能实现完全的定量化。[①] 此外，经济分析消解了行为的对错问题，取消了“过错”的责任基础地位。承担责任不是因为行为有过错，而是为了将事故成本归于能通过最低成本避免事故之人，但事实上，我们很难判断究竟是行为人、被害人还是第三人才是这样的人。因此，实际上，我们总是以行为人为考虑对象。如果是这样，那么对行为人施加严格责任就总能增强经济分析所希望的效率。[②]

其次，利益衡量并不等同于法益衡量，对构成要件阶层的利益衡量不能只考虑当下的行动效应。作为利益法学派的代表性学者，黑克所采用的“普遍观察的准则”要求对个案中所有相互冲突的利益进行全面的衡量。[③] 在立法者创设一个法律规范时，那些抽象的目标意念（如法律安定性、经济性等）毫无疑问被一起作为利益得到了评价。[④] 而在法律发现的过程中，必定要考虑整体法秩序的价值判断和价值理念。行为之于整体法秩序的意义、维护最高法律价值和一般性法律原则之于公众的利益等，都需要被放入衡量之天平。[⑤] 而且，以法益衡量取代利益衡量的做

---

① 参见陈璇：《标准人的心素与注意义务的边界——与“杨存贵交通肇事案”二审裁定书展开的学术对话》，载《清华法学》2020 年第 6 期。

② 参见冯珏：《汉德公式的解读与反思》，载《中外法学》2008 年第 4 期。

③ Vgl. Philipp Heck, Begriffsbildung und Interessenjurisprudenz, Mohr Siebeck Verlag, 1932, S. 107.

④ Vgl. Heinrich Stoll, Begriff und Konstruktion in der Lehre der Interessenjurisprudenz, in: Festgabe für Philip Heck, Max Rümelin, Arthur Benno Schmidt, 1931, S. 60 ff.

⑤ Vgl. Renzikowski, Notstand und Notwehr, Duncker & Humblot Berlin, 1994, S. 37.

法,忽视了利益的层次结构,只将利益狭隘地界定为当事人双方的具体法益,而不考虑制度利益和法治国的基础利益。然而,无论对于刑法还是民法而言,这两种利益都是衡量的关键所在。[①]

最后,当利益与相对利益分属不同主体所有时,为什么行为人有权为了满足自己的利益而擅自在自己的利益状态与他人的利益状态之间作出衡量,并以此来决定干预他人行为?基于功利主义追求的"最大多数人的最大幸福"之目标,以此为根基的利益衡量并非指向单个人的福祉与恶害之间的衡量,而是指向不同个人的福祉与恶害之间的衡量。那么,是否只要他人权益具有凌驾性,就可以抑制甚至牺牲个人权益?[②] 这一根本性的质疑是利益衡量路径的主张者必须予以回应的。

(二)自由主义的法主体性路径及其疑问

正是因为看到功利主义因整体利益的衡量而形成对个体的强制,周漾沂才旗帜鲜明地提出了以自由主义为根基的法主体性路径,主张风险是否应被容许只能取决于每一个拥有外在自由领域的法主体的意愿。只有当遭受风险的被害人自愿承担风险,才能够使行为人所创设的风险成为"被容许的风险"。[③]

这种论证路径是以对刑事不法概念的重新界定为前提的。传统的法益侵害说和目的行为论仅仅关注行为带给外部世界的消极变动以及行为本身所具有的目的和样态,而缺失了对行为在法律、社会建构层面的考察。这种新的不法概念意图从行为的视角延伸到主体间的视角来看待其内在理性,也即对行为的界定必须以该行为与另一个自由的法律

---

① 参见劳东燕:《法益衡量原理的教义学检讨》,载《中外法学》2016年第2期。

② 参见周漾沂:《风险承担作为阻却不法事由——重构容许风险的实质理由》,载台北,《"中研院"法学期刊》2014年第14期。

③ 参见周漾沂:《风险承担作为阻却不法事由——重构容许风险的实质理由》,载台北,《"中研院"法学期刊》2014年第14期。

人格体的关联为前提。[1] 主体间原本互相承认对方为平等的法主体,但刑事不法行为则意图表达对这一承认关系的否定,这种否定通过行为人改变他人支配下的法益事务的结果状态而得以体现。这种主体间的不法概念强调被害人行为在不法建构中的重要作用,简言之,就是被害人的态度及行为人对此的认知是建构不法的理由。基于此,风险的"被容许与否"就取决于其是否为被害人自愿接受。[2]

不过,这种论证路径也会面临如下质疑:其一,法主体性路径将社会理解为个体的集合,而不愿意接受超越个人而建立的整体性,但法律人格体的存在必须以社会为前提。为了避免"所有人对所有人的战争",让人们享受安全甚或生命的基本愉悦,享有秩序井然、平稳运行的经济带来的一切便利,人们采取签订社会契约的方式将自我管理的权力授予一个集体,使其能够采取任何行动或命令别人采取行动。[3] 自契约签订之始,个人与国家、社会便相互依赖和彼此关联。社会中的目标物、知识及行为准则的建构被我们的集体共享,会塑造或限制我们的观念和行动,其结果就是产生社会互动、集体行为所需要的可预测性与秩序。[4] 因此,社会并不是具有自由意志的法主体的简单集合,能够协调社会成员生活和行动的价值观和规则也并非基于个人意愿所创设。

其二,法主体性路径并不契合大型匿名化的复杂社会。现代社会并不是一个"没有陌生人的熟人社会",而是必须要靠契约来重新构建人与人之间的信任的社会。[5] 经由契约加以调整的社会意味着匿名化,因此,人与人往往并没有直接沟通的可能性,而且没有直接沟通的必要。这样

---

① Vgl. Rainer Zaczyk, Das Unrecht der versuchten Tat, Duncker & Humblot Berlin, 1989, S. 201.

② 参见周漾沂:《风险承担作为阻却不法事由——重构容许风险的实质理由》,载台北,《"中研院"法学期刊》2014 年第 14 期。

③ 参见[爱尔兰]约翰·莫里斯·凯利:《西方法律思想简史》,王笑红译,法律出版社 2010 年版,第 181 页。

④ 参见[美]乔恩·威特:《社会学的邀请》,林聚任等译,北京大学出版社 2014 年版,第 137 页。

⑤ 参见费孝通:《乡土中国》,北京大学出版社 2017 年版,第 14 ~ 15 页。

一来,经由个人意愿的表达来决定某一风险是否应被容许的想法也就成为空想。正因如此,周漾沂不得不承认,在广泛性社会交往的场合,只能借助规范这一连结交往主体认知与意愿的中介来作为判定“被容许的风险”的实质标准。①

其三,法主体性路径强调个人的自由权利,然而,一旦脱离法律的保障,权利只能是一纸空谈。自由的个人不可能只顾及自己的选择而不顾及他人。过分强调保护个人的自由和权利,只会不鼓励更好的生活方式,甚至由于个人日益缺乏对公共利益的认同,反倒会把国家为推行福利而建立的自由民主秩序当作非法要求。② 因此,各国刑法普遍保护个人法益之外的社会和国家法益,这些超个人法益是个人法益的基石。③以法主体性为根基的法益观不仅与此相悖,而且,由于法主体只能对个体法益加以处分,“被容许的风险”之适用空间被不当限缩在侵犯个体法益的犯罪当中。

(三)规范主义的社会角色路径及其谬误

雅科布斯则从规范共同体如何得以形成和维系的视角来思考风险“被容许与否”。他认为,由于共同体的存续必须依赖一个脱离了个体的任意而建立起来的联系框架(规范),而正是规范指导着那些有能力理解它的人格体之间的匿名交往,提供标准的解释模式,所以社会才体现出同一性。④ 刑法服务于强化人们对这种匿名交往的期待,所以,当规范被违反时,刑法就要把令人失望的行为界定为缺陷或错误,从而让人们可

---

① 参见周漾沂:《风险承担作为阻却不法事由——重构容许风险的实质理由》,载台北,《“中研院”法学期刊》2014 年第 14 期。

② 参见俞可平:《政府:不应当做什么,应当做什么——自由主义与社群主义的最新争论》,载《政治学研究》1998 年第 1 期。

③ 参见贾健:《人类图像与刑法中的超个人法益——以自由主义和社群主义为视角》,载《法制与社会发展》2015 年第 6 期。

④ 参见[德]京特·雅科布斯:《规范·人格体·社会——法哲学前思》,冯军译,法律出版社 2001 年版,第 89 页。

以信赖规范是有效的。而维护法规范的效力则需要稳定各个社会角色的行为期待。[①] 角色意味着权利与义务的集合。履行了角色所规定的义务，就履行了保证人的义务，所创设的也就只能是“被容许的风险”。[②]按照这样的逻辑，一个在餐馆打工的生物系学生在认识到盘子中的蘑菇有毒的情况下，如果仍然将蘑菇端给顾客，那么，由于其实施了符合其社会角色也即服务生的行为，所以其创设的只是“被容许的风险”。同样，当五金店的老板将刀具卖给一个顾客时，即便他偶然得知该顾客将用这把刀去杀人，其卖刀行为也是合法的。

但是，即便我们认同刑法的任务是保障法规范的有效性，也无法赞同将社会角色作为维护规范效力的工具。一方面，规范效力的维护脱离法益保护难以立足。许迺曼曾言，应挺身反抗一个把刑法教义学蜕变成一种纯粹规范论的且因此最终自我指涉的体系，[③]剑锋直指雅科布斯的系统论刑法原理。尽管卢曼的系统理论认为，社会功能性地分化为各个自创生的子系统，且这些子系统均是封闭运行的实体，借助其要素的递归式生产从而自我创生和自我维持；[④]但即便是封闭系统，也不应只为了维持其自身而存在，其最终目的是生活在其中的人。刑法规范对人们行为的禁止的正当性必须得到证明。而在相关法益面临紧迫的威胁时，雅科布斯的支持者却要求行为人退缩到角色之后，[⑤]这难道不正是着眼于法益保护而作出的例外选择吗？另一方面，创设法益风险的行为人无法援引社会角色来开脱罪责。雅科布斯忽视了全体公民都无法摆脱的最基本的社会角色——共同体的成员。作为社会成员，任何公民都负有

---

① 参见[德]格吕恩特·雅科布斯：《行为·责任·刑法——机能性描述》，冯军译，中国政法大学出版社1997年版，第126页。

② 参见周维明：《雅各布斯的客观归责理论研究》，载《环球法律评论》2015年第1期。

③ 参见[德]许迺曼：《由语言学到类型学的故意概念》，林立译，载许玉秀、陈志辉合编：《不移不惑献身法与正义：许迺曼教授刑事法论文选辑》，台北，新学林出版公司2006年版，第474页。

④ Vgl. Georg Kneer, Armin Nassehi, Niklas Luhmanns Theorie sozialer Systeme, Wilhelm Fink Verlag, 2000, S. 61ff.

⑤ 参见何庆仁：《特别认知者的刑法归责》，载《中外法学》2015年第4期。

"不得随意伤害他人"的基本义务,这项义务不会随着公民扮演的不同角色而改变。这是因为,在规范层面,不是对社会角色的期待而是刑法对一个忠诚于法的公民的期待才是重要的。[①]

(四)重构:制度功利主义与符合法规范的期待

本文认为,单纯采用上述任何一种路径都存在难以克服的论证缺陷,因此,在吸纳三种路径各自合理内核的基础上重构实质根据,才是解决问题的出路。

首先,只要法律体系并非纯粹自我指涉的封闭体系,而是始终指向一个理想目标,且对部分风险行为的容许是基于法益保护和自由保障之间的平衡考虑,就无可避免地要以功利主义和利益衡量作为归责机制设计的根基和思路。功利主义的影响之所以如此巨大,是因为人们认为,功利主义原理之于社会,譬如牛顿定律之于自然界。对社会的治理与对自然的探索一样,只要能够发现其中的客观规律,就能够由人类自己来控制与引导。[②] 在刑罚论层面,报应刑思想的衰落早已成为命中注定的事实,刑罚的实施普遍被视为旨在实现预防犯罪。由于刑罚的施加必须考虑现实的社会政治需要,故刑事政策成为连结政治与刑法的重要桥梁。[③] 目的理性刑法体系的创立正是试图跨越刑事政策与刑法体系之间的鸿沟,将刑事政策的功利目标贯彻到刑法体系的各个部分。客观归责理论及"被容许的风险"概念,正是目的理性刑法体系结出的累累硕果之一。为了更好地实现刑法的预防目的,归责需要合理的风险分配,而风险分配实质上就是对义务的分配,这恰恰要求对创设风险的行为所涉及的各种利益进行权衡和取舍。

---

① 参见[德]乌尔斯·金德霍伊泽尔:《论所谓"不被容许的"风险》,陈璇译,载陈兴良主编:《刑事法评论》第34卷,北京大学出版社2014年版。

② 参见劳东燕:《网络时代刑法体系的功能化走向》,载《中国法律评论》2020年第2期。

③ 参见劳东燕:《罪刑规范的刑事政策分析——一个规范刑法学意义上的解读》,载《中国法学》2011年第1期。

其次,在利益衡量的过程中,应考虑个人基本权利的保障和自由决定的影响,绝不能将个体作为量化的、可计算的价值客体加以对待。刑法中的利益衡量应以制度利益为核心来展开,对制度利益的解读受到法治国的基础利益的制约和控制,不仅不允许背离基本权利所彰显的价值,而且对于某些基本价值,禁止作出相对化的处理,即不允许这些基本价值为其他利益所超越。[①] 对某类行为的许可尽管是综合权衡各种竞争利益的结果,但应尊重相关利益持有者的意志与决定。如商谈性的责任概念不将行为人理解为规范接收者,而视其为法治民主国家中规范的起草者,规范正是表达了沟通性自治的人格体对于彼此之间的利益平衡的法律理解。[②]

最后,为防止以追求法益保护之名而对公民施加无止境的注意义务,必须以一定的行为期待来限定义务的边界。但这种期待不是对社会角色的期待,而是对行为人实施理性行为的期待。在现代法治社会中,任何一项可能对公民自由造成限制的法律义务获得正当化的前提均在于,它能够得到理性公民的自愿接受,从而成为一项可以普遍适用的法则。一旦行为人的谨慎态度达到了法秩序的基本要求,那么,对于其认知能力出现的下降就无法在法规范上予以谴责。无论是社会角色理论,还是社会相当性思想,背后深层次的思考都在于,在可预见的危险俯拾皆是的现代社会中,应最大限度地稳定人们的规范预期,避免以刑罚手段打破既存的社会信任,保障人们应有的行动自由。[③]

这恰恰体现了制度功利主义的核心思想。按照制度功利主义的逻辑,行为因符合制度所确立的行为规则而被评价为正当,而制度本身则

---

① 参见劳东燕:《被允许的危险理论与过失犯的归责》,载梁根林、[德]埃里克·希尔根多夫主编:《违法性论:共识与分歧》,北京大学出版社 2020 年版。

② Vgl. Kindhäuser/Hilgendorf, Lehr-und Praxiskommentar, 8. Aufl. 2019, Nomos Verlagsgesellschaft Baden-Baden, Vor § 19ff Rn. 10.

③ 参见陈璇:《标准人的心素与注意义务的边界——与“杨存贵交通肇事案”二审裁定书展开的学术对话》,载《清华法学》2020 年第 6 期。

因其规则普遍被遵守能带来最大的社会功利而被评价为正当。[①] 详细来说:其一,制度的形成和政策的制定必须能够实现社会整体功利的最大化。但是,由于存在策略性互动的问题,社会和国家没有办法对每一个行为的功利的大小进行准确判断,更没有办法对所有行为的功利进行加总和比较,因此,成本较低的办法是由国家和社会设计出一套社会制度来约束每一个人的行为。[②] 其二,制度功利主义认识到了人的有限理性,即不能对某些功利加以准确衡量和比较,因此,主张建立一种有效的权利体系来保障每个人的权益的实现。在制度层面,个人偏好和他人偏好是兼容的,社会制度并不会要求为了其他目的而损害一个人的权利。[③] 而且,制度功利主义不可能允许为了更大利益而惩罚无辜者,因为根据功利的计量,所有从惩罚无辜者中得到的利益都会被它所引发的苦难抵消。[④] 其三,与规则功利主义假定一套理想的规则体系不同,制度功利主义关注规则的现实有效性。因此,它必须考虑既有文化、道德、政治和经济等因素对制度的实际效用的影响。[⑤] 人们可以相信,只要按照制度和规则来行事,行为就是被容许的。

基于此,我们就可以重构"被容许的风险"的实质根据:行为只要符合法律制度所确立的行动规则,就会被认定为正当,而出于平衡法益保护和自由保障之利益的考虑,刑法规范不可能要求人们绝对避免实施带有法益风险的行为,而只能期待人们在一定程度上将自己遵守规范的能力维持在必要的水平之上。法规范向社会生活中的个体展示了行为样板,使人们拥有了方向性的安定感,允许人们期待,只要实施了"符合法规范期待"的行为,就不会与他人的利益发生冲突,其所创设的即是"被

---

① 参见马乐:《刑法学中的"正当"与违法性理论》,法律出版社2017年版,第74页。

② 参见晋运锋:《权利奠基于功利——当代功利主义对权利之基础的思考》,载《法制与社会发展》2012年第6期。

③ 参见晋运锋:《权利奠基于功利——当代功利主义对权利之基础的思考》,载《法制与社会发展》2012年第6期。

④ 参见马乐:《刑法学中的"正当"与违法性理论》,法律出版社2017年版,第75~76页。

⑤ 参见马乐:《刑法学中的"正当"与违法性理论》,法律出版社2017年版,第77~78页。

容许的风险”。[①]

值得说明的是,对风险的容许并不意味着刑法放弃了对被害人的保护甚至贬低了生命的价值。一方面,刑法规范并未赋予行为人生杀大权,而只是对不可归责的法益侵害给予谅解和宽恕。因此,对于“被容许的风险”行为所导致的侵害结果,被害人不仅无容忍的义务,而且可以要求行为人对其所遭受的损失进行民事赔偿。另一方面,刑法规范经由利益衡量而容许某一风险行为的实施的行为,在规范意义上为被害人所同意。由于任何参与社会交往的行为都是“自陷风险”,因此,每个能够理解规范的参与人都应当承担其交往行为必然附带的风险,而这种风险正是法规范所期待的由被害人自我防护的风险。[②]

四、判断标准:基于法规范期待的具体形式的设定

既然“被容许的风险”的成立的实质根据在于行为符合法规范的期待,那么,对何为法规范期待的解读并确定相应的标准就成为问题的关键。法律系统兼具运作封闭和认知开放的双重属性,因此,在法律系统内部,既要考虑刑法子系统自身的功能如何运作,也要兼顾刑法子系统如何与宪法子系统相协调;而在法律系统外部,则要处理好刑法子系统与其他社会子系统之间的关系。

(一)行为符合法规范期待的三种表现形式

1. 行为达到了法规范要求的谨慎程度

法律系统的运作只有依靠人的意识才得以可能。任何沟通都必须

---

① Vgl. Gunnar Duttge, Erlaubtes Risiko in einer personalen Unrechtslehre, in: Festschrift für Manfred Maiwald, 2010, S. 142.

② Vgl. Michael Pawlik, Das Unrecht des Bürgers: Grundlinien der Allgemeinen Verbrechenslehre, Mohr Siebeck, 2012, S. 366.

通过意识的过滤在系统的环境中进行。沟通依赖人的意识，只有借助意识才能得以运转。[①] 刑法通过确证行为规范的效力间接地实现保护法益的目的，因此，作为规范接收者的公民必须具有理解并遵守规范的能力。在过失犯中，行为人对结果承担刑事责任的根据就在于其没有按照法规范的要求履行必要的注意义务，导致未能有效调动自身能力避免结果的发生。注意义务就是要根据规范接收者的能力来确定其在多大程度上受到客观上当为规范的约束。因此，除了行为人必备的身体、智力等能力要素，还必须对司法者对行为人的谨慎态度所提出的要求加以限制。一旦行为人的谨慎态度达到了法规范的期待，那么，其未能调动能力避免结果的状态就不具有规范上的可谴责性。[②] 基于此，行为符合法规范期待的表现形式之一就是行为达到了法规范要求的谨慎程度，从而创设"被容许的风险"。

2. 行为维护了宪法上公民的基本权利

刑法系统的运作还必须关注宪法子系统作出的价值判断，并据此决定自身的运作结构是否需要调整。[③] 尽管对具体犯罪构成要件的解释主要是解释关于刑法科学和刑事法庭的问题，但当某种解释过分地侵犯了基本权利时，相关问题就转变为宪法科学的问题。[④] 实定宪法上的权利规范将民主国家所应护持的价值引入刑法体系，从而在整体法秩序融贯性和正当性的意义上对刑法规范进行补充和续造。[⑤] 在故意犯中，原则上并没有"被容许的风险"的存在空间，但对于言论犯罪等特殊犯罪而

---

① 参见祁春轶：《系统理论如何安放人》，载《人大法律评论》2019年卷第2辑·总第30辑，法律出版社2020年版。

② 参见陈璇：《标准人的心素与注意义务的边界——与"杨存贵交通肇事案"二审裁定书展开的学术对话》，载《清华法学》2020年第6期。

③ 参见周维明、赵晓光：《分化、耦合与联结：立体刑法学的运作问题研究》，载《政法论坛》2018年第3期。

④ 参见［德］洛塔尔·库伦：《论刑法与宪法的关系》，蔡桂生译，载《交大法学》2015年第2期。

⑤ 参见张翔：《刑法体系的合宪性调控——以"李斯特鸿沟"为视角》，载《法学研究》2016年第4期。

言,倘若行为只要具有侵犯名誉的风险就被禁止,那么,宪法所保障的言论自由将沦为一纸空谈。更重要的是,除了确保个人的自我实现之外,对言论自由的保障还是人民参与公共事务管理和实行民主的基本前提。[①] 特定个体或集体的名誉必定是在社会交往关系当中得以具体化的,人们对他人的名誉并非负有无条件尊重的义务。既然人们的行为及其生活关系会对他人产生影响,那么,人们就难以避免地受到他人的评价甚至批评。刑法必须保障公民在特定条件下对其他个体发布的言论不受追究,以使人们可以期待,人们相互之间的承认关系不会因为言论的发布而遭到动摇。[②] 基于此,行为符合法规范期待的表现形式之二就是行为维护了宪法上的公民基本权利,从而排除了为法所禁止的风险。

3. 行为遵守了其他社会子系统的规则

法律系统尽管封闭运作,但始终需要认知环境,汲取非法律价值,从而保障自身的学习能力,使自身不至于在获得“自主性”的同时丧失对环境的适应性和敏感度。[③] 调整在其他子系统中产生的社会关系时,刑法必须在尊重该系统运作规律的前提下,确定其应当保护何种利益,并将相关利益转化为具体法益。对于其他子系统能够通过自身机制来抑制的自我膨胀,刑法就没有必要也不应当从外部施加干预。[④] 在法定犯中,行为只有在侵害法益的同时还违反规制特定领域的行政法规时,才可能承担刑事责任,这使法定犯在一定程度上具有了行政从属性特征。[⑤] 正是这一从属性特征为“被容许的风险”开辟了存在空间。社会子系统总存在自身无法消除的风险,因此,即便行为符合该系统的规则,也无法避

---

① 参见张明楷:《言论自由与刑事犯罪》,载《清华法学》2016 年第 1 期。

② Vgl. Rainer Zaczyk, § 193 StGB als Rechtfertigungsgrund, in: Festschrift für Hans Joachim von Hirsch, 1999, S. 827.

③ 参见高鸿钧、赵晓力主编:《新编西方法律思想史(现代、当代部分)》,清华大学出版社 2015 年版,第 329、330、341 页。

④ 参见劳东燕:《金融诈骗罪保护法益的重构与运用》,载《中国刑事法杂志》2021 年第 4 期。

⑤ 参见陈兴良:《法定犯的性质和界定》,载《中外法学》2020 年第 6 期。

免对相关的集体或个人法益造成侵害。我们运用政策和法律对自然环境和社会环境进行规划和控制,目的在于达到期待的结果,并从复杂世界的因果关系网络中挑选出特定的原因,由此管理特定原因和结果之间的关系。但这只是一套理想化的安排,因此总是存在无法被规划和控制的"剩余风险"。[①] 这种"剩余风险"是行为人在相关领域进行交往时必须承担的代价,属于系统自主运作无法避免的消极后果,不应当引发刑法的介入。基于此,行为符合法规范期待的表现形式之三就是行为遵守了其他社会子系统的规则。

根据上述三种行为符合法规范期待的表现形式,我们可以分别设定"被容许的风险"的判断标准。

(二)判断标准之一:基于法规范要求的谨慎程度的设定

认定行为是否符合法规范要求的谨慎程度,就是要确定法规范究竟要求行为人在多大程度上将注意力资源投入避免法益侵害之上。一方面,法规范要求行为人事前采取的防范措施应当足以使其避免结果发生的能力维持在必要水平之上;另一方面,这种注意力投入的要求不能过分限制公民的行动自由,不可期待公民为了法益的全面保护而畏首畏尾。在司法实务中,以注意规范来判定行为是否符合法规范的期待是通行的做法,因为特定业务领域的注意规范正是"建立在经验和思考之上的、对可能之危险所进行的全面预测的结论",所以,对这类规范的违反通常成为行为人承担过失责任的根据。[②] 下面结合案例1和案例2展开分析。

案例1:被害人因病住进某医院妇产科。经必要检查后,医院决定对被害人在连续实施硬膜外麻醉的情况下行"剖腹探查术"。次日10时50分,被害人被送入手术室。被告人作为麻醉医师,按常规实施硬膜外麻

---

① 参见宾凯:《政治系统与法律系统对于技术风险的决策观察》,载《交大法学》2020年第1期。

② Vgl. BGHSt 4, 182, 185.

醉。11 时 7 分,被害人恶心、气短,出现抽搐、四肢僵直、意识淡漠等征象。医院组织有关专家进行抢救,但抢救人员经验不足、技术欠缺和抢救设备老化等因素,影响了抢救效果。被害人于 9 月 10 日 3 时 10 分死亡。[①]

在案例 1 中,被告人在施行手术的过程中造成被害人死亡这一事实清楚,有争议之处在于,其手术行为是否有违章之处,且该违章行为与死亡结果之间是否有刑法上的因果关系。法院认为,被害人出现全脊麻醉并发症后,医务人员因抢救经验不足、抢救设备老化、技术欠缺等未能挽回被害人生命,主观上有过错,应承担民事赔偿责任。但是,现有证据无法证明被告人施行手术属于擅自违章上岗,也不能证明被告人有错用、不当使用麻醉药品或违反常规操作等现象,因此,被告人的行为不符合医疗事故罪的客观构成要件。[②] 在此案中,法院以医疗领域中的诊疗常规这一特别规范划定了“被容许的风险”之成立范围,认定被告人技术不高等造成被害人的死亡,不具备刑法上的可谴责性。

不过,基于社会生活频繁、快速的变动,并非在任何业务领域都已事无巨细地形成了相对明确的注意规范。而且,特定领域的注意规范要么尚不具备法律约束力,要么仅属行政法规,不能代表刑法的价值判断,因此,仍有必要实质性地确定在具体情境中行为人应当尽到何种谨慎义务才能有效避免结果的发生。[③]

案例 2:被告人驾驶小货车以正常速度沿公路驶向长江边的某码头,但当行至离江边 29 米的斜坡时,总泵皮碗突然破裂,刹车失灵。被告人连踩三下脚刹车,并立即拉了手刹,但均未能将车刹住。汽车遂俯冲落入长江。除被告人和一名乘客外,车上其余 4 人全部遇难。[④]

---

① 新疆维吾尔自治区乌鲁木齐市中级人民法院刑事判决书,(2000)乌刑终字第 286 号。

② 新疆维吾尔自治区乌鲁木齐市中级人民法院刑事判决书,(2000)乌刑终字第 286 号。

③ Vgl. Hans Kudlich, Die Verletzung gesetzlicher Sondernormen und ihre Bedeutung für die Bestimmung der Sorgfaltsverletzung, in: Festschrift für Harro Otto, 2007, S. 372.

④ 参见马克昌主编:《犯罪通论》,武汉大学出版社 2001 年版,第 368 ~ 369 页。

首先,应从导致结果发生的风险因素的角度来考察,事前实施怎样的防范措施才能决定性地避免危险的现实化。其次,应基于平衡法益保护与自由保障之利益的考虑,确定相关业务领域的理性人在具体情境中可否被期待实施相关防范措施。详细来说,一方面,要看具体情境中的法益危险是远在天边,还是近在眼前。就像人们在生活中总是在区分轻重缓急的前提下来安排行动,法规范也应基于法益危险的远近来向行为人提出注意力资源投入的要求。只有在出现较为明显的危险信号时,法规范才可以要求行为人放弃其活动。另一方面,要看行为人能否基于自身能力准确识别相关危险信号,且实施防范措施对其来说是否意味着不可承受之重。倘若识别危险信号的义务超越了行为人的心智能力,或者采取防范措施等同于让行为人放弃相关业务活动,那么,就应排除行为人的注意义务违反。在案例2中,被告人并没有实施超速行驶等不谨慎的行为,四人遇难的风险因素是出现问题的总泵皮碗。为避免遇难这一结果的发生,应在事前识别出风险因素。但对于业务能力处在行业平均水平的货车司机来说,如果汽车没有明显异常的信号,就无法期待其通过行车前检查来发现总泵皮碗的故障。这是因为,这种故障的出现实属罕见,即便是拥有专业检测能力的修理师也未必能够发现。因此,被告人的行为创设的是"被容许的风险"。

(三)判断标准之二:基于维护宪法上公民的基本权利的设定

言论自由在公民的基本权利中处于首要地位。出于保障言论自由的考虑,严格限定言论犯罪的成立范围是国内外的共识。在"艾布拉姆斯诉美国案"中,霍姆斯大法官明确援引了"明显而即刻的危险"标准:只有对可能立即引发现实危险或者意图如此的行为,国会才能在未涉及个人权利的前提下,对言论自由施加限制。[①] 在"《纽约时报》诉沙利文案"

---

① 参见[美]安东尼·刘易斯:《批评官员的尺度:〈纽约时报〉诉警察局长沙利文案》,何帆译,北京大学出版社2011年版,第94页。

中,布坎南大法官提出了“实际恶意”标准:《纽约时报》并不明知广告内容中的不实之处,而只有在其员工明知广告陈述不实且仍故意刊登这则广告的情况下,其行为才属于“确有恶意”。行为人在对“错误陈述信以为真”的前提下发布的不实之词,应免于诽谤诉讼。[①] 我国学者也提倡将客观真实和合理确信规则下的“主观真实”作为违法阻却事由。[②] 还有法官在民事判决中提出,衡量新闻机构的评论是否公正,应当从其评论的对象是否与社会公共利益有关、评论的事实依据是否真实存在、评论是否出于诚意等方面作出考量。[③]

以上主张表明,为了给予言论自由权足够的行使空间,法规范应当赋予行为人在特定条件下“误判”的特权。倘若公民发布的言论意在追求维护公共利益,那么,即便事后证明其所述不实,原则上也应排除行为不法。尤其是在很多涉及国家或公众重大利益的事件中,对政府机构或公共人物的批评乃至揭发反而有助于揭发违法犯罪、阻止公共利益受损。因此,法规范不应期待发布相关言论的公民事先对所述事实的真伪进行谨慎的审查,而应在客观真实之外强调主观真实标准的价值。当行为人出于维护公共利益的目的,真诚地相信其所述事实为真时,那么,即便有侵害他人名誉权的风险,该风险也应被评价为“被容许的风险”。下面结合案例 3 展开分析。

案例 3:被告人原系 A 市某银行支行职工。被告人多次向 B 区检察院举报本行行长、副行长、部门经理等人实施贪污公款、贪污职工工资、受贿、与债务人勾结逃废银行债务等违法犯罪活动,造成巨额国有资产流失。B 区检察院、A 市检察院及其指定的 C 县检察院经过多次调查,均未能证实上述违法犯罪事实。但被告人仍然对调查结果及银行的答

---

① 参见[美]安东尼·刘易斯:《批评官员的尺度:〈纽约时报〉诉警察局长沙利文案》,何帆译,北京大学出版社 2011 年版,第 186 ~ 188 页。

② 参见刘艳红:《网络时代言论自由的刑法边界》,载《中国社会科学》2016 年第 10 期;姜涛:《网络谣言的刑法治理:从宪法的视角》,载《中国法学》2021 年第 3 期。

③ 参见[美]安东尼·刘易斯:《批评官员的尺度:〈纽约时报〉诉警察局长沙利文案》,何帆译,北京大学出版社 2011 年版,译者序第 20 页。

复表示不满,又多次向有关机关控告并要求追究上述银行领导的刑事责任。①

案例3涉及以"主观真实"标准排除言论犯罪的成立。在案例3中,一审法院认定,由于被告人的多次举报行为严重侵犯了被举报人的合法权益,妨害了司法机关的正常活动,故应认定其行为构成诬告陷害罪,只是基于犯罪情节轻微,免予刑事处罚。但二审法院认为,上诉人主观恶性较小,犯罪情节显著轻微,社会危害性不大,因此宣告其行为无罪。②二审判决彰显了对言论自由所给予的特殊保护。尽管被告人对他人的多次举报与事实不符且对他人的法益造成了侵害,但其行为出于维护公共利益之目的,且主观上一直坚信自己所举报的违法犯罪事实存在,因此,并未创设法所不容许的风险。

(四)判断标准之三:基于遵守其他社会子系统的规则的设定

法定犯的成立以违反行政法规为前提,因此,对"被容许的风险"的判定以明确相应社会子系统的规则为前提。以科学系统和经济系统为例,对于前者涉及的食品、药品犯罪和污染环境犯罪,如果生产、销售或排污行为没有超出科学界经由风险评估和权衡所设定的标准值,原则上就并未创设法所不容许的风险;对于后者涉及的背信犯罪、破产犯罪等经济犯罪,如果行为人实施的经营决策或财产处置行为合乎经济法规、商业惯例或企业规章,那么,即便其决策或处置行为致使企业或债权人的利益受损,原则上也不构成犯罪。

1.科学系统中被容许风险的判定标准

对食品和药品犯罪的认定并非以行政机关的法规和命令为标准,而应以食品和药品科学界作出的鉴定结论为标准。例如,我国司法解释明确将"违反食品安全标准,超限量或者超范围滥用食品添加剂"作为生

① 河北省唐山市中级人民法院刑事判决书,(2012)唐刑终字第248号。

② 河北省唐山市中级人民法院刑事判决书,(2012)唐刑终字第248号。

产、销售不符合安全标准的食品罪的入罪门槛。对于“有毒、有害的非食品原料”的认定,司法解释将“危害人体健康”增设为“有毒、有害”的实质要件,并规定以鉴定意见等书面意见作为认定根据。[①] 2019 年修订的《药品管理法》以药品所含成分或剂量不符合《中华人民共和国药典》的规定作为生产、销售假药罪和劣药罪的实质判准,因此,当符合《中华人民共和国药典》所设标准值的药品导致了严重的不良反应时,不应追究生产企业的故意责任。

环境犯罪的行政从属性特征决定了环境刑法的目的只在于防止环境污染超出许可限度。这是因为,刑法一开始就不打算全面且绝对地保护生态法益,所以,它将区分允许和不允许的环境污染的界限这一利益衡量的任务交给了行政机关。不过,对于污染权限分配的合法性评价,环境科学界仍应具有最终发言权,因为环境刑法的正当性取决于决策的公正性,而环境科学界所作出的专业决策目前无疑最具权威性。[②] 下文将结合案例 4 展开分析。

案例 4:某能源科技公司法人代表甲明知该公司无处置危险废物的资质,但为攫取利益,在该公司院内非法设置储油池、储油罐,并四处承接船舶废油及工业废油等,以土法提炼原油。其中,甲于 2017 年 10 月从被告人乙处收购废油约 178 吨,于 2017 年 11 月至 2018 年 5 月从被告人丙处收购废油约 487 吨。二被告人均明知甲无处置危险废物的资质。经检验,该公司储油池中的废液样品为危险废物,储油罐周边土壤样品受到石油烃污染。[③]

在案例 4 中,法院指出,山东省环保科研院环境风险与污染损害鉴定评估中心出具的检验意见、青岛市生态环境保护局出具的情况说明及

---

① 参见最高人民法院、最高人民检察院《关于办理危害食品安全刑事案件适用法律若干问题的解释》(法释〔2021〕24 号)。

② 参见[德]洛塔尔·库伦:《环境刑法——新教义学的探索》,胡敏慧译,载方小敏主编:《中德法学论坛》第 16 辑下卷,法律出版社 2019 年版。

③ 山东省青岛市李沧区人民法院刑事判决书,(2019)鲁 0213 刑初 508 号。

监测报告等均能证实被告某能源科技公司储油池中的废液样品为危险废物,亦为“有毒物质”;储油罐周边土壤样品受到石油烃污染且含量超过建设用地土壤风险管制值,对人体健康通常存在不可接受的风险。[①]在此案中,法院正是以环境科学界针对建设用地土壤所设置的风险管制值作为风险“被容许与否”的判断标准。

不过,如果已经存在显著的危险疑虑,而食品和药品生产企业或排污企业怠于尽到谨慎的危险预见和危险防御的义务,那么其可能构成过失犯罪。尽管企业可以一般性地信赖行政当局设定的标准值,但相较于行政当局,企业往往更有发现问题的能力,因此其在法益保护方面责无旁贷。[②] 正如“皮革喷雾剂案”所示,法规范期待生产企业在识别出危险信号时作出召回产品的决定,这证立了特别的作为义务。[③]

2. 经济系统中被容许风险的判定标准

背信犯罪的基本构造是,为他人处理事务的人实施违背任务的行为,以图利或加害为目的,造成他人财产上的损害。其中,对“违背任务”这一核心要件的界定,往往要结合背信犯罪的本质即代理权限的滥用或信任关系的破坏来进行。[④] 基于商业领域因市场竞争而带来的风险的惯常性,学者普遍认为司法应秉持节制主义,在权衡政府管制、公共利益与私法自治的前提下给予商业领域一块不被法律尤其是刑法介入的空间。[⑤] 一般而言,如果行为人所作出的商业决策符合法律、合同的规定或交易惯例,就不能仅以事后实际造成的企业的财产损失来认定其滥用权限或实施了违背任务的行为。

在理论上,通常将破产犯罪区分为信息关联型和资产关联型两种类

① 山东省青岛市李沧区人民法院刑事判决书,(2019)鲁0213刑初508号。

② Vgl. Hans Joachim Gerst, Dosis sola venenum facit-Aber welche Dosis? NStZ 2011, S. 136.

③ Vgl. BGHSt 37, 106.

④ 参见张明楷:《外国刑法纲要》(第2版),清华大学出版社2007年版,第621~623页。

⑤ 参见蔡昌宪、温祖德:《论商业判断法则于背信罪之适用妥当性》,载《月旦法学杂志》2011年第195期。

型。对于前者而言,欺骗或掩盖等行为本质上就不被允许或已违反法律明文规定的义务,因此并不存在"被容许的风险"之成立余地。但对于后者而言,刑法仍有必要评价财产处置行为是否属于"合乎规范的经营",从而将"被容许的风险"和不被容许的风险区别开来。[①] 德国联邦最高法院的判例以财产处置是否为债务人或者由债务人所创立的企业牟利为首要标准,[②]但学界更为认可从客观层面来限定破产犯罪的成立范围。有学者指出,区分"合乎规范与否",就是要确保处于危机中的企业主仍然拥有对风险性经济事务作出决定的自由空间,且区分的标准不应是刑法,而应是为稳定规范性期待而设置的相关法规中的义务。这些义务表现为一些具体的交易习惯,其约束力产生于事实上的效果和法律上的肯认。[③] 某一财产处置行为是否为"合乎规范的经营",只能通过事前行为结合这些交易习惯加以判断,至于处置行为事后是否实际损害了债权人利益则无关紧要。[④]

五、结论

本文的研究结论可以概括如下:其一,"被容许的风险"概念具有独立的教义学价值,应当将其定位为阻却行为不法的归责排除事由,以有效缓和法益保护与自由保障之间的紧张关系。其二,应以制度功利主义为哲学根基重构"被容许的风险"的论证路径。基于制度功利主义的逻辑,行为因符合由法律制度所确立的规则而被认可,与之相应,"被容许的风险"的成立的实质根据就在于风险行为符合法规范的期待从而阻却

---

① Vgl. Kindhäuser, Abhandlungen zum Vermögensstrafrecht, Nomos Verlagsgesellschaft Baden-Baden, 2018, S. 441 ff.

② Vgl. BGHSt 34, 309 (310).

③ Vgl. Klaus Tiedemann, in: Leipziger Kommentar, StGB, Vor § 283 Rn. 111.

④ Vgl. Kindhäuser, Abhandlungen zum Vermögensstrafrecht, Nomos Verlagsgesellschaft Baden-Baden, 2018, S. 447.

行为不法。其三,法律系统运作封闭和认知开放的双重属性塑造了行为符合法规范期待的三种表现形式,即行为达到了法规范要求的谨慎程度,行为维护了宪法上公民的基本权利,行为遵守了其他社会子系统的规则。据此,可以分别设定实践中"被容许的风险"的判断标准。

Chapter 2 行政法学

论适当性审查：以地方性法规为对象

程庆栋[*]

目次

摘要：合法性审查和适当性审查可能会引发截然不同的法律后果，应当予以明确区分。适当性审查的实质是审查主体依据一定的方法，对审查对象合理与否作出判断，并进行细致、充分理由论证的过程。审查对象只有逐一通过目的正当性审查、手段适当性审查、必要性审查和均衡性审查，才能认定为适当。在审查过程中，审查主体应当综合运用价值判断、实证分析和法益衡量等方法。全国人大常委会对地方性法规进行适当性审查没有明确规定在有关的法律文本中，属于"制度漏洞"。将来应当改变这一状况，并明确全国人大常委会进行适当性审查所应秉持

---

* 程庆栋，厦门大学法学院副教授。
本文原载于《政治与法律》2018 年第 3 期，第 65 ~ 76 页。

的自制立场,使得全国人大常委会的适当性审查工作规范化、科学化。

关键词:适当性审查;地方性法规;比例原则

党的十八大以来,我国的备案审查工作呈现出了新气象,党和国家的文件多次提及备案审查问题,备案审查工作的公开性、制度刚性有了长足进步。2017年12月24日,全国人民代表大会常务委员会法制工作委员会(以下简称全国人大常委会法工委)《关于十二届全国人大以来暨2017年备案审查工作情况的报告》提请十二届全国人大常委会第三十一次会议审议,①这是全国人大常委会法工委法规备案审查室设立以来,备案审查工作情况的报告首次提请全国人大常委会审议。党的十九大报告提出,要推进合宪性审查工作,推进科学立法、民主立法、依法立法。一方面,我国广义上的合宪性审查实际上就是"备案审查",是对规范性文件的合法性和合理性进行审查;另一方面,将"依法立法"与"科学立法、民主立法"相并列的提法,在历次党的代表大会报告中尚属首次。这表明,对各类规范性文件进行审查监督,将继续成为新时期立法工作的重要内容。

然而,实践中的备案审查工作却存在诸多不足,审查标准不清、审查能力不足、制度刚性不够等问题比较突出。笔者于本文中拟聚焦地方性法规的适当性审查问题,并以此为切入点对法规备案审查工作中存在的问题进行不同程度的回应。理顺适当性审查的展开逻辑和应用方法,有助于加强审查能力建设;在适当性审查过程中给予充分的理由论证,有利于弥补制度刚性不足的问题。与合法性审查问题在理论界和实务界的"显赫"地位相比,适当性审查没有引起人们足够的关注和研究。我国

---

① 在这一报告中,全国人大常委会法工委主动发布了以下5起审查案例:浙江省1名公民建议审查杭州市道路交通安全管理条例有关规定案、内蒙古1名公民建议审查最高人民检察院有关"附条件逮捕"的文件案、4名劳动法专家建议审查地方计生条例有关"超生就开除"的规定案、108名研究生建议审查重庆等地著名商标法规案、中国建筑业协会建议审查地方审计条例"以审计结果作为建设工程竣工结算依据"的规定案。

现有的研究成果多数集中在对比例原则、立法事实等基础性理论或概念的研究上,[①]或者对德、美、日等国家合宪性审查理论和实务的分析介绍上。[②] 当然,这些成果仍为后续研究奠定了基础。

一、适当性审查的实质是“说理”

在宪法的框架内,《地方各级人民代表大会和地方各级人民政府组织法》(以下简称《地方组织法》)、《立法法》、《各级人民代表大会常务委员会监督法》(以下简称《监督法》)共同确立了规范性文件适当性监督的体系。在这一体系内,“不适当”的含义既包含违法情形,也包含不合理、不公平的情形。学界关于适当性的理解可以分为最广义、广义和狭义三种类型,最广义上的适当性包括合法性与合理性两个方面,可以称为“正当性”;广义上的适当性不包括合法性,主要是指实体合理性;狭义上的适当性仅指手段对目的是适当的。[③] 凯尔森曾言:“我们对自己智力工作中想当作工具用的那些术语,可以随意界定。唯一的问题是它们是否符合我们打算达到的理论目的。”[④]笔者于本文中在广义的层面上使用适当性的概念,即适当性审查是指对规范性文件的公平性、合理性进行的审查,它是与合法性审查相并列的一种审查类型。

合法性审查和适当性审查可能会引发截然不同的法律后果,应当予以明确区分。我国法律对这一问题虽然没有明确规定,但从实务工作中可以窥见一二。基于合法性被撤销的地方性法规应当被认定为自始无效,相关事务的状态应当恢复至不合法情形“发生”之时。不合法情形的

---

① 参见蒋红珍:《论适当性原则——引入立法事实的类型化审查强度理论》,载《中国法学》2010 年第 3 期;陈鹏:《合宪性审查中的立法事实认定》,载《法学家》2016 年第 6 期。

② 参见凌维慈:《宪法诉讼中的立法事实审查——以美国法为例》,载《浙江社会科学》2006 年第 6 期。

③ 参见刘权:《适当性原则的适用困境与出路》,载《政治与法律》2016 年第 7 期。

④ [奥]凯尔森:《法与国家的一般理论》,沈宗灵译,商务印书馆 2013 年版,第 31 页。

发生,既可能是地方性法规自身的原因,如地方性法规制定时便不合法,也可能是客观原因,如上位法修改。最高人民法院公布的第5号指导案例的"裁判理由"显示,[①]《江苏省〈盐业管理条例〉实施办法》设定了工业盐准运证这一新的行政许可,与我国《行政许可法》相抵触,存在合法性问题;执法主体没有依据我国《行政许可法》,而是依据《江苏省〈盐业管理条例〉实施办法》作出行政行为,属于"适用法律错误"。这实际上间接肯定了与上位法相抵触的地方立法自始无效,否则,适用有效的地方立法何来"适用法律错误"呢?而基于适当性被撤销的地方性法规应当认定为自"宣告"之时无效。全国人大常委会法工委在审查地方人口与计划生育条例时,基于社会效果的考量而刻意选择审查类型的做法也反映了这一点。

适当性审查的实质是审查主体依据一定的方法,对审查对象合理与否作出判断,并进行精致、充分的理由论证的过程。合法性审查有上位法规则这一"标杆"作为参照,客观性相对较强,与之相比,适当性审查则具有较大的主观性。因此,适当性审查需要考虑的因素更多,其裁量权更大,也更需要深厚的专业素养和高超的法律技艺。

在适当性审查时进行充分说理,有着重要意义。

首先,充分说理有利于建立和维护审查主体的权威。党的十九大报告指出,要维护国家法制统一、尊严、权威。国家法制的权威,首先表现为国家最高权力机关的权威。权威是一种诱导人自愿服从合法性权力的力量。实现法制权威有三种模式,即约定俗成的权威、理性权威和齐步权威。[②] 在适当性审查中,审查主体的权威应当是一种"理性权威",一种基于理由论证而达到的权威。若要实现被监督的主体对审查结论心悦诚服,审查主体必须给出充分的理由。如果审查主体仅想凭借手中的权力进行压服,那么不仅会使得裁决结果的正当性大打折扣,还会激

---

① 参见最高人民法院《关于发布第二批指导性案例的通知》(法〔2012〕172号)。

② 参见季卫东:《论法制的权威》,载《中国法学》2013年第1期。

化彼此之间的矛盾。

其次，充分说理有利于破解审查决定“执行难”的问题。对于全国人大常委会提出的审查意见，地方立法主体可能并不当然接受，甚至可能会不予理睬。从1993年到1998年，全国人大有关专门委员会审查出与法律不一致的地方性法规90多件，而这些地方性法规除少数得到修改外，大部分未作修改。[①] 地方人大及其常委会的态度之所以如此“强硬”，原因是多方面的。在相当长的时间内，审查程序通常只运行到将全国人大有关专门委员会的意见函告制定机关为止。[②] 地方人大常委会可能接受有关专门委员会的审查意见，也可能不接受；若地方人大常委会不接受审查意见，拒绝对地方性法规进行修改，最终就会不了了之。我国《立法法》规定的改变、撤销制度几乎没有在实践中运行过，对地方立法主体也几乎没有威慑力。此外，审查主体在审查过程中不注重说理也是这一问题的重要原因。例如，中国建筑业协会向全国人大常委会法工委寄送了一份《关于申请对规定“以审计结果作为建设工程竣工结算依据”的地方性法规进行立法审理的函》，而全国人大常委会法工委法规备案审查室的复函十分简单。该文书在核心理由部分，仅写了：“……限制了民事权利，超越了地方立法权限，应当予以纠正。”然而，问题在于，为何限制了民事主体权利便超越了立法权限以及其内在逻辑是什么等，答复文书并没有详尽阐明理由。这样的答复文书很难让当事人及相关主体信服。法规审查没有让地方立法主体“心服口服”，审查决定自然会面临着“执行难”的问题。

审查结论的理由论证需要按照一定的逻辑顺序展开，这实际上也是适当性审查的内容，比例原则可以为此提供理论引导。

---

① 参见乔晓阳主编：《中华人民共和国立法法讲话》（修订版），中国民主法制出版社2008年版，第313页。

② 参见陈道英：《全国人大常委会法规备案审查制度研究》，载《政治与法律》2012年第7期。

二、适当性审查的内容——比例原则的层级展开

(一)作为理论基础的比例原则

比例原则是公法中的"帝王原则",这一原则的应用领域不仅越来越广,[①]而且正在被世界上越来越多的国家所接纳。经典意义上的比例原则由三个具体的子原则即适当性原则、必要性原则和均衡性原则构成。其中,适当性原则要求手段必须能够有助于目的之达成;必要性原则要求在可供选择的数个手段之中,应选择造成损害最小的手段;均衡性原则要求手段所造成的损害应当与所能实现的收益相称。

比例原则是一种涉及内部手段与外部目的关系的原则,但其本身并不涉及外部目的。阿奎那早就指出,"善"可以分为两种类型:目的性的善和工具性的善。[②] 目的性的善是一种绝对的善、真正的善;工具性的善却只是一种相对的善,而只要手段有利于实现目的,便是一种相对的善。以偷盗者为例,偷盗者的偷盗技艺越高超,越有利于实现偷盗的目的,偷盗本身虽然不是一种目的性的善,但高超的偷盗手段对于偷盗者而言却是一种工具性的善。"在本然是恶者中也可发现善。"[③]以此观之,比例原则只能保证手段符合目的,实现相对意义上的善,而无法保证实现绝对意义上的善。这使得比例原则保障公民权利和限制国家权力的功能大打折扣。一些国内外学者已经越发意识到了目的正当性的重要性,并主张将目的正当性也纳入比例原则的范畴。[④]

---

① 比例原则的应用已经超出公法领域,逐渐延伸到私法领域。参见郑晓剑:《比例原则在民法上的适用及展开》,载《中国法学》2016年第2期。

② 参见[奥]圣多马斯·阿奎那:《神学大全》(第6册),刘俊余等译,台北,中华道明会、碧岳学社2008年版,第21页。

③ [奥]圣多马斯·阿奎那:《神学大全》(第6册),刘俊余等译,台北,中华道明会、碧岳学社2008年版,第21页。

④ 参见刘权:《目的正当性与比例原则的重构》,载《中国法学》2014年第4期。

在内部,比例原则的三个子原则应当以何种顺序展开呢? 传统理论认为,比例原则的三个子原则应当按照适当性原则、必要性原则、均衡性原则的顺序一一展开。首先应进行适当性判断,判断手段是否有助于实现目的;如果手段有助于实现目的,则进行必要性判断,判断这一手段是不是造成损害最小的手段;如果手段符合必要性原则,则进行均衡性判断,判断这一手段所造成的损害和所取得的收益是否均衡,在此基础上最终决定手段正当与否。有观点认为,比例原则传统的应用顺序过于僵硬,且导致均衡性原则流于形式,无法真正实现多元价值衡量审查的功能。比例原则应当按照适当性原则、均衡性原则、必要性原则的展开逻辑予以适用,且三个子原则之间应当有流转往返、重复适用的机制。[①] 笔者认为,如果比例原则适用于事前的手段选择,这种调整就是有益的;但如果比例原则适用于事后的审查工作,由于手段早已选定,比例原则传统的应用顺序就依然是可行的。将这一原则引入法规适当性审查中,审查流程如图 1 所示。

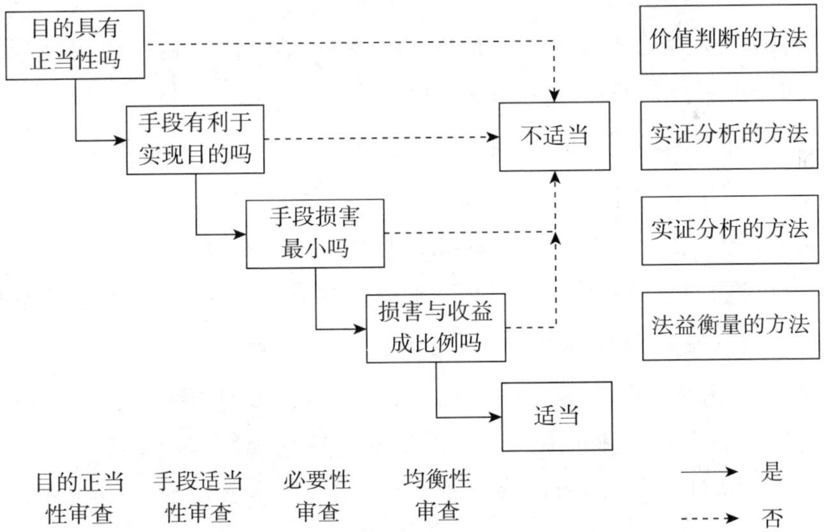

图 1　法规适当性审查中比例原则的展开

① 参见蒋红珍:《比例原则阶层秩序理论之重构——以“牛肉制品进销禁令”为验证适例》,载《上海交通大学学报(哲学社会科学版)》2010 年第 4 期。

(二)适当性审查的基本方法

在目的正当性审查、手段适当性审查、必要性审查和均衡性审查环节,审查主体的工作任务、使用的方法各不相同。在目的正当性审查环节,审查主体的主要任务是审查立法目的正当与否,主要采用价值判断的方法;在手段适当性审查和必要性审查环节,审查主体着力于发现和认定立法事实,主要采用实证分析的方法;在均衡性审查环节,审查主体侧重于不同利益之间的比较,主要采用法益衡量的方法。

1. 价值判断的方法

在哲学上,人们认识事物本质时总是不可避免地需要面对"价值"这一基本概念。"价值"这个概念所肯定的内容,是指客体的存在、属性和合乎规律的变化与主体尺度相一致、相符合或相接近的性质和程度。[①]价值关系是表征主体与客体之间需求与满足需求的对应关系。凡是能够满足主体需要的事物,就被认为是有价值的,而不能满足主体需要的事物,就被认为是无价值的。事物既包括实体的,如财富,也包括精神的,如自由、公平、安全等。

任何价值都属于"应当"的范畴,因此,价值是诠释的标准,是评价与衡量现实的基本要素。恰如魏德士所说,价值引领法理学的发展。法理学犹如一个领航员,尽管他拥有极好的测量工具和计算仪器,但他却找不到可靠的固定坐标(灯塔、星星)来确定其立足点和目标,而法律秩序的基本价值就充当着"固定坐标"的角色。[②] 审查主体对审查对象进行价值判断,实质就是探究立法目的是否符合特定的价值,在多大程度上符合特定的价值。目的正当性判断是地方性法规适当性审查的逻辑起点和前提条件,没有目的正当性判断,适当性审查就可能无法达到准确的结果。

---

① 参见李德顺:《价值论:一种主体性的研究》(第3版),中国人民大学出版社2013年版,第53页。

② 参见[德]伯恩·魏德士:《法理学》,丁晓春、吴越译,法律出版社2013年版,第405页。

2. 实证分析的方法

实证分析的方法和立法事实密不可分。据考证,美国法上“立法事实”的概念是 Kenneth Culp Davis(肯尼斯·卡尔普·戴维斯)最先提出的。[1] 他在《行政过程中证据问题的探讨》一文中,对判决事实和立法事实作了区分:判决事实是指关于案件当事人的事实,如当事人做了什么、情况如何、背景条件如何等;立法事实是指支持法律或者政策制定的事实。[2] 简言之,立法事实是指为立法手段的选择和确立提供支撑和证明的各种事实,包括专业的调查报告、统计数据、鉴定结论,等等。在手段适当性审查的过程中,审查主体应当着重考察以下两个方面:是否存在立法事实;在证明程度上,立法事实是否足以支持和证明“立法手段有利于实现目的”。如果这两个问题的答案均是肯定的,审查主体应当认定立法手段满足适当性审查的要求,允许其进入必要性审查环节;如果其中一个问题的答案是否定的,审查主体应当认定立法手段不适当。必要性审查的过程也基本如此。

需要指出的是,审查主体在审查过程中不仅需要考察“制定”地方性法规时的立法事实,还需要考察“审查”地方性法规时的立法事实。二者之间不一致时,立法事实认定的时间节点应当以审查时为准,而非以制定时为准。即使在制定地方性法规时存在立法事实,并且立法事实足以支持立法手段,但在审查时,新的立法事实证明立法手段客观上没有实现立法目的,也应当认定地方性法规不适当。

就我国的立法实践而言,审查主体在审查过程中注重发现和认定立法事实具有特别的意义。长期以来,我国存在经验主义立法的传统。20 世纪 80 年代,彭真多次强调经验立法的重要性。“至少是有科学的而不是主观制造的典型经验,才能定成法,成熟一个搞一个,能制定部分的先

---

① 参见凌维慈:《宪法诉讼中的立法事实审查——以美国法为例》,载《浙江社会科学》2006 年第 6 期。

② See Kenneth Culp Davis, *An Approach to Problems of Evidence in the Administrative Process*,55 Harvard Law Review 364, p. 402 - 403.

制定出一部分;不太成熟的,可以先搞大纲、草案。”[①]“经过实践检验,有了经验,有多少经验,我们就立多少法。如果经验已经证明了,还没有搞出来,说明立法工作没跟上。经验还没有,那就只好继续调查研究。”[②]在改革时期,社会关系处于不稳定的状态,社会关系如何发展,人们一时之间也看不清楚,不好预测。求助于经验,将经过实践检验的经验以立法的形式固定下来便成了立法工作的主要方式。可以说,经验主义的立法思想是改革时代不得已的选择。[③] 然而,毋庸讳言,经验主义的立法模式也存在弊端。在这一模式下,支持立法决策的事实主要是经验,而不是社会学、经济学、统计学等社会科学知识的科学测算和理性分析。立法决策的经验性有余而科学性不足,加之社会形势的快速变迁,经验主义的立法容易存在不适当的问题。

3.法益衡量的方法

在多元的社会中,法益之间的冲突在所难免,各种法益之间也不存在一种类似于化学元素周期表那样的位阶秩序,因此,在法益之间发生冲突时,只能进行衡量。在司法裁判中,裁判进行法益衡量时需要在综合考虑当事人的具体利益、群体利益、制度利益和社会公共利益后,才能作出最终判断。[④] 在地方性法规审查的语境中,审查主体也应当按照利益的四个层次结构进行衡量。当然,在具体的审查案件中,利益的四个层次结构可能不会同时出现。以地方性法规过度设置行政罚款为例。按照我国《行政处罚法》的规定,地方性法规有权设定“罚款”种类的行政处罚。然而,在实践中,有的地方立法主体将过去依靠行政手段推动工作的方式直接变成法规,并设置了严格的罚款措施。例如,某市城市生活垃圾管理办法(草案修改稿)仅有34条,却对各类规制对象的35种行为规定了罚款处罚。这虽然不存在合法性的问题,却可能存在适当性

① 彭真:《论新时期的社会主义民主与法制建设》,中央文献出版社1989年版,第139页。

② 彭真:《论新时期的社会主义民主与法制建设》,中央文献出版社1989年版,第267页。

③ 参见刘松山:《当代中国处理立法与改革关系的策略》,载《法学》2014年第1期。

④ 参见梁上上:《利益衡量论》(第2版),法律出版社2016年版,第146~160页。

的问题。首先,过度设置行政罚款措施损害了规制对象群体的利益,对生产垃圾的单位或者个人、管理责任人、垃圾分类收集单位、运输单位和处置单位的罚款举措无疑会损害相关主体的财产权。其次,过度设置行政罚款也损害了行政处罚制度的制度利益。行政处罚制度的初衷是保障法律规则的强制力,没有强制力的法律规则是“一把不燃烧的火,一缕不发亮的光”①。因此,行政罚款作为一种“必要的恶”,应当受到严格控制。地方性法规在设置行政罚款时应当秉持谦抑原则,不得滥用这一权力,否则就背离了行政处罚制度的初衷。最后,行政罚款的设置有利于实现一定的公共利益,基于行政罚款所建立起的垃圾处置秩序,可以美化城市市容,保护生态环境。综上所述,过度设置罚款处罚损害了特定群体的利益,也损害了行政处罚制度的制度利益,仅在一定程度上追求了社会的公共利益,其所造成的损害与所要追求的利益相比已经显失均衡,应被认定为不适当。

利益衡量的过程必定带有衡量者的价值判断,这使得利益衡量方法在很大程度上带有主观随意性;但利益衡量并非单纯的法感,不是一种无法做到合理掌握的过程,在某种程度上其仍须遵守若干可具体指称的原则。② 如在通常情况下,生命权要优先于财产权予以考虑。用好法益衡量的方法,对于法规适当性审查具有重要意义。

三、比例原则的个案应用

在全国人大常委会法工委公布的5个案例中,只有“108名研究生建议审查重庆等地著名商标法规案”(以下简称案例Ⅰ)和“4名劳动法专家建议审查地方计生条例有关‘超生就开除’的规定案”(以下简称案例

---

① [美]E.博登海默:《法理学:法律哲学与法律方法》,邓正来译,中国政法大学出版社2004年版,第115页。

② 参见[德]卡尔·拉伦茨:《法学方法论》,陈爱娥译,商务印书馆2003年版,第286页。

Ⅱ)属于适当性审查的范畴,[①]其他3个案例则属于合法性审查的范畴。以下笔者将以这两个案例为中心,分析适当性审查中比例原则的展开逻辑。

【案例Ⅰ的案情】长期以来,我国23个省、5个自治区、4个直辖市和15个副省级城市,除个别地方外,都分别以各种形式规定了著名商标法律制度。其中,地方性法规11部,省级地方政府规章18件,设区的市级地方政府规章7件,地方政府及地方政府部门的规范性文件9件。2017年4月,来自20多所高校的108位知识产权专业研究生联名致信全国人大常委会法工委,建议对重庆市等地的涉及著名商标的地方性法规进行审查。收到审查建议后,全国人大常委会法工委启动了对著名商标地方立法的审查工作。全国人大常委会法工委经审查后认为,有关著名商标制度的地方性法规,应当予以清理,适时废止。[②]

在此案中,适当性审查是针对整部规范而言的。就目的正当性而言,地方著名商标法规的制定目的是"规范著名商标认定行为,保护有关商标持有人的权益"。[③] 不难发现,目的正当性审查的核心在于对"著名商标"的认识。著名商标制度,是指地方政府有关部门综合考虑多种情况对特定商标的知名度作出认定,著名商标持有人因而可以获得一定的奖励、扶持或者保护待遇的制度。如2011年发布的《重庆市著名商标认定和保护条例》规定,著名商标由市工商行政管理部门组织的著名商标评审委员会认定,著名商标权利人可以排他性地使用著名商标,其他人冒用著名商标的,工商行政管理部门可以责令停止使用,甚至有权没收相关商品;著名商标权利人还可以使用著名商标进行商业宣传。著名商

---

① 在存在上位法的情形下,适当性审查中的目的正当性审查和合法性审查中的间接抵触情形存在重叠之处。参见陈运生:《地方人大常委会的规范审查制度研究》,中国政法大学出版社2013年版,第253页。

② 案例Ⅰ和案例Ⅱ的案情由笔者根据相关的新闻报告概括而成。参见邢丙银:《地方著名商标法规有违市场公平,全国人大常委会要求各地清理》,载澎湃网2017年11月13日,http://www.thepaper.cn/newsDetail_forward_1862925。

③ "地方著名商标法规"是对各地方制定的有关著名商标的地方性法规的统称。

标的认定,实质上是政府利用自己的公信力、信誉为个别企业担保,是行政权力介入微观的经济事务,扭曲了政府与市场的关系。政府对个别企业的奖励、扶持和保护,使得同类企业之间无法与该商标持有企业进行公平竞争,违背了市场公平竞争的基本原则。[①] 可见,地方著名商标法规的制定目的不符合自由竞争、公平等价值,不具有正当性。对于这一不具有目的正当性的行为,地方政府和企业却乐意为之。就企业而言,企业品牌被政府认证为著名商标,不仅可以提升品牌的声誉,而且在与其他同类企业竞争时,可以自动获得一定的优势。就地方政府而言,本地有多少家著名商标企业,是地方政府标榜政绩、进行宣传的"翔实"材料和数据。地方制定的著名商标法规不能通过目的正当性环节的审查,存在适当性问题。

【案例Ⅱ的案情】在执行计划生育政策的过程中,不少地方将相应的法律责任和就业联系起来,规定国家工作人员超生的,开除公职;企业职工超生的,解除劳动合同。2016 年以来,云南省等 7 个省份新修正的人口与计划生育条例仍在不同程度上坚持这一规定。2017 年 5 月,4 名劳动法专家致信全国人大常委会法工委,建议对云南省等 7 个省份人口与计划生育条例的上述规定进行审查。收到审查建议后,全国人大常委会法工委启动审查程序并于同年 9 月作出审查意见,认为地方人口与计划生育条例中有关企业对其超生职工给予开除或者解除聘用合同的规定,已与变化了的情况不再适应,需要进行调整。[②]

有观点认为,地方制定的人口与计划生育条例与我国《劳动合同法》第 39 条相抵触,存在合法性问题。[③] 其理由是,我国《劳动合同法》第 39 条列举了 6 种用人单位可以即时单方解除劳动合同的情形,但这 6 种情

---

① 参见张茅:《提高认识澄清误区:积极实施商标品牌战略》,载《人民日报》2017 年 6 月 27 日。

② 参见邢丙银:《全国人大常委会审查地方计生条例:建议修改超生就辞退规定》,载澎湃网 2017 年 10 月 27 日,http://www.thepaper.cn/newsDetail_forward_1839411。

③ 在 4 位劳动法专家提出的审查建议中,排在第一位的理由便是地方人口与计划生育条例与我国《劳动合同法》相抵触。

形中并没有包含超生情形,地方人口与计划生育条例属于增设上位法没有规定的义务内容。然而,问题在于,2015 年修正的我国《人口与计划生育法》第 42 条规定,超生人员,是国家工作人员的,还应当依法给予行政处分;其他人员还应当由其所在单位或者组织给予纪律处分。一方面,"纪律处分"的概念十分宽泛,如《中国共产党章程》第 41 条规定,对党员的纪律处分有警告、严重警告、撤销党内职务、留党察看、开除党籍 5 种;《公务员法》第 62 条规定,处分分为警告、记过、记大过、降级、撤职、开除。上述地方人口与计划生育条例规定的"开除"或"辞退"完全可以囊括在"纪律处分"的语义范围内。上述地方人口与计划生育条例的相关规定实际上是对我国《人口与计划生育法》第 42 条的具体化,具有法律依据。另一方面,与我国《劳动合同法》相比,2015 年修正的我国《人口与计划生育法》是特别法、新法,按照我国《立法法》第 103 条"特别法优于一般法,新法优于旧法"的规定,在涉及人口与计划生育问题时,应当优先适用我国《人口与计划生育法》。由此可知,地方人口与计划生育条例的相关规定并没有与有关上位法抵触,不存在合法性问题。相应地,全国人大常委会法工委对地方人口与计划生育条例的审查也不属于合法性审查的范畴,而属于适当性审查的范畴。

地方人口与计划生育条例中"超生就开除"的规定只存在适当性问题。就目的正当性而言,地方人口与计划生育条例中规定"超生就开除"的目的是执行国家的计划生育基本国策,实现人口与经济、社会、资源、环境协调可持续发展,其并不以限制公民的基本权利为根本目的。其立法目的具有正当性。就手段适当性而言,"超生就开除"的规定有助于立法目的之达成。恰如在审查过程中有的省份提出的意见那样,在长期执行这一规定的过程中,超生"双开"处理达成了一定社会共识,"超生就开除"的做法基本上人尽皆知。即使在当下,"超生就开除"的威慑力也不减当年。这一经验性的立法事实支持了"超生就开除"这一手段"有利于实现目的"。因此,这一规定也不存在手段适当性问题。至此,"超生就开除"规定通过了目的正当性审查和手段适当性审查,接下来将接受必要性审查。“超生就开除”的规定是不是造成损害最小的手段呢?

确定某一手段是不是造成损害最小的手段,需要综合考虑多种因素。[①] 这些因素包括但不限于手段的可行性、执行手段需要的成本、手段带来的社会效果、手段对于目的的达成程度、手段对公民权利的限制程度。除“开除”外,“纪律处分”中还有警告、记过等多种手段,这些手段也有助于达成立法目的。以“警告”和“开除”的比较为例,在过去,国家实行严格的独生子女政策,目的是严格控制人口数量。与“警告”相比,“开除”这一手段具有更强的社会威慑力,更有利于达成立法目的,因此,即使“开除”这一手段对公民的就业权施加了严格限制,也应当认定这一手段是造成最小损害的手段(见表1)。而在2015年,党的十八届五中全会提出,要全面实施一对夫妇可生育两个孩子政策。此时,国家对计划生育的态度已经较为温和。在此背景下,地方人口与计划生育条例中“超生就开除”的规定不再具有“目的达成程度”方面的优势,自然也不再是造成损害最小的手段。综上所述,地方人口与计划生育条例中“超生就开除”的规定不满足必要性审查的基本要求,存在适当性问题。

表1 部分影响最小损害手段选择的因素

	可行性	行政成本	社会效果	目的达成程度	对权利的限制程度
开除	高	低	威慑力强	强	对权利限制性强
警告	高	低	威慑力弱	弱	对权利限制性弱

虽然案例Ⅰ和案例Ⅱ均属于适当性审查的范畴,但二者存在的问题却不相同。案例Ⅰ中地方著名商标法规的立法目的不具有正当性,案例Ⅱ中地方人口与计划生育条例是立法所规定的手段不满足必要性审查的基本要求。

从审查实践来看,全国人大常委会法工委对审查方法的运行较为娴熟。以最为直观的实证分析方法为例。在案例Ⅰ中,全国人大常委会法

① 参见许玉镇:《比例原则的法理研究》,中国社会科学出版社2009年版,第62~68页。

工委组成调查组,前往黑龙江省、湖南省、重庆市等地进行实地调研,寻找和认定立法事实。在案例Ⅱ中,全国人大常委会法工委不仅要求被审查主体说明情况,了解制定法规时的立法事实,还征求了国家卫生和计划生育委员会、人力资源和社会保障部、国务院法制办、中华全国总工会、全国妇联和全国人大有关专门委员会的意见,调查审查法规时的立法事实。实证分析的方法对于判断审查对象是否符合手段适当性原则、必要性原则具有重要意义。

四、适当性审查的基本立场

(一)被放弃了的适当性审查

综合我国《宪法》第62条、第67条、第89条、第99条和第104条,《立法法》第107条和第108条,《监督法》第30条,《地方组织法》第11条、第50条和第73条的规定,设区的市级以上的规范性文件适当性监督体系如图2所示。

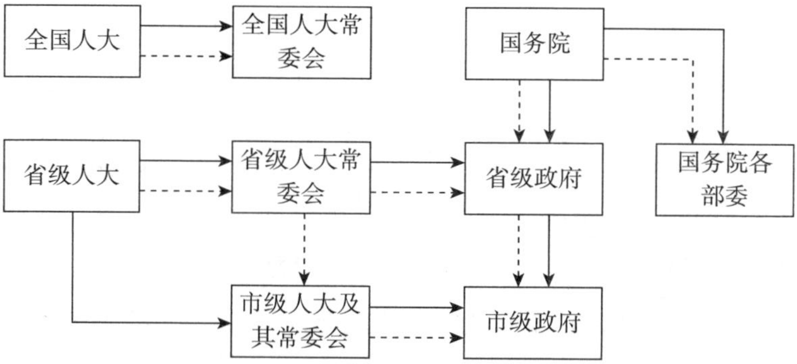

图2　规范性文件适当性监督体系

在图2中,实线表示审查主体有权以"不适当"为由撤销箭头指向主体制定的法律、法规、部门规章、地方性法规、地方性规章,虚线表示审查主体有权以"不适当"为由撤销箭头指向主体制定的决议、决定或者命令等规范性文件。相邻主体之间如果没有实线或者虚线勾连,则表示审查主体不能以"不适当"为由行使撤销权。在权力机关系统内部,法律、地方性法规的适当性监督主要表现为横向监督,即各级人大对同级人大常委会的监督。省级人大之所以可以对设区的市级人大及其常委会制定的地方性法规进行适当性监督,是因为有省级人大常委会批准权。决议、决定的适当性监督表现为横向监督和纵向监督并存,上级人大常委会有权以不适当为由撤销下一级人大及其常委会制定的决议、决定。在行政机关系统内部,无论是规章还是决定、命令,针对它们的监督均表现为横向监督和纵向监督并存。当然,中央层面和地方层面也有所不同。

我国《立法法》没有规定全国人大常委会可以以"不适当"为由撤销地方性法规,在很大程度上意味着全国人大常委会放弃了对地方性法规的适当性审查。否则,便无法解释虽然由全国人大常委会对省级人大常委会制定的地方性法规进行适当性审查,但相应的撤销权却在省级人大。我国《立法法》的这一制度设计似乎不妥。首先,即使是在实行地方自治的国家,中央也没有完全放弃对地方立法的适当性监督权。在实行地方自治的国家,中央与地方之间的事权一般划分为自治事项和委办事项。其中,委办事项是指地方自治团体受法律委托所担负起的国家任务。在自治事项与委办事项的监督上,国家仅对自治事项进行合法性监督,不进行合理性监督,但国家对委办事项不仅进行合法性监督,还进行合理性监督。我国中央与地方之间的事权缺乏明确、清晰的划分,在此情形下,全国人大常委会完全放弃对地方性法规的适当性监督,从一定程度上看也不利于中央对地方的监督。正如笔者后文将要论述的那样,地方的自主性当然值得尊重,但也不能因此忽视地方需要执行中央决定的一面。其次,对地方性法规仅进行横向的适当性监督也存在诸多弊端。一方面,省级人大可以撤销其常委会制定的不适当的地方性法规,那么,谁来监督和撤销省级人大制定的不适当的地方性法规,法律并没有规定,留下了制度漏洞。尽管省级人大较少制定地方性法规,但省级人大制定的地方性法规仍可能存在适当性问题。另一方面,横向的适当性监督也很难真正发挥监督作用。

在“4名劳动法专家建议审查地方计生条例有关‘超生就开除’的规定案”中,全国人大常委会法工委法规备案审查室有关负责人曾明确表示该案属于适当性监督。[①] 但如前所述,全国人大常委会对地方性法规进行适当性监督的权限和程序并没有明确的法律依据,使得这一审查十分尴尬。

(二)审查行为的自制立场

如前所述,全国人大常委会不对地方性法规进行适当性审查不甚妥当,但是,全国人大常委会也不能对地方性法规进行过度审查。与合法性审查相比,审查主体在适当性审查中拥有更大的自由裁量权,如果这一权力被不当行使或者被滥用,则可能会导致一个“超级地方立法主体”的出现。在此情形下,法规的适当性审查应当秉持何种立场呢?法规适当性审查坚守的底线又在何处?在权力制约的语境中,司法机关基于对立法机关的尊重,对立法进行司法审查时,一般会秉持自制的立场。在我国,全国人大及其常委会在适当性审查中也应当秉持这种自制的立场。[②] 其理由有以下几点。

首先,改革开放以来,为了充分调动地方的积极性,中央不断向地方下放权力。党的十九大报告进一步提出,要赋予省级及以下政府更多自主权。经过多年的权力下放,地方已经具有了相当的自主性。在性质上,地方人大及其常委会是民主选举产生的国家机构,代表本行政区域内的人民在本地区内行使国家权力,地方人大及其常委会制定的地方性法规具有民主正当性的基础。因此,审查主体应当充分尊重地方立法主体的适当性判断。如果审查主体不保持谦抑,恣意行使法规审查权,则容易损害地方权力机关的自主性。在此情势下,法规审查的性质也将从

---

① 参见邢丙银:《全国人大常委会审查地方计生条例:建议修改超生就辞退规定》,载澎湃网2017年10月27日,http://www.thepaper.cn/newsDetail_forward_1839411。

② 参见陈鹏:《合宪性审查中的立法事实认定》,载《法学家》2016年第6期。

“监督地方”异化为“替地方做主”。

其次,地方性知识的存在也要求审查主体保持克制。在吉尔兹看来,法律,与英国上院议长修辞中那种密码式的矫饰有所歧义,乃是一种地方性的知识;这种地方性不仅指地方、时间、阶级与各种问题而言,而且指情调而言——事情发生经过自有地方特性并与当地人对事物之想象能力相联系①。地方权力机关中的代表多是本行政区域范围内的居民,容易准确感知和把握地方性知识,地方性法规因此带有深刻的“地方”烙印和痕迹。地方主体才是自身利益的最佳判断者,应当推定地方立法主体在制定地方性法规时已经审慎地考虑了支持地方法规规定的所有立法事实。法规审查主体作为一个“外来者”,往往很难真切地感知地方所特有的地方性知识,鉴于此,审查主体不适宜过度干涉地方权力机关的适当性判断。

(三)适当性监督:一种平衡的艺术

法规的适当性审查是一种平衡的艺术。一方面,地方制定的不合理的地方性法规应当得到监督和纠正,中央需要对地方性法规进行适当性监督。另一方面,基于地方的自主性,中央对地方性法规进行的适当性监督又需要掌握尺度。这根本上是由地方主体同时具有执行性和自主性的双重属性所决定的。为实现这一平衡,需要妥善处理原则与例外的关系。审查主体应当秉持自制的原则,让出空间,让地方主体来作出政策性的判断并对这一判断予以尊重,只有在例外情形发生时,审查主体才应当进行适当性审查。这四种例外情形如下。

其一,在中央与地方的关系上,地方性法规对中央的政策和命令的执行“打折扣”,搞“上有政策、下有对策”。“上有政策、下有对策”是作为政策执行者的地方政府基于自身利益得失的考虑而与作为政策制定

---

① 参见[美]克利福德·吉尔兹:《地方性知识——阐释人类学论文集》,王海龙、张家瑄译,中央编译出版社2004年版,第273页。

者的中央政府进行的一种博弈过程。① 地方基于自身利益最大化的考虑,在不执行中央的政策有利可图的情况下,就可能会采取一些手段阻挠中央政策在本地的实施。不可否认的是,"上有政策、下有对策"的大多数情形可以被合法性审查所覆盖,如《甘肃祁连山国家级自然保护区管理条例》为破坏生态的行为"放水"的规定就是如此。不过,适当性审查也不可或缺。在地方性法规不构成立法抵触的情形下,审查主体应当以适当性审查的方式对有问题的地方性法规进行监督和纠正。

其二,在地方政府间的关系上,地方性法规推行地方保护主义,片面地维护本地区的利益,损害其他地方主体的利益或国家的整体利益。20世纪50年代至70年代,中央与地方之间的两轮放权与收权改革,为后续改革提供了最初的权力和资源结构,这个结构是以"细胞式"结构为特征的。② 改革开放以来,特别是20世纪90年代初开始实行市场经济以来,地方开始成为具有较大自主权的利益主体,地方与地方之间也展开了激烈的竞争,这极易诱导地方保护主义行为。地方保护主义立法是地方追逐本地利益和将地方利益置于国家利益之上的观念和行为的集中表现形式。③ 如陕西省《保健用品卫生监督管理办法》(已失效)第10条规定,本省行政区域外的保健用品首次进入本省的,必须经省卫生行政部门审核并发给证书后方可销售。地方保护主义立法既可能存在合法性问题,也可能不存在合法性问题而只存在适当性问题。

党的十九大报告指出,要清理废除妨碍统一市场和公平竞争的各种规定和做法。审查主体应当及时纠正一些地方主体通过地方立法侵犯别的地方主体的利益、阻碍统一市场形成的行为,维护不同地方主体之间公平竞争的环境。

---

① 参见丁煌、定明捷:《"上有政策、下有对策"——案例分析与博弈启示》,载《武汉大学学报(哲学社会科学版)》2004年第6期。

② 参见郑永年:《中国的"行为联邦制":中央—地方关系的变革与动力》,东方出版社2013年版,第73~74页。

③ 参见封丽霞:《中央与地方立法关系法治化研究》,北京大学出版社2008年版,第475页。

其三,在政府与市场的关系上,地方性法规为政府过分干预微观经济事务提供法规依据,扭曲政府与市场的关系。我国政府曾长期对微观经济事务管得过多、过死,限制了市场的活力和社会的创造力。党的十八大以来,我国深入推进“放、管、服”改革,在多方面取得了重大成效。这一改革举措的目的就是要处理好国家与市场的关系,让市场在资源配置中起决定性的作用。“简政放权实质是政府的自身革命,自我削权限权就像割自己的肉,更为困难。”①简政放权意味着,凡是市场能够有效解决的问题,政府就不应该进行干预,只有在市场依靠自身能力无法有效解决时,政府才应当承当起监管的职责。在此种情势下,地方性法规再为政府过分干预微观经济事务提供法规依据,则明显不合时宜。案例Ⅰ中的地方著名商标制度即属于此类。

其四,在政府与个人的关系上,地方性法规不适当地减损公民的权利,增设公民义务。政府对公民个人权利、义务关系的规制,要接受合法性原则和合理性原则的双重拘束。如果地方性法规不适当地损害了公民的合法权益,理应得到监督和纠正。案例Ⅱ中地方制定的人口与计划生育条例对体制外公民就业权的不适当限制即属于此类。

审查主体对地方性法规的适当性审查,应当坚守上述底线。只要地方性法规没有明显超越上述底线,审查主体就应当充分尊重地方性法规的自主决定权,作出“适当”的判断。

五、余论

笔者于本文中主要探讨了对地方性法规进行适当性审查的问题。与合法性审查问题在我国理论界和实务界的“显赫”地位相比,适当性审查并没有引起人们的过多关注和研究。适当性审查的实质是审查主体

① 李克强:《简政放权　放管结合　优化服务》,载《中国行政管理》2015年第6期。

依据一定的方法,对审查对象合理与否作出判断,并进行细致、充分理由论证的过程。在适当性审查时进行充分说理,有利于建立和维护审查主体的权威,有利于破解审查决定“执行难”的问题。而审查对象只有逐一通过目的正当性审查、手段适当性审查、必要性审查和均衡性审查,才能被认定为适当。在审查过程中,审查主体应当综合运用价值判断、实证分析和法益衡量等方法。“108名研究生建议审查重庆等地著名商标法规案”和“4名劳动法专家建议审查地方计生条例有关‘超生就开除’的规定案”生动地展示了审查主体是如何展开适当性审查的。然而,尴尬的是,全国人大常委会对地方性法规进行适当性审查没有明确规定在有关法律文本中。将来应当改变这一状况,并明确全国人大常委会进行适当性审查所应秉持的自制立场,促使全国人大常委会的适当性审查工作规范化、科学化。

行政审判利益衡量中的能动与谦抑

陈　磊*

目次

摘要：所谓利益衡量，实际上是各方利益发生冲突时，法官对所涉当事人具体利益、群体利益、制度利益以及社会公共利益等各种利益进行衡平和取舍的法律思维方式。利益衡量有利于适度消解行政案件中法律规定与转型社会之间的张力，有利于实现行政审判法律效果和社会效果的和谐统一，有利于提升行政审判法官的司法能力，是当前社会转型期行政审判法律方法的必然选择。利益衡量作为一种法律方法在行政审判领域发挥了十分重要的能动作用，但任何方法都不是完美无缺的，利益衡量还未能确立一种得到公认的具体衡量标准，且对可能会出现的法官恣意缺乏有效防范，利益衡量的思维方式同样也存在被滥用的危险，这将导致法律刚性的软化，最终影响到法律的安定。因此，需要在审

---

* 陈磊，山东省淄博市中级人民法院行政审判庭庭长。
本文原载于《人民司法》2015 年第 5 期，第 47 ~ 50 页。

判实践中进一步规制利益衡量的运用,使其保持必要的节制和谦抑。一是确立行政审判利益层次结构,并据此作出妥当安排;二是确定利益衡量标准的原则性方案,导向最优裁判结果;三是树立行政审判利益衡量的界碑;四是提高法官素质,规制法官恣意。

关键词:利益衡量;法律漏洞;层次结构;行政审判;能动与谦抑

利益衡量是法学方法的重要类型。20世纪90年代,我国学者梁慧星教授将利益衡量理论介绍到国内,在我国民法理论界和民事审判领域产生了深远影响。利益衡量导入行政审判有着十分重要的意义,尤其对于那些存在法律漏洞或疑难复杂的案件,利益衡量方法发挥了重要作用。但基于利益衡量本身存在衡量标准的不确定性和衡量结果难以检验等难题,这种方法的运用极易造成法官的任性和恣意,导致利益衡量的滥用。因此,本文对行政审判利益衡量方法的能动性与谦抑性略加论述。

一、能动:利益衡量对行政审判具有积极意义

所谓利益衡量,实际上是各方利益发生冲突时,法官对所涉当事人具体利益、群体利益、制度利益以及社会公共利益等各种利益进行衡平和取舍的法律思维方式。[①] 利益衡量方法最早出现在私法领域,只涉及利益的优先选择问题,即一方获得利益常常以另一方的利益失去为前提。但在公法领域中,利益冲突更具有复杂性,特别是行政法所调整的利益并不具有对立性,而是具有协作性,利益衡量的难度小于司法,因此利益衡量方法广泛运用于行政审判实践,并发挥了非常重要的作用。

---

① 参见梁上上:《利益衡量的界碑》,载《政法论坛》2006年第5期。

(一)有利于弥补法律疏漏和僵化

法律并不是完美的,囿于立法者的智慧和立法技术的有限性,法律不可避免地存在空白和模糊。亚里士多德指出,法律规定始终是一般性的陈述,社会现实中同样也存在为一般性陈述所不能涵盖的情形。[①] 因此,法律规定本身具有先天不足,而审判实践中的一个个案件不可能等到法律修订以后再解决。此时,利益衡量作为一种法律解释方法,起到了弥补法律不足的作用,包括填补法律空白和在法律条文不明确时作出解释。在最高人民法院的司法解释中,利益衡量已经在受案范围、原告资格、判决方式等方面有所体现。如规定撤销违法行政行为将给国家利益或者公共利益造成重大损失的,应确认其违法,同时判决采取一定的补救措施等。这些规定源于法官处理个案的实践活动,由个案利益衡量形成同类案件处理的一般规则,并最终上升为具有法律效力的司法解释。此外,最高人民法院针对全国各地的行政诉讼个案疑难问题还作出了大量的答复意见,也就是在法律规定不明确或者有疏漏时,运用利益衡量作出的处理个案的指导性意见。

(二)有利于应对转型期利益冲突的复杂性

法律的背后总是存在各种利益冲突,尤其我国当前正处于经济社会大发展、大转型时期,既是矛盾凸显期又是利益纠葛期,行政法律所调节的社会关系、利益格局变得越来越复杂、越来越尖锐,且必然延伸至行政审判领域。首先,社会资源的稀缺性与公众需要的无限性之间存在根本冲突,而行政管理部门负有调整资源分配的任务,因此行政案件必然存在利益冲突;其次,改革进程中新旧体制交接必然触动固有模式和既得利益,各种矛盾交织在一起,冲突复杂多样,国家利益、集体利益与个人利益之间,局部利益与整体利益之间,少数利益与多数利益之间,眼前利

---

① 参见纪静宜:《论审判中的利益衡量》,载《法制与社会》2010年第9期。

益与长远利益之间,都不可避免地存在冲突;最后,行政管理领域中的违法乱象尤其是暴力执法问题,在社会上引起了不良反响,导致相关案件当事人对立情绪严重,矛盾冲突更加激烈。以上问题仅仅机械地适用法律绝不会取得好的效果,而利益衡量作为一种较为灵活的方法,恰恰可以适应转型期社会矛盾的复杂性和多变性,为法官裁判提供一种良好的思维方式。

(三)有利于实现法律效果与社会效果的统一

现阶段行政案件的特点决定了其处理不当将容易激化矛盾,甚至引发群体性冲突,而和谐社会的本质就是平衡各方利益,维护社会关系的稳定。一个房屋征收补偿案件的处理,不但会影响涉案地块征收补偿中的利益冲突,而且还会影响整个地区的征补工作以及当地的经济社会发展;如果单一注重适用法律进行裁判,而不充分考虑案件审理可能带来的社会影响,那么个案的处理结果便有可能无法获得社会的认可。在案件审理中正确运用利益衡量方法,能够妥善解决行政争议,恢复利益平衡,消除不安定因素,实现法律效果与社会效果的有机统一,促进社会和谐。实践中,行政审判已将利益衡量运用于开拓化解行政争议的新机制上,对于一些民事纠纷引发的行政争议,法官会在利益衡量的基础上对民事争议进行协调,从根本上实质性解决矛盾。这种做法取得了比判决更好的效果,促进了社会的和谐稳定。

(四)有利于提升行政审判法官的司法能力

在行政审判中,大多数疑难复杂案件并不是案情本身有多么错综复杂,而是难在如何对冲突利益进行权衡取舍并适用法律作出符合社会公平正义的裁判,这对法官能力有着较高层次的要求。实践中,对于法律规定模糊或不明确的情况,有些法官往往消极地等待司法解释出台,或者通过向上级法院请示汇报的方式来免除案件处理可能引起的责任。这些做法既容易激化社会矛盾,也从根本上违背司法效率原则。而利益衡量的运用为解决疑难案件提供了“借力”,同时也是提升法官司法水平的“利器”,有助于法官在行政审判案件中树立现代办案思维,增强个人学识魅力,提高化解社会矛盾的司法能力。

二、防范:行政审判利益衡量容易被滥用

利益衡量作为一种法律方法,在行政审判领域发挥了十分重要的能动作用,但任何方法都不是完美无缺的,实践中,利益衡量的思维方式同样也存在被滥用的危险。

(一)利益衡量本身具有先天不足

1.“利益”概念的模糊性

精准明确的法律概念是进行法律思维和推理的基本前提。进行利益衡量,首先需要确定什么是“利益”,以及哪些是需要进行衡量的“利益”。“利益”是一个非常复杂的概念,利益法学派曾对其作出过丰富多彩的界定和解释,但由于利益本身的固有属性,以及当前利益多元化状态及其冲突的客观情况,学界对“利益”概念的界定难免过于宽泛,有失专业化和精细化要求。“利益”概念的模糊性,有悖于利益衡量所要求的确定性前提,因此要判断出哪种利益应予优先保护就变得非常困难,这会直接导致利益衡量结论的主观倾向。

2. 衡量因素的动态化

随着社会的发展和进步,社会观念和社会需求都在不断变化,越来越多的利益类型需要被衡量,原有的利益内涵也会发生改变。与此同时,利益衡量的因素也随之处于运动变化中,比如,社会政策的指向会改变,社会正义的内涵会丰富,公共利益与个人利益的优先地位也会发生变化等。因此,利益衡量方法本身并不能提供一套固定的、一成不变的衡量标准来指导法官的具体操作。

3. 衡量主体的预设完美化

利益衡量的操作主体是法官,利益衡量方法所预设的前提是法官能够忠实于法律,能够作出正确的价值判断并实现实质正义。具体而言,法官要能够掌握基本的公平理念和法律原则,了解社会的需要和发展趋势;能够综合考量影响衡量标准的各类因素,衡平各种相互对立和冲突的利益,并对法律作出正当性的解释甚至是进行重构。这对法官提出了近乎完美的要求,而实践中这一点往往难以得到满足。

(二)行政审判中利益衡量被滥用的样态

1. 不能充分把握利益衡量的本质

利益衡量在我国行政审判中有了运用的司法实践基础,但是很多法官对利益衡量方法的理解和运用限于字面意思,单纯认为利益衡量就是对当事人的利益进行衡量,无关其他。比如,在国有土地房屋征收补偿案件中,法官基于对房价上涨等因素的考量,判决撤销补偿决定并要求政府重新制定补偿标准。该判决有力维护了原告利益,但却忽视了其他未提起诉讼的被征收人的利益,在一定意义上造成了司法外的另一种不公平。在整个法律方法体系中,利益衡量是一种主观性较强的思维方式,法官在衡量过程中需要对法理、事理、情理等因素有较为准确的把握,而这种操作客观上存在"不可理论化"的向度。正如有学者所言,"利益衡量是一种司法艺术"[①]。法官如果不具备这种司法智慧和裁判艺术,便很难游刃有余地处理各类疑难棘手案件的利益冲突问题,造成利益衡量的滥用。

2. 缺少对利益层次结构的把握

利益是存在层次结构的,对此博登海默有过经典的论述:"人的确不可能凭据哲学方法对那些应当得到法律承认和保护的利益做出一种普遍有效的权威性的位序安排。然而,这并不意味着法理学必须将所有利

① 焦宝乾、彭金玉:《利益衡量艺术及其规制》,载《法治研究》2010年第11期。

益视为必定是位于同一水平上的,亦不意味着任何质的评价是行不通的。”[①]当然,这并非指将利益分为高低等次,而是在具体案件中,需要根据案情的不同确定对某种利益优先保护。以前,在国家利益至上观念的影响下,国家利益高于个人利益似乎毋庸置疑。然而,随着当今社会对私权保护的日益强调,法院在案件审理中必须考虑何种情况下国家利益高于个人利益,也即必须结合具体案件对需要优先保护的利益作出恰当的安排。当代社会法学代表人物庞德将利益分为社会利益和个人利益,提出了著名的“社会利益学说”。我国学者则提出了更为复杂细致的利益分类,即“当事人的具体利益、群体利益、制度利益和社会公共利益;并指出当事人利益、群体利益、制度利益和社会公共利益是一个由具体到抽象充满递进关系的层次结构”[②]。但不论将利益如何进行分类,必须确定的是,法官需要对不同层次结构的利益进行具体衡量,充分考虑相关联的利益,统筹权衡作出利益安排,否则会导致利益衡量不周全和利益衡量不当。

3. 超越利益衡量的边界

利益衡量必须在法律的边界内。如果说利益衡量往往是在法律出现漏洞时常用的思考方法,那么法律已经作出了明确规定,法官还加入自己对法律的态度和观念,则很容易超越法律边界,造成利益衡量的滥用。我国行政诉讼法关于受案范围的规定为利益衡量提供了空间,但是有四类事项被明确排除在行政诉讼法受案范围之外,因此,法官不能用利益衡量的方法扩大或者缩小受案范围,否则构成利益衡量的滥用。

(三)行政审判利益衡量滥用的原因

1. 客观——缺乏公认的衡量标准

利益衡量还未能确立一种得到公认的具体衡量标准,这是造成利益

---

① [美]E. 博登海默:《法理学:法律哲学与法律方法》,邓正来译,中国政法大学出版社2004年版,第415页。

② 梁上上:《利益的层次结构与利益衡量的展开——兼评加藤一郎的利益衡量论》,载《法学研究》2002年第1期。

衡量滥用的一个客观性原因。要确立理想的利益衡量标准,就必须对其所涵摄的各方面因素进行权衡取舍,对各种利益的位阶关系和保护的次序作出安排,这在实践操作上是困难的。行政审判需要考量的因素十分复杂,行政法律、法规、规章和各行政管理领域大量的规范性文件是据以确立利益衡量标准的首要因素,具体案件中当事人诉讼利益的保护效果是确定利益衡量标准的基本因素,个案裁判结果尤其是群体性诉讼和新类型诉讼裁判结果有可能带来的社会效果是利益衡量标准的重要指标,国家政策承担着广泛而重要的社会调控职能,是确立具体的衡量依据时不容忽视的又一方面。此外,还有社会主流价值观、法官个人的价值倾向、社会舆论等多种因素相互交织在行政案件中。因此,行政审判利益衡量标准所要涵摄的是一个复杂因素的混合体,而要解决衡量标准的普适性与具体案件所涉及因素的多样性之间的矛盾,无疑是十分困难的。

2. 主观——对法官恣意缺乏有效防范

利益衡量过程中可能会出现的法官恣意一直是横亘在利益衡量论研究者心中的隐忧,无论在行政诉讼还是民事、刑事诉讼中都不可避免,这是利益衡量滥用的另一重要因素。有学者认为:“这主要是因为利益衡量实质是一种价值判断和选择的主观行为。”[①]利益衡量本身带有天然的主观色彩,体现法官个人的价值取向,是一种主观性较强的法律思维方法。如果法官缺乏对节制性的认识,忽视了利益衡量本身也存在一定的方法和边界,那么便有可能导致滥用。日本学者加藤一郎也认识到了这一点,但他没有从方法上解决这一问题,仅寄希望于裁判官负责任地判断。[②] 也就是说迄今为止,中外学术界对于如何有效地防范法官主观擅断与恣意这一难题,仍没有一个两全其美的方案。

---

① 张光宏:《利益衡量中的司法公正》,载《法律适用》2009年第1期。

② 参见孙宏:《利益衡量的应用》,载《引进与咨询》2006年第1期。

三、谦抑:行政审判利益衡量应当保持节制

利益衡量过程的主观性,容易导致法律刚性的软化,造成法官恣意。德国法学家卡尔·拉伦茨曾敏锐地指出,如果对于依“在个案中之法益衡量”所作的裁判无从控制,那法官就可以堂而皇之地依自己的主观见解来裁判。[①] 因此,为了防止利益衡量的滥用,就必须对其进行规制,使其保持必要的节制和谦抑。

(一)确立行政审判利益层次结构

法官在进行利益衡量时,要克服恣意,必须遵循利益层次结构的规律。利益的层次结构不能简单以利益主体数量的多寡作为判断,而应予保护利益以位阶高低,换言之,社会公共利益未必就一定高于个人利益,利益高低的确定应当取决于其正当目的及与单个人的关联性。笔者认为,行政审判中利益的划分及层级结构确立可以采纳我国学者梁上上的观点。梁上上教授认为当事人的具体利益、群体利益、制度利益与社会公共利益形成一个递进的层次结构,其中制度利益处于中心地位,法官在裁判中应当“以当事人的具体利益为起点,在社会公共利益的基础上,联系群体利益和制度利益,特别是对制度利益进行综合衡量后,从而得出妥当的结论,即对当事人的利益是否需要加以保护”[②]。

(二)确定利益衡量标准的原则性方案

要正确把握利益衡量的标准,首先,应寻求一种个案中的具体利益衡量标准,而不是一种统一的具有普适性的抽象标准;其次,利益衡量标

---

① 参见[德]卡尔·拉伦茨:《法学方法论》,陈爱娥译,商务印书馆2003年版,第213页。
② 梁上上:《利益衡量的界碑》,载《政法论坛》2006年第5期。

准仅提供一种宏观的思路和原则,只能是一种方针而不是现成的结论;再次,利益衡量的标准应是各种因素博弈的综合体系,单一因素的衡量标准难以满足行政审判的实际需要;最后,利益衡量标准不可能恒定,而需要随着行政审判的发展不断进行调整。据此,确定行政审判利益衡量标准十分艰难,但不应放弃努力。我们虽无法为审判实践提供现成方案,但可以确定一种原则性的方案,即利益衡量标准应当是一种针对个案的、综合了各项指标、实现了实质合理与形式合法相统一且适应社会发展需要的标准,并以最优司法判决结果为目标。

(三)树立行政审判利益衡量的界碑

"利益衡量作为法官判案的思考方法,也是在一定的时空中展开的。离开特定的时空背景,再好的方法也会变样。"[①]因此,有必要树立利益衡量的界碑。

1. 法外空间不应进行利益衡量

行政审判法官必须在法律框架内进行利益衡量,这是防止法官恣意的空间界碑,"法官毕竟是法律的阐释者而不是法律的创造者"[②]。法律规范行政管理领域的各项事务,但并不是一切行政活动都受法律的规范,那些无须用法律规范或者不适宜用法律来规范的行政管理事项构成一个所谓的"法外空间"。由于这些事项本来就无须法律作出规范,所以法律对这些事项没有规定并没有违反立法的计划性,也就不构成法律漏洞,[③]因此也就没有通过利益衡量对这些事项进行法律解释的必要。从另一方面来说,法律框架内的衡量意味着法外空间不应进行利益衡量。

2. 应在妥当的法律制度中进行利益衡量

选择妥当的法律制度作为运用利益衡量的背景是十分关键的,因为

---

① 梁上上:《利益衡量的界碑》,载《政法论坛》2006年第5期。

② 胡玉鸿:《关于"利益衡量"的几个法理问题》,载《现代法学》2001年第4期。

③ 参见[德]卡尔·拉伦茨:《法学方法论》,陈爱娥译,商务印书馆2004年版,第249~250页。

法律规则本身包含被社会普遍认同的合乎情理的原则和习惯。如果一个行政判决对社会观念带来了激烈冲击,造成公众的困惑与疑虑,则将不能获得人们的普遍认可和尊重。因此,行政审判法官应当把相关利益放到具体的法律制度中进行衡量,充分考虑该案件对普通社会观念的影响,使利益衡量的结果与整个法律制度相统一、相协调。

3. 法律救济不能的案件不应进行利益衡量

法官应当受法律的约束,这是法治社会的一项基本原则。法律如果没有提供救济途径,就不存在利益衡量的余地。在行政诉讼中,有时受到各种条件的限制,当事人不能满足获得法律救济的条件,法律救济渠道受到阻挡,法院会作出驳回起诉或者驳回诉讼请求的裁判结果。此时,不是法律没有为当事人提供救济途径,而是当事人不能获得救济,法官不应对此进行利益衡量。比如在行政赔偿诉讼中,如果事实上受到伤害的人不能举证,在法律上就要承担不利的诉讼结果。这是法律的性质决定的,若法官不顾法律规定给予当事人同情,是不符合法治精神的。

(四)提高法官素质,规制法官恣意

利益衡量是一把“双刃剑”,妥当的运用能够使判决结果实现法理与情理的完美结合,但缺乏节制的恣意滥用,则可能会造成枉法裁判、司法腐败。这皆取决于法官个体的素质和水平。通过提高法官素质、加强法官的自我约束来防范与规制法官恣意,似乎是一种“以子之矛攻子之盾”的做法,但这毕竟是保持利益衡量节制性的主体要素。可以说,利益衡量能否在行政审判中发挥积极的正面作用,根本上取决于具体操作该方法的法官。“法官作为法律的适用者,其品质决定了裁判的品质,要实现‘司法公正,一心为民’的目标,必须加强法官队伍的良心建设,使法官真正成为社会正义的守护神。”①加强法官自我约束,

---

① 杨帆:《论法官的司法良知——兼论对法官自由裁量权滥用的控制》,载《理论观察》2008 年第 5 期。

规制法官利益衡量的恣意,需要两方面的努力,一是着力提高法官自身素质,包括品格素质、专业素质、实践经验等;二是为法官自我约束提供制度保障和制度激励,提供法官恣意的惩戒机制和法官正当行使审判权的保障机制。

Chapter 3 民商法学

经营者沉默欺诈认定的矫正与回归

——基于裁判分歧的分析与展开

刘　颖*

目　次

摘要：最高人民法院指导案例 17 号并未完全明晰经营者沉默欺诈的认定标准，且遗留了一系列问题，造成了当前关于沉默欺诈认定路径的混乱局面。2018 年年底，最高人民法院就"天价豪车赔偿案"作出的判决具有"矫正"的里程碑意义，再次重申了欺诈认定路径的规则，即经营者违反告知义务并不一定构成欺诈，但应承担损害赔偿责任。《消费者权益保护法》第 55 条中的"欺诈"应与民法的欺诈理论相一致，"天价豪车赔偿案"中的经营者具有隐瞒事实的故意和欺诈行为并造成消费者陷于错误，但消费者并未基于错误认识作出意思表示。以"是否影响缔

* 刘颖，同济大学法学院副教授，法学博士，硕士生导师。
本文原载于《华东政法大学学报》2020 年第 5 期，第 175～192 页。

约根本目的”为标准,判断欺诈行为是否作为意思表示形成的决定性因素。经营者沉默欺诈认定路径的回归,应严格以欺诈构成要件的认定为原则,正确适用利益衡量方法,区分告知义务的核心范围和边缘范围,解析违反告知义务责任与缔约过失责任、瑕疵责任和欺诈责任之间的竞合关系。

关键词:沉默欺诈;告知义务;缔约过失责任;瑕疵责任;利益衡量

欺诈是意思表示瑕疵的重要制度,欺诈从理论上分为积极欺诈和沉默欺诈(消极欺诈),沉默欺诈的构成要件以告知义务为前提。在司法实践中,沉默欺诈一般发生于经营者与消费者之间,对于经营者沉默欺诈的认定尚有争议。最高人民法院公布的指导案例17号“张莉诉北京合力华通汽车服务有限公司买卖合同纠纷案”(以下简称指导案例17号)对欺诈的认定思路为:“销售者不能证明已履行告知义务且得到消费者认可的,构成销售欺诈。”也即采用“未履行告知义务即构成欺诈”的推定认定路径。但是,该案也遗留了一系列问题,给现有司法实践带来了困扰,主要表现为标的物的瑕疵责任和欺诈行为之间的关系、未履行告知义务与缔约过失的关系、欺诈认定路径等问题。2018年年底,最高人民法院第五巡回法庭作出了“贵州新贵兴汽车销售服务有限责任公司(以下简称新贵兴公司)与杨某某买卖合同纠纷案”(以下简称“天价豪车赔偿案”)判决,[①]引发社会的广泛关注和热议。虽然指导案例17号与“天价豪车赔偿案”均涉及汽车买卖合同经营者的告知义务和沉默欺诈认定问题,但两案的裁判结论却截然相反。[②]

---

① 最高人民法院民事判决书,(2018)最高法民终12号。

② 须特别注意的是,“天价豪车赔偿案”由贵州省高级人民法院作出一审判决,认为汽车销售商构成欺诈,支持了杨某某“退一赔三”的诉讼请求;但最高人民法院在二审时却认为汽车销售商仅构成侵犯消费者知情权,不足以构成欺诈,故予改判。该一审判决与指导案例17号的裁判思路一致,但二审判决却持相反观点。

一、经营者沉默欺诈认定的混乱现象:指导案例 17 号遗留的纷争

最高人民法院指导案例对下级法院具有“应当参照”的效力。据统计,自指导案例 17 号发布以来,截至 2018 年 12 月 31 日,其被应用 71 次,[①]但不同法院在经营者就瑕疵事项未履行告知义务是否构成沉默欺诈的认定问题上,形成了不同的认定路径。

(一)经营者沉默欺诈认定的若干路径

路径 1:指导案例 17 号确立了“未履行告知义务即构成欺诈”的推定认定路径。同样地,在“贾某某等与北京德特汽车贸易有限公司买卖合同纠纷案”中,法院认为“锦麟盛泰公司系对车辆的里程进行了修改,使消费者难以辨别车辆的真实情况。相比指导案例 17 号,本案的行为手段更具有主观故意性和欺骗性,因此应当认为本案的销售者比指导案例 17 号中的销售者更加不诚信,故应当参照指导案例 17 号的标准认定欺诈”。[②] 此外,《最高人民法院公报》2018 年第 11 期刊载的“邓某某诉上海永达鑫悦汽车销售服务有限公司买卖合同纠纷案”判决将指导案例 17 号作为裁判理由进行引述,肯定后者对沉默欺诈的认定路径。[③]

路径 2:经营者未履行告知义务,侵犯消费者知情权,适用《消费者权

---

① 参见郭叶、孙妹:《最高人民法院指导性案例 2018 年度司法应用报告》,载《中国应用法学》2019 年第 3 期。

② 该案与“天价豪车赔偿案”相似,最后法院判决经营者“退一赔三”。参见北京市第三中级人民法院民事判决书,(2018)京 03 民终 3192 号。

③ 该案的裁判要点为:汽车经销商对于车辆后保险杠外观瑕疵予以“拆装后保、后保整喷”的维修超出了车辆售前正常维护和 PDI 质量检测的范围,经销商对此未履行告知义务的,侵犯了消费者的知情权、选择权,使其陷入错误认识,属于故意隐瞒真实情况,构成消费欺诈。消费者要求经销商按照消费者权益保护法赔偿损失的,经销商应承担车辆三倍价款的惩罚性赔偿责任。

益保护法》(以下简称《消保法》)第52条①。采用该路径的主要观点认为,应区分商品特性和考虑实际情况认定经营者的行为是否构成欺诈。若特定事实并不足以使消费者陷入错误认识并以此作出意思表示,即使经营者未告知也不构成欺诈;但经营者的瑕疵交付行为致使车辆客观贬值,具有过错,应承担《消保法》第52条规定的损害赔偿责任。②

路径3:经营者未履行告知义务构成局部欺诈。采用该路径的观点认为,从商品的属性、使用特点和生活常识判断,车辆与车辆油漆等部分瑕疵的价值判断和功能是可以分离的。即使油漆等车辆部分存在瑕疵,却并不影响整车的安全性能及使用,仅是影响车辆外观和消费者心理感受,构成部分欺诈。③

路径4:经营者就瑕疵未进行告知不构成欺诈,仅承担违约责任。采用该路径的观点认为,车辆的瑕疵为不符合质量标准的一种情形,经营者就瑕疵未履行告知义务将构成买卖合同违约。消费者应依据《合同法》第155条、第111条和第60条第1款(现《民法典》第617条、第582条和第509条第1款)请求经营者承担违约责任。④

路径5:经营者未履行告知义务,侵犯知情权,应适用《消保法》第8条和第20条。采用该路径的观点认为,《消保法》第8条和第20条规定了经营者的告知义务,经营者负有向消费者客观、详尽、真实地披露商品信息的法定义务。对于新车交付前合理的整理行为,经营者如未将这类信息告知消费者,不构成对法定告知义务的违反,也不构成对消费者知

① 同修法前第44条。

② 浙江省高级人民法院民事裁定书,(2015)浙民申字第1881号。有意思的是,该案一审时,法院参照适用指导案例17号作出认定欺诈的判决;二审时法院并未支持;再审即为此路径。

③ 湖北省高级人民法院民事判决书,(2018)鄂民再90号。有意思的是,该案经历一审、二审和再审,一审和二审法院均持"局部欺诈"观点,但再审法院以《侵害消费者权益行为处罚办法》中的条件认定欺诈,最后并未支持欺诈赔偿的观点。此外,持"局部欺诈"观点的案例还有:江苏省淮安市中级人民法院民事判决书,(2017)苏08民终1425号;河南省郑州市中级人民法院民事判决书,(2017)豫01民终10624号;江苏省镇江市中级人民法院民事判决书,(2017)苏11民终422号;江苏省泰州市中级人民法院民事判决书,(2017)苏12民终164号。

④ 广西壮族自治区贺州市中级人民法院民事判决书,(2019)桂11民终30号。

情权的侵犯。但是,对消费者的消费心理和财产利益具有一定影响的信息,经营者应向消费者如实告知,否则将违反告知义务,侵犯消费者知情权。如瑕疵问题不构成缔约根本目的,将不构成欺诈。因此,若存在经营者应予告知但未予告知的瑕疵事项,会对消费者的知情权产生一定程度的影响,经营者应承担相应的赔偿责任。①

路径6:经营者未履行告知义务,应承担缔约过失的损害赔偿责任。采用该路径的观点认为,经营者未主动向消费者披露相应信息,但该信息非属对一般消费者抉择购买与否产生重大影响的商品信息范畴,进而不构成欺诈。但未履行告知义务的信息通常对消费者一方确定购车对价略有影响,基于诚实信用原则,经营者应告知相应情况。经营者未告知,有违先合同义务,因此需承担赔偿责任。②

(二)经营者沉默欺诈认定路径的理论剖析

通过对上述6种经营者沉默欺诈认定路径的考察,可以发现争议的核心点在于如何厘清沉默欺诈与侵犯知情权之间的关系。沉默欺诈的认定涉及适用原最高人民法院《关于贯彻执行〈中华人民共和国民法通则〉若干问题的意见(试行)》(以下简称《民通意见》)第68条还是国家工商行政管理总局《侵害消费者权益行为处罚办法》的相关规定,以及《消保法》第55条是否应区分整体欺诈和局部欺诈等问题。

第一,关于《消保法》第55条中"欺诈"的界定。有观点认为,《消保法》上的"欺诈"认定与民法中的"欺诈"理论不同,只要经营者实施了《侵害消费者权益行为处罚办法》等相关规定中的某一种行为即可,不论消费者是否因欺诈行为产生了错误的意思表示。③ 也有观点认为,应适

① 广东省深圳市中级人民法院民事判决书,(2018)粤03民终1334号。

② 广东省佛山市中级人民法院民事判决书,(2017)粤06民终4309号。

③ 参见闫科:《消费者的界定及经营者欺诈的认定》,载《人民司法》2014年第8期;王洪亮:《债法总论》,北京大学出版社2016年版,第305、306页。

用民法上的欺诈。[①]

笔者赞同对此适用“民法欺诈说”。有以下理由:其一,《侵害消费者权益行为处罚办法》是行政机关净化市场、处罚经营者的公法规范,其所关注的是经营者的违法行为本身,并不考虑经营者与消费者具体关系如何。其二,《消保法》以保护消费者的权利与利益为依归,故应采用私法而不是公法中的“欺诈行为”概念。[②] 其三,从体系上看,《消保法》是民事特别法,在其没有特别规定的场合,应当适用民事一般法规定。《民通意见》作为原《民法通则》的司法解释,属于一般规定的范围。[③] 此时,《消保法》也采用“欺诈”一词,从维护法律内部体系的统一性角度来看,对欺诈的解释应当与民法一致。其四,当前对于消费者“知假买假”可否适用《消保法》惩罚性赔偿的认定,最高人民法院一般持否定态度,原因在于“知假买假”的消费者主观上并未陷入错误的认识。[④] 由此推断,《消保法》上的欺诈认定需要考虑主观状态,并不是基于经营者客观行为即可作出认定。

此外,实践中对《消保法》第55条中“欺诈”的认定更多采用的是“民法欺诈说”。例如,《江苏省高级人民法院关于审理消费者权益保护纠纷案件若干问题的讨论纪要》(〔2016〕10号)第1条第2款规定,对于食品以外的普通消费领域,惩罚性赔偿的构成要件是经营者提供商品或者服务有欺诈行为。对欺诈的认定应当符合《民通意见》第68条的规定。

第二,将《消保法》第55条中的“欺诈”区分整体欺诈和部分欺诈的

① 参见梁慧星:《消费者权益保护法第49条的解释与适用》,载《人民法院报》2001年3月29日;韩世远:《合同法总论》(第4版),法律出版社2018年版,第255、256页;陆青:《论消费者保护法上的告知义务——兼评最高人民法院第17号指导性案例》,载《清华法学》2014年第4期。

② 参见朱广新:《惩罚性赔偿制度的演进与适用》,载《中国社会科学》2014年第3期。

③ 参见陆青:《论消费者保护法上的告知义务——兼评最高人民法院第17号指导性案例》,载《清华法学》2014年第4期。

④ 最高人民法院办公厅《对十二届全国人大五次会议第5990号建议的答复意见》(2017年5月19日)(法办函〔2017〕181号)。

观点并无实证法依据。有学者认为，对于大件商品，如商品房、机动车等，进行局部欺诈，不影响整体效用，不足以构成根本违约的，就局部欺诈部分进行惩罚性赔偿；如果构成商品的整体欺诈，则应当依照整个商品价格进行惩罚性赔偿。[①] 也有学者认为，“立法者在将惩罚性赔偿金由商品价款或服务费用的一倍增至三倍时，对惩罚性赔偿的保护、激励作用明显期待过高，而对惩罚法共同遵循的过罚相当原则重视不够”[②]。因此，需要考虑局部欺诈和局部三倍赔偿的问题。从比较法上看，1996 年美国最高法院在 BMW of North America *v.* Gore 案中认为，虽然出售的宝马汽车存在部分重新喷漆的情况，但重新喷漆部分的费用（仅约 4000 美元）并未超出宝马新车价款的 3%，因此根据北美汽车的内部政策，该信息无须告知。州法院作出 200 万美元的惩罚性赔偿显然“严重超过必要限度”（grossly excessive）。美国最高法院认为，重新喷漆并未造成新车的外观、安全性能和行驶状况等实质性损害，因此发回重审。[③]

以上观点虽有一定的可取之处，但在我国并未有实证法作为支撑。从文义解释看，《消保法》第 55 条的“商品的价款或者接受服务的费用”是指商品或服务本身的全部价格而非已经支付的款项，也并非修复部分的价款，无法得出《消保法》第 55 条中的基数计算和欺诈有区分局部与整体的情形。而是否需要突破文义解释，须考虑是否有扩张解释或目的性扩张的必要。从目的解释看，《消保法》第 55 条规定的惩罚性赔偿制度，目的系通过惩罚性赔偿的惩戒，制裁违法经营者的欺诈行为，因此应当以消费买卖合意中所确定的价款金额，也就是合同价格作为计算基础。若仅认定经营者在标的物维修范围发生欺诈，而以已维修金额为基础计算，三倍赔偿金额比较小，就无法达到惩戒经营者的目的。因此，局

---

① 参见杨立新：《我国消费者保护惩罚性赔偿的新发展》，载《法学家》2014 年第 2 期。

② 朱广新：《惩罚性赔偿制度的演进与适用》，载《中国社会科学》2014 年第 3 期。

③ See BMW of North America *v.* Gore, 517 U. S. 559(1996). 联邦最高法院还在此案中确立了审查惩罚性赔偿数额的三个基本要素：受谴责性程度、惩罚性赔偿与补偿性赔偿的比率、惩罚性赔偿与类似行为的相应处罚的比较。

部欺诈适用局部三倍赔偿并无实证法依据。

第三,沉默欺诈和侵犯知情权的关系亟待厘清。在传统民法欺诈理论中,"沉默"一般情形下并不构成欺诈。除非有法律规定、契约约定、交易习惯上或依诚实信用原则有告知义务时之沉默,为事实之隐蔽,方构成沉默欺诈。[①]

此时,在买卖合同法上,出卖人就瑕疵未履行告知义务,将可能承担瑕疵责任和缔约过失责任,"二者也有其共存的基础,主要体现在告知与瑕疵的关系上"[②]。未告知标的物瑕疵将构成瑕疵责任、缔约过失责任和欺诈的竞合,如前文的路径4、路径6中的法院认为未告知瑕疵仅承担违约责任和缔约过失责任。另外,经营者的告知义务除受《合同法》(现《民法典》合同编)约束外,《消保法》也对此作了更为详细的规定,因此,经营者未履行告知义务可能侵犯消费者知情权,进而构成《消保法》上的欺诈。也有人认为,经营者违反告知义务并非都构成欺诈,如经营者不具有欺诈故意的情形,此时可能仅承担侵害消费者知情权的侵权责任。[③]路径2和路径5似乎采用此种观点。可见,经营者违反告知义务的责任承担和法律效果错综复杂,形成了前述沉默欺诈不同的认定路径和适用结果,亟待厘清。

(三)经营者沉默欺诈认定的请求权基础的澄清

前述6种对于沉默欺诈认定的路径,有着不同的请求权基础。路径1和路径3的请求权基础为《消保法》第55条;[④]路径2的请求权基础为《消保法》第52条;路径4则以《合同法》第155条、第111条和第60条

---

① 参见史尚宽:《民法总论》,中国政法大学出版社2000年版,第424页。

② 许德风:《论瑕疵责任与缔约过失责任的竞合》,载《法学》2006年第1期。

③ 参见潘俊:《消费者合同中经营者告知义务的法律构造》,载《中南大学学报(社会科学版)》2018年第1期。

④ 路径1和路径3的请求权基础又有所不同,路径1的请求权基础是《消保法》第55条与《合同法》第54条、第58条并存适用,其后果为"撤销合同+惩罚性赔偿";但路径3的请求权基础是虽然是《消保法》第55条,但其法律后果为不解除合同,只是局部欺诈局部三倍赔偿。

第 1 款(现《民法典》第 617 条、第 582 条和第 509 条第 1 款)为依据;路径 5 适用的是《消保法》第 8 条和第 20 条;路径 6 的请求权基础为缔约过失责任[《合同法》第 42 条(现《民法典》第 500 条)]。

其一,《消保法》第 55 条第 1 款第 1 句并非独立的请求权基础。从请求权基础的构成要件来看,《消保法》第 55 条第 1 款第 1 句完全具备所有要件:责任主体是“经营者”,加害行为是“提供商品或者服务有欺诈行为”,法律效果是“应当按照消费者的要求增加赔偿其受到的损失”;对于增加赔偿金额的确定,有两种方法:(1)为消费者购买商品的价款或者接受服务的费用的三倍;(2)增加赔偿的金额不足 500 元的,为 500 元。经营者一旦被认定为“沉默欺诈”,依据《消保法》第 55 条,其法律后果是“退一赔三”,此处的“退”在《合同法》(现《民法典》合同编)上的含义是“返还”或者“恢复原状”,返还是无效和可撤销的法律后果,而恢复原状是合同解除的法律后果。因此,经营者一旦被认定为欺诈,消费合同必然终止(解除和可撤销之后,合同关系终止)。理由如下:

第一,通过《合同法》第 113 条第 2 款[①]的规定可知,经营者有欺诈行为的,依据《消保法》的规定承担责任。第二,惩罚性赔偿和合同之间是并行不悖的关系。[②] 惩罚性赔偿是通常合同法中损害赔偿之外的责任,此种思路可在 2003 年最高人民法院《关于审理商品房买卖合同纠纷案件适用法律若干问题的解释》第 8 条和第 9 条中得到印证。

因此,路径 1 和路径 3 的请求权基础并非仅为《消保法》第 55 条,其实质是在合同的基础上主张惩罚性赔偿。路径 1 的请求权基础为《合同

---

① 《合同法》第 113 条第 2 款规定,经营者对消费者提供商品或者服务有欺诈行为的,依照《消保法》的规定承担损害赔偿责任。但是,《民法典》第 584 条仅保留了《合同法》第 113 条第 1 款的内容,而删去了第 2 款规定。从解释论而言,即使《民法典》第 584 条删除了《合同法》第 113 条第 2 款的规定,也不影响《消保法》中消费合同的特别合同地位,因此在适用上仍然是特别法与一般法的关系。

② 参见韩世远:《合同法总论》(第 3 版),法律出版社 2011 年版,第 740 页。

法》第54条（现《民法典》第148条）[①]主张撤销合同，依据《合同法》第58条（现《民法典》第157条）主张返还钱款和损害赔偿，同时根据《消保法》第55条的规定主张惩罚性赔偿。[②] 路径3的请求权基础是《合同法》第107条、第130条、第158条（现《民法典》第577条、第595条、第621条）主张瑕疵责任的违约责任，同时依据《消保法》第55条主张三倍的惩罚性赔偿。[③]

其二，《消保法》第52条并非请求权基础。路径2中经营者沉默欺诈认定案例的判决依据为《消保法》第52条。但该条是否属于请求权基础，也有待讨论。有学者认为，《消保法》第52条只是规定了经营者承担民事责任的方式，并非请求权基础。[④] 笔者对此持赞同意见。根据请求权基础理论，法律规范分为请求权规范、辅助性规范和反对性规范。[⑤] 第52条形式上符合请求权规范的要件，似乎包含了构成要件和法律效果，但该条属于在适用请求权规范时的辅助性规范，因为该条的表述为“应当依照法律规定或者当事人约定”，此为引致的辅助性规范的典型表达。据此，假如经营者提供商品或者服务造成消费者财产损害，应根据法律规定承担民事责任，但具体承担的方式和构成要件，需再依据不同法律规定进行判断。所以，《消保法》第52条并非请求权基础。

---

① 根据《民法典》第508条的规定，本编对合同效力没有规定的，适用本法第一编第六章的有关规定。《民法典》合同编将合同生效、可撤销和无效等规则删除，适用《民法典》总则编第六章的规定，从体系上保持一致性。

② 参见陆青：《论消费者保护法上的告知义务——兼评最高人民法院第17号指导性案例》，载《清华法学》2014年第4期。

③ 路径3的案例，两审法院的请求权基础均为《合同法》第107条、第130条、第158条（现《民法典》第577条、第595条、第621条），同时根据《消保法》第55条。但再审认为并不符合欺诈的要件，仅以《合同法》第107条、第130条、第158条（现《民法典》第577条、第595条、第621条）作出判决。

④ 参见陆青：《论消费者保护法上的告知义务——兼评最高人民法院第17号指导性案例》，载《清华法学》2014年第4期。但是，《最高人民法院公报》2017年第5期刊载的“郑某某诉中国电信股份有限公司连云港分公司电信服务合同纠纷案”即以该条作为请求权基础，颇为费解。

⑤ 参见［德］迪特尔·梅迪库斯：《请求权基础》，陈卫佐等译，法律出版社2012年版，第11页。

既然《消保法》第52条并非请求权基础，那么路径2中案例的请求权依据是什么，法院判决书并未予以说明。从判决书的表述来看，“……《消费者权益保护法》的立法精神和立法目的、合同法规定的诚实信用原则、市场交易规律等……二审法院酌定温州之星赔偿陈某20万元，并无不当”，法院的立场似乎采用缔约过失责任，①该认定路径与路径6一致。

其三，《消保法》第8条和第20条的请求权性质是合同请求权，抑或侵权请求权？路径5案例的判决依据为《消保法》第8条和第20条，那么此两条是否为请求权基础规范呢？

首先，从规范本质上，《消保法》第8条和第20条分别是消费者知情权和经营者告知义务的规定。其次，从请求权基础角度分析，《消保法》第8条和第20条明显不是完全法条，只是权利义务规范，并未规定经营者违反的法律效果。在路径5的案例中，法院也并未就请求权基础作进一步分析。最后，需要进一步追问：经营者违反告知义务承担的损害赔偿责任，是合同责任，还是侵权责任？如果是合同责任，属于何种性质的合同责任形态；如果是侵权责任，是否符合一般侵权行为的构成要件？

笔者认为，尽管路径5案例的判决依据是《消保法》第8条和第20条，但本案的请求权基础是《合同法》(现《民法典》合同编)上的瑕疵履行责任(与路径4的请求权基础一致)。同时，该路径中经营者违反告知义务(侵犯消费者知情权)承担的损害赔偿责任为合同责任，而非侵权责任。理由如下：

(1)本案法院虽然在裁判说理时并未明晰请求权基础，但在论证的前提中涉及“许某某与易车会公司签订的车辆订购合同系双方真实意思表示，且不违背法律法规的相关规定，依法应为有效。在双方买卖合同关系成立后，许某某已按合同约定履行支付购车款的义务，易车会公司在收到车款后，应履行交付新车的义务。出卖人交付的标的物不符合质

---

① 再审法院认为，“二审法院认为上述故障属质量瑕疵，并不能因此必然得出涉案车辆并非新车的结论，亦无不当。据此，二审法院酌定温州之星赔偿陈某20万元，并无不当”。再审法院似乎又采用瑕疵责任，但裁定书并未列明瑕疵责任的相关条文。

量要求的,买受人可以要求出卖人承担赔偿责任。”可见,法院论证的出发点是合同法律关系,并非侵权法律关系。

(2)知情权不是我国原《侵权责任法》第2条第2款[①]所规定的权利保护范畴。尽管从解释论上原《侵权责任法》第2条第2款使用了“等人身、财产权益”的表述,但知情权是否可以解释为“等”权益尚存疑问。在消费合同中,消费者的知情权依赖于合同关系,如经营者和消费者之间不存在合同关系,经营者亦无告知义务,与之相对应的是,消费者亦无知情权。因此,知情权在性质上更像一种相对权,只有在缔约的情况下,借助信息欠缺一方的意思表示,契约关系上的不利益才得以产生,故对其救济仍应回归到对意思表示不自由的救济上。

(3)合同责任和侵权责任并不同时主张。《民法总则》第186条(现《民法典》第186条)规定,违约责任和侵权责任竞合时,当事人只能择一行使。本案中,当事人根据《消保法》第55条认为经营者构成欺诈,主张“退一赔三”。一般认为,此种欺诈被称为经营欺诈,其与最高人民法院《关于审理商品房买卖合同纠纷案件适用法律若干问题的解释》的规定被认为是惩罚性赔偿在违约责任中的应用,即为合同领域的惩罚性赔偿,并不涉及侵权责任。[②] 本条(《消保法》第55条)第1款的惩罚性赔偿是违约赔偿责任的特殊形态。[③] 因此,可推断本案请求权性质为合同请求权。

---

① 《民法典》侵权责任编第1164条保留了《侵权责任法》第2条第1款,但删除了第2款列举范围。该条规定,本编调整因侵害民事权益产生的民事关系。《民法典》不采取列举范围的做法有以下两个理由,其一,从形式上看是对权益范围采取更为开放的姿态,以应对社会经济生活的发展;其二,为了适应《民法典》增加的“人格权编”而作出的调整。因为“人格权编”作为《民法典》第四编,其中规定了各种人格权。为保证法典内部的简洁性,于是删除了《侵权责任法》第2条第2款列举各项绝对权的规定。但是,此做法并不意味着任何“权利”均受《民法典》侵权责任编保护,从解释上而言,知情权作为一种相对权,也不是《民法典》侵权责任编所保护的范围。

② 参见杨立新:《消费欺诈行为及侵权责任承担》,载《清华法学》2016年第4期;朱晓喆:《瑕疵担保、加害给付与请求权竞合:债法总则给付障碍中的固有利益损害赔偿》,载《中外法学》2015年第5期;周江洪:《惩罚性赔偿责任的竞合及其适用——〈侵权责任法〉第47条与〈食品安全法〉第96条第2款之适用关系》,载《法学》2010年第4期;张新宝、李倩:《惩罚性赔偿的立法选择》,载《清华法学》2009年第4期。

③ 参见李宇:《民法总则要义:规范释论与判解集注》,法律出版社2017年版,第592页。

二、经营者沉默欺诈认定的矫正:“天价豪车赔偿案”的贡献

2018 年年底,最高人民法院第五巡回法庭就“天价豪车赔偿案”作出终审判决,生效判决推翻了贵州省高级人民法院作出的“退一赔三”的一审判决。[①] 该案的主要争点在于被告新贵兴公司就维修记录等事项违反告知义务是否构成欺诈,一审认为经销商违反告知义务构成沉默欺诈,并符合《消保法》第 55 条第 1 款的构成要件(与路径 1 的思路基本一致);但二审法院认为,经销商违反告知义务侵犯了原告的知情权,但并不足以构成沉默欺诈,要求新贵兴公司予以赔偿(与路径 5 的思路基本一致)。两审法院根据相同事实却作出完全不同结果的两份判决,表明两审法院对于经销商隐瞒瑕疵事项而违反告知义务,是否构成沉默欺诈的认定态度有差异,其中缘由值得探究。

(一)“天价豪车赔偿案”的判决思路

根据二审判决书,可将本案的判决思路归纳如下:(1)个人购买豪车是否属于“为生活而消费”,由此判断是否适用《消保法》;(2)经营者是否构成《消保法》上的“欺诈”;(3)欺诈构成要件中信息告知的时间节点是否以缔约阶段为限;(4)经营者新贵兴公司未将案涉信息告诉消费者是否违反告知义务;(5)新贵兴公司未将案涉信息告知消费者是否构成

---

① 该案事实是,原告杨某某向被告新贵兴公司购买尊贵版宾利慕尚汽车一台,单价 5500000 元。2014 年 7 月 30 日,该车辆运抵新贵兴公司,新贵兴公司拟将该车辆交付杨某某。同日,新贵兴公司进行车辆移交检查时发现车辆左前门下有漆面损伤,便通过抛光打蜡清除了漆面损伤,这一处理操作记载于该车辆的维修记录中。2014 年 10 月 8 日,因汽车右后窗帘存在异响,新贵兴公司更换了窗帘总成,该维修操作亦记载于车辆的维修记录中。车辆的交付时间为 2014 年 10 月 14 日。2016 年 5 月 31 日,杨某某通过“车鉴定”网查询所购车辆的维修保养记录时,查询到案涉车辆的前述处理、维修记录,遂以新贵兴公司和大众汽车销售公司在车辆交付之时未向其告知前述情形构成欺诈、给其造成巨大损失为由提起本案诉讼。

《消保法》上的“欺诈”;(6)责任承担的问题。

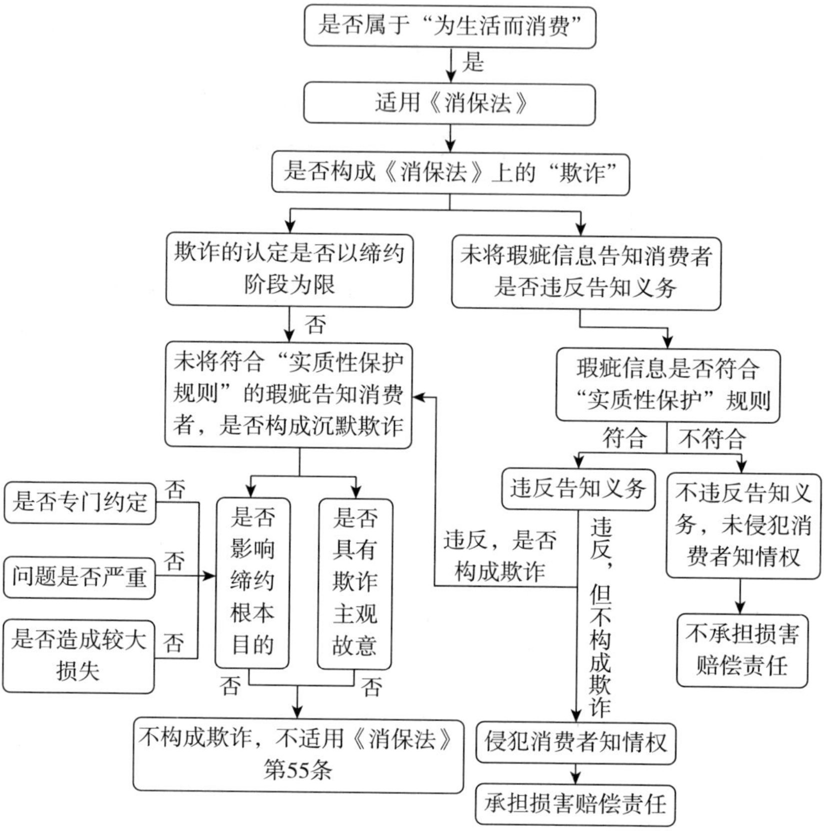

图1 “天价豪车赔偿案”判决思路

由图1可知,本案有三个核心点:(1)经营者承担损害赔偿的依据在于,经营者违反告知义务、隐瞒瑕疵事项而侵犯了消费者知情权;(2)经营者违反告知义务,并不一定构成《消保法》上的“欺诈”;(3)关于“欺诈”的认定,应从是否影响缔约根本目的和是否具有欺诈的主观故意等方面综合考虑。

但这三个核心点也有以下问题亟待处理:第一,本案中经营者承担损害赔偿责任(酌定新贵兴公司向杨某某赔偿110000元)的依据在于侵犯了消费者的知情权,那么请求权基础是什么?第二,告知义务的范围,以及侵犯知情权与经营者“沉默欺诈”的关系如何？第三，经营者“沉默欺诈”的构成要件有哪些？以下分别回答上述问题。

（二）“天价豪车赔偿案”的请求权基础

关于本案的请求权基础，最高人民法院第五巡回法庭在判决书中并未明言。但从判决书的表述来看，“本院依据《消保法》第8条第1款、第20条第1款……判决如下”。如前文分析，《消保法》第8条和第20条并不是请求权规范。本案的判决思路和路径5保持一致，因此本案真正的请求权基础应为《合同法》第155条、第111条和第60条第1款（现《民法典》第617条、第582条和第509条第1款），法院据此判决经营者承担瑕疵违约责任。

（三）沉默欺诈的认定路径再探讨

如前文所述，《消保法》第55条第1款中的“欺诈”适用民法上的规定。我国民法上欺诈的构成要件有：（1）须有欺诈的故意；（2）须有欺诈行为；（3）须被欺诈人因受欺诈而陷入错误判断；（4）须被欺诈人基于错误判断而为意思表示（因果关系）。[①] 以下就构成要件分别论述。

其一，经营者沉默欺诈的认定并不局限于缔约阶段。在传统民法欺诈理论中，赋予欺诈以撤销的权利，在于欺诈侵害了表意人的表意自由，即干扰了表意人的意思形成自由。但在现代社会，在特定情形下，有必要使欺诈认定的时间节点突破缔约阶段的限制，理由如下：

第一，传统民法保护被欺诈人的理论形成于自由资本主义时期，彼时商品种类不够丰富，亦未形成垄断市场，合同双方在信息获取等地位相对均衡。但在垄断市场的背景下，企业可以利用市场支配地位滥用信息不对称转嫁成本，消费者获取真实信息的渠道和途径受到前所未有的威胁。此时，欺诈已经不仅仅是一个合同表意自由的问题，本质上还是

---

① 参见梁慧星：《民法总论》（第4版），法律出版社2011年版，第180、181页。

一个市场问题。[①]《消保法》救济不再是解决"意思瑕疵",而是法律对市场势力的介入和干预。因此,此阶段的欺诈认定不应局限于缔约阶段,须延展至交付前。

第二,在现代买卖中,交付的形式和交易方式也趋于多样与复杂,并非以前简单商品经济时代中"现物交易"的形态。"随着生产运销的分工层次加深,市场规模不断扩张,复杂的交易形态陆续出现,不仅空间加大、时间拉长,交易主体也变得多元,交易内容则往往多层又环环相扣。"[②]

第三,本案标的物为种类物买卖,交付前标的物并未特定化。因此,销售者(经营者)在缔约过程中,无法知晓标的物是否存有瑕疵,也无法履行告知义务。但是销售者在履约过程中,需查验已特定的种类标的物是否存有瑕疵,所以需要将欺诈的认定阶段延伸至交付之前。

综上,对于履约的制度设计需要回应现实并进行适当的调整。回归本案,法院认为,在经营者和消费者的消费合同之中,为充分保护消费者知情权,欺诈的认定并不局限于缔约阶段,应包括交付之前的阶段。因为"相对于消费者而言,经营者在商品信息的获取上明显处于优势地位,消费者难以知悉经营者获取商品相关信息的具体时间或阶段,难以区分经营者对相关信息的获取是在缔约之前还是缔约之后"。而目的性扩张是漏洞补充的方法,主要针对立法者疏忽,对法律文义所未涵盖的某一类型,为贯彻规范意旨,将该类型包括在法律适用范围之内。[③] 因此,法院通过目的性扩张,将欺诈的认定阶段从缔约阶段延伸至交付之前,此做法应予赞同。

其二,经营者沉默欺诈故意的判断。在学理上,有学者认为,欺诈人

---

① 参见谢晓尧:《欺诈:一种竞争法的理论诠释——兼论〈消费者权益保护法〉第49条的适用与完善》,载《现代法学》2003年第2期。

② 苏永钦:《寻找新民法》,北京大学出版社2012年版,第379页。

③ 参见杨仁寿:《法学方法论》,中国政法大学出版社1999年版,第206、207页。

必须首先知道自己所作陈述的不真实性或至少估计到该不真实性。[①] 对此,有学者认为"故意"本身很难证明,若一味将举证责任课以消费者,将造成举证责任过重。[②] 有更为激进的观点认为,在沉默欺诈的情形,一方当事人负有说明义务的前提下,可由说明义务的违反直接推定其具有欺诈的故意。[③] 传统民法上对于欺诈故意认定,有学者认为采用"双重故意说",即须有使他人陷于错误的意思(英美法上的 fraud)和须有使他人因错误而为意思表示的表示。[④] 弗卢梅也认为,"当欺诈人明知或可以预见到,他所旨在欺诈的人将会因受到欺诈而作出他在未受欺诈的情况下原本不会作出的意思表示或原本不会作出具有该内容的意思表示,他具有欺诈的恶意"[⑤]。此种双重故意说,可以作为故意要件认定的方法。[⑥]

本案中,最高人民法院认为,经营者将车辆交付前的操作(维修)如实记录并即时上传至消费者可通过一定途径公开查询的网络,完成了相关信息一定程度上的披露,可认定经营者并无刻意隐瞒的意图。但是,上传至系统就排除了经营者隐瞒的主观故意吗?有法院认为,经营者将车辆维修记录如实上传登记在自家汽车销售系统中,虽然客户可在 4S 店查到该信息,但无法自行查看,此时不能认定不存在故意隐瞒。[⑦] 可见,实践中对于经营者沉默欺诈故意的认定也有分歧。

笔者认为,本案中最高人民法院认定经营者并无刻意隐瞒的意图,

---

① 参见[德]本德·吕特斯、阿斯特丽德·施塔德勒:《德国民法总论》(第 18 版),于馨淼、张姝译,法律出版社 2017 年版,第 417 页。

② 参见陆青:《论消费者保护法上的告知义务——兼评最高人民法院第 17 号指导性案例》,载《清华法学》2014 年第 4 期。

③ 参见牟宪魁:《说明义务违反与沉默的民事诈欺构成——以"信息上的弱者"之保护为中心》,载《法律科学(西北政法学院学报)》2007 年第 4 期。

④ 参见林诚二:《民法总则新解:体系化解说》(下册),台北,瑞兴图书公司 2012 年版,第 128 ~ 129 页。

⑤ [德]维尔纳·弗卢梅:《法律行为论》,迟颖译,法律出版社 2013 年版,第 646 页。

⑥ 对于需要进行故意推定的主张,笔者认为在经营者和消费者之间的消费合同中并不需要作特殊处理。因为《消保法》第 23 条就经营者在 6 个月发现瑕疵争议,须经营者承担瑕疵的举证责任,也是一种举证责任的倒置规则。

⑦ 北京市第三中级人民法院民事判决书,(2016)京 03 民终 6442 号。

尚欠妥当。因为本案中的经营者将维修记录录入系统中但不告知消费者,其目的是使消费者陷于错误,并希望消费者因此而作出购买的意思表示,此时经营者应被认定为具有欺诈的故意。而当事人无论通过内部系统查询还是付费查询标的物是否有维修记录,均需付出高额的信息获取成本;如经营者直接将维修记录告知经营者,既可以降低消费者的信息获取成本,也并未增加经营者自身的额外义务。

此外,最高人民法院在认定是否构成欺诈时,将"是否给消费者造成较大不利影响"作为考虑因素的做法也值得商榷。因为,与刑法上的欺诈不同,民法中欺诈故意的判断,"不以财产上利益或令他人损失财产为必要"①,也无须欺诈人给自己或者他人谋求非法财产利益(牟利)的故意。②

其三,经营者违反告知义务是沉默欺诈行为。"沉默型"欺诈与积极欺诈最主要的区别在于:沉默欺诈的行为表现为隐瞒事实真相。隐瞒事实真相在经营者和消费者之间的消费合同中的表现是经营者违反了告知义务(应告知而未告知)。因此,在沉默欺诈中最核心的判断在于,经营者是否违反了告知义务。回归到实证法,经营者的告知义务散见于各民事单行法,有《合同法》第42条和第60条(现《民法典》第500条和第509条)、《消保法》第8条和第20条等规定。③《消保法》对于经营者的告知义务采用"全面真实"标准,但违反告知义务是否就属于欺诈的客观行为呢?需要进一步讨论。

欺诈的内容是法律行为的要素,即需要与该法律行为的基本属性相关联。④ 本案中,法院采取了告知义务的"实质性保护"规则,以区分经

---

① 林诚二:《民法总则新解:体系化解说》(下册),台北,瑞兴图书公司2012年版,第129页。

② 参见[德]汉斯·布洛克斯、沃尔夫·迪特里希·瓦尔克:《德国民法总论》(第33版),张艳译,中国人民大学出版社2012年版,第275、276页。

③ 陆青老师比较清晰地梳理了私法体系中的告知义务群,参见陆青:《论消费者保护法上的告知义务——兼评最高人民法院第17号指导性案例》,载《清华法学》2014年第4期。

④ 参见[日]近江幸治:《民法讲义Ⅰ:民法总则》(第6版补订),渠涛等译,北京大学出版社2015年版,第205页。

营者就该信息是否有义务告知消费者。法院将经营者的告知义务范围限缩为“经营者所应提供的商品全面信息,并非指与商品有关的所有信息,而是指可能影响消费者人身健康、安全或一定财产利益的全部重要信息”。

因此,本案二审法院认为,“对于新车在流通或存储环节产生的此类轻微瑕疵,经营者通过轻微的手段进行消除的行为,属于新车交付前合理的整理行为。该类问题及相应的整理行为显著轻微,不涉及消费者人身健康和安全,几乎不涉及其实质性财产利益,经营者如未将这类信息告知消费者,不构成对法定告知义务的违反,不构成对消费者知情权的侵犯”①。而对于窗帘电动总成的更换问题,法院认为经营者的更换行为已经超出了正常的 PDI 检查范围,不属于正常的新车瑕疵整理措施。此类信息将对消费者心理和财产利益造成影响,经营者应向消费者如实告知,如违反告知义务将侵犯消费者的知情权。综上,本案中新贵兴公司未告知此类信息,客观上具有欺诈行为。

其四,消费者基于欺诈行为陷入错误的判断。判断经营者沉默欺诈的构成,须考虑被欺诈人(消费者)因受欺诈而陷入错误,此处的“错误”到底指什么?有学者认为,“欺诈方的欺诈行为影响了人的决策,使行为人产生动机错误或加重了行为人的动机错误”②。通过体系解释,此处的错误应与重大误解中的“错误”作同一理解。一般认为,此处错误主要为动机错误。动机错误,是意思表示内容以外事项的错误,表意人因对此类事项认识错误而作出意思表示。③ 至于此时其错误是内容错误或动机错误以及错误严重与否,均在所不问。④ 对于欺诈事项,大多数国家或地区的法律并不要求欺诈是针对一个重要事项。⑤ 即使是微小的错误,几

---

① 同样的观点参见广东省深圳市中级人民法院民事判决书,(2018)粤 03 民终 1334 号。

② 《民法总则专题讲义》,法律出版社 2019 年版,第 438 页。

③ 参见李宇:《民法总则要义:规范释论与判解集注》,法律出版社 2017 年版,第 551 页。

④ 参见史尚宽:《民法总论》,中国政法大学出版社 2000 年版,第 426 页。

⑤ 欧洲大多数国家的法律体系中,并不要求欺诈是一个重要性欺诈。参见[德]克里斯蒂安·冯·巴尔、[英]埃里克·克莱夫主编:《欧洲私法的原则、定义与示范规则:欧洲示范民法典草案》(全译本)(第 1 卷、第 2 卷、第 3 卷),高圣平等译,法律出版社 2014 年版,第 434 页。

乎所有的法律乐意认可撤销合同的权利。[①]

就本案而言,经营者在车辆车漆修复和窗帘电动总成更换的瑕疵问题上未予告知消费者,致使消费者误认为该豪车是无瑕疵、无修理的新车而购买。因此,消费者误认为标的物是新车而购买,属于动机错误中标的物性质错误,此时符合本构成要件。[②]

其五,基于错误判断而为意思表示。在学理上,"至于不真实之事实是否重要而有影响意思之形成,应以该事实与表意人自由形成意思之过程有无因果关系为断"[③]。因此,基于错误判断而为意思表示的实质是欺诈行为和意思表示之间具有因果关系。

对于欺诈行为中因果关系的判断,有学者认为应采用"若有则无"进行认定。在具体案件中欺诈必须与意思表示的作出有因果关系,即若没有欺诈,表示可能不会被作出,或者不会以这个内容或不会在这个时间作出。[④] 在比较法上,德国法和法国法对于因果关系判断理论似乎有所差异。德国法认为,"欺诈必须对受欺诈人意思表示的作出起到决定性作用,也即以欺诈与意思表示之间存在因果关系为必要"[⑤]。法国法上区分决定性欺诈和次要性欺诈,[⑥]决定性欺诈是指欺诈行为对于合同的订立应具有决定性作用,即合同一方当事人的误解为欺诈行为所引起,如无欺诈行为就不会订立合同;而次要性欺诈,是指即使不存在这种欺诈行为,也不影响合同的订立,只影响合同的订立条款内容。对于前者可

---

① 参见冉克平:《意思表示瑕疵:学说与规范》,法律出版社2018年版,第272页。

② 需说明的是,"知假买假"者之所以不能适用《消保法》第55条,是因为"知假买假"者在购买商品时,明知是假货而购买,并未基于经营者未告知而陷入错误。

③ 林诚二:《民法总则新解:体系化解说》(下册),台北,瑞兴图书公司2012年版,第130页。

④ 参见[德]本德·吕特斯、阿斯特丽德·施塔德勒:《德国民法总论》(第18版),于馨淼、张姝译,法律出版社2017年版,第417页。

⑤ [德]维尔纳·弗卢梅:《法律行为论》,迟颖译,法律出版社2013年版,第646页。

⑥ 相类似的有《魁北克民法典》第1401条规定,"一方当事人以欺诈诱使他方所犯或知悉第三人的欺诈诱使他人所犯的错误,任何时候均使同意无效,但以陷于错误的当事人没有此等错误将不订立合同或订立具有不同条款的合同为限。欺诈可以因沉默或知而不言产生"。参见《魁北克民法典》,孙建江等译,中国人民大学出版社2005年版,第178条。

以主张无效,后者只能主张损害赔偿。[①] 虽然理论上似有所争议,但核心点仍在于"欺诈(错误)对于意思表示形成的决定性作用"。

在我国,有学者主张"若有则无"的认定方法。[②] 也有学者主张不应当将欺诈进行区分主要事项和次要事项,只要欺诈事项导致相对人陷入错误,并对其作出意思表示具有决定性影响即可。[③] 但是前述标准比较抽象,如何判断错误对于意思表示有决定性影响呢?最高人民法院在"天价豪车赔偿案"中引入了"是否影响消费者缔约根本目的"规则,以判断消费者在经营者的沉默欺诈行为中是否陷入错误的认识,以及该错误是否构成意思表示的决定性影响。但是,"缔约根本目的"并不是现行法律的专用词语。其在现行法中的解读是动机错误,还是合同目的,抑或根本违约,均有疑义。因此,如何判断是否影响缔约根本目的,以及怎样从民法角度解释缔约根本目的,需要进行论证。

笔者认为,缔约根本目的并不能解释为现行中的"动机错误"、"合同目的"和"根本违约",缔约根本目的所影响的是意思表示中的效果意思。[④] 首先,动机错误不是欺诈构成要件中因果关系的判断要素,只是相对人基于欺诈行为陷入错误的要件。其次,合同目的是合同法中非常重要的概念,[⑤]主要涉及附随义务、合同内容的确定和履行、合同解除和合同解释等《合同法》总则(现《民法典》合同编中的通则分编)内容,也涉及《合同

---

① 参见尹田:《法国现代合同法:契约自由与社会公正的冲突与平衡》(第2版),法律出版社2009年版,第105、106页。

② 参见李宇:《民法总则要义:规范释论与判解集注》,法律出版社2017年版,第591页;朱庆育:《民法总论》(第2版),北京大学出版社2016年版,第281页。

③ 参见冉克平:《意思表示瑕疵:学说与规范》,法律出版社2018年版,第272页。

④ 崔建远教授认为,"效果意思和合同目的之间具有一定的关联性",参见崔建远:《论合同目的及其不能实现》,载《吉林大学社会科学学报》2015年第3期。因此本案经营者隐藏案涉瑕疵信息,并没有影响消费者缔约根本目的,所以无法认定欺诈;同时,暗含的另一种思路是,该行为既然没有影响缔约根本目的,那么不构成根本违约,不符合瑕疵责任中的解除规则,该行为仅为一般违约行为,经营者承担损害赔偿责任即可。

⑤ 关于合同目的在合同法中的梳理,参见崔建远:《论合同目的及其不能实现》,载《吉林大学社会科学学报》2015年第3期。

法》分则(现《民法典》合同编中的典型合同分编)部分。[①] 但合同目的并不涉及欺诈的认定。最后,缔约根本目的也不是根本违约,根本违约是法定解除[《合同法》第94条第4项(现《民法典》第563条第4项)]的事由之一,从性质上看是一种严重的违约行为,并不涉及意思表示的干扰行为。

回归到本案,最高人民法院从"合同中是否对此存在专门约定"、"问题是否严重及处理措施是否复杂"和"是否给消费者造成较大不利影响"三个因素判断经营者违反告知义务是否对意思表示的作出有决定性影响,其本质是认为缔约根本目的是意思表示的干扰程度的严重性,并且是基于错误作出意思表示的决定性因素。

(四)"天价豪车赔偿案"的贡献:沉默欺诈认定路径的矫正

与指导案例17号相比,"天价豪车赔偿案"在判断经营者是否构成沉默欺诈的认定上重申了以下规则:(1)经营者告知义务的违反并不一定构成欺诈,应严格检讨经营者的行为是否符合欺诈的构成要件。(2)《消保法》上欺诈的认定,应适用《民通意见》第68条的规定。(3)违反告知义务是否影响合同的根本缔约目的,是作为"欺诈"认定的考虑因素,由此判断消费者是否因此陷入错误而作出意思表示;该规则采用法国法上区分主要性欺诈和次要性欺诈的理论,摒弃了德国法上的欺诈理论。(4)经营者的告知义务应采"实质保护规则",违反告知义务侵犯了消费者知情权的,须承担损害赔偿责任。

三、经营者沉默欺诈认定路径的回归

如何妥当地认定经营者构成沉默欺诈,笔者认为应从以下四个方面回归。

---

① 参见马忠法:《"合同目的"的案例解析》,载《法商研究》2006年第3期。

(一)沉默欺诈的构成要件须以严格认定为原则

学说上对于沉默欺诈的构成要件是否需作特殊处理,有一定的分歧。有学者主张对存在说明义务情况的沉默性诈欺,应缓和其因果关系要件和故意要件。[①] 有学者认为,《消保法》对于经营者的告知义务采用全面真实标准,加大了欺诈认定的可能范围,需通过对欺诈的严格认定加以平衡经营者和消费者的关系。[②] 还有学者主张应承认过失欺诈。[③]

笔者认为,原则上应严格按照民法上欺诈构成要件予以认定经营者沉默欺诈,理由如下。

其一,从比较法上看,《欧洲私法的原则、定义与示范规则:欧洲示范民法典草案》对于欺诈故意的态度也是严格认定,欺诈必须是故意的,即引起对方错误的一方的虚伪陈述或未披露便是欺诈性的。[④]

其二,即使不认定为欺诈,消费者仍可依据瑕疵违约或缔约过失责任主张救济。《消保法》上的欺诈认定,本来是属于合同上的例外责任。在其他大陆法系国家和地区,基本上不承认惩罚性赔偿。我国台湾地区"消费者保护法"上的惩罚性赔偿,仅适用于侵权行为。

但在例外情况下,可以区分不同类型经营者进行适当扩张或限制,我国现行实证法承认在食品和药品领域对于欺诈要件采取缓和说。具体而言,《食品安全法》第148条第2款规定了惩罚性赔偿的适用前提为"生产不符合食品安全标准的食品或者经营明知是不符合食品安全标准

---

① 参见牟宪魁:《说明义务违反与沉默的民事诈欺构成——以"信息上的弱者"之保护为中心》,载《法律科学》2007年第4期。

② 参见陆青:《论消费者保护法上的告知义务——兼评最高人民法院第17号指导性案例》,载《清华法学》2014年第4期。

③ 参见刘勇:《缔约过失与欺诈的制度竞合——以欺诈的"故意"要件为中心》,载《法学研究》2015年第5期。

④ 参见[德]克里斯蒂安·冯·巴尔、[英]埃里克·克莱夫主编:《欧洲私法的原则、定义与示范规则:欧洲示范民法典草案》(全译本)(第1卷、第2卷、第3卷),高圣平等译,法律出版社2014年版,第432页。

的食品”[1],该惩罚性赔偿的适用并不考虑经营者的主观要件。同时从最高人民法院《关于审理食品药品纠纷案件适用法律若干问题的规定》(法释〔2021〕17号)第3条规定[2]可知,最高人民法院在认定欺诈的态度上并未要求消费者陷入错误的认识,只要经营者有欺诈的客观行为即可成立惩罚性赔偿。

(二)利益衡量在沉默欺诈认定中的妥当运用

《消保法》第1条作为立法目的条款,具有利益衡量的作用。[3] 一般认为,《消保法》的制度目的是对消费者予以特别保护,因此强化了对消费者知情权的保护,扩大了经营者的告知义务范围,同时规定了经营者欺诈的惩罚性赔偿制度。

但是,通过前述6种关于沉默欺诈认定的不同路径可知,惩罚性赔偿制度中沉默欺诈的认定在实践中产生了不少争议。上述6种不同认定路径的形成,表面上是不同请求权基础的适用,但根源在于如何在沉默欺诈认定中运用利益衡量理论。以路径3为例,法院一方面认为经营者就瑕疵信息应告知而未告知,违反了告知义务构成欺诈;另一方面却认为隐瞒的瑕疵比较轻微,并不涉及安全性能等主要问题,假如严格按照“退一赔三”进行赔偿,将课以经营者过重的负担。最终法院判决构成局部欺诈,并基于局部欺诈部分进行惩罚性赔偿。在路径3中,法院的做法试图在利益平衡的基础上,调和经营者与消费者之间的关系,但判

---

① 《食品安全法》第148条第2款规定,“……但是,食品的标签、说明书存在不影响食品安全且不会对消费者造成误导的瑕疵的除外”。该但书条款对于食品消费中的惩罚性赔偿进行限制,从反面推论可知,第148条的惩罚性赔偿的适用也以“欺诈(误导)”为要件,并摒弃了经营者的主观要件。

② 最高人民法院《关于审理食品药品纠纷案件适用法律若干问题的规定》第3条规定,“因食品、药品质量问题发生纠纷,购买者向生产者、销售者主张权利,生产者、销售者以购买者明知食品、药品存在质量问题而仍然购买为由进行抗辩的,人民法院不予支持”。

③ 参见刘颖:《民法典中立法目的条款的表达与设计——兼评〈民法总则〉(送审稿)第1条》,载《东方法学》2017年第1期。

决结果却无实证法的依据,此种路径有"削足适履"的感觉。①

那么,应如何科学地平衡经营者和消费者之间的利益?笔者认为,利益衡量方法的妥当适用是经营者和消费者之间利益调和的关键。利益衡量的层次结构可分为当事人具体利益、群体利益、制度利益和社会公共利益。② 在经营者和消费者之间的消费合同关系中,如何划分利益的层次呢?《消保法》中立法目的条款体现了利益衡量的层次性,从该法第 1 条的表述来看,群体利益是"消费者的合法权益",制度利益是"维护社会经济秩序",社会公共利益是"促进社会主义市场经济健康发展"。

表 1 "天价豪车赔偿案"二审判决的利益衡量过程

选择保护对象	当事人具体利益		群体利益		制度利益	社会公共利益
	杨某某的利益	经营者(经销商)的利益	消费者群体的权益	经营者(经销商)群体的利益	维护社会经济秩序	促进社会主义市场经济健康发展
支持杨某某的"退一赔三"诉求	√	×	√	×	×	×
不支持杨某某的"退一赔三"诉求	×	√	×	√	√	√

注:表格中的√表示得到保护,×表示不能得到保护。

以"天价豪车赔偿案"为例,我们通过利益层次结构对其中的利益进行解析(见表 1),本案涉及的问题是经营者所隐瞒的轻微修复的整理行为和窗帘电动总成的更换两处轻微瑕疵,此时是否构成欺诈?假如认定

① "天价豪车赔偿案"一审和二审法院基于相同事实却作出完全不同的判决,也是基于利益衡量的结果。

② 参见梁上上:《利益的层次结构与利益衡量的展开——兼评加藤一郎的利益衡量论》,载《法学研究》2002 年第 1 期。

为欺诈,那么就支持了消费者杨某某的“退一赔三”要求,此时保护了消费者的具体利益,也保护了消费者群体利益,但是否符合制度利益和社会公共利益呢?分析如下:

首先,《消保法》的制度利益在于通过强化消费者权益保护和加大经营者告知义务等系列规则,平衡经营者和消费者不对称的状况,维护社会经济秩序,并以此实现促进社会主义市场经济健康发展的社会公共利益。因此,“虽然《消费者权益保护法》立法的重心在于保护消费者在信息不对称问题上的弱势地位,但并不是对经营者的所有不当行为或瑕疵行为进行全方位规制。机械地适用《消费者权益保护法》中的惩罚性规定,过分强调了对经营者的过重惩罚,显然违背了市场正常运作的规律”①。

其次,该法规定的惩罚性赔偿的目的,在于规制经营者利用消费者信息不对称的地位,诱使消费者作出违背本意的意思表示的行为;而非“一刀切”地对所有经营者的不当行为进行惩罚。② 隐瞒瑕疵事项并不一定构成欺诈行为,需根据行为的性质和程度对是否构成欺诈进行具体判断。

最后,惩罚性赔偿制度本身即为合同责任的例外,是违约责任的特殊形态,须严格适用。王泽鉴先生认为,在市场经济中,当事人的利益互相影响,惩罚性赔偿的威胁将造成经济活动的不确定及顾虑,甚至惩罚性赔偿将会鼓励不智的契约履行,导致无效率的资源分配。③

基于上述分析,如经营者仅因标的物存有轻微瑕疵未全面告知消费者,就以此判定经营者承担“退一赔三”的惩罚性赔偿,似乎有过于苛责经营者之嫌,④不利于保护交易安全和市场经济效益,也不利于社会主义

---

① 鞠海亭、金晓平:《经营者欺诈行为的要件分析》,载《人民司法》2015年第22期。

② 参见陆青:《论消费者保护法上的告知义务——兼评最高人民法院第17号指导性案例》,载《清华法学》2014年第4期。

③ 参见王泽鉴:《损害赔偿》,北京大学出版社2017年版,第366、367页。

④ 此时,即使不认定经营者欺诈,也并不代表消费者权益无法得到救济。如前述几种不同路径,消费者可就经营者违反告知义务从缔约过失损害赔偿或瑕疵履行的违约损害赔偿等获得权益保护。

市场经济良性发展,有悖于《消保法》的制度利益和社会公共利益,所以制度应该进行交易安全与交易效率的权衡,既要保障消费者的交易安全,也要力求使社会总的交易成本最小化。

但是,利益衡量需要考虑不同的变量。在认定经营者是否构成沉默欺诈时,其变量在于违反告知义务的程度,即沉默欺诈的客观行为是否在意思表示作出中起决定性作用。在传统民法欺诈理论中,相对人基于隐瞒事实陷入错误,对于错误的轻微严重程度并不关注,甚至微小的错误也可成立该要件的错误。从这个方面来看,无论该错误是属于轻微瑕疵,即属于 PDI 检测的范围,还是超出 PDI 范围,甚至更严重的事故车等问题,均构成相对人的错误认识。

判断经营者构成沉默欺诈与否的核心问题在于:这些不同类型或不同程度的错误是否会对意思表示产生决定性影响。笔者认为,法国民法将欺诈区分为主要性欺诈和次要性欺诈,就是利益衡量的结果。区分主要性欺诈和次要性欺诈,在于欺诈事项是否会对意思表示产生决定性影响;如仅影响交易条件,则为次要性欺诈,该类型仅能通过损害赔偿获得救济,但并不构成合同撤销的原因。[①] 在消费者合同关系中,一方面,假如经营者隐瞒事项比较轻微,不会对消费者意思表示的作出产生决定性影响,那么违反该告知义务将不构成欺诈,此时消费者可基于经营者侵犯知情权为由获得《合同法》(现《民法典》合同编)上的损害赔偿救济。另一方面,假如经营者滥用信息不对称地位,隐瞒了消费合同中的重要事实,影响了消费者的根本缔约目的并基于此作出意思表示,那么经营者将构成欺诈,需要承担《消保法》第 55 条"退一赔三"的民事责任。

(三)厘清侵犯知情权与沉默欺诈之间的关系

民法上的各项制度在设计时均有相应的规制范围,但随着民法理论

① 参见朱广新:《合同法总则研究》(上册),中国人民大学出版社 2018 年,第 300、301 页。

的创新和法律借鉴等,[①]逐渐形成了各项制度竞合的局面。经营者隐瞒标的物瑕疵事项的行为将违反告知义务,如何处理经营者沉默欺诈和侵犯消费者知情权的关系即为典型例证。

具体而言,在传统民法上,沉默欺诈是意思表示瑕疵制度的内容,瑕疵责任主要是买卖合同的履约问题,两者在制度功能上各有差异。随着理论发展,德国学者耶林发现了被誉称为"法学上的发现"的缔约过失责任理论;[②]我国民法继受并扩张了该理论,不再强调缔约过失责任与合同效力的关联性,更侧重于在缔约过程中的损害赔偿责任。[③] 经营者告知义务的范围在《消保法》中得以扩张,并规定了经营者欺诈的惩罚性赔偿制度。由此形成了我国现行法关于经营者隐瞒标的物瑕疵违反告知义务,以及沉默欺诈、缔约过失和瑕疵履行的法律效果多重竞合的局面(见表2)。

表2 隐瞒瑕疵的制度竞合

	缔约前未告知	缔约时未告知	交付前未告知	责任/主观形态
缔约过失	√	×	×	故意为原则,过失为例外
瑕疵责任	×	√	√	违约责任/严格责任
意思表示的欺诈	√	√	√	故意

注:表格中的√表示得到保护,×表示不能得到保护。

在存有竞合情况时,消费者如何主张权利的救济呢?如前所述,《消保法》第55条并非独立的请求权基础,该惩罚性赔偿为合同责任上的额外责任,那么,以此为依托的请求权可能会是《合同法》(现《民法典》合同编)中的缔约过失责任,可能会是瑕疵责任,也有可能基于欺诈撤销合

---

① 此为我国民法层累现象造成的后果。参见刘颖:《中国民法中的"层累现象"初论——兼议民法典编纂问题》,载《东方法学》2015年第2期。

② 关于耶林的缔约过失责任理论,参见[德]鲁道夫·冯·耶林:《论缔约过失》,沈建峰译,商务印书馆2016年版。

③ 相关缔约过失责任理论的梳理,参见谢鸿飞:《合同法学的新发展》,中国社会科学出版社2014年版,第158~163页。

同。对此，当事人是否有任意选择权，抑或需依照请求权的优先与否按次序选择呢？

有观点认为，对于缔约过失和瑕疵责任的适用问题，原则上瑕疵担保责任规则作为特别法应当优先予以适用，例外是，在出卖人有故意或者恶意行为时，应当适用缔约过失的责任规定。[①] 而在瑕疵担保和撤销规则（基于欺诈的合同撤销）的适用关系上，原则上也是瑕疵责任规则作为特别法应当优先予以适用，但例外是在恶意诈欺的情形下，由买受人自行决定如何选择。[②] 也有观点认为，瑕疵责任和缔约过失责任在着眼点、请求权基础、证明责任和法律后果等方面有所差异，故应赋予当事人选择权。[③]

笔者认为，赋予当事人选择权更具合理性。理由如下：其一，民法上的欺诈、瑕疵责任、缔约过失责任和《消保法》的告知义务制度等是在特定社会背景下演进形成的制度竞合，各项制度均有其相应的制度利益。对于当事人而言，制度竞合下的不同请求权并无优劣之分，因此无须以请求权优先性的方式限制当事人选择不同救济途径。其二，各类制度的期间限制有一定的差异，当事人可通过其间的差异选择最优的请求权基础。其间的具体差异表现为：基于欺诈事由的合同撤销权有 1 年除斥期间（《民法典》第 152 条）的限制；而瑕疵责任有除斥期间（2 年）（《民法典》第 621 条第 2 款）、质量保证期等期间的限制；缔约过失责任虽无除斥期间，但从解释上应受一般诉讼时效（3 年）的约束。其三，各类制度的损害赔偿范围不同。综上，请求权优先次序不利于当事人自由选择最优救济方式，在制度竞合的情形下，应该赋予当事人任意选择权。

---

① 参见卢谌：《现代买卖法瑕疵担保责任制度——以法律原因引用为中心》，载《东方法学》2011 年第 1 期；许德风教授持相同观点，参见许德风：《论瑕疵责任与缔约过失责任的竞合》，载《法学》2006 年第 1 期。

② 参见卢谌：《现代买卖法瑕疵担保责任制度——以法律原因引用为中心》，载《东方法学》2011 年第 1 期。

③ 参见陆青：《论消费者保护法上的告知义务——兼评最高人民法院第 17 号指导性案例》，载《清华法学》2014 年第 4 期。

(四)界定告知义务的范围:区分核心范围和边缘范围

关于经营者沉默欺诈认定,以经营者对当事人负有告知义务为前提。但经营者是否构成欺诈,则以隐瞒瑕疵事项是否违反告知义务范围进行判断。由此引发了一系列问题,即告知义务的范围和沉默欺诈的关系如何?违反告知义务一定构成欺诈?抑或违反告知义务仅为欺诈认定的前提,构成欺诈与否以及经营者违反告知义务何种程度与范围是否相关联?

最高人民法院在"天价豪车赔偿案"中对此问题的态度为:违反告知义务仅为欺诈认定的前提,违反告知义务不一定构成欺诈,欺诈应结合经营者违反告知义务的程度予以认定。那么,如何界定经营者告知义务的范围是判断欺诈构成与否的关键。因为,在适用该法条时,对于经营者的告知义务应在内容、程度上有所区分,应加入有悖于诚信原则程度的考量,也就是说在认定《消保法》中的欺诈行为时,不仅应存在经营者故意隐瞒真实情况的事实,也应当满足诱使消费者作出错误意思表示这一要件。[①]

对此,笔者认为应从以下两个角度界定《消保法》的告知义务范围:

1. 以"实质性保护规则"厘清经营者告知义务范围。我国经营者告知义务的范围,在《合同法》(现《民法典》合同编)、《消保法》、《食品安全法》等法律中有不同的规定。就《消保法》而言,虽然第8条和第20条规定了经营者真实全面的信息披露义务,但告知义务的边界非常模糊,尤其条文表述的是信息须"全面"告知,全面到何种程度才算履行了告知义务?无限制地扩大告知义务范围不符合经营者和消费者的利益需求,甚至可能导致交易成本的边际递升,"这种成本包括交易前的信息收集成本和交易中的说明成本以及交易后的特定信息的提供成本等,这些成本在边际上是递增的"[②],从而降低交易快捷和市场效率。一方面,这将课

---

① 参见鞠海亭、金晓平:《经营者欺诈行为的要件分析》,载《人民司法》2015年第22期。
② 应飞虎:《经营者信息披露制度研究》,载《经济法论坛》2003年第1期。

以经营者过重的负担,经营者作为以营利为目的的商事主体,必然毫无保留地全部披露,如商品的真实成本;另一方面,也将消费者置于巨大的信息流之中,作为非专业人士的消费者无法区分信息的有效性,实质上并不能达到保护消费者的目的。

因此,须以"实质性保护规则"作为界定告知义务范围的标准,即"经营者所应提供的商品全面信息,并非指与商品有关的所有信息,而是指可能影响消费者人身健康、安全或一定财产利益的全部重要信息"。至于告知义务范围的构成,"则应以动态系统论为基础,以'合同的性质'、'当事人的身份'、'合同条款的形式与订立方式'以及'信息的重要性'作为判断要素"[①]。

2. 应将告知义务范围区分为核心范围和次要范围,以"影响根本缔约目的"界定核心范围,其余为边缘范围。经营者就核心范围的事项未予告知消费者,使消费者接受经营者提供的商品或者服务,在品质(质量)、产地、新旧等与真实的商品或者服务以及消费者的真实意思表示之间存在实质性的差别,[②]此时将构成沉默欺诈。

除核心范围外,其余均为边缘范围,如经营者隐瞒虚出库的行为、[③]轻微瑕疵、[④]车辆用户手册的错误记载[⑤]等不会影响消费者意思表示的作出的行为,即使经营者就此未履行告知义务亦不构成欺诈。理由如下:其一,违反告知义务即构成欺诈,不利于经营者和消费者关系的平衡,也不符合《消保法》的制度利益和社会公共利益(见表1)。其二,告知义务范围的划定在比较法上也有类似规则,如法国法区分一般信息与特别信息义务,只有遗漏实质信息才构成商业欺诈。[⑥] 日本《消费者契约法》在

---

① 刘勇:《论缔约前的信息提供义务》,南京大学2012年博士学位论文,第95页。

② 山东省青岛市中级人民法院民事判决书,(2017)鲁02民终7160号。

③ 山东省青岛市中级人民法院民事判决书,(2016)鲁02民终5384号。

④ 浙江省高级人民法院民事裁定书,(2015)浙民申字第1881号。

⑤ 重庆市高级人民法院民事裁定书,(2017)渝民申251号。

⑥ 参见凌学东:《消费者合同前信息义务研究》,载《北方法学》2016年第2期。

第4项第1款规定了经营者须就“重要事项”进行告知，①否则消费者可以撤销消费合同。

区分核心范围和次要范围的意义在于，若经营者违反告知义务的核心范围，因隐瞒事项“影响根本缔约目的”，对消费者的意思表示作出产生决定性影响，那么在满足其他要件的基础上，可认定为欺诈，适用《消保法》上的惩罚性赔偿。② “经营者应当告知消费者的‘实质信息’属于此‘标的物之实质’，消费者受商业欺诈对实质信息产生错误认识，导致同意缔约的意思表示错误，契约归于无效，发生财产返还、损害赔偿等法律后果。”③但如果经营者的行为仅违反告知义务的边缘范围，那么不可以认定为欺诈，仅可通过瑕疵责任、缔约过失责任等规则进行救济。

四、结语

沉默在法律上一般不具有意义和约束力。当事人就标的物瑕疵未履行告知义务，在民法上可能须承担缔约过失责任、基于欺诈的合同撤

---

① 我国司法实践中引入的“是否影响合同缔约根本目的”判断规则，与日本法非常相似。日本《消费者契约法》第4条第5项规定了“重要事项”的范围，第1项第1款以及第2项之中所称“重要事项”，即下述有关消费者契约之事项（同项之场合，第3款所列举除外）：(1)物品、权利、劳务及其他构成该消费者契约之标的物的性质、用途以及其他内容，通常会影响消费者决定是否缔约消费者契约者。(2)物品、权利、劳务及其他构成该消费者契约之标的物的对价及其他交易条件，通常会影响消费者决定是否缔约消费者契约者。详见日本《消费者契约法》，载e-GOV法令检索网，https://elaws. e-gov. go. jp/search/elawsSearch/elaws_search/lsg0500/detail?lawId=412AC0000000061，2019年5月1日访问。本注释部分的资料由在京都大学法学院访问的上海大学法学院王涛老师提供，在此表示感谢！

② 经营者的不当行为或沉默行为是否构成欺诈，在满足其他要件之外，主要是该行为是否对意思表示的作出具有决定性影响。例如《最高人民法院公报》2017年第8期刊载的“陈某某诉重庆商社新世纪百货连锁经营有限公司等产品销售者责任纠纷案”，法院认为，该案中的商品虽有产品标注不当的行为，该不当标注行为固然会强化消费者的购买信心，但并不是其产生购买意愿的主要原因。因此，不能因涉案产品标注药品生产许可证号而认定经营者构成欺诈。

③ 苏号朋、凌学东：《法国消费欺诈行为的法律规制及借鉴》，载《法学杂志》2013年第4期。

销以及瑕疵责任等法律后果。但在经营者和消费者之间的消费合同关系中,因经营者负有告知义务,如其对于标的物瑕疵保持沉默,除上述责任外,还将承担《消保法》第55条第1款第1句的惩罚性赔偿责任,此为经营者沉默欺诈的基本认定路径。最高人民法院通过发布指导案例17号,试图厘清经营者沉默欺诈的认定路径。但此后不同层级的法院在如何认定沉默欺诈的问题上,却形成了6种认定路径。认定路径如此混乱的背后,一方面可能在于法院就《消保法》法律规范是否可作为请求权基础的认识不足,另一方面在于《消保法》告知义务范围的边界模糊不清,以及该法第55条关于欺诈认定构成要件的争议。2018年年底,最高人民法院在"天价豪车赔偿案"判决中所重申的系列规则,在一定意义上矫正了指导案例17号关于"未告知即推定构成欺诈"的认定思路,在保护消费者和加重经营者负担之间保持了利益平衡。关于经营者沉默欺诈的认定,既要防止经营者滥用信息不对称侵害消费者的合法权益,也要考虑不能过于苛责经营者和加重经营者的负担。因此,关于经营者沉默欺诈的认定,应从欺诈构成要件须以严格认定为原则、妥当适用利益衡量的方法、妥善处理侵犯知情权和沉默欺诈的关系以及告知义务范围的界定四个方面展开。

公司担保案件司法裁判路径的偏失与矫正

吴飞飞*

目次

摘要：公司担保作为一种具有潜在资产减损风险的无直接对价支付行为，其具体实行涉及担保债权人、公司股东与无担保债权人等多元主体的利益衡平问题。目前我国的公司担保案件司法裁判方式，因价值判断与利益衡量方法适用缺失、对公司担保立法规范整体性把握不到位，存在严重的担保债权人偏向问题。作为"难办"案件的公司担保案件，其司法裁判过程，应融入价值判断与利益衡量的裁判伦理与技术成分，并在此前提下通过对相关担保立法规范的整体性把握，达致一个既不僭越立法规范，又饱含公允价值，并且具备社会可接受性的司法裁判结果。

关键词：公司担保；司法裁判；公司章程

---

* 吴飞飞，西南政法大学经济法学院副教授。
本文原载于《当代法学》2015 年第 2 期，第 56～64 页。

一、问题提出:公司担保案件司法裁判中的担保债权人偏向

当前,学界与司法实务界对于违反《公司法》第16条[①]的公司担保合同效力认定,主要沿着两条相互交织的解释路径展开,并且两条法律解释路径的结果都存在严重的担保债权人偏向问题。

第一条解释路径纠葛于我国《公司法》第16条的规范属性到底属于管理性强制性规定,还是效力性强制性规定。此种解释路径主要源自我国《合同法》(现为《民法典》合同编)对合同效力作出的相关规定,即《合同法》第52条[②]第5项规定的违反法律、行政法规的强制性规定的合同无效。同时根据最高人民法院《关于适用〈中华人民共和国合同法〉若干问题的解释(二)》[以下简称《合同法解释(二)》]第14条的规定,[③]《合同法》第52条第5项所指的强制性规定乃指效力性强制性规定,不包括管理性强制性规定。并且从《公司法》第16条中所出现的"不得""必须"这些强制性语词来审视,基本可以将该条规定认定为公司法的强制性规定,存有歧义的乃是该条到底属于管理性强制性规定还是效力性强制性规定。当然亦有学者认为《公司法》第16条为赋权性规范,其依据在于:《公司法》第16条第1款和第2款将为他人提供担保的权利交给公司决定,公司可以通过公司章程进行规定,也可以对担保总额及单项担保的数额进行限制。[④] 其实这种观点的认识视角主要集中于公司法与公司章程之间的二元关系,从这个角度来审视,《公司法》第16条的确可以被视作法律的赋权性规范,而从公司章程执行公司法的强制性规范的

---

① 该条对应新《公司法》第15条,新《公司法》第15条对原《公司法》第16条在内容上未作实质改动。

② 该规定被《民法典》第153条第1款所吸收,实质内容未作改变。

③ 该司法解释已被废止,类似规定可参见最高人民法院《关于适用〈中华人民共和国民法典〉合同编通则若干问题的解释》。

④ 参见董慧凝:《公司章程自由及其法律限制》,法律出版社2007年版,第158页。

转换视角来考量,其又属于不折不扣的强制性规范。正如弗兰克·伊斯特布鲁克与丹尼尔·费希尔在《公司法的经济结构》中提醒我们的:"任何关于公司法的理论,都必须考虑到公司法'强制性'与'赋权性'共存的特征。"[①]在《公司法》第16条为强制性规定的属性认知视角之下,该条俨然成为认定公司担保合同效力的"直接裁判依据"。[②] 对于《公司法》第16条究竟是属于管理性强制性规定还是效力性强制性规定虽然存有疑义,[③]但是司法实务界多倾向于将其认定为管理性强制性规范,《公司法》第16条所涉及的仅仅是公司内部组织运作问题,并不牵涉国家利益与社会公共利益,不能被定性为效力性强制性规定。例如,宁波市江东区人民法院在"尤塞珍诉宁波开汇电子产业有限公司等民间借贷纠纷案"中认为,"根据法律规定,违法效力性强制性规范才是导致合同无效的法定事由之一,而2005年《公司法》第16条系管理性强制性规范,而非效力性强制规范"[④]。另外,这种司法裁判倾向从罗培新对公司担保案件裁判结果的统计数据中也可以看出。根据罗培新的统计结果,2007年至2010年,法院判处公司对内提供担保合同无效的比重为90.6%,判处对外提供担保合同无效的比重为33.3%。然而,诡异的是,对于绝大多数被判处无效的担保合同,法院仍判令担保公司承担连带清偿责任或者1/2清偿责任。[⑤] 如此一来,担保合同有效还是无效对于担保债权实现而言,即无多大程度实质性影响了。

第二条解释路径主要围绕公司内部组织规范是否具有对外效力展

---

① [美]弗兰克·伊斯特布鲁克、丹尼尔·费希尔:《公司法的经济结构》,张建伟、罗培新译,北京大学出版社2005年版,第4页。

② 钱玉林:《公司法第16条的规范意义》,载《法学研究》2011年第6期。

③ 主张该条为效力性强制性规定的观点参见赵旭东主编:《商法学》,高等教育出版社2007年版,第222页;刘俊海:《新公司法的制度创新:立法争点与解释难点》,法律出版社2006年版,第108页。

④ 罗培新:《公司担保法律规则的价值冲突与司法考量》,载《中外法学》2012年第6期。

⑤ 根据罗培新的统计结果,法院对无效担保的担保人,判处承担连带赔偿责任或者1/2清偿责任的比重高达93.8%。参见罗培新:《公司担保法律规则的价值冲突与司法考量》,载《中外法学》2012年第6期。

开。对此,有学者认为,“《公司法》第16条的调整对象是公司内部法律关系,本质上是认定董事会或股东(大)会决议效力的裁判依据,而不能直接成为认定公司担保合同效力的裁判依据”①。也有学者认为,“公司章程因执行公司法的强制性规定会使其相关内容在一定条件下具有对外效力”②,“公司章程的对外效力不仅意味着善意第三人对章程的信赖受到维护,还意味着非善意第三人要受到公司章程记载事项的对抗”③。而法院普遍认为,《公司法》第16条属于公司内部组织规则,不具有对外效力,不能以公司章程的规定对抗第三人。这其中暗含的司法裁判逻辑,即人民法院在公司担保合同案件审理过程中,可以绕开《公司法》第16条的规定,直接依据《合同法》第50条④引以裁判。这种裁判思路亦可以从最高人民法院颁布的《民事案件案由规定》中得以见其端倪,该规定中共包含25种“与公司有关的纠纷”的案由,公司担保纠纷这种实践中时常发生的纠纷类型却未被纳入“与公司有关的纠纷”之中,而是被列入“合同纠纷”的案由之中⑤。

二、路径偏失:被遗忘的价值判断、利益衡量与体系解释方法

(一)重规范分析,轻价值判断与利益衡量

“法律解释是解释主体基于价值判断选择解释对象和运用解释方法的结果。”⑥然而,公司担保案件司法裁判中所沿用的上述两种解释路径,

---

① 钱玉林:《寻求公司担保的裁判规范》,载《法学》2013年第3期。

② 王冠宇:《浅析公司章程的对外法律效力——兼论新〈公司法〉第十六条》,载《金融法苑》2009年第1期。

③ 刘俊海:《现代公司法》,法律出版社2008年版,第97页。

④ 该条对应《民法典》第504条,在内容上《民法典》第504条未对原《合同法》第50条作实质改变。

⑤ 最高人民法院后续修改的《民事案件案由规定》(法〔2020〕346号)中,共包含24种“与公司有关的纠纷”,公司担保纠纷亦未列入其中。

⑥ 邹海林:《私法规范文本解释之价值判断》,载《环球法律评论》2013年第5期。

第一种解释路径局限于《公司法》第16条的规范属性认定,是效力性强制性规范还是管理性强制性规范,在法官那里俨然成为判定公司担保合同效力的关键点。然而,对于何为效力性强制性规定,何为管理性强制性规定,何为将二者区别开来的标准这样的前提性问题,既有的立法并未给出可参考的明确标准。尽管《合同法》司法解释的起草者对效力性强制性规范给予了正反两个方面的认定标准,即在强制性规范中,明确规定违反该规定将导致合同无效的规定,与虽未明确规定违反该规定将导致合同无效的法律后果,但允许合同继续有效会危害国家与社会公共利益的规定,此两种为效力性强制性规定;若该强制性规定之设置仅仅是出于行政管理或纪律管理的考虑,则不属于效力性强制性规定。[①] 按照合同法司法解释起草者给出的标准看,《公司法》第16条一方面没有明确规定违反该条规定将导致合同无效的法律后果,另一方面违反该规定的担保合同继续有效一般亦不会对国家利益或社会公共利益产生直接性的侵害。按照这个逻辑,《公司法》第16条即应被认定为非效力性强制性规范或者管理性强制性规范。然而,对于违反管理性强制性规范的合同之法律后果,是有效、可撤销、效力待定还是无效,既有的法律与司法解释也没有给出明确的答案,可以确定的仅仅是违反管理性强制性规范的合同不一定无效。这样一来,结果便是违反《公司法》第16条的公司担保合同效力如何,皆由法官定论,这无疑给予了法官较大的自由裁量权,司法实践中公司担保案件裁判出现紊乱现象也就不难理解了。因此有学者指出,《合同法解释(二)》将影响合同效力的强制性规定限定为"效力性强制性规定"给司法裁判造成了较大的困扰,妨碍了法官释法的能力性和裁量权的合理运用,增加了法律适用的不确定性,已然成为法官肆意裁判的工具。[②] 对于效力性强制性规范与管理性强制性规

---

① 参见最高人民法院研究室编著:《最高人民法院关于合同法司法解释(二)的理解与适用》,人民法院出版社2009年版,第106页。

② 参见胡旭东:《公司担保规则的司法续造——基于145份判决书的实证分析》,载梁慧星主编:《民商法论丛》第50卷,法律出版社2012年版,第85页。

范,这种即便是立法者、法官、学者都认知不明的问题,又怎样期待当事人明了法律的用意,以慎重选择自己的行为。在第二种解释路径中,多数学者与司法实务界人士主张公司之内部组织规范不具有对外效力,并以此来推定违反《公司法》第16条的公司担保并不一定无效,并且多认为应以《合同法》第50条[①]规定的“法人或者其他组织的法定代表人、负责人超越权限订立的合同,除相对人知道或者应当知道其超越权限的以外,该代表行为有效”[②]来认定公司担保合同之效力。而相对人知道或者应当知道的对象内容又回到了《公司法》第16条。这样就产生了一个逻辑悖论,一方面不承认公司内部组织规范的对外效力,另一方面相对人的善意与否却又在一定程度上需要根据其对公司内部组织规范的获知能力与获知程度来判断,其观点之不自信昭然若揭。

综观公司担保案件裁判的两种解释路径,共同缺失的是司法裁判中所应有的价值判断与利益衡量。在规范分析难分伯仲或者严格秉持规范分析路径会导致裁判结果不公的情况下,价值判断与利益衡量方法的适用往往可以起到协调利益冲突、止息各方纷争的功效,因为司法裁判过程,从最根本意义上来说乃是一种价值判断与利益分配过程。“就公司担保而言,如果偏重担保的创新与交易效率,则势必会带来关于公平的担忧。”[③]司法实践中对于公司担保案件的这种片面追求司法便利的裁判路径,容易因为对交易效率的过分追求而突破交易公平的底线,并因此而丧失其正当性基础。在公司担保案件司法裁判中,公司之股东、无担保债权人与担保债权人之间存在利益与权利的冲突,而司法裁判中对于冲突性权利的配置应以不侵害在先权利为底线,正如学者所言:“合法

---

① 该条对应《民法典》第504条,内容未实质改变。

② 最高人民法院《关于适用〈中华人民共和国担保法〉若干问题的解释》(已废止)第11条也有类似规定,即“法人或者其他组织的法定代表人、负责人超越权限订立的担保合同,除相对人知道或者应当知道其超越权限的以外,该代表行为有效”。

③ V. Finch, *Security, Insolvency and Risk: Who Pays the Price*, 62 Modern Law Review 633, 660-667. 转引自罗培新:《公司担保法律规则的价值冲突与司法考量》,载《中外法学》2012年第6期。

权利不受侵害,在先权利应当保护,蕴含着冲突权利配置效率观中维护现有制度具有最大效率的思想。”①股东与无担保债权人之权利即属于这种意义上的在先权利,而公司内部组织规则的相关规定只要经历了公示程序或者履行了必要的告知义务,即可视为对这种在先权利的一种宣示。公司担保案件司法裁判中对这种在先权利的维护乃是秉持法律公允价值的内在要求。公司担保案件既有的司法裁判路径,过分偏袒担保债权人的担保债权利益,而使公司的无担保债权人、股东乃至员工的利益处于随时可能被剥夺的危险处境之中,这无疑是欠缺公允的。即使抛开公平与否的价值判断这些形而上的裁判标准,单纯从利益衡量的角度而言,也不能推导出担保债权人的利益会大于公司诸多利益相关者的利益总和的结论。公司担保案件司法裁判中对规范性分析的过分倚重、价值评判与利益衡量方法的缺失,暴露了当今公司担保案件司法裁判对法的形式理性的过分推崇和裁判结果实质合理性的沦陷。结果的正当性成为公司担保案件司法裁判所面临的最为严苛的拷问。如学者所言,“司法的根本目的并不在于搞清楚文字的含义是什么,而在于做出判断:什么样的决定是比较好的,是社会可以接受的”②。

(二)解释路径线性化、体系解释方法运用不到位

有关公司担保合同效力认定的裁判规范涉及公司法、合同法、担保法等多个法律门类的诸多法律条款以及若干司法解释,这些公司担保规范构成一个具有一定逻辑性的规范体系。体系解释方法要求“以法律条文在法律体系上的地位,即他所在编、章、节、条、款、项以及该法律条文前后的关联,以确定它的意义、内容、适用范围、构成要件和法律效果”,③即“基于法律文本在法律体系上的地位,以相互关联的法律文本作为一

---

① 吴建斌:《科斯法律经济学本土化路径重探》,载《中国法学》2009年第6期。

② 苏力:《解释的难题:对几种法律文本解释方法的追问》,载《中国社会科学》1997年第4期。

③ 梁慧星:《裁判的方法》(第2版),法律出版社2012年版,第122页。

个整体,阐释和说明法律文本的可能文意"①。对公司担保案件的司法裁判因此不应仅援引其一,而舍弃其余。

司法裁判的两种解释路径,第一种局限于《公司法》第 16 条的规范意义诠释,并以该规定究竟是属于效力性强制性规范还是管理性强制性规范来认定公司担保合同的效力。其忽略了《合同法》第 50 条与最高人民法院《关于适用〈中华人民共和国担保法〉若干问题的解释》(已废止)第 11 条有关公司法定代表人、负责人超越权限订立合同时,合同相对人善意与否对合同效力的影响。从裁判结果来看,绝大多数公司担保案件都要求担保公司承担连带清偿责任或者 1/2 清偿责任,也就是说无论担保债权人善意与否都未影响其担保债权的司法认可。第二条解释路径中,多数做法认为《公司法》第 16 条仅仅是公司内部的组织规范,对股东、董事、经理等公司内部人产生约束力,但是不能拘束第三人。这种做法直接绕开《公司法》第 16 条的规定,而以《合同法》第 50 条和最高人民法院《关于适用〈中华人民共和国担保法〉若干问题的解释》(已废止)第 11 条的规定直接认定违反《公司法》第 16 条的公司担保合同效力。其结果是司法裁判过程中,直接降低交易第三人的注意义务标准,进而默许了公司担保市场的野蛮生长态势。

历史法学派代表人物萨维尼认为,法学有两大任务:一方面必须系统地理解法律,另一方面必须历史地理解法律。② 对法律的体系性阐释乃属于萨维尼所言的系统地理解法律,这也就是德国著名法学家齐佩利乌斯所说的"穷尽一切材料的技术"③。就像生活中每一个人都可以为其某种合理或者不合理的行为找到相应的说辞一样。在法律规定纷繁复杂的情况下,公司担保案件的每种裁判结果都可以在既有的理论与制度框架之内找寻到或多或少的支撑点,然而,并非只要有理论或者制度

① 邹海林:《私法规范文本解释之价值判断》,载《环球法律评论》2013 年第 5 期。

② 参见林端:《德国历史法学派——兼论其与法律解释学、法律史和法律社会学的关系》,载《清华法学》2003 年第 2 期。

③ [德]齐佩利乌斯:《法学方法论》,金振豹译,法律出版社 2009 年版,第 128 页。

支撑的裁判结果就是好的、公正的裁判结果。正如苏力先生所言:“司法活动是一种决定他人命运的实践,涉及到综合性的判断,而不是一种个人化的智识性的理解。”①公司担保案件的司法裁判应当对《公司法》、《合同法》和《担保法》(现为《民法典》)以及这些法律的司法解释中的担保规范进行体系性的、综合化地解释与认知,把握不同担保规范之间在效力位阶、功能与价值定位上的区别性与互补性,以期得出一个逻辑严密、结果公正的裁判结果。而上述两种解释路径,或者仅关照《公司法》第16条的规定,或者仅从《合同法》《担保法》的路径进行解释,都没有从一个体系性的、整体的视角对公司担保的制度规范进行解释与适用,这种线性化的法律解释与适用路径也就难以确保作为裁判裁判的“物质性成果”的裁判结果的权威性与公信力。

三、公司担保案件司法裁判之路径重塑

(一)利益衡量方法的引入

“任何法律均有其规范意义和目的,解释法律乃是在实践法律的意旨,因此解释法律时必须想到:‘为何设此规定,其目的何在’。”②而“法律又是社会中各种利益冲突的表现,是人们对各种冲突的利益进行评估后制定出来的,实际上是利益的安排与平衡”③。一言以蔽之,法律目的之指向即为其所要实现的制度利益。《合同法》第1条规定:“为了保护合同当事人的合法权益,维护社会经济秩序,促进社会主义现代化建设,制定本法。”《担保法》第1条规定:“为促进资金融通和商品流通,保障债权的实现,发展社会主义市场经济,制定本法。”《合同法》第1条与《担保

① 苏力:《解释的难题:对几种法律文本解释方法的追问》,载《中国社会科学》1997年第4期。

② 王泽鉴:《民法思维:请求权基础理论体系》,北京大学出版社2009年版,第184页。

③ 何勤华主编:《西方法律思想史》,复旦大学出版社2005年版,第225页。

法》第1条都属于立法目的的表述,从其文意来看,二者都秉承对合同当事人利益的维护,具体到担保合同领域而言,两部法律都重在维护担保债权人利益的实现,担保公司之股东、无担保债权人、员工这些利益相关者的利益诉求并非这两部法律的直接关涉目标。而实践中公司提供担保的随意化却无不危及这些公司利益相关者利益诉求的实现。在2005年对《公司法》进行修订之时,很多专家、委员、企业经营者纷纷建议对公司担保进行立法规范,也就有了后来的《公司法》第16条。因此,从实质意义上而言,《公司法》第16条乃是对《合同法》《担保法》中的担保规范的一种价值补充,将公司股东、无担保债权人、员工等利益主体的利益诉求纳入了担保规范体系的关照范围。从更深层次而言,这反映了整个公司担保法律体系的价值走向。如若司法实践中忽视这种立法目的的变化,一以贯之地认定违背《公司法》第16条的担保合同有效,或者虽然认定其无效却仍旧判令担保公司承担清偿责任的话,显然是未能领会公司担保立法的要领。

立法规范的演进反映了法律对于当事人利益格局的调整路径转换。因此,"作为法律适用前提的法律解释必定有着保护一定利益、价值作用的意义"①。在适用法律解释(解决)纠纷时,必须考察对立着怎样的利害关系。② 司法裁判要运用利益衡量的方法,对所牵涉利益进行司法平衡。按照梁上上的观点,司法裁判中利益衡量方法的具体运用,应当"以当事人的具体利益为起点,在社会公共利益的基础上,联系群体利益和制度利益,特别是对制度利益进行综合考量后,从而得出妥当的结论,即对当事人的利益是否需要保护"③。在违反《公司法》第16条的担保案

① 梁上上:《利益衡量论》,法律出版社2013年版,第43页。
② 参见段匡:《日本的民法解释学》,复旦大学出版社2005年版,第275页。
③ 梁上上:《利益衡量论》,法律出版社2013年版,第81页。

件中,并无直接的群体利益与社会公共利益的体现。① 利益衡量的焦点也就集中于当事人的具体利益与制度利益的评判上,其中制度利益的衡量是关键性因素。

1. 当事人具体利益衡量

当事人的具体利益,一方为担保债权人的担保债权利益,另一方则为公司股东剩余价值索取权利益、无担保债权人之债权利益与员工的薪酬利益。双方利益之间是一种冲突性关系,一方利益的增长则意味着另一方利益的减损。在法律意义上双方当事人的利益并无大小之分,司法裁判的态度应取决于保护哪一方利益最具有降低法律风险的成本优势。对此,英国1842年的“戴维斯诉曼恩案”可以给予我们很好的启示。该案中,原告一方将驴子拴在路边,被告驾着一辆三驾马车从略微倾斜的山坡上以目击者所称较快的速度冲下来,把原告的驴子撞倒并从驴子身上碾压过去,导致驴子死亡。在该案的初审环节中,法官告诉陪审团:要是他们认为,假如赶车人采取了一般的谨慎措施,事故就可以避免的话,就支持原告。结果陪审团作出了有利于原告的裁决。被告认为因为初审法院的法官对陪审团作出了错误的指示,才使其败诉。于是被告提出重审,首席法官阿宾格勋爵给出了这样的意见:由于被告可以采取适当的谨慎措施来避免伤害驴子但他没有那样做,他要对他的过失所造成的后果负起责任,尽管这只驴子确实不应该停留在那里。如此,被告的意见被否决了。该案件之后形成一个司法裁判规则——“最后避让规则”,如果事故的当事人双方都有过失,没利用好能避免事故发生的最后避让机会的一方当事人被认为应该对这个事故引起的损失负责。该案件还

① 尽管股东、无担保债权人、员工在一定意义上而言可以算作一个群体,但是在公司担保案件中他们之间的利益并不具有同质性,因此不宜纳入群体利益的考虑之中。另外,尽管公司担保案件的司法裁判对于培育诚实信用的商业氛围有着一定的作用,诚实信用的商业氛围一定意义上也可以纳入社会公共利益,但是这并非直接性的,因为从最根本意义上而言,任何法律都会牵涉社会公共利益的维护。

提供了一个重要启示：法律应该为避免事故提供激励。[①] “最后避让规则”体现在制度经济学上就是所谓的“风险防范成本理论”。[②]

对于违背《公司法》第16条所做出的公司担保而言，担保债权人作为担保合同的当事人，相对于公司之股东、无担保债权人、员工而言，更容易通过采取一定的审查措施来避免法律风险。因为公司担保登记制度的付之阙如，公司之股东、无担保债权人、员工往往只有在担保债权人行使其债权的时候才能获知担保情况。换言之，担保债权人比担保公司股东、无担保债权人、员工在法律风险防范上更具成本优势。比如，在签订担保合同时，担保债权人完全可以要求担保公司提供公司章程文本或者公司股东（大）会、董事会的担保决议文件，以避免将来因担保合同违背公司内部担保决议规则而诉诸法院。因此，从当事人具体利益衡量角度来看，法院应注重考查担保债权人审查义务的履行情况，而非仅从维护交易稳定性的考虑出发直接给担保公司分配清偿责任。

2. 制度利益衡量

经过各方博弈达致平衡的利益关系凝固于具体的法律制度中，一旦凝固于具体法律制度中，定型化的利益也就成为该法律制度一个不可分割的部分。[③] 这种在法律中凝固了的定型化的利益即法律的制度利益。司法裁判中对当事人具体利益作出裁决的过程中，必须时刻以据以裁判的法律规范的制度利益为基准，才能避免裁判结果偏离法律规范的本旨。对于公司担保相关立法规范而言，存在两种相迥异的制度利益。第一，《合同法》与《担保法》相关担保合同规范所追求的制度利益乃是交易安全、交易效率和交易秩序。这种类型化的制度利益，使得这两部法律严守合同的相对性原则，更注重交易双方的意思表示，而一般不会对

---

① 参见[美]罗伯特·考特、托马斯·尤伦：《法和经济学》（第6版），史晋川、董雪兵等译，格致出版社、上海三联书店、上海人民出版社2012年版，第59~61页。

② 参见廖志敏：《法律如何界定权利——科斯的启发》，载《社会科学战线》2014年第7期。

③ 参见张新宝：《侵权责任法立法的利益衡量》，载《中国法学》2009年第4期。

某一方背后的多元利益相关者予以太多关注。第二,《公司法》作为公司这种组织形态的主体法、行为法,其制度利益乃是公司资产安全、经营效率、相关主体的多元利益维护。这两种不同倾向的制度利益在一般案件的司法裁判中并无不协调之处,而在公司担保案件裁判过程中,这种制度利益的结构性冲突无疑凸显了出来。一种是规范合同当事人的法律制度,另一种是规范公司内部人的法律制度,“两者的制度构成不同,凝固于其上的制度利益也各不相同”①。以复数化形式存在的制度利益使得法官在对公司担保案件司法裁判的时候需要面临一个妥当性制度利益的甄别问题,所涉及的是“一种法益较他种法益是否具有明显的优越性”②的价值判断过程。既有的司法裁判路径过度注重《合同法》《担保法》制度利益的维护,却疏漏了《公司法》所旨在实现的制度利益。然而,从另一个侧面来解读,《公司法》第16条的制度利益实际是对合同规则与担保规则制度利益的价值补充与矫正,并为其设置了利益扩张的边界。因此,担保债权人的担保债权只有在善尽审查义务的前提之下才能得到司法裁判的认可。

另外需要明确的一点,“增强作为一种主观行为的利益衡量的科学性,除了在方法论上确立利益衡量的存在,更有必要通过确立外部具体程序等方式建立客观的、科学的规则体系”③,也就是说,如何克服利益衡量尤其是法官在当事人具体利益衡量中的肆意性,使其更加规则化、程序化,应当是需要进一步研究的题域。

(二)相对人审查义务——《公司法》与《合同法》《担保法》价值缝隙的司法缝合

《公司法》第16条与《合同法》第50条、最高人民法院《关于适用

---

① 梁上上:《制度利益衡量的逻辑》,载《中国法学》2012年第4期。

② [德]卡尔·拉伦茨:《法学方法论》,陈爱娥译,商务印书馆2003年版,第285页。

③ 李国强、孙伟良:《民法冲突解决中的利益衡量——从民法方法论的进化到解释规则的形成》,载《法制与社会发展》2012年第1期。

〈中华人民共和国担保法〉若干问题的解释》第11条之间的法律缝隙落置于公司章程是否具有对外效力、担保合同相对人是否应当负有审查义务这两个问题。而这两个问题其实具有"一体两面"性,公司章程等内部组织规范是否具有外部效力也就决定了担保相对人审查义务的承担幅度。然而,这种法律缝隙在2005年《公司法》修订之前是不存在的。1993年《公司法》第60条第3款规定:"董事、经理不得以公司资本为公司的股东或者其他个人债务提供担保。"2000年12月实行的最高人民法院《关于适用〈中华人民共和国担保法〉若干问题的解释》第4条规定:"董事、经理违反《中华人民共和国公司法》第60条的规定,以公司资产为本公司的股东或者其他个人债务提供担保的,担保合同无效。除债权人知道或者应当知道的外,债务人、担保人应当对债权人的损失承担连带责任。"这两部分规定较为明晰地澄清了违反《公司法》担保规范的担保合同的效力,并且"知道或者应当知道"的表述也配置给了担保债权人一定程度上的审查义务。"在2005年《公司法》修订之前,上述关于公司对外担保合同效力的理解也获得了法院审判实践的普遍支持。"[①]而《公司法》第16条将公司担保的强制性规定配置给了公司章程,并且法律责任一栏处于空置化状态,这就使公司章程是否具有对外效力、担保合同相对人是否负有审查义务方成为公司担保案件司法裁判的纠结点之所在。

1. 公司内外法律关系明确界分的制度环境不完善

尽管西方发达国家纷纷放弃了"推定通知理论"与"越权原则",使公司章程仅仅作为公司内部组织规范并失去了对世效力,但是这些国家的相关担保配套法律规范和做法从另一个侧面填充了上述两种理论的退出地带。例如,《英国2006年公司法》第25部分第860条第1款规定:"设立本条所适用之抵押的公司,必须在允许登记期间结束之前,为了登记而向登记官提交抵押的规定详情,连同设立或证明抵押之文件。"

---

① 梁上上:《公司担保合同的相对人审查义务》,载《法学》2013年第3期。

同时该法第892条第2款还规定:“文件和登记册必须被置备于下列地点,以供查阅——(a)公司登记住所,或者(b)第1136条之下的规章所规定的地点。”[①]由此可见,在英国,公司法对于公司担保设置了严格的登记与公示制度,其可以较大程度地震慑大股东、董事与经理等人员在对外担保问题上的轻率行为,而我国并无严格的公司对外担保登记与公示制度。[②] 再如,在美国公司法中,公司对外担保的有效性必须经受商业判断规则的检验,即只有该担保能为公司带来直接或者间接的利益时才能为法官所认可。[③] 商业判断规则的引入,使得公司提供担保成为一个经营判断问题。而我国法律并未规定公司对外担保必须为公司带来直接或者间接的利益,现实中随意担保的情况比比皆是。我国当前的“公司对外担保规则本质上是公司治理结构不完善,其行为尚不能完全达到内敛化时期的一种过渡性安排”[④]。在诸多配套性约束措施不尽健全的情况下,通过扩展公司章程特定内容的对外效力,确立担保相对人的审查义务实为一种次优选择。

2. 风险与收益相匹配的考虑

我国台湾地区学者王文宇曾对公司章程的对外效力有很好的论述,其认为,“判断特定事项是否具有对世效力的重点为:于通知与公示机制之合理可行性与第三人之资讯搜寻成本之高低两者之间求取一个平衡”[⑤],笔者赞同该种观点。大量公司担保并无直接对价的支付,即使从远期看也未必能为担保公司带来间接性的利益。担保公司的股东、无担保债权人与员工为此承受着一定的利益减损风险,而作为合同相对人的担保债权人则通过担保合同的签订为其债权附加了一份保障。因此,从

---

① 《英国2006年公司法》(修订译本),葛伟军译,法律出版社2012年版,第540~558页。

② 我国法律目前仅要求上市公司就其“对外提供重大担保”进行信息披露,但是实践中很多公司为掩盖其经营运转不善的现实多采取一定措施予以规避。

③ 参见高圣平:《公司担保相关法律问题研究》,载《中国法学》2013年第2期。

④ 郭志京:《中国公司对外担保规则特殊性研究——兼论民法商法思维方式的对立统一》,载《当代法学》2014年第5期。

⑤ 王文宇:《公司保证之权限与章程之对世效力》,载《台湾法学杂志》第47卷(2003年)。

风险与收益相匹配的角度而言，担保债权人应承担一定的审查义务。按照原《公司法》的规定，公司章程是公司申请设立登记时必须报送的文件，并且原《公司法》第6条第3款同时规定："公众可以向公司登记机关申请查询公司登记事项，公司登记机关应当提供查询服务。"也就是说，担保相对方可以通过向公司登记机关申请查询公司章程内容的办法来善尽审查义务。尽管在现行的公司登记管理运行模式下，一般人向公司登记管理机关申请查询公司章程内容还存在一定的障碍，但是这并不构成排除相对人审查义务的充分说辞。因为，担保合同相对方完全可以要求担保公司一方提供公司章程文件、相关公司内部决议文件等材料，以确定该担保是否存在决议程序不当、担保数额超限的问题。在对上述文件真伪存疑的情况下，还可以要求其附带由公证机关出具的公证证明。①尽管上述种种审查行为并不能完全保证相对人获得完全真实的信息，但是表明其履行了作为善意第三人所应尽的注意义务，这种注意义务的履行情况又反过来影响法院对于担保合同效力的认定。

3. 公司章程对外效力的边界仅止于善意第三人

法律保护的应当是善意的第三人，这是各国公司法的普遍性规定。例如，《日本公司法典》第908条规定："依本法规定应登记的事项，非在登记后，不得以此对抗善意第三人。即使在登记后，第三人因正当事由不知道该登记的，亦同。"②在美国，虽然公司对外担保作为一种经营决策行为而存在，绝大多数州的公司法没有规定与公司交易的第三人负有查阅公司章程的义务，但是其对董事等公司代理人超越权限订立的合同适用表见代理的规定，而表见代理关系成立的一个前提性条件则是交易相对方必须是善意第三人。现代法律中的善意第三人之"善意"应包含"诚实、谨慎"两个层面的内涵。"诚实"要求第三人不能有虚假的意思表示，

① 参见罗培新：《公司担保法律规则的价值冲突与司法考量》，载《中外法学》2012年第6期。

② 《日本公司法典——会社法平成一七·七·二六　法八六》，吴建斌、刘惠明、李涛译，中国法制出版社2006年版，第468页。

“谨慎”则要求第三人必须尽合理的注意义务。担保债权人在与担保公司签订担保合同之时,只有“诚实而谨慎”地履行了适当的审查义务,才能被称为善意第三人。换言之,对公司内部担保规则的知悉能力与知悉程度乃是认定相对人善意与否的一个标准。因为,从严格意义上来讲,公司内部有关担保的股东会决议实际上构成了担保合同中的公司方之意思,“公司机关的集体决议也就成为公司担保行为的效力要件之一”[①]。如此一来,“《合同法》第50条中的‘应当知道’扮演着‘引致功能’,将《公司法》第16条引入《合同法》第50条之中”[②]。

需要注意的一点是,担保合同相对人对公司章程、担保决议的审查应仅仅是形式上的审查,而不是实质审查。这种审查要求体现了法律的利益衡平考虑,以避免为了保障担保公司利益而损伤担保债权人利益。另外,对于第三人善意与否的举证责任配置问题,《合同法》第50条的规定隐含了一个“推定”,即推定第三人为善意,否则主张第三人非善意的人应当承担举证责任。因此,有学者认为,根据举证责任配置的“规范说”,否认权利存在的人应该对妨碍权利发生的法律所规定的要件事实承担举证责任,做出越权行为一方的法人或者其他组织应当对相对人知道或者应当知道该行为越权承担举证责任。对此观点,笔者部分赞同。然而,《合同法》上规定的“知道或者应当知道”并未配置给第三人以审查义务。然而,审查义务的法律要求明显是高于“知道或者应当知道”规定的。因此,从举证责任分担的角度来考虑,在由公司一方承担举证责任的同时,还应强化担保债权人对于审查义务履行情况的案件事实释明义务。

四、结语:公司担保案件的裁判思维转向

关于法律解释的思考以假定我们已经找到了应适用于案件事实的

---

① 李建伟:《公司非关联性商事担保的规范适用分析》,载《当代法学》2013年第3期。

② 梁上上:《公司担保合同的相对人审查义务》,载《法学》2013年第3期。

被认为“适当”的法律规范为前提。然而在这之前定然有一个寻找应适用之法律规范的过程。在这个寻找过程中，形式逻辑的考量只具有次要的作用。[①]“许多疑难案件之找法其疑难在于，找法后法律适用的结果与‘理’相悖。”[②]究其原因，一方面在于对于形式逻辑的过分依赖、对于法律价值的关怀不足，另一方面在于找法的不充分、不全面、对法律规则逻辑关系理解不到位。公司担保案件作为民商事司法裁判中的疑难案件亦是如此。公司担保案件既有的司法裁判进路引发了公司担保立法规范的“秩序危机”，而任何一种规范“必须经得起社会生成的检验”[③]。公司担保案件“事实出发型”的“眼光返流转”的裁判思路，相较于单纯的“规范出发型”裁判方式，或许更能够获得一个饱含价值成分的、社会可接受的裁判结果。总之，作为“微观社会矛盾纠纷的灵敏显示器和社会治理状态预警机”[④]的司法机制，唯有使公司担保案件之裁判摆脱担保债权人偏向的司法偏好，迈向“中庸主义的司法偏好”[⑤]，才能切实治理当前实践中的公司担保乱象，“与立法者一起参与现实法秩序的共同构建”[⑥]，真正发挥出商事担保规则的立法预期。

---

① 参见[德]齐佩利乌斯：《法学方法论》，金振豹译，法律出版社2009年版，第126页。

② 罗发兴：《“以理找法”：疑难案件的逆向裁判思维》，载《理论探索》2013年第5期。

③ [德]罗伯特·阿列克西：《法律论证理论——作为法律证立理论的理论性思辨》，童世骏译，生活·读书·新知三联书店2003年版，第192页。

④ 杨建军：《通过司法的社会治理》，载《法学论坛》2014年第2期。

⑤ 江国华：《走向中庸主义的司法偏好》，载《当代法学》2013年第4期。

⑥ 卢佩：《司法如何统一？——以德国联邦最高法院判例为实证分析对象》，载《当代法学》2014年第6期。

新型商事合同效力认定的裁判思维

——以融资合同为中心

杨　姗*

目　次

摘要:融资合同是商事合同中最具创新性的合同类型,基于投融资双方快速、有效的利益需求,在种类和内容上不断创新。在我国“民商合一”的法律体系中,合同法尚能满足一般的商事合同的调整需求,但融资合同在外在形式和理论构造上都与民事合同存在区别,所以其效力认定不宜适用一般民事合同的裁判规则,实践中法官就容易陷入沿用传统民事审判的标准和思维来审判商事合同的窘境。“估值调整协议”就是典型的例子,对其效力的认定经历了一段从无名到有名、从无效到有效的过程。笔者从实际的案例中梳理总结了融资合同不同于传统民事合同

---

* 杨姗,西南政法大学民商法学院副教授。

本文原载于《法学》2017年第8期,第184~192页。

的效力认定标准,并据此提出认定创新型商事合同效力的裁判思维和理念。

关键词:融资合同;效力认定;裁判思维

卡纳里斯认为,“(商法)经常成为法律发展的开路者”①。商行为的创新在非传统领域尤为突出,集中于金融、证券、信用、电子化交易,最具代表性的就是各类融资合同。② 随着金融创新的深化,融资合同的形式被不断丰富,影响广泛的估值调整协议、场外配资协议、网络平台借贷协议以及众筹协议等新的样态陆续出现。依据投融资双方最终形成的法律关系,融资合同一般可以分为债权融资合同、股权融资合同和租赁融资合同,进而将《合同法》《物权法》《证券法》《公司法》等法律的相关条款作为基本的适用依据。③ 但是金融创新背景下的商事合同时常会突破一般的法律构造,以传统的理念、规则待之,要么无从裁判,要么结果难以彰显公平,甚至阻碍交易目标的实现。因此,对以融资合同为代表的新型商事合同的效力认定思维进行反思,具有重要的现实意义。

一、商事合同与民事合同之社会原型的差异

“当一个理论被提出时,往往以一定的社会图景为基础,且由该社会图景形成思考的原型……在合同法领域,我国《合同法》的原型是一个理

---

① [法]伊夫·居荣:《法国商法》(第1卷),罗结珍等译,法律出版社2004年版,第1页。

② 参见王保树:《商事法的理念与理念上的商法》,载王保树主编:《商事法论集》第1卷,法律出版社1998年版,第7~8页;任先行、周林彬编著:《比较商法导论》,北京大学出版社2000年版,第113~116页。转引自王文宇:《从商法特色论民法典编纂——兼论台湾地区民商合一法制》,载《清华法学》2015年第6期。

③ 原《合同法》《物权法》已由《民法典》合同编、物权编取代,但不影响本文分析思路。

性的、力量平等的、一次性的有体物买卖合同。”[①]“民法与商法的关系并不是一个非常复杂的问题,其根本就在于针对不同场景以及不同当事人的交易而设定不同的规则。在商人、经营者、企业在进行经济交往时,法律所赋予前者的私人自治空间、对其干涉自由的程度以及监控交易的程度,都与消费者合同或者其他普通的民事合同完全不同。”[②]商事合同的社会原型与民事合同不同,这表现在两者具体构成要素上存在差异。

从缔约主体的能力上看,商事合同主要是平等主体之间的营利性行为,典型模式是 B2B(businessman to businessman),民事合同为所谓的 B2C(businessman to consumer)。两者的能力、地位不同,即合同当事人“议约缔约能力”(如法律知识与信息对称程度)显著有别,而不仅仅是因为商事合同涉及商业活动。商事合同的当事人双方对交易本身多具有一定认识且拥有相当的谈判能力。商事合同的双方当事人都是理性经济人,均是具有商事能力的人,相较于民事合同之当事人,其具有更多商业经验和事前评估风险并以适当的机制分散或者规避风险的能力。[③]星野英一称商事合同的当事人为“为了达到其营利目的而进行最合理行动的人,因而是不需要依据法律来‘监护’的‘我行我素的人’”[④]。因此,商法完全排除无行为能力人从事某些特定的活动,或者拒绝考虑当事人的无行为能力。[⑤] 在商事合同领域,合同当事人双方或多方应当是势均力敌的理性经济人。

从价值选择上来看,商主体讲究效率,为追求利益最大化节约交易

---

① 朱虎:《私人自治中的对抗与合作》,载民商法律网 2017 年 5 月 8 日,http://www.civillaw.com.cn/zt/t/?id=32586。

② 薛军:《私人自治的新课题》,载民商法律网 2017 年 5 月 8 日,http://www.civillaw.com.cn/zt/t/?id=32586。

③ 参见张良:《民法典编纂背景下我国〈合同法〉分则之完善——以民事合同与商事合同的区分为视角》,载《法学杂志》2016 年第 9 期。

④ 日本学者星野英一引用田中耕太郎博士对“商人”的描述,用于比较“商人”与“民法人”以凸显“近代民法人”的本质特性。参见[日]星野英一:《私法中的人》,王闯译,中国法制出版社 2004 年版,第 6 页。

⑤ 参见[法]伊夫·居荣:《法国商法》(第 1 卷),罗结珍等译,法律出版社 2004 年版,第 6 页。

成本,商行为体现出竞争性、风险性,从而商事合同就以经济主体的营利性为利益出发点,强调交易迅捷与安全,以达到促进社会经济整体发展的根本目的。民法规定的财产、契约、侵权、婚姻等是具体且带有个性的,民事合同主要以个人权利、自由为利益出发点。商人所进行的商行为的个性则非常淡薄。[①] 商人世界是“道德的要素均不得存在的纯粹的法律世界”,保护弱势一方几乎不被考虑。[②] 平等和公平,尤其是实体平等——权利义务的对等,较少有适用的空间,使得商事合同与民事合同在价值取向上存在差别。

从标的上来看,民事合同所关注的主要是“人”以及从一个人的(包括资产与负债在内的)“总财产”的角度来考虑的“财富”,归根结底,民事合同所关注的是静态的财富;而商事合同所调整的则是“财富”的生产与销售。[③] 又或者,在信息化的社会中,民事合同是在物的基础上进行的交易,商事合同则是在信息的基础上进行的交易。[④] 民事合同是具体个人以物为主要标的,而商事合同则是市场中经济人以物、信息、资金、技术、权利等形态的优势或“财富”为标的。

商事合同与民事合同以上要素的差别,决定了两者在经济作用和社会功能方面截然不同。民事合同的传统作用在于通过财富的公平流转形成良善的社会伦理秩序;而商事合同则背负着促进财富的快速流转、资金的迅速融通、信息和服务的便利发达等作用,以期最终达到财富的积累和经济的发展。

金融创新中融资合同就发挥着这样的功能:有效解决融投资双方信息不对称的问题,缓解由于银行信贷不积极导致的企业融资难问题,同

---

① 参见范健:《商事审判独立性研究》,载《南京师范大学学报(社会科学版)》2013 年第 3 期。

② 参见[日]星野英一:《私法中的人》,王闯译,中国法制出版社 2004 年版,第 6 页。

③ 参见[法]伊夫·居荣:《法国商法》(第 1 卷),罗结珍等译,法律出版社 2004 年版,第 3 页。

④ 参见[日]大村敦志:《民法总论》,江溯、张立艳译,北京大学出版社 2004 年版,第 111 页。

时也帮助投资方通过融资企业的良好发展来实现资本的增值目的。处于创业期的民营企业广泛运用这些模式高效、快速地募集资金,以期扩大企业规模,提高影响力,实现高速发展。

二、对融资合同予以特殊考量的必要性

融资合同就是投融资双方设立、变更、终止资金筹集关系的协议。从投资方的角度出发,“风险小、回报大”是其利益出发点;从融资方的角度出发,“低成本、快速筹得资金”是其利益出发点。在现实经济生活中,投资方与融资方会共同追求快速、有效的融资方式以满足各自利益最大化的需求,为此双方都不遗余力地创新融资渠道、融资方式。

依照“有无金融中介机构介入”的标准,融资方式可分为直接融资和间接融资。直接融资是指不经过金融中介机构而由投融资双方直接进行的资金融通,包括公开市场的股权融资与债权融资;间接融资是指以金融机构为媒介进行的融资活动,银行信贷就是典型的间接融资。显然,直接融资相较于间接融资更能满足投融资双方“快速、有效”融通资金的需求。事实上,亚洲金融危机发生以来,亚洲地区为逐步走出以前的阴影,直接融资渠道成为金融市场发展的重点。然而,我国目前仍是以银行融资的间接方式为主导,虽然一直在进行直接融资的结构改革,不断利用金融工具创新和制度创新来尝试建立多层次的资本市场体系,但距离实践需求还有很远的距离。[①] 在这样的背景下,融资方只能借助合同的途径实现直接融资的目的,而这类合同往往会受到效力上的疑义。

近年来备受质疑的“对赌协议”本身就是一种以融资为目标的交

① 参见冯俊、袁志刚:《融资合同、信号机制与中国金融结构改革》,载《中国社会科学》2005年第6期。

易安排：私募股权投资领域的投资方与融资方在签订融资协议时，由于对未来的业绩无法确定，便设定一定的条件，投资方在条件成就时有权请求补偿，以弥补企业自身价值被高估的损失；如果条件未成就，则由融资方行使权利，可以请求补偿企业价值被低估的损失。[①] 因而，“对赌协议”也被称为“估值调整协议”（valuation adjustment mechanism，VAM）。这种合同对目标公司业绩的预测是投资者投资的主要依据，然而目标公司的业绩受到经济社会多方面的因素影响，具有极大的不确定性，为吸引投资方，合同内容中通常会规定保底条款，这种看似“非正义性”的约定实则为投、融资双方自行商议采用的风险分担机制。

融资融券交易也是合同直接融资发展的产物，在我国司法实践中被冠以“股票融资合同”的标签，而对其中场外民间配资机构与融资者之间的交易，深圳市中级人民法院于2015年发布的《关于审理场外股票融资合同纠纷案件的裁判指引》称之为“场外股票融资合同”。[②] 这类交易在法律构造上表现为“融资方提供担保品＋配资方（提供资金）的强制平仓权”，该裁判指引第1条描述如下：融资方向配资方交纳一定现金或一定市值证券作为保证金，配资方按杠杆比例，将自有资金、信托资金或其他来源的资金出借给融资方用于买卖股票，并固定收取或按盈利比例收取利息及管理费，融资方将买入的股票及保证金让与给配资方作为担保，设定警戒线和平仓线，配资方有权在资产市值达到平仓线后强行卖出股票以偿还本息。这里的“强平权”条款与“对赌协议”一样，是当事人事先作出的风险安排，实践中对该条款质疑甚至可能引发对配资协议整体效力的否定。

网络平台借贷和众筹也是随着电子网络科技的发展而悄然兴起的合同直接融资方式。网络平台借贷将网络平台作为商事借款行为的媒

---

① 参见谢海霞：《对赌协议的法律性质探析》，载《法学杂志》2010年第1期。

② 参见刘燕：《场外配资纠纷处理的司法进路与突破——兼评深圳中院的〈裁判指引〉》，载《法学》2016年第4期。

介,有人认为其属于影子银行的范畴,更多人认为网络平台借贷是民事借款合同、居间合同在互联网形式下的新发展。[①] 众筹则与"一对一"的民间借贷行为不同,尤其投资性众筹是对投资要求回报的商业融资,项目发起人与众多资金提供者存在"一对多"的法律关系,最常见的债务型投资众筹即为之前实践中饱受诟病的人人贷(P2P)。[②]

依传统的法律规则审视,上述融资合同(或其主要条款)的有效性均值得商榷:"估值调整协议"因包含"保底条款",在法律上不符合传统的公平、平等原则;"场外股票融资合同"中为配资方控制风险而订立的"强制平仓条款"被认为类似于流质,构成对持券人的侵权;[③]企业间借贷、网络平台借贷和投资性众筹的合法性也长期受到争议,直到近年司法态度才渐趋明朗。即便在一些基本的融资合同领域,交易实践也会不断"触碰"法律的底线:有些法律所禁止的合同条款运用广泛。例如,售后回租形式的融资租赁合同,在我国行业实践中占据相当大的比重,对部分租赁公司而言占比超过80%,却一度为法律所禁止。[④] 另外,融资担保合同中的"流质""流押"条款也始终禁而未绝,对其效力的认识分歧巨大。[⑤] 这些合同之所以层出不穷且在合法性难以完全确定的情形下依旧得到大量的、反复的运用,归根结底还是因为其交易安排契合了商事主体的现实需求,体现了经济活动所需要的市场理性。那么,司法如何应对创新的商事合同就成为一个棘手的难题,如果将当前的规制体系强加于不断发展的交易模式,一种可能是放任过泛,致使风险累积,损害经济

① 参见姚海放等:《网络平台借贷的法律规制研究》,载《法学家》2013年第5期。

② 参见彭岳:《投资性众筹的法律问题》,载《法学家》2013年第5期。

③ 参见刘燕:《场外配资纠纷处理的司法进路与突破——兼评深圳中院的〈裁判指引〉》,载《法学》2016年第4期。

④ 参见雷继平、原爽、李志刚:《交易实践与司法回应:融资租赁合同若干法律问题——〈最高人民法院关于审理融资租赁合同纠纷案件适用法律问题的解释〉解读》,载《法律适用》2014年第4期。

⑤ 参见刘俊:《流质约款的再生》,载《中国法学》2006年第4期;孙鹏、王勤劳:《流质条款效力论》,载《法学》2008年第1期;李媚:《流质契约解禁之反思——以罗马法为视角》,载《比较法研究》2013年第5期。前两篇论文对"流质"条款的效力持肯定态度,最后一篇则持否定态度。

体系的稳定和法律秩序;另一种可能是防范过严,阻碍资源的有效配置,削弱市场的调整作用,进而影响到经济发展。简言之,司法裁判过程中应充分认识到以交易主体的缔约能力为基础的市场理性,以及由此反映的经济和金融现实需求。

三、我国融资合同效力认定的司法趋势分析:以“估值调整协议”为例

融资合同灵活多样,创新性显著,关于其效力的司法纠纷也为数众多。近年来,司法案例较集中、意见分歧较大的融资合同当属“估值调整协议”。考察司法实践对该类合同的基本立场及其演变趋势,有助于把握当前关于融资合同(或其主要条款)效力的实务态度,进而展开评判分析。

“估值调整协议”是业界对该类融资合同的一个统称,具体的行为可以表现为股权转让、股权回购、增资扩股等,纠纷的案由分散、数量众多,很难做出可靠的定量统计。根据法院系统的信息反馈与其他论著中的面上研究,背负“对赌”之名的融资合同大多数难以被司法认同。以2012年最高人民法院审理的“海富案”为节点,司法实践中渐渐形成了将“对赌”放在金融背景下精细分析的趋势,而不再武断地将其判定为无效。以北大法宝的案例库为样本来源,如果以“对赌协议”作为关键词对判决书实施全文检索,截至本文成文时可以发现2012年之前并无一例,司法实践中将其作为一般民事合同纠纷加以处置,从理念到规则并不认为有特别考量之必要;从2012年至2017年则出现了65个判决书中直接分析、论证“对赌协议”的案例;2014年至2017年,还有17个案例的判决书采用了更为准确、中性的名称“估值调整协议”来表述该等融资合同,这种名称的变化也反映了司法对这类合同的认识更趋客观。此外,受到“海富案”再审结果的影响,越来越多的“估值调整协议”被认

定为有效。

(一)认定“估值调整协议”无效的主要理据

虽然,法院对“估值调整协议”的态度已经发生了很大的转变,但在个案分析时仍有一些案例中的融资合同条款被判定无效,用以支持该结论的理由主要包括以下几种。

1. 违反法律或行政法规的强制性规定。样本判决书中援引的强制性规定主要有:(1)根据原《合同法》第52条关于合同无效的规定,法院认为“对赌协议”使得投资方能够取得固定的收益值,与传统的投资风险共担原则相背离,显失公平,因而认定“对赌协议”无效。(2)根据原最高人民法院《关于审理联营合同纠纷案件若干问题的解答》第4条第2项关于“企业法人、事业法人作为联营一方向联营体投资,但不参加共同经营,也不承担联营的风险责任,不论盈亏均按期收回本息,或者按期收取固定利润的,是名为联营,实为借贷,违反了有关金融法规,应当确认合同无效”之规定,法院认定“估值调整协议”无效。(3)根据原《公司法》第20条第1款规定的“公司股东应该遵守法律、行政法规和公司章程,依法行使股东权利,不得滥用股东权利损害公司或者其他股东的利益;不得滥用公司法人独立地位和股东有限责任损害公司债权人的利益”,法院认为“对赌”有损公司或其他股东的利益。(4)根据原《中外合资经营企业法》第8条第1款规定的“净利润根据合营各方注册资本的比例进行分配”,法院认为“估值调整协议”不符合按比例分配利润的规定,因而不承认其效力。

2. 违反公司资本维持原则和法人财产独立的原则。基于此二原则,在公司存续期间,股东基于其投资,可从公司获得财产之途径仅限于以下两种:依法律或章程分配税后利润;依公司减资程序之退出。“估值调整协议”一般由私募基金或者专业投资公司与未来可能公开上市的公司签订,要求目标公司在未完成约定目标时对投资方进行补偿,投资方在上述两种合法路径之外取得公司财产,有损害公司及其债权人利益之嫌。在“海富案”中，最高人民法院确立了“与股东对赌有效，与公司对赌无效”的裁判标准，即在目标公司未达到约定的条件时，若约定由目标公司履行补偿条款则“对赌协议”无效，而若约定由目标公司的股东或实际控制人履行补偿条款，则“对赌协议”有效。这一标准被后续诸多法院在处理类似情况时予以适用，[①]反映了司法裁判时对于资本维持原则、法人财产独立原则的重视。

3. 违反权利义务对等的原则。“估值调整协议”可以是双向或单向的。双向约定即目标公司达到约定要求，则私募股权基金投资方应依约向融资方再次注资或给予奖励，若没达到约定，则要求融资方向投资方进行补偿；单向约定是目标公司未达到条件时对投资方进行补偿，而不约定达到要求时投资方的激励。单向约定多被法院以违反权利义务对等的原则而否定。

（二）认定“估值调整协议”有效的主要理据

支持（或者部分支持）“估值调整协议”效力的法院的普遍倾向是推定投融资双方都是具有丰富商事经验的主体，缔结协议时往往基于自身的商业判断，在不违反意思自治的前提下，商事交易应当允许对于风险负担的任何约定，法院不宜用传统的投资风险共担原理来判断其效力。[②]对于一些典型的说理方式，下文以表格形式予以列举（见表1）。

① 参见浙江省杭州市中级人民法院民事判决书，(2015)浙杭商终字第1276号；上海市闵行区人民法院民事判决书，(2012)闵民二(商)初字第1832号；上海市第一中级人民法院民事判决书，(2013)沪一中民四(商)终字第574号；福建省厦门市中级人民法院民事判决书，(2014)厦民初字第137号。

② 参见湖北省武汉市中级人民法院民事判决书，(2014)鄂武汉中民商初字第00304号。

表1　认定“估值调整协议”有效的典型说理方式

案号	地区	法院级别	认定结果	判决书说理举要
(2015)榕民初字第857号	福建省福州市	中级人民法院	有效	投资方签订协议的目的是在目标公司上市时获得更大的利益,融资方的目的则是筹措上市所需的资金,上述安排并未违反法律、行政法规的强制性规定,系当事人的真实意思表示,合法有效
(2014)粤高法民四终字第12号	广东省	高级人民法院	有效	《股权转让补充协议书》实际上是风险投资中的对赌协议,是双方的真实意思表示,合法有效,对双方均具有法律约束力
(2014)粤高法民申字第1663号	广东省	高级人民法院	有效	对赌协议并非赌博行为,双方对此意思表示真实,没有违反法律规定,应确认为有效
(2015)京三中民终字第00923号	北京市	第三中级人民法院	有效	该约定并未损害公司及其债权人的利益,亦不违反法律、行政法规的强制性规定,应属合法有效,对各方当事人具有法律约束力
(2014)鄂武汉中民商初字第00304号	湖北省武汉市	中级人民法院	有效	原、被告双方均是具有丰富商事经验的商事主体,缔结协议是基于自身的商业判断,对于不违反法律规定的意思自治应当尊重。不存在合同无效或依法主张可变更、可撤销事由的情形下,应当认定协议有效
(2015)浙杭商终字第1276号	浙江省杭州市	中级人民法院	股东对赌有效,公司对赌无效	股东与投资方约定的内容并不违反法律规定,对协议各方均具有约束力。但目标公司与投资方的约定使得投资方可以取得相对固定的收益,损害了公司利益和公司债权人利益,应认定为无效
(2014)厦民初字第137号	福建省厦门市	中级人民法院	股东对赌有效,公司对赌无效	股东对投资人的补偿承诺并不损害公司及公司债权人的利益,不违反法律法规的禁止性规定,是当事人的真实意思表示,认定为有效

（三）对“估值调整协议”司法态度的转变

1. 名称之转变。2012年以前的“估值调整协议”通常被定性为无名合同，法官将其作为一般民事合同纠纷，主要表现为股权转让协议、股权回购协议、增资协议等形式，依据合同法规则认定其效力。2012年以后，“对赌协议”或条款在事实上已经逐步被当作一类专门的合同来处理，法官越发青睐使用“估值调整协议”这样反映交易结构本质的中性名称。

2. 司法立场之转变。随着“估值调整协议”的定型化，其效力认定的司法态度也在发生转变。“海富案”既是这种转变的“催化剂”，也生动地集中展现了这种变化的过程：该案发生在2010年，在长达4年的时间里经过了甘肃省兰州市中级人民法院第一审，甘肃省高级人民法院二审和最高人民法院再审，对于该案涉及的“对赌条款”，一审和二审法院都将其认定为无效，而最高人民法院则总体上认定为有效。一审法院认为，该合同“损害公司及其他债权人的利益，违反了法律、行政法规的强制性规定”，约定无效；二审法院则认为“对赌条款”违反了投资领域风险共担的原则，属“名为投资、实为借贷”，故认定无效；最高人民法院则对“股东对赌”和“公司对赌”作了区分，认定“股东对赌”有效。

3. 裁判理念之转变。2014年由上海市第一中级人民法院审理的“上海瑞沨股权投资合伙企业（有限合伙）等股权转让纠纷案”中，法官依据意思自治原则和维护公共利益原则，尤其是引入了“鼓励交易原则”作为裁判理由，认定“估值调整协议”有效。该案中的法律关系在很大程度上反映了中国资本市场融资渠道创新发展的经济现象，具有相当高的典型性。该案主审法官以“效率”为价值导向，认为股权回购条款为融资渠道的创新方式，起到了促进商事交易、引导公司进行有效经营管理的积极作用。[①] 这种分析路径在一定程度上超脱于传统民事法律规则的掣肘，适当地融入了市场理性的要素，令司法裁判发挥出更好的社会评价功

---

① 参见上海市第一中级人民法院民事判决书，(2014)沪一中民四(商)终字第730号。

能,是值得肯定的有益尝试。

四、裁判新型商事合同效力的合理范式

法官认定“估值调整协议”效力的标准作为“结论”是相对具体的,而其背后支撑的审判逻辑和思维理念作为“方法”却具有“普适性”。我国《合同法》采取的是民商合一的立法模式,列举的各种有名合同对民事合同或者一般的商事合同都有着积极的规范作用,然而,在面临商业实践中灵活多样的“新面孔”时,容易显得“捉襟见肘”,像融资合同这样的问题在司法裁判中就饱受争议,经常导致“案不能决”“同案不同判”的窘境。[①] 然其症结在于新型商事合同与民事合同在理论构造上的差别,对两者效力的判定应该遵循差异化的思维。

就理性的规制路径来说,完善的立法是最优选择。《意大利民法典》有关合同效力规则的第1322条[②]就为我们提供了一种借鉴:该条第2款规定,民法典所列典型合同之外的其他合同如果符合“法律保护之利益”,即为有效,否则无效。针对交易实践中出现的新型商事合同或者是突破原有法律框架的合同条款,法官只需根据“利益衡量原则”判断合同或条款所涉利益是否属于法律保护的范围即可。《意大利民法典》因此能与时俱进,不致被社会经济所淘汰。但是,在立法主动实现变革之前,司法仍然必须回应现实纠纷。司法实践积极地调整理念和思维不失为一种“权宜之计”,这就要求法官充分认识新型商事合同的内在构造和逻

---

① 参见蒋大兴:《论民法典(民法总则)对商行为之调整——透视法观念、法技术与商行为之特殊性》,载《比较法研究》2015年第4期。

② 《意大利民法典》(Codice Civile)第1322条规定:“当事人意思自治限于法律规定与行业规范的范围之内,当事人缔结未纳入特别规范规定类型的契约以法律保护之利益为限,该类决议内容违法则是对此规定之违反,当属无效。”其中“法律保护之利益”是判断合同效力的标准之一。

辑，[①]确立更为科学的裁判范式。

（一）抽象的指导性原则："利益衡量"

"没有对赌协议，就没有华尔街的繁荣，也就没有美国科技与金融的世界霸主地位。"[②]显然，对于"估值调整协议"的宽容成就了美国金融的快速发展，法官的裁判在其中起到了举足轻重的作用，而这样的裁判过程少不了利益衡量。法律的解释虽具有很强的技术性，但也是受目的和利益引导的。司法中的"利益衡量方法，实际上是先有结论后找法律条文工具，以便使结论正当化或合理化，追求的是让法律条文为结论服务，而不是从法律条文中引出结论。法院最终的判决依据不是法律条文，而是利益衡量的初步结论，加经过解释的法律条文"。"如果制度利益已不能反映社会公共利益，对社会公共利益起到阻碍作用，抑制了社会进步和发展。此时，对当事人的具体利益进行衡量时，就应该大胆地抛弃或冲破落后法律制度。"[③]法官应当仔细分析新型商事合同的社会利益，并在社会利益与"效力规则"的制度利益之间进行权衡，将社会利益技术性地融入裁判，牵引法律制度不断完善，达致制度利益与社会利益相一致的结果。"法官应当结合现实，对法律作出符合当下社会需求的解释……利益衡量的最终目的在于完善法律，使法律更契合社会、伦理、经济的发展与变迁。"[④]

判定新型商事合同效力时，法官首先需要考察该等合同在社会中发生的频率以及作用的明显程度，是否普遍发生且具有显著的积极作用；然后反思现有合同效力规则对此类合同是否能起到保障和促进交易发展的功能，是否可以满足现实经济的需求，凸显正面的规范意义；如若不

---

① 参见赵万一：《商法的独立性与商事审判的独立化》，载《法律科学》2012 年第 1 期。

② 范健：《商事审判独立性研究》，载《南京师范大学学报（社会科学版）》2013 年第 3 期。

③ 梁上上：《利益衡量的层次结构与利益衡量的展开——兼评加藤一郎的利益衡量论》，载《法学研究》2002 年第 1 期。

④ 梁上上：《制度利益衡量的逻辑》，载《中国法学》2012 年第 4 期。

能,就应当充分考虑"利益衡量"的路径。对于融资租赁合同中"售后回租"条款或者"回租合同"的效力,例如,在2014年最高人民法院《关于审理融资租赁合同纠纷案件适用法律问题的解释》实施之前,实践中大量存在的"售后回租"合同被认定为违法,然而这种交易结构的本质是在融资的目标下以租赁物让与的方式设定担保,较为合理地平衡了双方的风险负担,被实践所普遍接受。虽然这种交易模式同既有的部分规则有不契合之处,但俨然成为融资租赁的双方当事人都愿意采纳的风险控制方式,对行业的发展有重要的影响。鉴于此,最高人民法院充分运用了"利益衡量"的思维,在上述司法解释的第2条中肯定了一般"售后回租"条款的效力:"承租人将其自有物出卖给出租人,再通过融资租赁合同将租赁物从出租人处租回的,人民法院不应仅以承租人和出卖人系同一人为由认定不构成融资租赁法律关系。"这种将"利益衡量"作为商事裁判原则之一的立场值得推崇。

(二)具体的技术性策略

1. 对交易性规范多作任意解释。商法具有"管制面"与"交易面"的双重结构,对管制面一般做强制性解释,而对交易面一般做任意性解释。"在商事合同中,解释上应避免任意规定强制化而加诸不当限制于商事合同中,宜回归商事合同之目的与商业考量,必要时亦可参酌商事习惯与法理。"①比如,法官在裁判"估值调整协议"是否违反了法律的强制性规定时,可将"利益与风险对等""股权平等"等规定作任意性的解释,认定此种协议并未违反法律的强制性规定。

2007年重庆市第五中级人民法院判决的"重庆三和制衣公司诉重庆市商业银行股权纠纷案"是典型的一例:重庆三和制衣公司以其持有的重庆市商业银行的股份出质,向重庆市商业银行借款,重庆三和制衣公

---

① 王文宇:《从商法特色论民法典编纂——兼论台湾地区民商合一法制》,载《清华法学》2015年第6期。

司因未能还款,重庆市商业银行回购了质押股权抵偿借款,并于一年后将该等股权转让给某乡镇企业。该案中,重庆市商业银行接受了借款人以自己发行的股份出质,并收购了本公司股份,违反了《公司法》的相关规定,但因最终转让给了案外人某乡镇企业,法官为了维护交易安全和现有的交易秩序,对 2005 年修订的《公司法》第 142 条[①]作了任意性解释而判定该案中的股权回购合同和转让行为有效。

2. 将"效率和交易安全"确立为优先价值。法律解释中的价值判断问题就是确定法官在自由裁量的过程中应该考虑哪些因素,而且应该如何考虑这些因素。[②] 这些考量的因素中有一些相对确定的利益或价值表现为法律原则。但正如阿列克西所言,"法律语言难免有模糊,法律规范难免有冲突,法律规则难免存在漏洞,都需要我们适时地运用价值判断加以补充"[③]。其中一种情形就是"法律制度的设计和体例安排本身,常常会采取价值判断'优于'通行的法教义学原理的路径"[④]。这种情形中的价值判断,就是法官并不依据现有的法条或在解释法条后进行裁判,而是依据价值——在众多的法律价值中择取其中的"优先"价值适用。有些价值在法律制定时或者在特定的领域中是首要的(例如,在传统民事领域,"公平"和"平等"是首要的),而随着社会快速发展、经济形态变革、新兴领域崛起,其他价值也变得更为重要(例如,在商事领域,"效率"和"交易安全"就是首要的),法官亦有优先适用其他价值的必要。

价值选择在流质条款的效力问题上体现得十分明显,学界认为流质禁止在维护法律的公平价值目标的同时,抛弃了法律的效率和自由价值目标;而流质许可却全面维护了法律的自由价值、效率价值,并兼顾了公

---

① 该条现规定于新《公司法》第 160 条,部分内容发生变动。

② 参见梁迎修:《法官自由裁量权》,中国法制出版社 2005 年版,第 23 ~25 页。

③ [德]罗伯特·阿列克西:《法律论证理论——作为法律证立理论的理性论辩理论》,舒国滢译,中国法制出版社 2002 年版,第 17 页。转引自许德风:《论法教义学与价值判断——以民法方法为重点》,载《中外法学》2008 年第 2 期。

④ 许德风:《论法教义学与价值判断——以民法方法为重点》,载《中外法学》2008 年第 2 期。

平价值。[①] 法官在认定“流质条款”的效力时应以效率价值为先。在前述“重庆三和制衣公司诉重庆市商业银行股权纠纷案”中,法官其实也做了“价值判断”,进而优先选择了“交易安全”。法官在做这样的价值判断时只有重视社会的公共意识,使解释的结果尽可能地和普通市民的感觉、期待相一致,才能使判决获得社会的认可,取得必要的公信力。[②] 在商事合同裁判领域,法官应当主动地选择商事主体所普遍追求的“效率和交易安全”价值,使裁判结论发挥更好的经济效果。

3. 充分尊重交易习惯。交易习惯对交易行为的指导和规范起着重要作用。事实上,传统商法中的商行为是独立于罗马法体系而由商事习惯发展而来的特殊概念,其与商人密切关联,虽可借助法律行为概念予以解释,但因其独立发展的特性,很多时候无法被法律行为制度涵盖。[③] 相反,商人在商业活动中更注重的是对商事习惯的熟悉和遵守,司法裁判时对商事合同的解释也理应参照商事习惯。一些新型商事合同的构造在得到法律的认可前,如果长时间反复出现,确实又有相对积极的社会效应,也可能会被当作“交易习惯”来对待,以适用“习惯”的路径被司法所肯定。例如,对于场外股票融资合同中的“强制平仓条款”,证券业界就主张其属于行业惯例,要求法院认定有效。[④]

我国《合同法》第 60 条第 2 款规定:[⑤]“当事人应当遵循诚实信用原则,根据合同性质、目的和交易习惯履行通知、协助、保密等义务。”第 61 条规定:“合同生效后,当事人就质量、价款或者报酬、履行地点等内容没

---

① 参见刘俊:《流质约款的再生》,载《中国法学》2006 年第 4 期。

② 参见[日]星野英一『民法論集:第二卷』(有斐阁,1970 年);[日]加藤一郎『民法における論理と利益衡量』(有斐阁,1974 年)。转引自黄忠:《比例原则下的无效合同判定之展开》,载《法制与社会发展》2012 年第 4 期。

③ 参见王建文:《论我国〈民法典〉立法背景下商行为的立法定位》,载《南京大学学报(哲学·人文科学·社会科学)》2016 年第 1 期。

④ 参见阮思宇:《股票融资与强制平仓——无效融资关系及其担保与侵权的法律思考》,载《证券市场导报》1997 年第 3 期。转引自刘燕:《场外配资纠纷处理的司法进路与突破——兼评深圳中院的〈裁判指引〉》,载《法学》2016 年第 4 期。

⑤ 现规定于《民法典》第 509 条第 2 款和第 510 条。

有约定或者约定不明确的,可以协议补充;不能达成补充协议的,按照合同有关条款或者交易习惯确定。"2017 年 3 月通过的《民法总则》第 10 条也明确规定,"法律没有规定的,可以适用习惯,但是不得违背公序良俗",正式确立了"习惯"的法律渊源地位。在认定新型商事合同效力时,应在谨慎识别商业"习惯"的基础上,充分尊重"习惯",并以此作为裁判的重要依据。

公司机会规则的反思与体系建构

袁崇霖*

目次

摘要：作为属于公司的商业机会，公司机会的本质并非公司财产，而应当理解为公司利益。公司机会规则具有阶段性的利益构造，其所规制的利益冲突也具有动态变化的特征。有必要以公司是否实际投入人力、物力资源为标准，区分公司机会的发现阶段和利用阶段，并配置差异化的规则。在发现阶段，应推定公司经营范围内的商业机会属于公司，董事在充分履行披露义务的基础上，可援引公司放弃、公司同意、公司不能、交易对手事前拒绝等抗辩事由而自行利用。在利用阶段，商业机会已经被认定归属公司，董事非经完全披露并取得公司同意不得利用。通

---

* 袁崇霖，清华大学法学院博士研究生。
本文原载于《法学研究》2022年第2期，第154～172页。

过宽严适当的识别与抗辩规则,配合推定规则和披露义务等,可构建起层次性的两阶段公司机会规则体系。

关键词:公司机会;公司利益;忠实义务;识别规则;抗辩规则

公司机会规则肇始于英美法系,其基本内涵在于禁止公司的董事、高级管理人员(以下简称高管)和雇员利用获取的信息,从公司具有期待权利、财产权利或依照公平原则属于公司的商业机会中谋取个人利益。①我国2005年《公司法》修改时引入了该规则,并一直延续至2018年《公司法》。② 然而,我国对公司机会规则的这次法律移植停留在语义层面的借鉴和模仿,不仅实效有限,还在理论和实践中引起了相当的困扰。因此,有必要重新省察公司机会的本质,挖掘公司机会规则的利益构造和利益冲突特性,建构一套适应我国法律制度环境的公司机会规则体系框架。

一、移植公司机会规则产生的困境

在英美法系中,公司机会规则原本就饱含争议,甚至被认为是"公司法中令人最不满意的部分"③。其在不同判例、不同情形中适用的多变标准充满了情境主义色彩,在历史发展中形成了复杂的内涵,得益于判例

---

① See Bryan A. Garner, *Black Law Dictionary*, 10th ed., Thomson Reuters, 2014, p.415.

② 2018年《公司法》第148条规定:"董事、高级管理人员不得有下列行为:……(五)未经股东会或者股东大会同意,利用职务便利为自己或者他人谋取属于公司的商业机会……"该条已为2023年《公司法》所修改,该法第183条将公司机会规则独立成条,增加了新的抗辩事由,作出了相对更加完整的规定:"董事、监事、高级管理人员,不得利用职务便利为自己或者他人谋取属于公司的商业机会。但是,有下列情形之一的除外:(一)向董事会或者股东会报告,并按照公司章程的规定经董事会或者股东会决议通过;(二)根据法律、行政法规或者公司章程的规定,公司不能利用该商业机会。"然而该条仍然很大程度上面临着笔者提出的各项问题,因此其中的分析推理仍然适用。

③ Victor Brudney & Robert Charles Clark, *New Look at Corporate Opportunities*, 94 Harvard Law Review 997 (1981).

法的开放性和实用主义立场,经由一系列判例形成的规则才得以统一在“公司机会”的概念之下。然而,当公司机会规则被按照字面含义引入我国公司法后,隐含的一系列问题逐渐显现出来。按照神田秀树等学者的说法,对该规则的移植至少在“微观适应”上显现了问题,移植后的公司机会规则在成文法的框架下失去了应有的生命力。①

(一)立法中的逻辑断裂和规则缺漏

我国2018年《公司法》第148条将公司机会规则作为董事、高管忠实义务的一项具体内容,与竞业禁止规则并列。然而,相较于公司机会规则复杂的内涵,公司法的规定仅把握了“公司机会”字面上的内涵,以对待一笔确定的公司资金或一项有形财产的态度对待公司机会,忽略了判断“何为属于公司的商业机会”的过程。而这一判断过程是整个公司机会规则的“前提性”问题,使得公司机会规则与忠实义务的逻辑一脉相承。我国公司法的规定方式着眼于机会归属的结果,似乎遗漏了这一前提性规则,也忽视了公司利益在公司机会规则中所处的地位。正如美国学者所指出的,公司机会规则与典型的自我交易情形不同,其中首要的关切应当是公司是否在机会之中“具有利益”。② 这种逻辑断裂如果被贯彻到法律适用中,很可能导致两种错位后果:无利益时加以保护,造成保护过度;有利益时未能保护,造成保护不足。

对公司利益有无的判断不仅在逻辑起点上被忽略了,在董事、高管合理利用公司机会的例外中也未能体现。如果仅将公司机会视作确定不变的公司财产,恐怕的确只有股东(大)会批准才能使董事、高管的利用行为正当化。但这种僵化的规定明显与商业现实大相径庭。即便是拥有机会的公司,也随时可能失去机会、放弃机会或者因为种种原因不

---

① See Hideki Kanda & Curtis J. Milhaupt, *Re-examining Legal Transplants: The Director's Fiduciary Duty to Japanese Corporate Law*, 51 American Journal of Comparative Law 891 (2003).

② See William T. Allen, Reinier Kraakman & Vikramaditya S. Khanna, *Commentaries and Cases on the Law of Business Organization*, Wolters Kluwer, 2021, p. 358 – 359.

能利用机会,从而失去利益。如果不对这些情况进行甄别就一概保护,同样可能造成保护过度的实际效果。

上述我国公司法中存在逻辑断裂的部分,相对应的两项具体规则在学理上一般被称为识别标准和抗辩规则。二者均是公司机会规则的必要组成部分,但在我国公司法上都处于基本缺失的状态。事实上,我国公司法尚未建立起完整意义上的公司机会规则,甚至都不具备一个清晰的规则框架。严格来说,我们当前对公司机会规则的法律移植,不过是从语义上借鉴了一条宣示性的规定而已。而美国早已存在对判例中形成的公司机会规则进行成文化归纳的尝试。例如,美国法学会于 1994 年发布的《公司治理原则:分析与建议》第 5.05 条成体系地融合了判例及理论中形成的规则、方法和例外,构建了一组包含识别、披露、抗辩、举证责任在内的完整的"规则束"。[①] 与之相对,《美国示范商事公司法》采取了另一条进路,它针对董事自行利用一切商业机会的情形,构建起"自愿事先披露 + 无利害关系董事或股东同意"的"安全港"规则,试图借助周密的程序规则设计,帮助配套解决公司机会难题。[②]

(二)理论研究中的杂乱和缺位

由于立法上的规则残缺,学者们试图从学理上阐释和补充公司机会规则的内容。然而,受到英美法中本就纷繁复杂的实践和学说的影响,学界形成的观点比较杂乱,难以为弥补立法的缺漏或回应实践的需要提供参考。

1. 关于识别标准的争议

公司机会的识别是公司机会规则中的核心问题。对此,存在以英

---

① See American Law Institute, *Principles of Corporate Governance: Analysis and Recommendations*, American Law Institute Publishers, 1994, p. 283 – 285. 类似的还有美国律师协会公司法委员会编纂的《公司董事指南》。See The Corporate Laws Committee, *ABA Section of Business Law*, *Corporate Director's Guidebook-Sixth Edition*, 66 The Business Lawyer 994 – 995 (2011).

② See Model Business Corporation Act, Subchapter G.

国、美国为代表的两种截然不同的规制模式。经由学者的引介,源自英美的经验和学说以及路径上的英美模式差异以各种形式存在于我国的理论研究之中。

英国法的公司机会识别在传统上依赖严苛的"利益冲突模式",其关注的要点是董事在利用商业机会时是否与公司存在或者可能存在利益冲突。这一模式下又存在两种判断标准——禁止冲突标准和禁止获利标准,前者关注董事的行为是否使其个人利益与公司利益产生冲突,后者则关注董事是否借助其所任职位的便利获取利益。[①] 为了修正上述两种传统标准的严苛性,哈奇森(Hutchison)法官提出了"成熟商业机会标准"。其内涵在于,只有当一个商业机会是公司可以预期的且已趋于成熟时,它才应当被认定为属于公司的商业机会。[②] 这一标准的精神在一定程度上为《英国2006年公司法》第175条(4)(a)所吸收。[③] 总体来看,英国法上公司机会规则的严苛性随时间推移有所舒缓,并逐渐呈现出精细化的趋势。

美国法以"机会归属模式"为基础,形成了丰富的识别标准,也更为我国学者所关注。其中,由判例发展出的重要识别标准包括:(1)利益或期待标准。其内涵在于,公司存在既有利益、由既有权利而产生期待或者董事介入将阻碍公司设立目的的实现的商业机会,均属于公司的商业机会。[④] (2)经营范围标准,又称"Guth标准",是美国法的主流标准。它主要关注一项商业机会是否与公司既有或预期的经营范围具有紧密的联系。[⑤] (3)公平标准。这一标准主张以实质公平公正作为判断机会归属

① See David Kershaw, *Does It Matter How the Law Thinks about Corporate Opportunities*, 25 Legal Studies 533 (2005).

② See Island Export Finance Ltd *v.* Umunna, [1986] BCLC 460. B.

③ 《英国2006年公司法》第175条(4)(a)规定,避免利益冲突的义务未被违反——"(a)如果情形不能合理地视为可能产生利益冲突"。参见《英国2006年公司》(修订译本),葛伟军译,法律出版社2012年版,第106页。

④ See Lagarde *v.* Anniston Lime & Stone Co., 126 Ala. 496 (1900).

⑤ See Guth *v.* Loft, Inc., 23 Del. Ch. 255 (1939).

的基准,强调作为受信义务人的董事不能在公司利益需要公平保护时,从公司机会中牟取私利。[①] (4)两步分析法。第一步,法院根据商业机会与公司现存或预期的业务是否存在紧密联系,判断其能否落入公司的经营范围;第二步,评价董事获取该商业机会的过程是否违反了忠实、诚信和公平交易的义务。[②] (5)四要素标准。近年来,美国特拉华州法院改进了传统的经营范围标准,并在"Guth 案"的基础上提出了四要素标准,主张法院应综合考量公司财务能力、经营范围、利益与期待及董事与公司的利益冲突等要素,并强调任一要素都并非决定性条件。[③]

尽管实践中各种标准不乏改进更替,但依然被批评其缺少确定性和可预测性。[④] 为此,美国学者进一步提出了一些具有建设性的理论框架,主要思路大致可以分为两类:一类倾向于公司契约理论的进路,以公司、股东及董事等的合意和期待作为理论建构的基础,代表性的如"各方合理期待模式"与"信息结构模型"。前者主张以事先的协议或公司、受信义务人的合理期待及社会利益作为判断公司机会归属的基准。[⑤] 后者主张将公司机会案件按照公司所能获知的信息是否完整、受信义务人与公司对不同经营领域专业知识的重合程度进行分类,并由法院决定按股东价值最大化或共同财富最大化的目标进行判断和说理。[⑥] 另一类则承认公司机会案件的事实密集型特征,试图通过完善规则的框架和纲领,将判断过程结构化、规范化,提升规则的可预测性与确定性。典型例如,(1)"不同公司不同规则"思路,主张区别对待公开公司和封闭公司,对

① See Durfee *v.* Durfee & Canning, Inc., 323 Mass. 187 (1948).

② See Miller *v.* Miller, 222 N. W. 2d 71 (Minn. 1974).

③ See Broz *v.* Cellular Information Systems, Inc., 673 A. 2d 148 (Del. 1996).

④ See Stephen M. Bainbridge, *Interest Group Analysis of Delaware Law: The Corporate Opportunity Doctrine as Case Study*, UCLA School of Law, Law & Economics Research Paper Series No. 17-01, 1-25 (2017); Eric Talley, *Turning Servile Opportunities to Gold: A Strategic Analysis of the Corporate Opportunities Doctrine*, 108 Yale Law Journal 277 (1998).

⑤ See Pat K. Chew, *Competing Interests in the Corporate Opportunity Doctrine*, 67 North Carolina Law Review 435 (1989).

⑥ See Eric Talley, *Turning Servile Opportunities to Gold: A Strategic Analysis of the Corporate Opportunities Doctrine*, 108 Yale Law Journal 277 (1998).

前者适用绝对性规则,禁止董事利用一切可获利的商业机会;而对后者适用选择性规则,以一套包含了利益与期待标准、经营范围标准(商业机会是否与公司业务具有有机的联系)以及公司同意抗辩在内的有机体系评价内部人利用商业机会的行为。[①] (2)"三角关系说",认为公司机会规则中的公司、商业机会、公司内部人之间存在一种动态的三角形关系,如果其中一组关系能够强有力地支持商业机会归属于公司,另外两组关系便不需要具备充分的要素。反之,则需要更多的要素为商业机会归属于公司的判断提供支持。[②] (3)"四步分析法",主张沿着公司机会的定义、董事的披露、公司的接受或拒绝、董事开发商业机会的行为是否有害或有益于公司这四个步骤,分析和评判公司机会案件。[③] 总体来看,美国学界的观点普遍强调公司机会的差异性和动态性,受契约主义公司法思想和法经济学方法的影响显著,由此形成的理论与我国的成文法实践相去甚远,虽不乏理念上的启发性,但还需灵活地看待与借鉴。

上述英美法中纷繁的标准和学说,经由学者的引述和评价,也进入了我国公司机会规则研究的视野。但是,由于缺少在此基础上系统的理论建构尝试,简单的借鉴加剧了理论基础的混乱,还将一些英美法中因历史发展而产生的矛盾引入了研究之中。例如,在理论中混用英国模式的要素和美国模式的要素,[④]或者以历史更迭中已经被更新或取代的标准作为主张的基础等。[⑤] 由此形成的观点较单一的英国法或美国法更为

---

① See Victor Brudney & Robert Charles Clark, *New Look at Corporate Opportunities*, 94 Harvard Law Review 997 (1981).

② See Franklin A. Gevurtz, *Corporation Law*, West Group, 2000, p. 367 - 375.

③ See Stephen M. Bainbridge, *Rethinking Delaware's Corporate Opportunity Doctrine*, UCLA School of Law, Law & Economics Research Paper Series No. 08 - 17, 13 - 15 (2008).

④ 例如,有学者主张同时以"成熟的商业机会"和公司经营范围作为识别标准。参见王影丽:《董事责任制度》,中国财政经济出版社2002年版,第180页。然而,二者分别是英国法和美国法不同模式下的产物,能否直接融合,不乏疑问。

⑤ 例如,有学者分别梳理了美国1900年、1939年、1948年判例中的三种标准,得出了美国法关于公司机会的认定越来越宽泛且董事责任不断加重的结论,并由此形成了关于公司机会识别标准的看法。参见吕来明:《论商业机会的法律保护》,载《中国法学》2006年第5期。然而,该看法忽略了这一"趋势"只是美国法上的一个历史片段而已。

杂乱。此外,学者们针对公司机会识别标准所提出的建议,往往止步于通过理论借鉴形成的“考量因素”的总结,[①]欠缺针对这些考量因素的理论基础及彼此关系、各自权重、运用方法的深入研究。这种判断方法的缺陷在于,一旦在识别中出现部分因素满足、部分因素不满足的情况,对机会归属的判断往往就要诉诸裁判者的主观决断,看似周延的考量因素最后还是沦为说理的装饰品。从根本上看,考量因素只是对公司机会问题中事实类型的经验总结,缺少必要的规范性和通贯的内在逻辑,虽然可以作为思维工具辅助分析问题,但难以充当法律上真正有效的标准。

2. 关于抗辩事由的争议

在英国,由于采用严格的利益冲突标准,董事一旦被认定陷入了利益冲突,便几乎失去了援引除公司同意以外其他抗辩的可能。而在美国,各州法律和判例中形成了不尽相同的抗辩事由,常见的包括无利害关系董事同意、公司财力不能、公司放弃等。[②] 针对相同的抗辩事由,美国各州法院的态度也有差异。例如,就公司财力不能而言,有的法院选择将其适用范围限制在公司破产这一种情况下,但有的法院更宽泛地认为,公司欠缺资金和融资能力即构成财力不能。这种差异被学者视为是对“公共政策”的理解不同造成的。[③] 相较之下,我国 2018 年《公司法》第 148 条第 1 款第 5 项仅支持以公司同意作为有效抗辩,并且该同意需由股东(大)会作出,其要求较英美法都更为严格。

在我国,学者们的关注点和争议点集中在以下三组抗辩事由上:第一,公司放弃与公司同意。其中一方认为,出于效率的考量,只要充分披

---

① 参见车传波:《公司机会准则的司法裁判》,载《法律科学》2010 年第 5 期;冯果:《“禁止篡夺公司机会”规则探究》,载《中国法学》2010 年第 1 期;王肃元:《禁止篡夺公司机会规则的立法完善》,载《甘肃政法学院学报》2011 年第 4 期;曹顺明、高华:《公司机会准则研究》,载《政法论坛》2004 年第 2 期。

② See William T. Allen, Reinier Kraakman & Vikramaditya S. Khanna, *Commentaries and Cases on the Law of Business Organization*, Wolters Kluwer, 2021, p. 360.

③ See E. W. Rivers, *Financial Inability as A Defense under the Corporate Opportunity Doctrine*, 39 Kentucky Law Journa 229 (1951).

露且公司明确拒绝利用或者放弃利用该机会,董事、高管就可以利用。① 另一方则坚持,在披露的基础上,还需要公司股东(大)会同意,董事、高管方可利用该机会。② 第二,公司不能,主要是公司财力不能。除了完全承认以财力不能作为抗辩的观点,③还有学者主张,财力不能只能构成不充分的抗辩事由,可由董事、高管以此作为防御措施,并承担举证责任,并且只有在董事、高管的决定符合商业判断规则时,方可正当化其利用公司机会的行为。④ 也有学者采取更严格的立场,认为即便财力不能,也需要公司同意才能使董事、高管利用公司机会的行为正当化。⑤ 第三,交易对手的意愿。一种观点结合我国司法实践认为,交易对手如果事先明确拒绝与公司交易,则董事、高管可利用该机会,但交易对手的事后确认不应被认可。⑥ 相对的观点则鲜明地反对以交易对手的意愿作为抗辩事由,认为这将纵容董事、高管与相对人串通损害公司利益,并使公司承担过重的举证责任,有失公平。⑦ 总体来看,围绕上述三组抗辩事由,持最宽松立场的学者基本上认可全部抗辩的有效性,持最严苛立场的学者则否认除公司同意之外的所有抗辩事由。在缺少系统性协调的前提下,关于抗辩事由的种种观点难以形成有效的互补,也无法真正指引司法实践。

---

① 参见罗薇:《禁止篡夺公司机会规则研究》,清华大学 2015 年博士学位论文,第 134 页。

② 参见谢晓如:《公司机会规则研究》,厦门大学出版社 2014 年版,第 174 页。

③ 参见陆小妹:《美国公司机会规则之立法借鉴》,载顾功耘主编:《公司法律评论》2006 年卷,上海人民出版社 2007 年版,第 229 页。

④ 参见施天涛:《公司法论》(第 3 版),法律出版社 2014 年版,第 440 页。

⑤ 参见王肃元:《禁止篡夺公司机会规则的立法完善》,载《甘肃政法学院学报》2011 年第 4 期;冯果:《“禁止篡夺公司机会”规则探究》,载《中国法学》2010 年第 1 期。

⑥ 参见罗薇:《禁止篡夺公司机会规则研究》,清华大学 2015 年博士学位论文,第 134 页。

⑦ 参见沈贵明:《公司商业机会的司法认定》,载《法学》2019 年第 6 期。

（三）司法实践中存在的现实问题

根据笔者对国内裁判案例的整理和归纳，[①]司法实践中存在两类突出的问题：一是法院对公司机会及其规则的认识含混不清，从而导致误用或者逃避适用。二是部分法院虽力图适用该规则解决问题，但失去限制的法律续造催生了自相矛盾的裁判标准和裁判结果，降低了司法裁判的可预期性。

法院对“何为公司机会”这一基本问题的理解，时常陷入两种误区：一是不当扩大或限缩公司机会的范围。例如，有的将商业信息直接纳入商业机会的范畴，[②]有的则加上了“公司必然会利用”等与机会的内涵存在矛盾的不当限制。[③] 二是完全混淆公司机会与竞业禁止问题，认为不得篡夺公司机会的义务从属于竞业禁止义务，[④]或者逃避回应当事人关于公司机会的争议，径行由竞业禁止规则和忠实义务的一般规则作出判决。[⑤]

在适用公司机会规则进行裁判时，各法院采用的标准更是十分杂乱，仅通过要素组合形成的识别标准就至少有以下几类：(1)以经营范围为核心要素并结合商业常识等进行说理的“单要素法”。[⑥] (2)考虑“公

---

① 笔者同时以“属于公司的商业机会”和“机会”作为全文关键词，在威科先行·法律信息库进行案例检索。截至2021年9月5日，共找到1361个案例。通过筛查和排除无关案例，最终找到与篡夺公司机会实际相关的75个案例。在补充了《人民司法·案例》和《最高人民法院公报》刊载的各1个经典案例后，笔者对上述77个案例所采用的裁判思路和裁判标准予以整理及归纳，在此基础上形成了这一部分的分析和结论。

② 参见郭某轩与北京联达动力信息科技股份有限公司损害公司利益责任纠纷案，北京市第一中级人民法院(2018)京01民终8475号民事判决书。

③ 参见万某健志损害公司利益责任纠纷案，上海市浦东新区人民法院(2017)沪0115民初20934号民事判决书。

④ 参见佛山正能光电有限公司与陈某可、佛山市星耀光环境工程技术有限公司损害公司利益责任纠纷案，广东省佛山市禅城区人民法院(2018)粤0604民初15627号民事判决书。

⑤ 参见巴某海等与北京鑫骏龙科技有限公司等损害公司利益责任纠纷案，北京市第一中级人民法院(2019)京01民终10091号民事判决书。

⑥ 参见上海革力国际货物运输代理有限公司与宁波唯派国际物流有限公司、王某防损害公司利益责任纠纷案，上海市第二中级人民法院(2021)沪02民终313号民事判决书。

司自身对商业机会的营造”和董事、高管不当利用的“双要素法”。[①] (3)考虑商业机会与公司经营业务的关联性，董事、高管是否因履职而获得，董事、高管是否有义务向公司披露，或者考虑商业机会与公司经营业务的关联性、交易对手意愿、公司是否具有期待利益等不同要素的“三要素法”。[②] (4)关注公司经营活动关联性、商业机会确定性和必然性、交易对手意愿、公司利用意愿以及董事、高管取得商业机会的正当性的“五要素法”。[③] 至于提出这些要素组合的理论基础，在判决书中通常缺乏阐释。而且，一些本应属于抗辩事由或披露义务的内容也混杂其中，距离真正成熟的识别标准尚有明显差距。

法院在裁判中也时常承认法律未作规定的抗辩事由，以此平衡原、被告的利益。例如，在“浙江省宁波市科技园区新华信息技术有限公司诉徐某建等与公司有关的纠纷案”中，法院结合公司法定代表人曾要求退出以及合同解除、合作停止的事实，认定公司已经放弃该商业机会，被告可以自行利用。[④] 在“江苏腾云创智信息技术有限公司与潘某、刘某胜等损害公司利益责任纠纷案”中，法院考虑到公司缺乏资金实力，未履行资金保障义务而失去交易机会的事实，认为董事、高管利用该商业机会并无不当，[⑤]从而认可了“公司无能力”抗辩。在“林某恩与李某山等损害公司利益纠纷案”中，法院则要求篡夺公司机会必须基于“欺骗、隐瞒

① 参见赖某涛、沃开电子科技（广州）有限公司损害公司利益责任纠纷案，广东省广州市中级人民法院(2020)粤01民终21724号民事判决书。

② 参见成都与俱科技有限公司、朱某琦损害公司利益责任纠纷案，四川省成都市中级人民法院(2018)川01民终2370号民事判决书；常州三立环保设备工程有限公司与邹某等损害公司利益责任纠纷案，江苏省高级人民法院(2012)苏商外终字第0050号民事判决书。实践中还存在其他不同要素组合的情形，笔者在此不作一一列举。

③ 参见常州联尚机械科技有限公司与蒋某、江苏鸿开工业自动化设备有限公司公司关联交易损害责任纠纷案，江苏省常州市中级人民法院(2021)苏04民终2146号民事判决书。

④ 参见浙江省宁波市科技园区新华信息技术有限公司诉徐某建等与公司有关的纠纷案，载《人民司法·案例》2008年第8期。

⑤ 参见江苏省无锡市中级人民法院民事判决书，(2019)苏02民终2518号。

或者威胁等不正当手段”,[①]相当于变相承认了“善意”抗辩。然而,这些案件中的被告均未依法取得股东(大)会同意,便直接利用了属于公司的商业机会,为何无须承担责任,这一问题至少在现行法的框架下是很难回答的。

综观上述问题出现的原因,多可归结于立法的缺漏,也与理论研究的杂乱不无联系。在有的案件中,法院无奈地承认,“我国公司法及相关司法解释并未对如何认定公司的商业机会进行具体规定”,转而综合理论依据及“公司商业行为的实际情况”判断商业机会的归属。[②] 也有的法院直接尝试总结理论学说,以“三要素法”作为识别公司机会的标准。[③] 但正如前文的考察,我国学术界目前尚未形成通说,也缺少具有体系性和确定性的分析框架。法院向着本就不甚清晰的理论求解,最终得到的答案自然也难以令人满意。

二、公司机会本质的厘清

在借鉴英美法上“公司机会”或“属于公司的商业机会”的说法时,可能会遮蔽对其本质的认识,这是目前阻碍我们充分理解和调适公司机会规则的第一道障碍。如果要深入地剖析公司机会规则,首先应厘清公司机会的本质。

(一)公司机会不同于公司财产

我国公司法采用“属于公司的商业机会”这一表述,易使人产生公司拥有商业机会即享有财产权的误解。有学者即主张,公司机会属于公司

---

① 参见林某恩与李某山等损害公司利益纠纷案,载《最高人民法院公报》2014 年第 11 期。

② 参见江苏省常州市中级人民法院民事判决书,(2021)苏 04 民终 2146 号。

③ 参见广东省佛山市禅城区人民法院民事判决书,(2018)粤 0604 民初 15627 号。

的无形财产。[①] 财产权说把握了公司机会在经济价值层面的特质,但是,放到公司机会规则的体系中看,则存在以下根本缺陷。

其一,财产权的排他性与机会的竞争性相矛盾,与公司机会规则作为董事、高管忠实义务具体规则的体系定位相抵牾。尽管无形财产权并非真正的所有权,但仍具有排他性,至少意味着公司对该无形财产的独占。[②] 然而现实却是,公司即便拥有所谓的“公司机会”,也无法排除其他竞争对手的合理竞争,更不能一劳永逸地享有其中的所有现实利益和期待利益。更进一步,公司机会规则只是规制董事、高管行为并调整公司与董事、高管之间利益关系的相对性规范,其旨在排除董事、高管对于公司利益的不当攫取,而非给予公司机会以对抗第三人的财产性保护。[③] 若是以财产权概括公司机会的本质,反而抹杀了公司机会规则本应体现的董事、高管忠实义务具体规则之特性。

其二,财产权说与商业机会的灵活性、动态性和权属上的不确定性相悖。在实践中,商业机会有时简单地表现为成为买卖等合同相对方的交易机会,但有时又表现为入股、并购、参与竞标的机会等,其确定程度、实现最终利益的可能性差异较大且不断变化,权属更是不易界定。相反,财产权客体应当是确定的、客观的。如果以财产权的这种确定性和客观性要求公司机会,则不可避免地把一些商业机会排除在外,而且无法对机会开发的动态变化作出全面评价。

其三,采取财产权说还会间接为公司机会规则体系的构建带来逻辑上的困难。这是因为,公司机会规则对董事、高管的约束力,根本上源于受信义务的要求。而在受信义务的要求下,受信义务人利用委托人财产的行为将接受更为严格的检验,除非经过委托人的同意,否则便无从正

---

① 参见万国华、张崇胜:《公司利益类型界定与保护法律问题研究》,载《南开学报(哲学社会科学版)》2019年第3期。

② 参见吴汉东、胡开忠:《无形财产权制度研究》,法律出版社2001年版,第54页。

③ 参见谢晓如:《公司机会规则研究》,厦门大学出版社2014年版,第27页;薄守省:《论美国法上的公司机会原则——兼谈大陆法上的竞业禁止》,载沈四宝主编:《国际商法论丛》第4卷,法律出版社2002年版,第105页。

当化,[①]这可能造成对公司的过度保护。因此,即便在英美法中,学者们一般也不将公司机会视作真正意义的公司财产。[②] 所谓"属于公司"的措辞,仅被视作一种表达上的便宜之举。

(二)将公司机会视为期待权并无实益

除将公司机会理解为公司财产外,也有学者将其与期待权的构成要件进行匹配后认为,应将公司机会视为公司的一种期待权。[③] 期待权说似乎为公司机会在权利的序列中找到了一个看起来较为恰当的位置,但该说对于进一步廓清公司机会的范围并完善公司机会规则的作用却十分有限,其原因如下所述。

其一,相较于单纯的期待,期待权要求一项机会达到像财产一样可以被转让、设定负担等进行处分的确定程度。[④] 然而,一些商业机会虽然尚未达到可以直接处分的确定程度,如公司掌握优势资源且尚无明确交易对手的情形,但公司针对其中能够实现的利益却是显而易见且值得保护的,仍有防止内部人不当篡夺的必要。例如,在一个案件中,公司在钢铁市场紧俏的情况下掌握着生产资源优势,虽然此时没有直接的交易对手,但法院仍认定控制股东不得借助公司扩大生产规模、锁定客户等潜在的商业机会牟取私利。[⑤]

其二,期待权描述的是取得某个完整权利的一个先期阶段,是一种权利状态。[⑥] 将其称为"权利",旨在强调其作为"维护利益的手段"的价

---

① 参见[英]格雷厄姆·弗戈:《衡平法与信托的原理》,葛伟军等译,法律出版社2018年版,第683页。

② 参见[英]格雷厄姆·弗戈:《衡平法与信托的原理》,葛伟军等译,法律出版社2018年版,第686页;[美]罗伯特·C.克拉克:《公司法则》,胡平等译,工商出版社1999年版,第187页。

③ 参见冯果:《"禁止篡夺公司机会"规则探究》,载《中国法学》2010年第1期。

④ 参见申卫星:《期待权研究导论》,载《清华法学》2002年第1期。

⑤ See Perlman *v.* Feldmann, 219 F. 2d 173 (1955).

⑥ 参见申卫星:《期待权基本理论研究》,中国人民大学出版社2006年版,第112页。

值。[①] 以此揭示公司机会的本质,似乎有使用作为认识工具的概念来解释认识对象本身的嫌疑,增加逻辑上的障碍,反而使公司机会的本质更加模糊,无益于公司机会规则体系的构建。

其三,期待权作为大陆法系的概念,难以与源自英美法的公司机会规则相衔接。大陆法学者关注期待权的概念、性质、效力,并研究其在合同、物权领域的具体运用,而公司机会规则的法理基础是受信义务,二者之间如何匹配,是一个极为棘手的问题。如果强行嫁接,可能会使公司机会规则进一步陷入适应困境。

(三)公司机会的本质应是公司利益

有学者指出,公司机会是公司的一种财产性利益。公司就其所拥有的商业机会享有两方面的利益,分别是未来实现交易的预期利益,以及为了发掘和利用该商业机会所付出的成本利益,利益说将如实反映这一本质。[②] 笔者认为,利益的概念具有更为优越的包容性,可以涵盖上至无形财产及财产性利益,下至期待与获利可能性的各种情形。此外,将公司机会视作公司利益,不但能够反映公司机会的本质,还能够帮助我们超越语义上的公司机会规则,贯通其在实质层面本应体现的逻辑和精神。

其一,商业机会的根本价值并不体现在归属,而是在于利用。以财产权说和期待权说为代表的观点,过分依赖对商业机会归属的事先判断。如果仅着眼于事先判断,将一项商业机会排除在公司的权属之外,则公司虽付诸一定资源尝试利用,该事实也不能被纳入考量范畴。相反,一旦认定一项商业机会归属于公司,则不论公司能否利用、是否仍有

---

① 参见[美]罗斯科·庞德:《普通法的精神》,曹相见译,上海三联书店2016年版,第108页。

② 参见吕来明:《论商业机会的法律保护》,载《中国法学》2006年第5期。此外,也有学者称公司机会为“不是财产的财产”,实际上也是把公司机会视为公司的财产利益。参见曹顺明、高华:《公司机会准则研究》,载《政法论坛》2004年第2期。

利益,董事都很难再行利用。与之相对,借助公司利益透视公司机会,使我们能够着眼于公司机会利用过程和利用结果中利益的积累,使动态的评判标准成为可能。它不仅意味着尊重公司通过资源投入而获得的利益,也保护公司未来在商业机会利用中享有的潜在利益,同时可以在公司利益消灭或式微时,支持破除董事、高管再利用这一商业机会的牵绊。这不仅更符合商业实践的样态,也有利于避免保护不足或保护过度的问题。

其二,以利益作为视角,本身就与公司作为"利益关系的构造物"的本质相契合,[①]也能够直接与受信义务中的受信义务人"为公司最大利益服务"的要求相衔接,有助于具体地探察公司机会中的利益冲突。特别是在讨论公司机会规则中的识别标准、抗辩事由等问题时,应从忠实义务的原理出发,直接以利益和利益冲突作为结论的根本性支撑,而非间接从财产权、期待权寻找形式主义的答案。就商业机会而言,不同的机会对公司经营的意义不同,随着开发的进程,其价值大小也会有所变化,只有以利益为视角才能如实反映和度量这种变化。

把公司机会的本质视作一项公司利益,将帮助我们摆脱"不得窃取公司财产"这一规范模型的束缚,将英、美公司法忠实义务规则中充满不确定性的"标准",[②]以功能主义的方式转化为更富弹性和适应性的规则,从而避免陷入从文义上宣示性照搬的误区。而"公司机会"这一概念的内涵也能够在受信义务的语境下得到进一步廓清,并可界定为,公司在其中具有合理期待利益或现实利益的商业机会。如此一来,公司机会规则将通过具体的利益判断与保护公司利益的功能直接衔接起来。

---

① 参见梁上上:《论公司正义》,载《现代法学》2017 年第 1 期。

② 参见罗培新:《特拉华州公司法的神话与现实》,载北京大学金融法研究中心编:《金融法苑》2003 年第 4 期,法律出版社 2003 年版,第 50 页以下。

三、构建公司机会规则的理念与路径

在公司利益缺失的背景下,中国公司法的利益冲突规则存在以产权规则代替责任规则,以及用僵硬、机械的事前权利义务配置规则规制利益冲突的问题。[①] 这种错位感在当前的公司机会规则中尤为凸显,因此有必要深入规则内部,透视其中的利益构造和利益冲突特性。

(一)公司机会规则中的利益构造分析

在揭示了公司机会的利益本质的基础上,还需要贯彻利益分析的理念,将公司机会规则层层解构并充分展开,以把握其根本逻辑,为构建公司机会规则体系奠定基础。

1. 利益类型的展开

公司机会规则建立在忠实义务的理论基础之上,而忠实义务要求处于受信地位的董事、高管"将公司利益置于个人利益之上",这也是公司机会规则的创制目的。[②] 因此,公司利益是利益结构中最重要的一端。

除了公司利益,依照一般的理解,在公司机会规则中,董事、高管私人利益及社会公共利益的解释空间比较有限。[③] 然而,完整的公司机会规则不仅包括"保护属于公司的商业机会不受董事、高管篡夺"的规则,还包括"认定哪些商业机会归属于公司"的识别规则、"何种情况下例外

---

① 参见邓峰:《公司利益缺失下的利益冲突规则——基于法律文本和实践的反思》,载《法学家》2009年第4期。

② See Matthew R. Salzwedel, *A Contractual Theory of Corporate Opportunity and A Proposed Statute*, 23 Pace Law Review 83 (2002 - 2003).

③ 2005年《公司法》引进公司机会规则时,立法者对此的主要关切在于,"如果公司董事、高级管理人员利用职务便利抢占本属于公司的商业机会为自己或为他人谋取利益,无疑会给公司的利益造成损害",并未注意到公司机会识别等问题的复杂性。参见桂敏杰、安建主编:《新公司法条文解析》,人民法院出版社2006年版,第356页。

地允许董事、高管利用公司机会"的抗辩规则等。当我们尝试理解并构建识别规则和抗辩规则时,还要考虑董事、高管合理利用商业机会的企业家利益,并顾及商业机会分配最终影响的资源配置效率和公平正义等社会公共利益。正如学者指出的,公司机会规则实际解决的是公司与董事、高管的机会分配与交易成本问题。① 上述两类利益虽非公司机会规则直接保护的对象,却是构建公司机会规则时必须关注的因素。从比较法经验来看,美国法上曾出现过认定董事、高管发现的一切商业机会均属公司的案例,②但该案确立的严厉规则不久便被放宽。③ 法院态度的转向说明,裁判者意识到了公司机会问题背后复杂的利益衡量。与之类似,英国法上禁止一切利益冲突的严格规则的不断松动,④同样能够印证这一结论。

从功能主义的角度看,公司机会规则的核心功能也可以分解为划定公司机会的边界、保护边界以内的公司机会这两个维度。其中,后者与忠实义务的原理重合,指向公司利益保护,并且内涵清晰,在当前立法、理论和实践中已具备共识。前者则不然,它是公司机会规则所要解决的特性问题,实质上是在"分配"商业机会,也是目前争论的焦点。然而,划定公司机会边界的具体标准并不能由公司利益保护直接推出,还需多方利益的综合衡量。

2. 利益结构的梳理

关于公司利益,董事、高管的私人利益,社会公共利益三者的关系,有学者认为,三种利益在公司机会案件中呈现出相互对抗的关系,公司机会规则应当对其中的公司利益和非公司利益都予以明确承认和

---

① See Kenneth B. Jr. Davis, *Corporate Opportunity and Comparative Advantage*, 84 Iowa Law Review 211 (1999).

② See Irving Tr. Co. *v.* Deutsch, 73 F. 2d 121 (2d Cir. 1934).

③ See Guth *v.* Loft, Inc., 23 Del. Ch. 255 (1939);谢晓如:《公司机会规则研究》,厦门大学出版社 2014 年版,第 156 页。

④ See Island Export Finance Ltd. *v.* Umunna, [1986] BCLC 460;《英国 2006 年公司法》(修订译本),葛伟军译,法律出版社 2012 年版,第 106 页。

体现。[①] 这一思路有所启发,但主次不够突出,也缺少层次区分,仍然无法真正概括公司机会规则中的利益结构。笔者在此基础上,进一步就三种利益及其关系作如下阐释。

首先,公司机会规则主要调整公司与董事、高管之间的利益关系,其间的核心张力存在于公司与董事、高管之间,而其主要任务则在于适切地调整公司借助商业机会营利的利益和董事、高管的企业家利益。[②] 具体而言,在某项商业机会归属于公司的情况下,董事、高管未经特定程序不得从中谋取私人利益。此时,公司利益显著优先于董事、高管利益。但是,当某项商业机会处于权属的边缘状态或者游离于公司之外时,如公司不能利用或者放弃商业机会等情形,也不应完全否认董事、高管自主开发商业机会,追求合理私人利益的权利。[③] 理想的公司机会规则应为此划定尽可能清晰的边界,以维持公司利益与董事、高管利益的平衡。

其次,在构建公司机会规则时,公共利益可以同时作为评价客体与评价标准而存在,[④]并集中发挥评价标准的作用。一方面,就公共利益作为评价客体而言,将商业机会分配给具有比较优势的一方,有利于增进公共利益——无论这种比较优势是成本更低还是效益更优,或者二者兼具,并且这种优势的规模越大,公共利益的额外增长也越多。但是,这并不意味着在公共利益的维度上,就应当鼓励董事、高管与公司竞争。事实上,一个不能忽略的因素便是“监督成本”。[⑤] 如果任意鼓励董事、高管与公司竞争商业机会,必然促使公司采取更为严苛的监督措施,从而

---

① See Pat K. Chew, *Competing Interests in the Corporate Opportunity Doctrine*, 67 North Carolina Law Review 435 (1989).

② See Alan R. Palmiter, *Corporations*, Wolters Kluwer, 2015, p. 343 – 345.

③ 例如,公司未尽到合同约定的资金保障义务且未获得经营许可,法院认可了董事、高管追求商业机会的正当性。参见江苏省无锡市中级人民法院民事判决书,(2019)苏02民终2518号。

④ 参见梁上上:《公共利益与利益衡量》,载《政法论坛》2016年第6期。

⑤ 公司机会规则作为受信义务的组成部分,需要解决公司对于董事、高管的监督问题,其核心就是监督成本。关于受信义务与监督机制的关系,参见[美]弗兰克·伊斯特布鲁克、丹尼尔·费希尔:《公司法的经济结构》(第2版),罗培新、张建伟译,北京大学出版社2014年版,第91页以下。

造成社会总体效率的损失。[①] 另一方面,公共利益作为评价标准,将起到调适、校正、完善公司机会规则的作用,并在一些疑难情况下帮助判断是否允许董事、高管自行开发商业机会。例如,当公司面对某一属于公司的商业机会却没有财力开发时,仅仅权衡公司利益与董事、高管利益,很难得出明确的结论。只有引入公共利益作为评价标准,分别评价允许和禁止董事、高管自行开发的情形是否符合公共利益,才能得出妥适的结论。

3. 阶段式的利益衡量

如果以利益和利益关系的方式表达公司机会规则,则其最终目的可以进一步表述为:通过合理地在公司与董事、高管之间分配商业机会,在公司利益得到保护的前提下,实现包括董事、高管利益及公共利益在内的整体利益最优。由此可以认为,公司机会的种种识别标准和抗辩事由,都是为了使公司机会规则更加接近这一整体利益最优的目标。但是,各种标准与方法仍不能普遍适用于公司机会问题复杂多变的情境,理论与实践中不断产生的混乱、争议与批评便是证明。究其原因,笔者认为,既有的规则和主张普遍忽略了公司机会作为利益载体的特殊性——机会具有动态变化的特性。市场环境的波动、交易对手意愿的变化、竞争对手的进退等,都会影响机会实现的可能性,使得其中牵涉的公司利益发生显著变化。正是因为公司对于机会的发现、利用、放弃以及交易对手拒绝等情境的改变,调整这种利益关系的规则也应作出相应的变化。如果仅拘泥于静态归属的认定,将难免受困于这些变化而捉襟见肘。更为有效的思路应当是,将具体情境予以适度抽象并纳入考量范畴,构造阶段式的规则体系。

这种阶段式的规则构造同时具备理论基础和经验基础。从理论上看,将制度利益与具体情境相联系是普遍存在于立法和裁判中的规律,由情境区分而引申出不同阶段的不同规则,正是制度利益衡量应当体现

---

① 学者将这一过程总结为:"当每个合伙人都为排除对方或者防止被排除而付出成本时,企业的价值就会下降。" See Stephen M. Bainbridge, *Rethinking Delaware's Corporate Opportunity Doctrine*, UCLA School of Law, Law & Economics Research Paper Series No. 08 - 17, 3 (2008).

出的精神。[①] 从经验上看,在商业机会的不同阶段,公司利益与董事利益的消长恰恰呈现出一种阶段性的规律:(1)在图1中O点左侧,对于一项尚未被发现的商业机会,公司与董事均具有正当的潜在利益基础。尽管董事的利益追求受到忠实义务的约束,但公司并不因此对任何商业机会都享有绝对优越的地位。此时,两者利用商业机会的自由都应受到法律的保护。(2)在图1中O点、P点之间,即公司发现商业机会的阶段,公司便开始在该项机会中初步具备一定的期待利益,也就是传统意义上的机会"属于"公司。此时,董事因负有忠实义务而不能与公司竞争。但公司并不就其发现的机会具有需要特别保护的现实利益,董事仍然可待公司放弃等特殊情形而重新取得自行利用的正当性。(3)在图1中P点右侧,即公司实际投入资源利用商业机会的阶段,公司已经开始在相应机会的开发中积累越来越多的现实利益,同时享有更为具体的期待利益。此时,董事应按照受信义务人的严格标准,为实现公司的最大利益而服务。

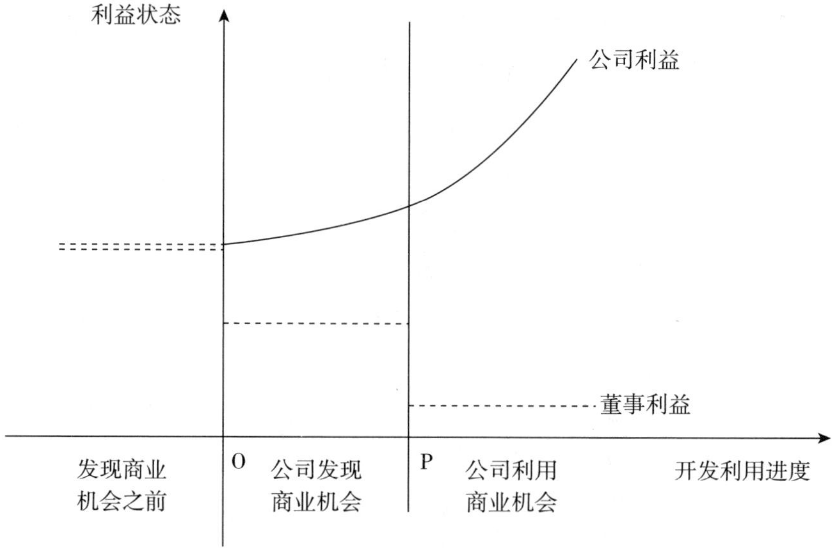

图1　公司与董事利益状态的阶段性变化

---

① 参见梁上上:《制度利益衡量的逻辑》,载《中国法学》2012年第4期。

将现实情境分解为上述阶段后,公司机会规则便以层次化、差异化的形式显现出来。其中,在发现阶段,公司机会规则的主要任务应当是限制董事与公司的竞争。为此,通过合理划定边界并构造抗辩规则,有限地给予公司利益优于董事利益的相对性保护即已足够。在利用阶段,公司机会规则的任务则应为防止董事以任何方式谋取属于公司的利益。为此,有必要采取更加严格的规则,防止董事篡夺公司机会。

(二)公司机会规则中的利益冲突透视

在公司机会规则中,围绕公司机会而产生的问题以董事与公司之间利益冲突的形式表现出来。从这一点来看,公司机会规则要解决的问题与其他忠实义务的典型问题,如竞业禁止、自我交易、合理薪酬等并无根本性差别。因此,公司机会规则可以参照利益冲突交易规制的基本框架,通过适当的形式容纳包括信息披露和程序审查在内的组成部分,从而与忠实义务的逻辑相连贯。①

值得注意的是,与包括竞业禁止在内的其他忠实义务规则不同,公司机会规则规制的利益冲突并不是一经董事利用任何商业机会即概括地、当然地产生,而是具有动态变化的特性。这种变化一方面体现在公司机会规则中识别标准与抗辩事由的逻辑关系上。可以说,前者的功能是将存在利益冲突的情形纳入公司机会规则的规制范畴,后者的功能则是把不再存在利益冲突的情形排除在规制范围之外。另一方面,这一变化也贯穿公司机会规则的具体构成之中。因此,我们要在利益冲突的视角下,沿着"发现—利用"的思路,对商业机会开发的动态过程予以类型化提炼,通过面向典型情境的透视分析,确定识别标准与抗辩事由。

---

① 参见施天涛:《公司法应该如何规训关联交易》,载《法律适用》2021 年第4 期; Klaus J. Hopt, *Self-Dealing and Use of Corporate Opportunity and Information: Regulating Directors' Conflicts of Interest*, in Klaus J. Hopt & Gunther Teubner eds., Corporate Governance and Directors' Liabilities: Legal, Economic and Sociological Analyses on Corporate Social Responsibility, de Gruyter, 1984, p. 300。

对于公司机会的识别标准所涉及的情境,结合前文关于“两阶段”利益构造的结论,可以就典型情形作以下分析:不论公司机会处于何种阶段,一个理论前提是,只有当公司在商业机会中具备利益时,董事才可能因为追求个人利益而构成利益冲突。在发现阶段,最典型的利益冲突例外即董事未利用任何公司资源——无论是信息、设备等直接意义上的资源,还是职务、声誉等间接意义上的资源,[①]独立地发现了商业机会的情形。此时,董事在不违反包括竞业禁止在内的其他忠实义务的前提下利用该商业机会,并不与公司发生利益冲突。但是,如果董事借助公司资源发现了商业机会,或者公司已经自行发现了商业机会,即便此时公司未作利用与否的表示,但由于存在将来开发的现实可能性,董事擅自利用该机会也将产生与公司的利益冲突。而在利用阶段,由于公司已经投入了资源,并具备现实利益,董事的任何篡夺行为都将触发利益冲突。由此,具体的识别标准设置,应当对利益冲突的变化和差异作出有效反映,而不能任意划定界限或者配置“考量因素”。

在抗辩事由中,利益冲突随着情境差异而产生的变化更为明显。对于尚处在发现阶段而暂未被公司实际利用的商业机会,董事自行利用而产生的利益冲突会因为公司放弃或者同意而化解。这是因为,此时公司几乎没有为该机会付出任何投入,不存在需要保护的特殊利益,公司放弃或者同意增强了董事利用的正当性基础。另外,在以下两种情况下,公司也无法在发现的商业机会中享有合理利益:一是交易对手拒绝与公司交易,二是公司不能利用该机会。但要注意一些特殊情形下的风险,如董事故意造成公司财务上不能利用该机会的结果等。因此,还需要通过表决权排除、法院实质审查等规则预防这类风险。

如果一项公司机会已经进入了实际利用的阶段,即使公司继而放弃

---

① 对于上述“公司资源”,也有学者分别称为资产、员工等硬性资源以及商业秘密、商誉等软性资源。参见车传波:《公司机会准则的司法裁判》,载《法律科学》2010年第5期。无论如何称谓,对这里的“公司资源”都有必要作扩大解释,从而将一些无形的或者难以清晰计量、界定,但确属因担任董事职务而主动或被动获得的资源囊括在内。

直接利用、不能利用或者交易对手拒绝等,其中的公司利益也不会自动消失。此时,董事的利用行为是否与公司利益冲突,将取决于以下具体情形:若公司可以通过转让等方式处置公司机会,并从中实现一部分利益,则董事的自行利用行为仍将损害公司利益。此时,依忠实义务的要求,董事不能利用该机会。当然,这些机会也可能完全失去了价值,继而成为无法回收的"沉没成本",公司于其中不再具有现实和期待利益,此时,董事的利用行为便不与公司利益相冲突。在这一阶段,唯有公司同意董事利用该机会时,其中的利益冲突风险方可确定无疑地得到清洁。

无论是公司机会规则中的利益构造还是所对应的利益冲突情形,均因商业机会自身的特性,呈现出动态变化的属性。理想的公司机会规则应当具备差异性的阶段式规则设计,并能够针对具体情境中的利益冲突作出反应。从实然的角度来看,这一点在既有的规制模式中几乎都未得到足够关注。唯有英国晚近的"成熟商业机会标准"部分体现了这种阶段式区分的思想,但该标准中"在现实意义上成为成熟的商业机会"、公司"积极追求"等要件完全依赖于法官的主观判断,[①]对于机会成熟与否的阶段划分并无较为清晰的客观标准。这种粗略的分界方法和对法官主观判断的过分依赖,使其对我国仅具有启发意义,而缺少现实的借鉴价值。

四、公司机会规则的体系化建构

面对公司机会规则中利益构造的变化和复杂性,英、美的法官可以通过个案利益平衡和对先例的"区别",甚至是能动的"法官造法"予以应对。但在像我国这样成文法传统的国家中,需要的则是一套能够适应情境差异的结构性规则体系或解释体系。在该体系内,需区分公司机会

① See Island Export Finance Ltd. *v*. Umunna, [1986] BCLC 460.

的发现阶段和利用阶段,并以此作为框架支撑具体的规则设置。

(一)公司机会发现阶段的规则建构

公司机会的发现阶段,是指商业机会尚未得到公司投入资源加以利用的期间。在这一阶段,董事利用该商业机会的行为并不一定与公司利益冲突,这将在很大程度上影响识别标准和抗辩规则的具体构造。

1. 识别标准的选择

关于公司机会发现阶段的识别,可以采用以经营范围为标准的推定。从比较法来看,经营范围标准是美国法上目前接受度最高的识别标准,各类混合标准也普遍承认"经营范围"对于识别公司机会的意义。[①] 经过"Broz 案"对该标准的优化而形成的"四要素标准"更是可以容纳公司财务能力、利益与期待以及董事与公司的利益冲突等其他要素,使其在识别问题的把握上更加精细。[②] 不过,正如前文提到的,即便在判例法语境下,这两套标准也不断遭受理论界关于其"不确定性"的批评。因此,笔者选择将其改进为确定性更强的"经营范围推定"。这一思路更契合成文法的传统,同时适当保留了"四要素标准"的灵活性与精细化优势,也在一定程度上符合学者关于公开公司相较于封闭公司应适用更严格规则的看法。[③]

就具体的规则设置而言,应当推定公司经营范围内的商业机会已被公司发现,公司于其中具备合理的利益,因此应得到法律的保护。这是因为,公司的经营范围很大程度上标志着公司经营能力的范围,也意味着公司能够在日常经营中搜寻到商业机会的范围。相较经营范围之外的商业机会,经营范围内的商业机会更容易被公司察觉,公司也具有相

---

① See Eric Talley, *Turning Servile Opportunities to Gold: A Strategic Analysis of the Corporate Opportunities Doctrine*, 108 Yale Law Journal 277 (1998).

② See Broz *v.* Cellular Information Systems, Inc., 673 A. 2d 148 (Del. 1996).

③ 因为前者往往是大公司,经营范围更广,能够享受的推定保护也更加周密。See Victor Brudney & Robert Charles Clark, *New Look at Corporate Opportunities*, 94 Harvard Law Review 997 (1981).

应的开发优势，因此有必要对这一利益状态予以适当保护。总之，采用这样的推定，其经验和逻辑基础是比较牢固的，并不会过度偏袒公司的利益。

推定事实具有可反驳性，由此可以阻却推定规则的适用。[①] 对于这些落入公司经营范围而被推定属于公司的商业机会，董事如认为事实上公司在其中并不存在合理利益，可以举证反驳，如该商业机会与公司实际业务并无任何关联，或者商业机会系由董事非经履行职务而在先发现等。例如，在“北京中明国际物流有限公司与田某、魏某鸣、丁某、欧阳某公司高管损害公司利益赔偿纠纷案”中，原告公司在一名大股东逝世后就处于暂时停业的状态。[②] 如果适用推定规则，尽管原告可主张商业机会因落入公司经营范围而属于公司，但被告可以通过举证公司暂停营业来推翻上述推定。除此之外，在兼职董事、离任董事等特殊身份的受信义务人利用公司机会时，还可能面临更多差异性的反驳事项，如兼职董事所任职公司之间存在关于商业机会分配的特殊安排、某一商业机会系离任董事利用新公司资源发现等。

对于公司经营范围以外的商业机会，如果公司主张权利，则应当承担举证责任，证明其率先发现或者董事利用公司资源发现，或者公司在其中存在值得保护的特定利益等。其中，特定利益最典型的表现是，如果一项商业机会对公司的经营实质而言是必不可少的，失去这一机会将威胁公司的生存能力，则公司可凭此提出主张。[③] 当然，法院是否支持公司的主张，还需结合具体事实及证据加以认定。

这样的规则设置相当于借助推定这一法律技术重构了“Guth 标准”等一系列采取多个考量因素的方法，强化了经营范围要素的地位，突出了保护公司利益的主线，增强了规则适用的确定性。同时，上述两方面

---

① 参见何家弘：《论推定规则适用中的证明责任和证明标准》，载《中外法学》2008 年第 6 期。

② 参见北京市第二中级人民法院民事判决书，(2009)二中民终字第 02263 号。

③ See Rapistan Corp. *v.* Michaels, 203 Mich. App. 301, 511 N. W. 2d 918 (1994).

对推定规则在不同方向上进行修正,避免了其过分泛化或保护不足的潜在问题,更有助于实现公司机会规则追求的利益最优目标。

2. 披露义务的要求

关于发现阶段的披露义务,现有研究或者强调披露在公司机会识别中的地位,[①]或者将其看作"安全港的第一道闸门"[②],或者作为一种程序性义务放入公司机会规则的整体中观察。[③] 然而,这些研究忽略了披露义务贯穿并联结整个公司机会规则的独立价值。事实上,如果没有董事的披露,公司便无从知晓只有董事本人发现的商业机会,也无法得知董事于其中的利益冲突并合理地作出是否同意董事利用的决策,使得公司机会规则的逻辑发生断裂。因此,董事的披露义务在公司机会规则体系中具有独立地位,不依附于识别标准和抗辩事由。

董事所承担的披露义务包括两部分:一是披露机会的义务。在某一商业机会是由董事直接或间接利用公司资源而发现的情况下,董事应当依据合理的商业判断决定是否向公司上报该机会,并在其认为有必要时及时报告。[④] 董事未披露而利用该机会的,如果不能自证公平,则应当承担篡夺公司机会的法律责任。二是披露利益冲突的义务。在董事就利用属于公司的商业机会而征求公司同意前,应当对不限于利用内容、利用计划、利用该商业机会可能对公司造成的影响等事项,向公司进行披露,从而使公司作出合理的判断。董事违反这一披露义务的,无论公司最终是否同意董事利用,在不具备其他抗辩事由的情况下,都应当承担违反受信义务的责任。当然,在下文所述公司放弃、公司不能和交易对手事前拒绝等情形下,公司就该商业机会本身并不具有现实利益或者利

---

① 参见刘俊海:《股份有限公司股东权的保护》(修订本),法律出版社 2004 年版,第 454 页;冯果:《"禁止篡夺公司机会"规则探究》,载《中国法学》2010 年第 1 期。

② 谢晓如:《公司机会规则研究》,厦门大学出版社 2014 年版,第 168 页。

③ 参见王肃元:《禁止篡夺公司机会规则的立法完善》,载《甘肃政法学院学报》2011 年第 4 期。

④ See DeLarme R. Landes, *Economic Efficiency and the Corporate Opportunity Doctrine: In Defense of A Contextual Disclosure Rule*, 74 Temple Law Review 837 (2001).

益期待，此时并无所谓“冲突”可言，也没有必要强制董事进一步披露。

3. 抗辩事由的设定

抗辩事由的设定对应利益冲突的例外情形，在符合抗辩事由的情况下，可以允许董事利用公司机会。

(1)公司放弃。如果公司发现某一商业机会，然后又以明示、默示或沉默的方式放弃，或者不再继续开发，或者直接拒绝交易对手，董事就可以利用。其中，明示放弃除了直接以决议或对外意思表示的形式作出，美国法还认可公司在章程中预先放弃某类商业机会，①这一经验亦值得借鉴。至于默示放弃和沉默放弃，则应采客观解释的方法，对公司的意思加以认定。尤其对于沉默放弃，不能仅凭公司在一段时间内未予利用即认为已经放弃，而应当结合公司的经营性质、经营习惯、商业机会本身的属性等作综合判断和严格的认定。

(2)公司同意。对于公司同意这一普遍认可的抗辩事由，一般要求由非利害关系董事或股东(大)会决议作出，②同时必须建立在董事充分履行披露义务的基础上。结合我国 2018 年《公司法》第 124 条规定，利害关系董事的表决权也应排除在外。同时，如果系存在利害关系的控制股东等在股东(大)会上征求股东表决同意，其表决权亦应排除在外。③前述公司以决议放弃公司机会的情形，同样涉及利害关系董事或股东表决权的问题，应适用相同的表决权排除规则。

(3)公司不能。这里的公司不能包括法律上不能和财力不能。法律上不能，即由于法律的禁止，公司无法进一步利用某一商业机会。董事

---

① See William T. Allen, Reinier Kraakman & Vikramaditya S. Khanna, *Commentaries and Cases on the Law of Business Organization*, Wolters Kluwer, 2021, p. 636.

② 例如，《英国 2006 年公司法》第 175 条(6)规定：“授权是有效的，只要——(a)关于事项被考虑的会议法定人数的任何要求，不将正被讨论的董事或任何其他利害关系董事计算在内，也得到满足；并且(b)未经他们投票，事项被通过，或者如果他们的投票不计算在内，事项也会通过。”参见《英国 2006 年公司法》(修订译本)，葛伟军译，法律出版社 2012 年版，第 106 页。

③ 参见肖海军、危兆宾：《公司表决权例外排除制度研究》，载《法学评论》2006 年第 3 期。

如果不受该项禁止,其与公司之间就不存在利益冲突,自然可以利用。至于财力不能,其不仅降低了公司对商业机会的期待利益,而且意味着公司在开发该商业机会上缺乏比较优势,如果允许具备能力的董事进行开发,反而有助于增进公共利益。不过,为防止董事以此为借口篡夺公司机会,应严格把握财力不能的认定。公司短暂的资金短缺或者经营困境不应是财力不能的充分条件,对于融资能力显著占优的上市公司等尤其如此。① 如产生争议,法院可结合公司是否陷入清偿能力不足、公司的资金情况和融资能力,以及个案中公司机会本身所要求的资金规模、投入方式等进行实质性审查。② 这一点与公司同意等抗辩事由不同,对于后者,法院仅需对董事会或股东(大)会的决议进行形式审查。

(4)事前的交易对手拒绝。如果交易对手事前明确拒绝与公司交易,则该商业机会可为董事利用。至于学者所提到的串通问题,③很难成为否认这一抗辩的理由。一方面,在达成交易之前,交易对手拥有充分的选择自由,理性的商人自然会选择收益更多的交易相对人和交易方式。此时,尊重交易自由在价值序列中具有优先地位。另一方面,如果公司能够证明董事与交易对手恶意串通,亦可以主张董事承担违反忠实义务的责任。相较而言,如果交易对手在公司追究董事责任时才提出其原本便不愿与公司交易,则不应允许董事援引此种事后拒绝作为抗辩理由。否则,将公司是否应当得到救济、董事是否有责等判断完全系于一个与当事人存在利害关系的交易对手的意见上,有损法律的严肃性。若董事在诉讼中单独以此作为证据,也将因证明力不足而不能排除其篡夺公司机会的嫌疑。

---

① See William T. Allen, Reinier Kraakman & Vikramaditya S. Khanna, *Commentaries and Cases on the Law of Business Organization*, Wolters Kluwer, 2021, p. 361.

② See E. W. Rivers, *Financial Inability as A Defense under the Corporate Opportunity Doctrine*, 39 Kentucky Law Journa 229 (1951).

③ 参见沈贵明:《公司商业机会的司法认定》,载《法学》2019 年第 6 期。

（二）公司机会利用阶段的规则建构

在利用阶段，公司不仅在商业机会中具有了直接的现实利益，而且具备了未来借此营利的合理期待。依忠实义务原理，保护公司的利益成为第一要义。

1. 利用阶段的机会归属判定

对于公司是否已经开始利用该商业机会从而使其进入利用阶段，应以公司是否实际投入了人力、物力资源作为判断标准。人力与物力的投入标志着公司在这一商业机会中拥有了更多的现实利益及期待利益，而不仅是发现阶段的获利期待或者对于过往投入回报的承受。例如，在“林某恩与李某山等损害公司利益纠纷案”中，原告所在公司已经与作为交易相对人的当地政府签订了多份合同，并先后三次向其在内地设立的用于从事开发的子公司注资，这显然能够说明该商业机会已经进入了利用阶段。① 当然，公司应承担举证责任，以经营计划、会计账簿、会计凭证、会议纪要、谈判记录、备忘录、合同文本等证据，或者公司其他董事、高管、直接负责的员工已经参与考察、调研、谈判或磋商等过程，证明公司已经在利用该商业机会。这种证明在法律上并不比其他情形更为困难。

对于人力与物力资源投入的认定，宜针对“投入”本身采用较为宽松的标准。其关键并不在于数额多少、规模大小以及具体形式，而在于公司能否通过这种投入获得从商业机会中营利的合理期待，使得原本单纯存在于经营选择和经营方向上的可能性得以明确化、现实化。例如，在“Perlman 案”中，虽然公司没有为继续扩大生产规模或者锁定客户等直接进行物力投入或者展开谈判，但公司的投入却是随着经营而持续、客观存在的。只要公司继续生产钢铁，市场继续供不应求，那么扩大生产

① 参见林某恩与李某山等损害公司利益纠纷案，载《最高人民法院公报》2014 年第 11 期。

规模或者签订长期合同锁定客户就是唾手可得的商业机会。[①] 此时，应当因公司持续经营而认定人力、物力资源投入的存在。我国司法实践中也不乏类似案例，如在“赖某涛、沃开电子科技（广州）有限公司损害公司利益责任纠纷案”中，法院认为，商业机会是否属于公司，取决于“公司是否对商业机会付出了努力、进行了营造”。这种努力除了直接的资源投入，还包括“通过销售和售后维护”形成的长期合作关系以及公司由此对于商业机会形成的合理期待。[②] 这一看法部分体现了法院对公司机会动态性和阶段性的认识，也符合商业实践的特性。如果采用严格的标准，僵化地要求公司以特定方式对商业机会开发付出相应规模的直接投入，将割裂公司经营的连续性，从而再次陷入运用静态视角评价动态过程的误区。

正如前文所述，如果公司能够证明其已经投入了人力、物力资源进行利用，该商业机会将因为公司具备现实利益而“归属”公司。[③] 即便其并非公司经营范围内的业务，实际的资源投入也已经使公司拥有了现实利益，改变了机会的利益状态和未来可能实现的利益指向，此时董事不能再以该商业机会不属于公司为由加以利用。

2. 抗辩事由的设定

在利用阶段，董事自行利用公司机会产生的利益冲突风险更加现实，也更加显著，忠实义务下董事的行为标准也相应地更加严格，公司机会规则应对此有所体现。正如“Guth 案”中法院所提到的，忠实义务的目的不是救济违反受信义务造成的现实损失，而是基于一种明智的公共政策，排除受信义务人通过背信行为获利的所有诱惑和可能。[④] 此时，不

---

① See Perlman *v.* Feldmann, 219 F. 2d 173 (1955).

② 参见广东省广州市中级人民法院民事判决书，(2020)粤01民终21724号。

③ 实践中，法院对公司的资源投入这一事实也表现出高度重视。有的法院已经意识到了公司的“实质性努力”具有打破商业机会竞争状态，使之归属于公司的作用。参见北京中改一云文化传媒有限公司、钱某与张某红、庞某坤等损害公司利益责任纠纷案，江苏省南京市中级人民法院(2020)苏01民终3258号民事判决书。

④ See Guth *v.* Loft, Inc., 23 Del. Ch. 255 (1939).

允许董事援引除公司明确同意之外的其他抗辩,而要求其履行征求公司同意的正当程序,既符合利益冲突规制的原理,[①]也符合区分公司机会开发的两个阶段的初衷。

结合经济分析展开的公共利益衡量,可以验证这一抗辩规则配置的合理性。以公司放弃为例,如果允许董事于此时利用公司机会,可以减少机会闲置或消逝造成的浪费,但公司要付出监督成本。禁止董事以公司放弃作为抗辩,而要求其事先征得公司的同意,是一种成本更优的替代方案。一方面,董事有能力在比较成本与收益的基础上作出是否征求公司同意的判断;另一方面,董事征得公司同意所要求的个别成本往往小于公司为了时刻维持监督状态付出的长期成本。在程序上,上述同意与发现阶段的公司同意相同,需经非利害关系董事或股东决议作出。

3. 披露义务的要求

对于已经被公司利用的商业机会,董事只有在取得公司同意的情况下才能利用,但前提是履行严格的披露义务。这一披露义务不以汇报该商业机会为必要,而应着重于利益冲突的披露。而且,利用阶段的商业机会往往已经足够成熟,信息更加充分,双方也更容易产生现实的利益冲突,故应当采取"完全披露"标准,[②]严格要求董事披露所有可能对公司决策产生实质影响的信息,防止公司利益在基于欺诈或误解而作出的决策中遭受损害。至于"可能对公司决策产生实质影响的信息",美国法上有的判例强调披露董事利用公司机会的目的,[③]也有的判例强调披露交易对手的意愿及公司内部人的行动计划,[④]还有的判例要求董事披露影响公司决定是否涉足某一经营领域的信息等。[⑤] 总之,无论个案中信

---

① 参见施天涛、杜晶:《我国公司法上关联交易的皈依及其法律规制——一个利益冲突交易法则的中国版本》,载《中国法学》2007 年第 6 期。

② See American Law Institute, *Principles of Corporate Governance: Analysis and Recommendations*, American Law Institute Publishers, 1994, p. 283.

③ See Klinicki *v.* Lundgren, 298 Or. 662, 683, 695 P. 2d 906 (1985).

④ See Regal-Beloit Corp. *v.* Drecoll, 955 F. Supp. 849 (N. D. Ill. 1996).

⑤ See McCabe Packing Co. *v.* United States, 809 F. Supp. 614 (C. D. Ill. 1992).

息表现为何种形式,只要可能对公司决策产生实质影响,董事均应当予以披露。

在公司机会规则中,披露是衔接识别和抗辩的节点。经过披露,公司关于利用、放弃、同意与否等的判断方可具备决策基础。然而,我国当前的司法实践中不乏将董事的欺诈、隐瞒作为篡夺公司机会构成要件的案例,[①]忽略了披露中一般过失的情形以及规范性的要求,这显然错误配置了董事的披露义务,不当地降低了董事作为受信义务人在面对利益冲突时的行为标准,这在公司机会的利用阶段尤其不能接受。通过建构公司机会利用阶段董事积极的披露义务,明确披露内容,将有助于补齐当前公司机会规则在保护公司利益方面的短板。

五、结语

经法律移植进入我国的公司机会规则仅是对英、美法经验的简单概括,现有规则语义上的局限遮蔽了公司机会的利益实质,宣示性大于实用性。应当立足于公司机会规则中的利益本质,完成三方面的思维转向:一是由归属思维到利用思维的转向,二是由静态思维到动态思维的转向,三是由单一概念到体系性建构的转向。经此调整,可以有机地衔接英、美法中充满不确定性而又富于实用主义色彩的规则,通过“两阶段”构成的“规则束”,建构起适应我国法律制度的公司机会规则体系。

笔者主张的规则体系可由公司法及司法解释在内的配套规则共同建立。一方面,公司法应赋予公司机会规则以独立成条的地位,并可以考虑将“属于公司的商业机会”这一语义层面的表达,替换为具有规范功能的“公司具有合理利益的商业机会”,同时对董事可以在履行披露义务

---

① 参见吉孚动力技术(中国)有限公司与符某齐、王某新、苏州捷驰汽车技术服务有限公司损害公司利益责任纠纷案,江苏省苏州市中级人民法院(2018)苏05民终8545号民事判决书;江苏省常州市中级人民法院民事判决书,(2021)苏04民终2146号。

基础上援引的抗辩事由予以总括规定。另一方面，可由司法解释规定不同阶段的具体规则内容：在公司投入资源利用商业机会前，以经营范围标准推定“合理利益”的存在，并配置相应的披露与抗辩规则；在公司投入资源利用商业机会后，设定更为严格的披露与抗辩规则。在公司法作出调整之前，这一规则体系也可以通过合目的性解释的方式在具体案件中得到适用。

上市公司私有化退市的“安全港”及一般化探索

沈朝晖[*]

目次

摘要：经过三十余年的理论争议和判例矫正，2014年美国特拉华州最高法院在Kahn *v.* MFW案中最终为上市公司私有化退市的“安全港”所背书。经过董事会特别委员会（以下简称特委会）和少数股东多数决的公司治理内部机制对控股股东重大利益冲突的双重清洁，商事裁判标准将由完全公平转为商业判断规则。控股股东重大利益冲突交易“安全港”初步形成。公司法对控股股东重大利益冲突的规制策略完成了从简单的禁止、可撤销、完全公平司法审查，到“安全港”的制度变迁完整轨

---

* 沈朝晖，清华大学法学院长聘副教授、博士生导师，仲英青年学者。
本文原载于《法学家》2018年第4期，第66～79页。

迹。笔者聚焦在这个制度变迁的第四个阶段,即“安全港”。“安全港”的构造思路和方法论是在利益冲突存在的非公平交易中,对公平谈判与交易过程的最优模拟。美国式的双重清洁机制功能的发挥有赖于诸多前提,整体运作成本较高;法律移植实为不易。不同于美国判例法与交易律师之间的良性互动所形成的双重清洁“安全港”的私人秩序与制度激励,中国证券监管者强制性地部分引入清洁机制,迫使控股股东向公众股东披露信息,赋予公共股东一定的谈判力量,同时导致法权保护的财产规则理论所预测的“敲竹杠”问题与效率减损。未来中国A股上市公司私有化退市中的利益冲突问题应从外部规制和内部治理机制两个层面进行制度完善。

关键词:利益冲突;上市公司私有化退市;董事会特别委员会;少数股东多数决;自我执行

面对想要把所有的剩余香蕉全部据为已有的“八百磅的猩猩金刚巨兽”(800 Pound Gorilla),[①]不能期待小猴子们——比如独立董事和无利害关系的股东——能确保“八百磅的猩猩金刚巨兽”支付一个公平的价格。

——Leo Strine, Jr.[②]

一、导言

依赖事前的公司治理内部程序机制,而非事后的法院的完全公平司法审查,以预防与威慑控股股东与被控制公司之间的利益冲突交易的不公平性,是由来已久的一个美好的法治设想。Black 与 Kraakman 提出的公司法自我执行模型指的是不依赖法院的事后审查或政府监管机构的

① “八百磅的猩猩金刚巨兽”成为控股股东的隐喻。

② 时任美国特拉华州衡平法院大法官、现任美国特拉华州最高法院首席大法官。*In re Cox Commc'ns, Inc. S'holders Litig.*, 879 A.2d 617(2005).

审批,而是依赖公司组织内部程序和激活公司治理,抗衡与遏制控股股东与被控制公司之间的利益冲突交易,对利益冲突达到内部清洁的效果。[①] Black 与 Kraakman 公司法自我执行模型由三部分组成:激励公司治理当事人自愿遵守清晰明确的规则,否则要承担严厉的赔偿责任(例如,利益冲突交易的利润归入公司);以投票权为基础的一套详细的公司内部程序规则;非控股股东享有交易权(例如,异议股东回购请求权)。Black 与 Kraakman 公司法自我执行模型有两大特征:一是公司治理当事人遵循周密的程序规则;二是激励与诱导其自愿遵守。[②] 相较于事后的法院所进行的司法裁判,Black 与 Kraakman 公司法自我执行模型中的事前与事中的公司治理内部程序在遏制控股股东不公平交易行为方面,有若干优势。该模型既能预防式地保护少数股东免受控股股东的滥用行为,又能节省司法资源,在司法能力相对薄弱的法域尤有意义。事后的完全公平司法审查耗费大量司法资源,不符合法院的机构能力(institutional capability)。法院服从公司治理内部机制和程序公平所作出的组织决策,符合商业判断规则的体系逻辑。

上市公司私有化退市一般是控股股东联合管理层再引入若干私募股权投资基金共同组成一个买方团(consortium)(以下统称控股股东[③])

---

① See Bernard Black & Reinier Kraakman, *A Self-Enforcing Model of Corporate Law*, 109 Harvard Law Review 1911 (1995 – 1996).

② See Bernard Black & Reinier Kraakman, *A Self-Enforcing Model of Corporate Law*, 109 Harvard Law Review 1911 (1995 – 1996). 20 世纪 90 年代的《俄罗斯股份公司法》几乎完全依照 Black 与 Kraakman 公司法自我执行模型来制定。See Yevgeniy Nikulin, *The New Self-Enforcing Model of Corporate Law: Myth or Reality*, 6 Journal of International Law and Practice 347 (1997).

③ 美国公司法学术文献中的“controlling shareholder”在中文中翻译为“控股股东”或“控制股东”,即通过股权可以控制一家公司,通过合同等其他方式也能控制一家公司。确定私有化退市的发起人是否为控股股东是相关法律适用的前提。笔者遵循中国《公司法》中的用语称之为“控股股东”,是指在实质意义上对公司决策有控制权的主体。判断标准上没有一个非此即彼的股权比例标准。在 2014 年中国概念股众品公司(Zhongpin)于美国私有化退市中,司法纠纷的焦点之一是众品公司的控股股东 Xianfu Zhu 作为私有化退市的发起人只持有众品公司 17% 的股权,是否为控股股东。美国特拉华州衡平法院基于 Xianfu Zhu 对众品公司的实际影响力判定其为控股股东,从而整个私有化退市适用完全公平司法审查。See *In re Zhongpin Inc. S'holders Litig.*, C. A. NO. 7393 – VCN (Del. Ch. Nov. 26, 2014) (V. C. NOBLE).

发起的收购上市公司公众股东手中股权的交易。2013 年以来，对于控股股东通过法定合并的方式挤出少数股东的自我交易，美国特拉华州法院在 2013 年 In re MFW 案和 2014 年 Kahn *v.* MFW 案中确立双重清洁机制所组成的“安全港”。其结论和论证过程得到美国学界和实务界的广泛赞誉。控股股东通过合并被控制公司的方式挤出少数股东，性质上属于自我交易，由于控股股东同时位于交易的两端，[①]司法裁判时适用完全公平司法审查标准。美国判例法对此却转而给予制度激励。如果控股股东和被控制公司之间的合并决议，在公司内部治理程序上是由无利害关系董事所组成的特委会独立谈判所形成的交易条款，同时还进一步在股东会中被少数股东中的大多数所同意，即少数股东多数决规则(MOM)，则双重清洁机制的联合作用，使得法律效果不再仅是饱受批评的 1994 年 Kahn *v.* Lynch Communication Systems, Inc.[②](以下简称 Lynch 案)判决所确立和沿袭 20 年之久的完全公平司法审查下的举证责任倒置，而是发生司法审查标准转换的实质效果，由完全公平司法审查转向商业判断规则。在挤出合并中，控股股东行为的“安全港”得以最终确立。

美国式的双重清洁机制各有其功能和内在前提。作为少数股东利益的“守门人”，第一层清洁机制——董事会特委会的功能是利用自身的谈判力，对交易条款和价格的形成发挥实质的影响，实现谈判过程的公平性模拟。它功能运作和效果发挥的前提是董事的独立性与正直性；特委会拥有董事会的完全赋权、信息对称及外聘顾问的独立性。作为第二层清洁机制，少数股东多数决规则的功能是对特委会谈判结果进行最终监督、市场检查以及将对价至少确定为少数股东所预期的中位数价格。它的功能运作和效果发挥的前提是少数股东在完全知悉实质信息的基础上再作出是否批准利益冲突交易的决定；利益冲突交易的构造不存在

---

① 参见邓峰：《代议制的公司：中国公司治理中的权力和责任》，北京大学出版社 2015 年版，第 78 页。

② See Kahn *v.* Lynch Communication Systems, Inc., 638 A. 2d 1110 (Del., 1994).

明示或隐含对少数股东自由选择的胁迫性;参与少数股东多数决的少数股东与表决事项不具有未披露的利害关联。

质言之,上市公司私有化退市的交易其实就是上市公司的控股股东要购买上市公司的公众股东手中的股权。至于控股股东是采用要约收购、吸收合并上市公司还是其他交易方式并不重要,因为这只是实现购买上市公司公众股东手中股权的方式、手段和途径而已。如果是上市公司的非关联方要购买上市公司公众股东手中的股权,这样的私有化退市不是法律规制的主要关切,因为上市公司的董事会将作为公众股东的利益维护者,既出于董事会自己的利益也出于维护公众股东的利益,会与非关联方收购人进行收购与反收购的斗争。公众股东能得到相对公允的退市对价。然而,在上市公司的控股股东联合管理层等公司内部人去购买上市公司的公众股东手中股权的私有化退市交易中,如何确保公众股东最后获得的私有化退市对价是公允的呢?可以想象,上市公司的公众股东具有结构上的劣势。公司的所有权和控制权的“两权分离”下,公众股东不参与上市公司的经营管理,对于手中的股权究竟应该估值几何,几乎是没有任何内部信息的优势,股票市场的股价不可靠;公众股东是盲目的、非理性的,需要依赖董事会的公允估值建议和保护。然而,同样情况下,公众股东的交易对手控股股东具有天然的优势和强势。在非关联方收购人发起交易时保护公众股东的董事会,此时却无法发挥正常的功能,因为董事会或者相当一部分董事会成员被控股股东所控制。为了确保公众股东能够如同在非关联方发起私有化退市交易那样得到保护,有两种思路。一是外部法律规制的思路。二是依靠公司内部治理的思路。前者的基础是针对控股股东和董事会受信义务的成熟的司法裁判,以及高额赔偿的威慑。后者的理念则是程序正义,由此构想出来的“安全港”是用一个独立于控股股东的公司内部特委会来替代被控股股东控制的、失去公众股东信任的董事会。相应地,公司内部委员会也临时地承继董事会的权限与受信义务,与控股股东等关联方进行势均力敌的谈判,比如,单独聘请财务顾问和法律顾问、对控股股东的提案进行市场检查即市场竞标等,以形成一个公平谈判下的价格。然后以董事会决议的形式提交给公众股东进行分类表决。法律上可推定,经过符合程序正义要求的谈判过程所形成的价格和其他私有化退市的交易条款,对公众股东是公允的,而不依赖股权的股票市场流通价格作为定价基准。

源于上市公司私有化退市的控股股东行为"安全港",它的构建思路和方法论(对非关联交易的最优模拟)具有在控股股东重大利益冲突交易规制中的可推广性。不同于既有研究成果,笔者不局限于挤出少数股东的上市公司私有化这一种交易方式,更在一般的制度意义上进行延伸和拓展,探讨将公司治理层面的双重清洁机制作为控股股东重大利益冲突"安全港"的可能性、可行性与普遍性。根据不同的标准,可将控股股东对被控制公司的重大利益冲突进行不同的分类。根据控股股东和被控制公司之间是否发生交易,控股股东对被控制公司的重大利益冲突可以区分为交易型的重大利益冲突和非交易型的重大利益冲突,前者如向控股股东购买物品、贷款、合并等,后者如公司的利润分配决议等。按照少数股东是否被排挤出子公司,控股股东对被控制公司的重大利益冲突区分为终局性的利益冲突和非终局性的利益冲突。[①] 后者如关联交易,前者即挤出合并。[②] 利益冲突的重大性标准可能会因公司章程的约定而有所不同,一般以交易金额为标准。[③] 识别标志之一是公司的相关决议是否必须经过股东(大)会表决通过。[④] 不论哪一类利益冲突,"安全港"

---

① See Steven Haas, *Toward A Controlling Shareholder Safe Harbor*, 90 Virginia Law Review 2245 (2004).

② 利益冲突交易是关联交易的上位概念。挤出合并是多数股东用现金以一定的价格购买少数股东的股权,发生在多数股东和少数股东之间的交易,利益冲突明显。但挤出合并交易不同于关联交易,不属于关联交易。参见施天涛、杜晶:《我国公司法上关联交易的皈依及其法律规制——一个利益冲突交易法则的中国版本》,载《中国法学》2007 年第 6 期。

③ 参见中国证监会原《上市公司重大资产重组管理办法》(2016 年)第 12 条。

④ 我国《公司法》规定的公司担保必须经过股东(大)会的表决。立法者假定公司担保是控股股东与被控制公司之间的重大利益冲突交易。参见 2018 年《公司法》第 16 条第 2 款,2023 年《公司法》规定于第 15 条第 2 款。

的构造思路和方法论是在利益冲突的情况下,模拟或复制公平交易(arm's length)基准线。[①] 寻找一个公平的基准线,成为关键的判断标准。[②] 基于同样的方法论,以公平交易下的交易结构和程序保护为公平基准,能够建立一般意义上的"安全港",赋予控股股东重大利益冲突交易的司法确定性,节省司法资源。源于上市公司私有化退市的"安全港"及蕴含的方法论基础,标志着在探索中的控股股东重大利益冲突行为"安全港"的初步形成。在公司制度变迁的历史意义上,公司法对利益冲突交易的规制策略将完成从简单的禁止、利益冲突交易可撤销、完全公平司法审查,[③]到"安全港"这样一个完整的公司制度变迁轨迹。

据不完全统计,截至2017年6月,中国资本市场上控股股东吸收合并A股上市公司的案例已有十余件。[④] Henderson与Epstein指出,企业的治理模式有"公共公司"和"私人公司"两种,两种模式在所有权和控制权的分离程度上造成各自的公司治理与公司融资的利弊,企业根据自身的发展阶段、商业环境的变化和需求在两种模式之间进行转换,从而企业生命周期会形成"私人公司—公众公司—私人公司"(private-public-private)的自然与动态的均衡。[⑤] 在法律世界中,企业的选择会受到税法和公司证券法的影响。2002年美国《萨班斯－奥克斯利法案》增加企业的上市合规成本,改变了企业治理周期的均衡状态,美国又发生一波私有化退市的浪潮。随着中国股票公开发行注册制的推行、严格监管下公众公司合规成本的增加、私人诉讼的强化以及股票市场估值的理性回

---

① See Robert Charles Clark, *Corporation Law*, Little, Brown and Company, 1986, p. 148.

② 参见邓峰:《代议制的公司:中国公司治理中的权力和责任》,北京大学出版社2015年版,第79页。

③ 参见施天涛:《公司法论》(第3版),法律出版社2014年版,第424页。

④ 参见中银国际证券有限责任公司《关于招商局公路网络科技控股股份有限公司换股吸收合并华北高速公路股份有限公司暨关联交易之估值报告》(2017年6月),第16~17页。

⑤ See M. Todd Henderson & Richard Epstein, *The Going-private Phenomenon: Causes and Implications*, 76 University of Chicago Law Review 1 (2009).

归,A 股上市公司私有化退市在一定条件下会成规模的发生。上市公司私有化退市将对中国既有的公司法、证券法及其配套规章构成重大的挑战与检验。笔者将研讨发达国家在上市公司私有化退市方面的规制前沿,特别是在完全公平司法审查下发展出的双重清洁机制依靠公司治理内部程序自我执行和自我实现,使得独立第三方(法院或证券监管部门)的介入成本最小化。以下内容对其进行整体的、体系的、语境的分析,将对中国的立法发展具有前瞻性的借鉴意义。

二、“安全港”

争端缘起于美国《特拉华州普通公司法》(DGCL)为控股股东提供两种相互竞争和可替代的挤出合并:一种是法定合并,另一种是控股股东先向公众股东进行要约收购,通过要约收购,控股股东持股达到一定比例,再对被控制公司发起简易合并,这条路径简称“TOFO”(tender offer freeze-out)。两种挤出合并呈现出不同的交易形式,但功能一致,通过不同路径都能达到挤出少数股东的商业目标。司法审查标准因交易形式的差异而不同。法定合并也叫长式合并(long form merger),其法律依据是 DGCL 第 251 节,相当于中国 2018 年《公司法》第 172 条。非关联企业之间的合并,适用商业判断规则;由于控股股东负有忠实义务,控股股东所发起和主导的对被控制公司的合并,基于控股股东位于交易的两端,[①]适用的司法审查标准是最严苛的完全公平司法审查。严密的完全公平司法审查下,市场交易创新试探性地规避相关法律审查。为了规避严苛的司法审查所带来的时间和资金成本,律师发明了“先购后并”(TOFO),将整体交易分为两步,实现交易的最终目标,该路径的法律依

① 参见邓峰:《代议制的公司:中国公司治理中的权力和责任》,北京大学出版社 2015 年版,第 78 页。

据则是DGCL第253节关于简易合并的宽松管制。在DGCL第253节,异议少数股东的唯一救济方式是评估权。为了符合简易合并的门槛,控股股东需通过市场要约收购的方式,达到持股90%以上。简易合并和要约收购各自的司法审查标准都是宽松的,在形式主义的思维下,二者的结合体所适用的也是宽松的司法政策。市场人士由此在常规的法定合并方式之外,探索和组合出一条快速、低成本的挤出合并方式,[①]但该方式对少数股东的保护堪忧。

长期以来,美国公司法学界和判例对于挤出少数股东的教义和规制都处于分裂的"困境"。[②] 学术上有三种观点。第一种观点是不同的交易形式应适用不同的司法审查标准。[③] 法定合并和市场发明的TOFO尽管能达到同样的目标,但在公司法上是两种不同的交易形式,表现在董事会的角色不同和评估权的规定不同。根据独立法律意义(independent legal significance),司法审查应维持因交易形式而有所差异的现状。第二种观点从保护少数股东的立场出发,主张司法审查标准应该朝向趋同化,一体

① See David Offenberg & Christo Pirinsky, *How Do Acquirers Choose Between Mergers and Tender Offers?*, 116 Journal of Financial Economics 331 (2015).

② See Bradley R. Aronstam, R. Franklin Balotti & Timo Rehbock, *Revisiting Delaware's Going-Private Dilemma, Post-Pure Resources*, 59 Business Lawyer 1459 (2003 – 2004); Bradley R. Aronstam, R. Franklin Balotti & Timo Rehbock, *Delaware's Going-Private Dilemma: Fostering Protections for Minority Shareholders in the Wake of Siliconix and Unocal Exploration*, 58 Business Lawyer 519 (2002 – 2003); Peter V. Letsou & Steven M. Haas, *The Dilemma That Should Never Have Been: Minority Freeze Outs in Delaware*, 61 Business Lawyer 25(2005).

③ 维持教义因交易形式而异的观点有 Priya Gupta, *Freeze-outs in Delaware: An Exploration of the Appropriate Standard of Review*, 2012 Columbia Business Law Review 707 (2012); A. C. Pritchard, *Tender Offers by Controlling Shareholders: The Specter of Coercion and Fair Price*, 1 Berkeley Business Law Journal 83 (2004); Jon E. Abramczyk, Jason A. Cincilla & James D. Honaker, *Going-Private "Dilemma"? – Not in Delaware*, 58 Business Lawyer 1351 (2003)。

适用完全公平司法审查。[①] 第三种观点是混合观点,建议具体情况具体分析,视控股股东的行为而定,目的是给控股股东和交易律师创造制度上的激励。[②] 第三种观点实际上也从另外一个角度说明控股股东如何证明利益冲突交易的公平性,它是对控股股东行为"安全港"的初期探索。

20 世纪 80 年代以来,美国特拉华州法院为进入法院的挤出合并纠纷司法审查标准而反复修改观点,究竟是适用商业判断规则,还是适用完全公平标准,或者采取中间道路。面对挤出合并教义分裂的困境,在审判层面,时任特拉华州衡平法院 Strine 大法官几乎是"一个人在战斗"。困境的解决和逐步趋同直到"安全港"的确立,均由 Strine 法官所主导。从 2014 年 Kahn *v.* MFW 案及后续评价来看,学术争论中的第三种观点被法官所接受。控股股东行为"安全港"成了判例法而不是 DGCL 的产物。关于三十余年的判例演变,参见附录图 1。

(一)法定合并

1. 1984 年 Weinberger 案。当代美国公司判例法大部分始于 Weinberger

---

① 主张严格的观点有 Brian M. Resnick, *Recent Delaware Decisions May Prove to be "Entirely Unfair" to Minority Shareholders in Parent Merger with Partially Owned Subsidiary*, 2003 Columbia Business Law Review 253 (2003); Jason M. Quintana, *Going Private Transactions: Delaware's Race to the Bottom*, 2004 Columbia Business Law Review 547 (2004). Ely R. Levy, *Freeze-Out Transaction the Pure Way: Reconciling Judicial Asymmetry Between Tender Offers and Negotiated Mergers*, 106 West Virginia Law Review 305 (2004)(该文认为考虑到挤出合并的社会成本、经济成本和交易成本,应适用完全公平司法审查); Peter V. Letsou & Steven M. Haas, *The Dilemma That Should Never Have Been: Minority Freeze Outs in Delaware*, 61 Business Lawyer 25 (2005); Kimble Charles Cannon, *Augmenting the Duties of Directors To Protect Minority Shareholders in the Context of Going-Private Transactions: The Case for Obligating Directors To Express a Valuation Opinion in Unilateral Tender Offers After Siliconix, Aquila, and Pure Resources*, 2003 Columbia Business Law Review 191 (2003)。

② See William T. Allen, Jack B. Jacobs & Leo E. Strine, Jr., *Function Over Form: A Reassessment of Standards of Review in Delaware Corporation Law*, 56 (4) Bus. Law. 1287 (2001); Guhan Subramanian, *Fixing Freezeouts*, 115 Yale Law Journal 2 (2005); Ronald J. Gilson & Jeffrey N. Gordon, *Controlling Controlling Shareholders*, 152 University of Pennsylvania Law Review 785 (2003 – 2004); Clark W. Furlow, *Back to Basics: Harmonizing Delaware's Law Governing Going Private Transactions*, 40 Akron Law Review 85 (2007).

案。它是美国特拉华州最高法院在挤出合并的语境中讨论控股股东义务的判例。UOP公司的少数股东被持股50.5%的多数股东(Signal公司)挤出合并。少数股东提起诉讼,宣称挤出合并的对价每股21元是不公平的。美国特拉华州衡平法院支持了作为被告的董事,尽管这些董事是连锁董事,同时在UOP公司和Signal公司任职。美国特拉华州最高法院反驳了衡平法院的判决,认定该交易过程不满足完全公平标准。

Weinberger案是开创性判例,解决了很多争议问题。广为引用的是它对完全公平的界定。与完全公平司法相对的司法审查标准是商业判断规则,法院不介入所涉交易的实质审查。控股股东行为的"安全港"是相对完全公平司法审查而言的。完全公平包括交易过程的公平和价格公平,它实质审查所涉交易的内容,探究交易的过程,也探究交易的实质结果。(1)关于交易过程的公平,审理Weinberger案的法院调查交易过程的公平性、交易时机、交易是如何发起的、交易是如何设计的、向独立董事披露了何种类型的信息、董事会和股东会的交易批准是如何完成的等细节。(2)关于公平的价格,法院则是从财务和经济方面评估合并的对价,包括所有可能与公平相关的因素。过程和价格属于交易的实质性内容,完全公平司法是比较严密和严苛的实质审查。即使最后结果是公平的,但主要过程存在不公平的合理嫌疑,整个交易无法满足完全公平的标准。特别要指出的是,完全公平审查中的"公平"是一个范围,而不是某个精确的点。法院更倾向于审查过程的公平性。如果交易过程尤其是程序内在地存在不公平的嫌疑,那么很难让法院作出所涉交易可能落在公平范围内的结论。在Weinberger案中,最终作为被告的董事败诉。

最有意义的是,Weinberger案的判决书的脚注七为控股股东的行为设定了一个公平的基准:"虽然完美是不可能的或不应期待的,但如果UOP公司(被控制公司)任免一个独立的由外部董事组成的委员会,在公平交易的基准上,与Signal公司(控股股东)进行谈判,本案的判决结果可能完全不一样。既然本案语境中的公平等同于一个理论上完全独立的董事会处理面前的事项,不幸的是这个措施明显没有被考虑或付诸实施。根据母子公司交易的特殊性,证明采取的措施似乎是双方事实上谈判力量的平等较量,这是证明交易符合公平测试的强有力证据。"本质上,Weinberger 案引导商界,如果控股股东想满足完全公平的标准,需要复制或模拟第三方公平谈判的过程。所涉交易越接近公平谈判情境下的基准标准,将适用更低程度的司法审查。Weinberger 案向交易律师发出信号,如果被控制公司有一个运作良好的由独立董事组成的特委会模拟独立第三方情境下的公平谈判,也许能避免繁重的对控股股东先天就极为不利的完全公平司法审查。

2. Lynch 案。尽管 Weinberger 案告诉商界,特委会可以被视作代表少数股东的利益,一个功能运作良好和认真设计的特委会能够模拟第三方公平谈判,但后续司法实践的理解呈现分裂态度。法官对实践的顾虑是,特委会不能完全隔绝来自控股公司的影响。尽管在法律修辞上独立董事不为控股股东或子公司工作,他们并没有利益关联或实质性的隐蔽关系令法官质疑他们的独立判断能力,不存在利益冲突,但法官依旧担忧"八百磅的猩猩金刚巨兽"(800 Pound Gorilla)。在 Weinberger 案之后,由于担忧控股股东存在所造成的公司结构内生的对董事的胁迫,法官普遍认为特委会的程序不应使得涉及控股股东的利益冲突交易享受商业判断规则。另外一个法官的担忧是"钉子户"问题(hold out problem)。如果法律给予特委会太大的权力,特委会为了规避自己事后被挑事的少数股东起诉的风险,更倾向于拒绝一些可能是好的交易。特委会毋宁否决更多的交易。因此,法院对特委会的观点是松紧尺度不一。一些法院认为,特委会甚至能转换司法审查标准;①另外一些判例则认为,特委会不能转换司法审查标准,司法审查标准依然是完全公平司法审查,然而,举证责任能发生转换,由被告转换到原告。② 直到 1994 年,Lynch 案统一了之前关于特委会的分歧的司法审查标准。

Lynch 案强化了这样一种司法审查标准:只要是控股股东的自我交

---

① See In re Trans World Airlines, Inc. Shareholders Litig., C. A. No. 9844, slip op. at 15 – 16 (Del. Ch. Oct. 21, 1988).

② See Citron *v*. E. I. du Pont de Nemours & Co., 584 A. 2d 490, 500 – 02 (Del. Ch. 1990).

易,一律适用完全公平司法审查,没有例外。不论采用何种公司内部治理清洁程序,只发生完全公平标准下的举证责任转换的效果,而司法审查标准不转换,不会适用商业判断规则。在该案中,Alcatel 公司持有被控制公司 Lynch 公司 43.3% 的股份。Alcatel 公司起初持有 30.6%,对 Lynch 公司有一定程度的控制权,表现在以下三个方面:在 Lynch 公司董事会的比例席位占多数;如果 Lynch 公司出售或增发的股份,对其中的 40% 享有优先购买权;Alcatel 公司曾修改 Lynch 公司的公司章程,规定任何商业并购的方案批准需要 80% 的投票权股份同意,这意味着 Alcatel 公司对被控制公司与第三方之间的并购方案享有否决权。Alcatel 公司向少数股东的第一个要约是每股 14 元,特委会经过评估后认为每股 14 元是对公司股价的低估。Alcatel 公司回应上调要约价格至每股 15.5 元。Alcatel 公司还声称如果特委会不同意该价格,Alcatel 公司将诉诸敌意要约收购。法院将这类话语或言行称作"对少数股东的威胁性特征"(threatening device against the minorities)。特委会同意了 Alcatel 公司的要约。

审理 Lynch 案的法院指出,特委会的形式存在不足以转换举证责任,而是特委会要有"实际的谈判能力"(real bargaining power),法院需要审查这一点。[①] 美国特拉华州最高法院认可衡平法院提出的特委会实际运作情况审查的两部分测试,以判断特委会的采用是否发生举证责任转换的效果。其一,多数股东不能主导(dictate)合并条款。其二,特委会必须具有实际的谈判能力,与多数股东进行公平基准下的谈判。在 Lynch 案中,法官还认为:"说'不'的权力是能改变案件性质的权力。作为独立委员会成员的董事的义务是批准那些服务于公众股东最佳利益的交易,对那些对公众股东不公平或者不是能得到的最佳条件的交易说'不'。如果对价是不公平的,即使该对价是控股股东作为信义义务人愿

① See Kahn *v.* Lynch Communication Systems, Inc., 638 A.2d 1110, 1117 (Del. 1994).

意支付的最大价格，独立委员会仍然没有尽到责任，仍然做得不够。”①

（二）TOFO：Siliconix 路径

面对 Lynch 案所树立的严厉而又没有出口的完全公平审查，交易律师思考如何才能绕开它。基于美国特拉华州衡平法院在 Lynch 案之后的 1996 年 Soloman 案、2001 年 Siliconix 案、2001 年 Glassman 案等若干判例，通过设计交易结构，绕开完全公平审查转而享受商业判断规则变得可能。要约收购与简易合并进行组合等交易结构（TOFO），被认为是法定合并之外的法律规避或干扰技术（disruptive technology）。② 美国特拉华州衡平法院对 TOFO 先是采取形式主义的态度，之后才意识到 TOFO 的实质不公平性，对 TOFO 的构造提出实质要求，一种新的挤出合并方式逐渐地形成、成熟并得到衡平法院有条件地认可，该种方式被称为 Siliconix 路径。

TOFO 由两部分组成。在要约收购方面，Soloman 案③采用法律适用的形式主义。从形式上看，控股股东向公众股东在股票市场上发出收购要约，不是自我交易，不适用完全公平司法审查，而是沿用第三方要约收购的规制思路，要求信息披露无欺诈和交易构造不存在胁迫。④ 美国实务界开始思考是否能够依赖要约收购的方式，既规避完全公平司法审查，又完成挤出少数股东的目标。在简易合并方面，Glassman 案⑤确认持股 90% 以上的控股股东依据简易合并以挤出少数股东，也不适用完全公平司法审查。少数股东的排他性救济是评估权。⑥

尽管 Soloman 案和 Glassman 案是相隔五年、没有内在联系的两个判例，但律师将二者创造性地组合成 TOFO。事实上，在 Glassman 案之前，

---

① Kahn *v*. Lynch Communication Systems, Inc. , 638 A. 2d 1110, 1119 (Del. 1994).

② See Guhan Subramanian, *Fixing Freezeouts*, 115 Yale Law Journal 2 (2005).

③ See Solomon *v*. Pathe Communication Corp. , 672 A. 2d 35 (1996).

④ 要约收购规制思路和起点。

⑤ See Glassman *v*. Unocal Exploration Corp. , 777 A. 2d 242 (2001).

⑥ See Marc I. Steinberg, *Short-Form Mergers in Delaware*, 27 Del. J. Corp. L. 489, 491 (2002).

Siliconix 案[①]是真正意义上的第一起要约收购和简易合并综合运用的 TOFO 案例。[②] 该判例承袭和引用 Soloman 案,认为如果用要约收购作为挤出合并方式,要约收购同样不适用完全公平司法审查。该案判决发生在 Glassman 案进入法院的前一个月,Glassman 案进一步对 Siloconix 路径进行背书。2001 年 Siliconix 案之后,两种直接以相关判例命名的私有化路径形成:一种叫作 Lynch 私有化路径(法定合并),另一种叫作 Siliconix 路径(TOFO)。

Siliconix 案的标准失于宽松。的确,从形式上和完美市场理论来看,在要约收购的交易中,少数股东得到了充分的保护,少数股东可以自由选择;要约收购中的目标公司的董事角色微弱;股权融资市场的事前定价机制会发挥作用。[③] 然而,市场会失灵,市场的事前定价不总能成立。Siliconix 案的 Nobel 法官没有意识到,控股股东的要约收购,在实质上有别于市场第三方的要约收购。实证研究表明,在 Siliconix 案后,少数股东在 TOFO 中得到的对价要低于 Siliconix 案判决之前少数股东在 TOFO 中得到的对价。[④] Lynch 案和 Siliconix 案所明确的两条私有化交易结构路径及确立的双重司法审查标准,使得控股股东可以选择和“套利”。实证发现,少数股东在法定合并中得到的对价要高于在 TOFO 中得到的私有化交易的对价。[⑤] 一个可能的解释是在法定合并的判例法要求下,特委会的谈判力量更强,而在 TOFO 的交易结构下,特委会的实权较弱,使得控制者能少付出对价。总之,Siliconix 案受限于形式主义,未贯彻“功

---

① See In re Siliconix lnc. Shareholders Litigation, No. Civ. A. 18700, 2001 WL 716787 (Del. Ch. June 19, 2001).

② See Ronald J. Gilson & Jeffrey N. Gordon, *Controlling Controlling Shareholders*, 152 University of Pennsylvania Law Review 785 (2003 – 2004).

③ See A. C. Pritchard, *Tender Offers by Controlling Shareholders: The Specter of Coercion and Fair Price*, 1 Berkeley Business Law Journal 83 (2004).

④ See Fernan Restrepo, *Do Different Standards of Judicial Review Affect the Gains of Minority Shareholders in Freeze-Out Transactions? A Re-Examination of Siliconix*, 3 Harvard Business Law Review 321 (2013).

⑤ See Guhan Subramanian, *Post-Siliconix Freeze-Outs: Theory and Evidence*, 36 Journal of Legal Studies 1 (2007).

能重于形式”(function over form)的衡平原则,法官的修正要到 2005 年 Cox 案。

2002 年的 Pure Resource 案对 TOFO 的规制进行偏紧微调,但未进行实质性的改变。根据 Pure Resource 案,面对控股股东的要约,为了适用商业判断规则,董事会应设立无利害关系的特委会,①对于这一点,TOFO 和法定合并是一致的,不同之处在于特委会的功能不同。在法定合并中,特委会具有否决权,如同董事会一样可以与控股股东进行反复的谈判,但在 TOFO 中,特委会没有对控股股东要约的否决权,只是根据证券法,特委会要在 10 日内对要约进行评估和披露表格(Schedule)14D-9,提出建议(recommendation)而已。在 TOFO 中,特委会的建议立场可能有三种:反对,批准,或者保持中立,②不一定是明确的否定或批准。在此时,只要设立特委会,控股股东即符合第一层清洁机制的要求。法院对 TOFO 中的特委会究竟应如何定位,在理论上还不清楚 TOFO 中的特委会如何才能达到对公平基准的最优模拟,实践中也没有给予特委会如何行动的明确指引,以适用商业判断规则而不是转向完全公平审查。特委会在 TOFO 中的定位不清和权限不明,对少数股东的保护是不足的。

关于在界定控股股东要约收购的构造中是否存在胁迫,在 Pure Resource 案中,Strine 法官引入 Lynch 案中的公平因素,要求在控股股东要约收购中,要约的条件是不可豁免的少数股东多数决条件;控股股东承诺以同样的对价,进行后端的简易合并;控股股东在与特委会谈判时,不得有报复的威胁。Pure Resource 案的意义在于少数股东多数决和要约收购的结合,会提高简易合并的启动门槛。例如,如果控股股东发动要约收购前已持股 40%,那么,少数股东多数决要求 51% 的少数股东接受要约,也就是还需要 31% 的持股比例,要约收购成功后控股股东持股

---

① See Thomas M. McElroy, Ⅱ, *In Re Pure Resources: Providing Certainty to Attorneys Structuring Going-Private Transactions, or Not?*, 39 Wake Forest Law Review 539 (2004).

② See Guhan Subramanian, *Fixing Freezeouts*, 115 Yale Law Journal 2 (2015).

71%,启动后端的简易合并还需要19%的股份;如果控股股东发动要约收购前已持股80%,那么,少数股东多数决要求51%的少数股东接受要约,也就是还需要11%的持股比例,要约收购成功后控股股东持股91%,超过简易合并的持股90%的启动门槛。[①]

(三)初步反思

2001年至2014年,上市公司私有化的规制逻辑的分裂一直持续,法定合并的司法标准是完全公平审查,TOFO的司法标准是商业判断规则。[②] 2005年Cox案[③]是第一次学界和法官在Lynch案十年后的集体反思,成为经典裁决书。[④] 该案是对法定合并的和解。Strine法官发出了双重清洁机制的邀请,希望企业家和律师同时应用双重清洁机制,并表达了双重清洁机制应导致司法审查标准转换效果的观点。实证研究表明,在Cox案中,Strine所构想的统合标准和发出的司法政策改革信号,收紧了对TOFO的审查,趋严统合,对美国上市公司私有化交易市场产生了实质的影响,在Cox案之后,统一的司法标准导致TOFO相对传统的法定合并挤出方式给控股股东带来的收益变小了,TOFO的数量也相对减少了,这些数据发现与Restrepo和Subramanian对实务的访谈得到的直觉是一致的。[⑤]

关于TOFO的2010年CNX Gas案[⑥]不是Strine作出的。美国特拉

---

① See Guhan Subramanian, *Post-Siliconix Freeze-outs: Theory and Evidence*, 36 Journal of Legal Studies 1 (2007).

② See Guhan Subramanian, *Fixing Freezeouts*, 115 Yale Law Journal 2 (2015).

③ See In re Cox Communications, Inc. Shareholders Litigation, 879 A. 2d 604 (Del. Ch. 2005).

④ 例如Robert Thompson编写的并购教科书大篇幅收录该案。See Robert B. Thompson, *Mergers and Acquisitions: Law and Finance*, Wolter Kluwer, 2014, p. 400 - 416.

⑤ See Fernan Restrepo & Guhan Subramanian, *The Effect of Delaware Doctrine on Freezeout Structure & Outcomes: Evidence on the Unified Approach*, 5 Harvard Business Law Review 205 (2015).

⑥ See In re CNX Gas Corporation Shareholders Litigation, 2010 WL 2291842, Case No. 5377 - VCL (Del. Ch. May 25, 2010).

华州衡平法院 Laster 副法官在 CNX Gas 案中部分接受了 Strine 法官的思想，开始思考统一两种不同挤出合并形式的司法审查标准，Laster 法官遵循 Strine 法官在 Cox 案中的构想，认为美国特拉华州应当以同一的司法审查标准适用于所有的挤出合并交易，而不是当时流行的因交易形式而异的司法审查标准。Laster 法官的意图是制定底线。Laster 法官在该判例中认为，为了适用商业判断规则，私有化交易须以妥当赋权的独立特委会和少数股东多数决的双重通过为准。关于何谓妥当赋权的独立特委会，Laster 给出的公式的标准要高于 Strine 法官在 Pure Resource 案中的标准。妥当赋权的独立特委会应该具有一个独立主体应该具有的所有的同样的权力。独立性指的是与控股股东没有利害关联，能保持独立的判断。Laster 认为，要得到商业判断规则的优待，董事会特委会被武装起来的权力不仅包括提供建议，还应该包括说“不”的权力。而 Strine 认为，美国特拉华州没有规则要求特委会具有阻挡的权力，如实施“毒丸”计划。在 CNX Gas 案中，不仅包含 Pure Resource 案中 Strine 法官所说的“推荐”（make a recommendation），而且这个推荐还必须是肯定的（affirmative）推荐。妥当赋权的特委会是具有完全的权能（full power），包括决定实施“毒丸”计划、寻求替代的竞争性交易或可以做其他一切一个独立的特委会认为并购交易应该勤勉尽责做的事情。如果未得到被控制公司的特委会的肯定性的批准，控股股东的行为不适用商业判断规则，而转向完全公平标准。这就是 Laster 法官关于 TOFO 的特委会公式。

关于特委会在 TOFO 中的定位，美国特拉华州最高法院尚未发表意见。在美国特拉华州衡平法院这个层级，既有 Pure Resource 判例法，又有 CNX Gas 案并存，一些衡平法院的法官倾向于前者，另一些衡平法院的法官主张后者。当实务界使用 TOFO 进行上市公司私有化交易时，会适用何种审查标准，在美国特拉华州取决于该案由哪位法官审理。

(四)"三重奏"

In re MFW 案所肯定的控股股东"安全港"不是一日形成的,经历了一个不短的铺垫过程。2011 年 In re S. Peru 案[①],2012 年 In re Synthes 案[②]和 2013 年 In re MFW 案构成了 Strine 法官对控股股东通过法定合并完成上市公司私有化交易的"'安全港'三部曲"。这三个案例是一个整体。在 In re S. Peru 案中,控股股东持有上市公司 54.17% 的股权和 63.08% 的投票权,同时持有另一家非上市的矿产公司 99.15% 的股权。由于这是上市公司购买控股股东的财产,控股股东位于交易的两端,为了适用完全公平审查的"安全港",上市公司董事会设立了特委会。被告认为特委会的组成至少应转化完全公平标准下的举证责任。法院经审查后认为该案的特委会表面上独立,但实际运作中表明特委会没有很好地发挥功能(well functioning)。法院最终适用完全公平司法审查,认为合并案对少数股东不公平。[③] In re Synthes 案其实是另外一种类型的私有化交易,买方团由私募股权基金所主导,控股股东没有加入买方团,意味着控股股东与少数股东将同时被买方团收购出局,完成上市公司私有化。由于控股股东和少数股东得到的对价是一致的,利益是一致的,不存在利益冲突,法院适用了商业判断规则。[④]

基于前面两个判例的铺垫和 Strine 发出的信号,在 In re MFW 案中,实际控制人 Ronald Perelman 和律师将对被控制公司的法定合并的实施条件,完全按照双重清洁机制的标准来设定。法官必须回答,面对自愿将交易同时附在两个条件之上的私有化交易,适用何种程度的司法审查标准。也就是说,双重清洁机制的使用,是否能得到商业判断规则的待

---

① See In re S. Peru Copper Corp. S'holder Derivative Litig., 30 A. 3d 60 (Del. Ch. 2011).

② See In re Synthes, Inc. S'holder Litig. 50 A. 3d 1022 (Del. Ch. 2012).

③ See In re S. Peru Copper Corp. S'holder Derivative Litig., 30 A. 3d 60 (Del. Ch. 2011).

④ See Benjamin Klein, *The Right Solution to the Wrong Problem: The Status of Controlling Shareholders After In re John Q. Hammons Hotels Inc.*, 120 Yale Law Journal 1251 (2010 - 2011).

遇。该案的私有化途径是法定合并。Ronald Perelman 通过 M&F 公司控制 MFW 公司 43% 的股份,从而控制了 MFW 公司和董事会。而实际控制人 Ronald Perelman 百分之百控制 M&F 公司。从历史记录来看对他不利,Ronald Perelman 有不合理对待少数股东的坏名声。①

原告认为,此案应遵循 Lynch 案,适用完全公平司法审查。在 Lynch 案中,美国特拉华州最高法院认为完全公平司法审查是控股股东合并子公司的唯一司法标准。被告认为,Lynch 案只是说,如果交易的条件只是特委会或少数股东多数决中的一个,完全公平司法标准是唯一的标准;当交易的条件是双重批准时,被告主张应该适用商业判断规则。这是本案的争点。

Strine 审查了两个条件的设计和功能发挥。一个条件是该案的特委会具有完全的权能。特委会被董事会授权(empowered)如下:(1)特委会认为合适的方式对控股股东的提议进行调查。(2)对提议的条款进行评估。(3)与控股公司(本案中是 M&F 公司)及代表就提议的任何要素进行谈判。(4)就提议的定义条款进行谈判(通常的理解是,最终协议的签订必须得到董事会的批准)。(5)向董事会报告特委会的建议和结论,包括结论性的建议,如控股股东的提议是否公平、是否为公司股东的最大利益、董事会是否应该批准该提议。(6)特委会有权决定拒绝提议。只有在特委会对控股股东的提议作出倾向性的推荐(favorable recommendation)之后,董事会才能批准控股股东的提议。控股股东承诺,未获得特委会的批准,私有化交易不推进,可见挤出交易事先受制于特委会的批准。特委会被授权聘请法律顾问、财务顾问以及特委会认为必要或者与谈判事项相关的需要聘请的其他专业人士。② 特委会拥有说“不”的完全权能,能做反对交易、阻挡交易以及对抗控股股东的其他一切事情。Strine 认为,这符合法院对具有否决权的充分赋权的特委会的构想。

---

① See Vladimir Atanasov, Bernard Black & Conrad S. Ciccotello, *Law and Tunneling*, 37 Journal of Corporation Law 1 (2011 - 2012).

② See In re MFW Shareholders Litigation, 67 A. 3d 496, 507(Del. Ch., 2013).

另一个条件是不可豁免的少数股东多数决。实际控制人 Ronald Perelman 也承诺交易的目的是购买尚未持有的股份,控股股东不会滥用自己的持股优势,将合并方案强行推进表决,或寻求替代的交易或类似的交易,也不会将自己的股份出售。本次合并提案取决于少数股东的真实投票。此外,因为控股股东持股 43%,具有实际的否决权和破坏公司的权力。控股股东承诺不会对不如意的少数股东投票结果在今后实施报复行动。法院认为,如果特委会不推荐,或少数股东单独表决未获大多数通过,交易的终止不会对控股股东与公司之间的关系造成负面影响,控股股东承诺继续保持长期持股,则 Lynch 案所考虑的胁迫性消失。胁迫包括对特委会和少数股东的胁迫或威胁。Pure Resource 案对 TOFO 语境中的胁迫进行了界定;在 In re MFW 案中,沿袭了同样的概念。Strine 认为,Lynch 案中的情况属于典型的胁迫。在 Lynch 案中,控股股东发起的私有化交易提案没有得到特委会的批准,控股股东越过特委会,直接面向股东发起敌意收购。那么,如果控股股东承诺,即使交易被特委会拒绝,也不会模仿 Lynch 案中的 Alcatel 公司(控股股东)的做法,不会有对公司或特委会或少数股东不利的效果,才符合"安全港"的基本底线要求。在 In re MFW 案中,Ronald Perelman 承诺如果私有化提案被特委会拒绝,会和平地终止交易,继续承担长期的控股股东应有的责任。此外,实际控制人 Ronald Perelman 还承诺,鼓励特委会聘请财务顾问和律师,就交易的谈判内容帮助特委会评估。Ronald Perelman 的提案和承诺表现友善。

审查完双重清洁机制的设计情况之后,Strine 将双重清洁机制的效果问题归结为一个新问题。不同于 Lynch 案中只使用双重清洁机制的某一个支柱,In re MFW 案中的被告第一次同时使用了两个支柱,Strine 将之归为一个新问题,不适用 Lynch 案和遵循先例。美国特拉华州衡平法院可以创制先例。在总结原、被告双方各自的主张后,Strine 认为,两个条件结合的交易结构是少数股东保护的最佳结构,而为了鼓励控股股东更多地使用这种交易结构,司法审查上应转为商业判断规则。

原告上诉,美国特拉华州最高法院 Holland 法官在 Kahn *v.* MFW 案中驳回原告的上诉。至此,通过法定合并的私有化退市,控股股东行为的双重清洁机制细分为六个可操作化的标准,如果自始(*ab initio*)符合以下条件,控股股东与被控制公司的挤出交易适用商业判断规则:交易得到特委会和少数股东的批准;特委会真正独立于控股股东;特委会是妥当赋权的,有权力拒绝控股股东的交易,有权限聘请独立的法律和财务顾问;特委会尽到注意义务;少数股东多数决是预先设定的、不可豁免的交易条件,参与投票的少数股东获得了完全的信息和不存在控股股东的默示或明示的胁迫。①

(五)"等待戈多"

挤出合并司法审查标准的分裂是由判例法的特征导致的。案例进入法院的时间先后顺序有随机性,法官需要根据之后进入法院的判例,对之前作出的裁决进行校准。② 上市公司私有化交易的司法审查标准校准也受到判例法的时间与制度上的路径依赖制约。关于要约收购,美国特拉华州公司法中的传统审查主要关注信息披露和交易构造是否存在对公众股东的胁迫这两个方面,③有效股票市场约束和商业判断规则构成规制的思路;当要约收购人由外部第三方转为控股股东或者内部人时,规制未及时调整,控股股东要约收购的规则也沿着信息披露、胁迫和商业判断规则的逻辑演进。而法定合并沿着完全公平审查的路径上调整。当发现原本在不同规制轨迹的两种交易结构却具有相同的功能时,法院的难题来了,功能与形式哪一个更优先,是否需要统一和如何统一。

---

① See Kahn *v.* M&F Worldwide Corp. , 88 A. 3d 635 (Del. 2014).

② See Frederick Schauer & Richard Zeckhauser, *The Trouble with Cases*, in Daniel P. Kessler ed. , Regulation versus Litigation, Perspectives from Economics and Law, The University of Chicago Press, 2011, p. 45 – 70. Nicola Gennaioli & Andrei Shleifer, *The Evolution of Precedent*, 2005, Working Paper.

③ Thomas Lee Hazen & Jerry W. Markham, *Mergers, Acquistions and Other Business Combinations, Cases and Materials*, West, 2003, p. 71 – 79.

In re MFW 案彻底解决控股股东通过法定合并进行上市公司私有化交易的司法审查和转向商业判断规则的“安全港”问题,而在 TOFO 中,判例法不明确的地方还在于特委会的定位和行动准则如何能最优模拟第三方要约收购下的董事会。由于法官的不同,美国特拉华州衡平法院就 Pure Resource 案和 CNX Gas 案的裁判存在分歧。截至 2016 年 10 月,关于 TOFO 的判例出自衡平法院,而特拉华州最高法院尚未发表意见,最终司法标准如何统合需等待一个 TOFO 案例能进入特拉华州最高法院,[①]以正确引导控股股东的行为。关于截至 2016 年 10 月因不同交易形式而存在的“安全港”分歧,参见附录图 2。

三、上市公司私有化退市“安全港”的形成原因

上市公司私有化退市的控股股东重大利益冲突经由公司治理内部程序的双重清洁机制可起到转换司法裁判标准的法律效果,这本质上是在保护公众股东和促进有效率的上市公司私有化退市之间寻求一个利益平衡。从控股股东和上市公司的角度来看,上市公司私有化退市是企业在一定条件下对治理模式的必然选择,否则是违背经济合理性的维持上市之“壳”。据学者总结,美国上市公司私有化退市的经济收益至少包括七项:公司转向更长期的战略目标,有一个更稳定的股东结构;更能承担商业风险;由于高管薪酬不受上市公司治理规范的约束,私人公司更能吸引有才能的管理人才;更容易形成改革的紧迫性;更好的使用杠杆;避免上市的合规成本;避免股东诉讼。[②] 美国特拉华州 Kahn *v.* MFW 案

---

① See Fernan Restrepo & Guhan Subramanian, *The Effect of Delaware Doctrine on Freezeout Structure & Outcomes: Evidence on the Unified Approach*, 5 Harvard Business Law Review 205 (2015).

② See Scott Davis, *Would Changes in the Rules for Director Selection and Liability Help Public Companies Gains Some of Private Equity's Advantages*, 76 University of Chicago Law Review 83 (2009).

就是在控股股东的合理收益与公众股东保护之间对既有的原告律师滥诉所造成的失衡进行再平衡。如同2016年美国纽约州法院在纽约州的案例中采纳Kahn *v.* MFW案时所阐述的那样：双重清洁机制一方面妥当地顾及了少数股东的权利，即“利益冲突交易要经受司法裁判的约束，当有充分证据表明这些交易中存在利益冲突时经由审判裁定”；另一方面关注控股股东和公司管理层的利益，即避免滥诉，避免对独立商业判断的司法介入。[①] 笔者引入利益衡量论中的制度利益和社会公共利益，[②]将双重清洁机制确立的利益衡量的结果归纳在表1，并分四点阐释。

表1　双重清洁“安全港”的利益衡量

制度选择	结果					
	当事人利益		群体利益		制度利益	社会利益
	公众股东	控股股东及管理层	投资者群体利益	公司经营群体利益	完全公平审查制度所要维护的制度利益：公平	司法审查、行政干预的成本节约，裁判错误的成本节约；私有化退市交易的效率
不承认双重清洁机制	√	×	√	×	√ 客观公平：通过第三方机构（司法或行政）达成	×
承认双重清洁机制	√	√	√	√	√ 主观公平：通过公司自治程序、市场检验和市场监督达成	√

说明：表格中的“√”表示利益的相对增加，“×”表示利益的相对减少。

---

① See Matter of Kenneth Cole Prods., Inc., 2016 NY Slip Op. 03545 (May 5, 2016).

② 参见梁上上：《利益衡量论》（第2版），法律出版社2016年版。

首先,“安全港”既节省司法资源,又更好地符合法院的机构能力,符合商业判断规则的传统。完全公平司法审查是公司法的最严司法审查,[①]要消耗大量的司法资源。在 Kahn *v.* MFW 案中,法官认为,只要控股股东不可撤销、公开地表示,控股股东不使用控制权对谈判结果进行专断,那么,完全公平标准这个公司法中的最高标准,不需要适用到每一个母子公司合并的案例中。[②] “安全港”的确立能够节约完全公平司法审查的司法资源,更加符合法院的机构能力。[③] 当法院不再信任董事会的决策,而法院自身又没有专长或更多资源去实质审查时,依赖公司内部治理机制发挥作用的“安全港”是一个可行的分流出口。[④] 此外,“安全港”符合美国特拉华州公司法的商业判断规则的核心传统,法院服从中立的董事在尽到注意义务下的业务判断,[⑤]这将带来更多的司法确定性。

其次,在诉讼程序方面,“安全港”是股东诉讼中的控股股东和少数股东之间的利益平衡机制。1994 年的 Lynch 案备受学界和实务界的批评,它所坚持的“一刀切”的完全公平审查的司法政策导致后续近二十年的“敲竹杠”的原告股东诉讼泛滥。[⑥] 上市公司私有化退市过程中,原告律师发动的股东诉讼很多是没有意义的诉讼,目标是利用完全公平司法审查在诉讼程序上的原告优势,对控股股东进行敲诈,逼其和解。完全公平标准下,原告股东诉讼能顺利通过提议阶段,进入旷日持久的发现阶段。控股股东为了避免被原告拖入诉讼程序的发现阶段,宁愿支付和

---

① See Kahn *v.* M&F Worldwide Corp., 88 A.3d 635 (Del. 2014).

② See Kahn *v.* M&F Worldwide Corp., 88 A.3d 635 (Del. 2014).

③ See D. Theodore Rave, *Politicians as Fiduciaries*, 126 Harvard Law Review 671 (2012 – 2013).

④ See Claire A. Hill & Brett H. McDonnell, *Fiduciary Duties: The Emerging Jurisprudence*, in Claire A. Hill & Brett H. McDonnell eds., Research Handbook on the Economics of Corporate Law, Edward Elgar, 2012, p. 138.

⑤ See Kahn *v.* M&F Worldwide Corp., 88 A.3d 635 (Del. 2014).

⑥ See Clark W. Furlow, *Back to Basics: Harmonizing Delaware's Law Governing Going Private Transactions*, 40 Akron Law Review 85 (2007).

解费。Lynch 案造成司法诉讼上双方的明显失衡。在 2013 年 In re MFW 案中,Strine 接受了学界和实务界对 Lynch 案立场的激烈批评,缓和了 Lynch 案的刚性。

再次,“安全港”是对控股股东行为的制度激励,促进上市公司私有化退市的发生。在“安全港”的司法形塑过程中,Strine 自始至终强调要创造制度激励,鼓励控股股东使用双重清洁机制,与业界形成良好的互动和信息反馈。① “安全港”的形成可以说是法院和并购律师双方共同努力的结果。“安全港”形成之前,在法定合并的方式中只有不到 1/3 的私有化退市使用少数股东多数决规则,因为根据 Rosenblatt 案,即使使用双重清洁机制,效果也仅仅是转换举证责任,没有更多的收益。② 从理性人的角度来看,控股股东不会额外再使用少数股东多数决规则。法官预见在法定合并私有化退市中,有了“安全港”的激励,包含双重清洁机制的私有化退市方案将得到更广泛的推广,少数股东的利益能得到更好的保护。Strine 在 In re MFW 案的判词中用数学和英语作业的激励做比喻,“假设你家里孩子在周一早上到学校同时要交数学和英语作业。如果作为家长的你告诉孩子,如果在周六上午完成数学或者英语作业中的一个作业,周六晚上就可以去看电影,孩子不太可能在周六上午会同时完成数学和英语作业。他可能会只做能够达到去看电影要求的作业要求,也就是完成其中的一个作业,然后父母会看到他在周日的晚上抓狂地赶作业”③。

最后,在促进上市公司私有化退市发生的同时,双重清洁机制的结构对少数股东的保护提供最好的可能。在 Kahn *v.* MFW 案中,法官指出,双重清洁机制的结构和完全公平标准二者最终达致相同的功能:实现一个最好的价格。自从 1984 年 Weinberger 案后,在完全公平的分析

---

① See Charles O'Kelley & Robert Thompson, *Corporations and Other Business Associations, Cases and Materials*, 7th edition, Wolters Kluwer, 2014, p. 787.

② See Guhan Subramanian, *Fixing Freezeouts*, 115 Yale Law Journal 2 (2005).

③ In re MFW Shareholder Litigation, Del. Ch., 67 A. 3d 496, 500 – 501 (2013).

中,价格成为主导的因素。Weinberger 案的判决认为,尽管完全公平要求是两方面的,既要对价公允,又要过程公允,但在一个没有欺诈的交易中,价格成为“权重超过其他合并交易要素的主要要素”[1]。双重清洁机制充分地集中在最佳价格的得出,因为特委会将在谈判中力争最佳的价格,少数股东对特委会的谈判结果进行监督和投票。[2]

四、利益冲突双重清洁“安全港”的功能与前提

对于 In re MFW 案的一审和二审判决,美国学界和实务界给予广泛的好评。单一的清洁机制只具有举证责任倒置的效果,不改变司法审查标准,依然适用完全公平司法审查,而只有双重清洁机制合用,即董事会特委会的谈判和批准、少数股东中的大多数同意,才能将司法审查标准由完全公平转化为商业判读规则,缺一不可。两个清洁机制是相互补充的关系,而非替换关系。[3] 二者同时具备发生协同综效时,依赖公司内部的治理程序,可达到消除控股股东利益冲突交易的目的。“安全港”对公司内部自治进行赋权和制度激励,商业判断规则的适用空间进一步扩大。

双重清洁机制需要具备一定前提才能发挥清洁功能,要求严格,导致对于控股股东而言,“安全港”的使用成本很高,知易行难。如同 Leo Strine 法官所言,“遵从中立的董事或股东的决定,这个社会政策,说起来容易,实践困难(easier to state than to put into practice)。人性是如此奇妙复杂,让人疯狂的事情。司法任务是决定什么时候使两个清洁因素(cleansing factors)中的一个清洁因素存在,以及如果其中一个清洁因素

① Weiberger *v.* UOP, Inc., 457 A.2d 701, 711 (Del. 1983).

② See Kahn *v.* M&F Worldwide Corp., 88 A.3d 635 (Del. 2014).

③ See In re Cox Communications, Inc. Shareholders Litigation, 879 A. 2d 604 (Del. Ch. 2005).

存在,法院给予多大的遵从程度,这些问题从来都不简单。实际上,它一直是美国公司法的迷思”[①]。下文进一步挖掘美国特拉华州法院所背书的两个清洁因素,如何能达到对利益冲突的清洁。

(一)董事会特委会的功能与前提

在实际运作中,为了专业化和运作效率,公司董事会从功能区分的角度设立不同的委员会。[②] 委员会分为常设委员会和特委会。常设委员会包括审计委员会、薪酬委员会和提名委员会,各司其职。[③] 其中特委会用于解决利益冲突问题。[④] 特委会又分为调查委员会和交易委员会。在股东派生诉讼中使用的特别诉讼委员会,属于前者;而上市公司私有化退市中,使用的交易谈判委员会,属于后者。特委会具有若干特征。它是临时性机构,而非常设机构。委员限于经过股东会合法选举产生的董事,故其合法性来自股东投票选举,而且是由独立董事或者与利益冲突交易没有利害关系的董事组成的。[⑤] 特委会的功能是当董事会不能公正地履行职责时,临时组建以处理利益冲突。特委会是公司治理中富有价值的重要工具,如衡平法官 Chandler 所说,“在特拉华州法上,有意义的独立特委会发挥有力的角色”[⑥]。不论是常设委员会,还是特委会,董事会全体需为委员会的建议和行为承担责任。[⑦]

---

① Leo E. Strine, Jr., *Derivative Impact? Some Early Reflections on the Corporation Law Implications of the Enron Debacle*, 57 Business Lawyer 1371 (2002).

② 参见邓峰:《普通公司法》,中国人民大学出版社 2009 年版,第 564 页。

③ See Jeffrey Gordon, *The Rise of Independent Directors in the United States, 1950 – 2005: Of Shareholder Value and Stock Market Prices*, 59 Stanford Law Review 1465 (2007).

④ See Gregory Varallo, Srinivas Raju & Michael Allen, *Special Committees*, Oxford University Press, 2011, p. xv.

⑤ See Scott Simpson, *The Emerging Role of the Special Committee-Ensuring Business Judgment Rule Protection in the Context of Management Leveraged Buyouts and Other Corporate Transactions Involving Conflicts of Interest*, 43 Business Lawyer 665 (1998).

⑥ In re Digex, Inc. Shareholders Litig., Consol. C. A. No. 18336, slip op. at 72 (Del. Ch. Dec. 13, 2000, revised Jan. 19, 2001).

⑦ See Andrew Keay, *Board Accountability in Corporate Governance*, Routledge, 2015, p. 185.

在控股股东与被控制公司之间的利益冲突交易中,特委会的角色是作为少数股东利益的“守门人”和谈判代表,积极介入价格和其他条款形成的过程,而非价格的被动接受者或被动的投票批准者。股东会在公司治理中是被动地对董事会提案的投票,只能作出同意、不同意或弃权的决定,对交易条款形成的过程没有直接的影响。特委会弥补这个缺口,作为少数股东的集体谈判的代表,角色设定是少数股东的代理人,与控股股东进行谈判,形成提交董事会和股东会表决的最终条款。正如Subramanian所指出的,目标公司的董事会(可能是一名执行董事,或多名成员)是与收购人进行谈判的主体,如果双方的谈判是有效的,那双方会探索不同的方案,评估相互的让步,在谈判和反谈判的过程中,敲定交易的公平范围。在这个往复来回的谈判与博弈过程中,目标公司和收购人分配剩余。目标公司的股东会对董事会的提案进行投票表决。[①] Subramanian描述的是一个公平的谈判过程,那么特委会的目标是要模拟公平的谈判。此外,完全公平裁判标准中的“公平”是一个范围(range),[②]而不是某一个精确的点,而控股股东的存在,使得控股股东成为少数股东出售股份的唯一买家;只要控股股东不同意向外部竞标者出售股份,任何第三方都无法获得公司的控制权,控股股东享有单边垄断的优势,市场检验(market check)不会完全发挥作用。特委会的功能在于对等谈判出来的交易价格能够克服市场竞标失灵所带来的价格折扣。[③] 有实证研究搜集2003~2009年的有公司管理层加入买方团的挤出并购案例,发现竞争性合同和特委会的存在,会显著提高管理层收购的报价,更加保护卖方股东的利益。[④]

---

① See Guhan Subramanian, *Fixing Freezeouts*, 115 Yale Low Journal 2, 50(2005).

② See Melvin Eisenberg, *Self-Interested Transactions in Corporate Law*, 13 Journal of Corporation Law 997 (1988).

③ See Richard Booth, *Majority-of-Minority Voting and Fairness in Freeze-out Mergers*, 59 Villanova Law Review Online: Tolle Lege 87 (2014).

④ See Matthew D. Cain and Steven M. Davidoff, *Form Over Substance? The Value of Corporate Process and Management Buy-Outs*, 36 Delaware Journal of Corporation Law 849 (2011).

作为价格形成机制的特委会，区别于美国公司法上另外一个经常提到的程序——无利害关系的董事会表决，或者叫关联董事的表决回避。例如，DGCL 第 144(a)节规定，董事等公司内部人与公司之间的利益冲突交易，经无利害关系董事的批准，适用商业判断规则，[①]是董事利益冲突交易的“安全港”。又如，我国《公司法》第 124 条[②]所规定的关联董事在董事会回避表决。DGCL 第 144(a)节所规定的无利害关系董事的批准和控股股东利益冲突交易中的特委会是两个不同的清洁机制。第一，在法律渊源方面，特委会是判例法所发展和演化而逐渐成熟的清洁措施，而董事会层面的表决权回避是成文法的规定。第二，在功能方面，关联董事回避表决是消极的、被动的利益冲突清洁，而特委会是积极的、主动的利益冲突清洁。第三，无利害关系董事的表决通过，属于公司行动，是公司意思表示形成和有效公司决议的必经程序之一，而特委会是由董事会授权的，其评估结论不是公司行动，特委会与控股股东谈判达成的方案，还必须在董事会层面经过无利害关系的董事会表决通过，方成为公司决议。

为了防止特委会被控股股东不当影响以致在功能上不能最优模拟公平谈判场景中的董事会，美国特拉华州法院为特委会设定以下前提。未实际运行或运行有瑕疵的特委会，有控股股东或董事会“橡皮图章”嫌疑的特委会，未能达到利益冲突第一层清洁机制的预期效果，从单独作用来看不发生举证责任转换的效果，与少数股东多数决规则联合不发生商事裁判标准转换的效果。下面分别论述特委会功能发挥的若干前提，展示特委会制度的法律移植的整体性。

1. 独立性和正直性

特委会适格的首要条件是它的每一位成员均独立于控股股东。表现在特委会成员的选择和组成方面，特别是特委会主席人员的任命方

---

① See Robert Hamilton and Richard Freer, *The Law of Corporations: In A Nutshell*, 6th ed., West, 2011, p. 180.

② 该条对应 2023 年《公司法》第 139 条。

面,须免于控股股东的干涉。特委会的独立性和正直性有赖于市场所能供给的独立董事的品质。独立董事的独立性和正直性审查,同样是困惑美国法院的问题。在这个方面,美国联邦证券法和州公司法从不同的角度对独立董事的品质作出要求。[①] 在2002年《萨班斯-奥克斯利法案》颁布之后,美国的纽约证券交易所和纳斯达克证券市场的实施准则进一步提升独立性标准。在美国特拉华州的公司判例法上,推定董事是独立的;原告为了推翻董事独立性的假定,必须证明董事受限于控股方,或者受到控股方的影响足以危及董事的独立判断。Strine 总结判例法的规则是:"董事是控股方/实际控制人的朋友,处于同一个社交圈,或与相关人士历史上有过业务往来等都不足以推翻董事独立性的假定。特拉华州最高法院采用重大性标准(materiality),法院审查董事与相关人士或相关交易的联系是否足够重大,以致董事不能客观地履行受信义务。仅仅是双方有财务关系,不足以减损董事的独立性。还要看这些联系是否是重大性的,这些联系是否会影响董事的中立性。在重大性的判断上,州最高法院已经拒绝理性人标准,而认为探察董事的具体的财务情况后再决定他与相关人士或交易之间的联系是否重大。"[②]我国学者也指出,独立董事的独立性是一个相对的语境概念。[③]

尽管美国有联邦证券法的事前规制和州公司法的事后审查,质疑独立董事的独立性主要是结构偏差理论。在董事利益冲突中,结构偏差体现在同行之间的相互保护。在控股股东利益冲突中,结构偏差体现在控股股东对被控制公司董事会的控制关系。结构偏差论者认为,独立董事难以有真正的独立性。[④]

关于结构偏差论对董事独立性的疑问,美国特拉华州法官的认识在

---

① See Usha Rodrigues, *The Fetishization of Independence*, 33 Journal of Corporation Law 447 (2008).

② In re MFW Shareholder Litigation, Del. Ch., 67 A.3d 496, 509-510 (2013).

③ 参见姜朋:《独立董事相对论》,载《中外法学》2015年第6期。

④ See J. Robert Brown, Jr., *Disloyalty without Limits*, "*Independent*" *Directors and the Elimination of the Duty of Loyalty*, 95 Kentucky Law Journal 53 (2006).

变化,由怀疑到承认独立董事的作用。Allen 等法官认为,“我们承认,无利害关系的特别独立董事是否可以正直的行使职权,仍然具有争论。反对对独立董事特委会的过程赋予商业判断规则的理由是,虽然大部分公众公司的董事会成员大部分是独立董事,但独立董事并不是密封地隔绝于内部董事。外部董事与公司有社会的联系;在某些情形下,还有商业联系(比如,上市公司的外部律师事务所或投资银行的合伙人担任上市公司的独立董事)。这个现实可能解释了特拉华州最高法院为什么犹豫是否要赋予独立委员会的程序以完全清洁的效力。这也是为什么法院拒绝赋予董事会批准以完全追认效果的原因”①。从怀疑发展到法官最终信任独立董事的品质,有以下两个原因。第一,2002 年以来在美国联邦层面严苛的《萨班斯－奥克斯利法案》的实施,对公司治理提出更高的要求,很大程度上改变美国上市公司治理的现实情况。② 研究表明,《萨班斯－奥克斯利法案》之后,董事会的规模变得更大和更加独立。③ 特别是基于在类似情景下的特别诉讼委员会中的运行情况和司法审查经验,在严格的民事法律责任下,美国法院开始逐渐信任独立董事的操守。第二,美国独立董事群体所面临的市场声誉制裁,是司法执行的替代机制,给了法官信心。美国的独立董事往往在多个上市公司任职,由于有少数股东多数决的制约,而少数股东中的大多数成员是机构投资者,作为特委会成员的独立董事在评估控股方的提议和进行谈判时,评估谈判的最终结果是否会在少数股东的大会上被否决。一旦被否决,独立董事的生涯会在机构投资者的投资记录上留下不良记载。

---

① William Allen, Jack Jacobs & Leo Strine, Jr., *Function Over Form: A Reassessment of Standards of Review in Delaware Corporation Law*, 56 Business Lawyer 1287 (2001).

② See Miriam Bitton & Ofelia Minnes, *Exploring the Standard of Review of Transactions with Controlling Shareholders, After er In Re MFW Shareholders Litigation* (*Decided May 29th*, 2013), 7 Journal of Business, Entrepreneurship and the Law 447 (2014).

③ See James S. Linck, Jeffrey M. Netter & Tina Yang, *The Effects and Unintended Consequences of the Sarbanes-Oxley Act on the Supply and Demand of Directors*, 22 Review of Financial Studies 3287 (2009).

2. 充分赋权

要与控股股东谈判出一个公平的价格和交易条款,本身是一个悖论;这需要特委会具有谈判的实权。特委会具有充分赋权才能对抗来自控股股东的压力,公平谈判。董事会的充分赋权才能确保特委会的独立性,前提一和前提二是紧密相连的。

根据利益冲突交易所模拟的公平基准,特委会的权限会不同。其一,控股股东直接合并被控制公司,所模拟的公平基准是第三方直接合并被控制公司。面对第三方的直接合并提议,目标公司的董事会具有说“不”的否决权。因此,在控股股东直接合并被控制公司,特委会也应具有否决权。但目前在美国特拉华州的判例法上,特委会的否决权,容易让特委会做出风险规避和明哲保身的行为,因为特委会表决通过上市公司私有化退市方案有可能会事后被少数股东起诉,风险规避的理性做法是否决私有化退市,因此,特委会的否决权容易导致特委会否决有价值的挤出合并交易,[①]而控股股东不能像第三方那样再绕开董事会发起要约收购或投票权征集,否则适用完全公平审查。这会导致有效率的私有化退市在特委会阶段就被阻止了,造成社会福利的损失。Subramanian因此建议,在法定合并的场合,应模拟公平谈判交易下的合并,容许特委会有否决权,但否决权应受制于控股股东寻求替代交易的可能性。[②]

其二,在TOFO中,特委会的妥当赋权范围是目前美国判例法有分歧的焦点。理论上,特委会模拟的公平基准应是独立第三方要约收购中的董事会权限大小。在独立第三方要约收购中,在美国特拉华州公司法上,董事会有权采取包括“毒丸”计划在内的反收购措施以阻止恶意收购接管公司的发生。相应地,TOFO中的特委会也应具有否决权,未得到特委会批准的控股股东要约收购,不适用商业判断规则,而是适用完全公平标准。CNX Gas案提出主要从三个具体指标来判断特委会是否具有

---

① See Guhan Subramanian, *Fixing Freezeouts*, 115 Yale Law Journal 2 (2005).

② See Guhan Subramanian, *Fixing Freezeouts*, 115 Yale Law Journal 2 (2005).

妥当赋权。一是是否具有谈判的否决权,也就是是否具有离开谈判桌的权力。二是是否具有寻求替代竞争性交易的能力,这是公平性的市场检验。三是是否具有决定发起反收购措施的权限,特别是“毒丸”计划。① 此外从反面来看,董事会对特委会的授权是否存在明确限制特委会权利的事项,若存在这一限制而且是不当的,则容易被法院否定特委会具备充分赋权这个前提。

3. 信息对称及外聘顾问的独立性

特委会的信息对称包括两个方面:信息获取与独立的外部顾问。信息获取的要求是解决信息不对称问题,构造特委会和控股股东谈判的信息平衡。由于特委会由独立董事组成,独立董事掌握的信息有限,公司内部信息掌握在内部董事手中。② 作为特委会成员的独立董事是否能无阻碍地获取相关信息,取决于与控股股东有关联的那些董事向特委会进行信息披露。控股股东和附属于控股股东的董事是否向特委会隐瞒了相关信息,这是美国司法审查的重点。在 Dole 公司私有化案例中,③控股股东模仿 In re MFW 案例,设立双重清洁机制。但法官审查后发现,控股股东对特委会提供的信息存在欺诈,导致清洁机制失效,回归完全公平司法审查。

如果说信息获取这个前提是强调信息的对称,那么独立的外部顾问则是强调对有效信息的处理和消化能力要对等。特委会的角色某种意义上是信息中介。囿于经验和专业能力,特委会成员可能不擅长法律和财务专业,为了弥补特委会成员在专业上的可能缺陷,特委会有权聘请

---

① See In re CNX Gas Corporation Shareholders Litigation, 2010 WL 2291842, Case No. 5377 - VCL (Del. Ch. May 25, 2010).

② See Stephen M. Bainbridge, *Corporate Governance after the Financial Crisis*, Oxford University Press, 2012, p. 64.

③ See In re Dole Food Co., Inc. S'holder Litig., 2015 WL 5052214, C. A. No. 8703 - VCL (Del. Ch. Aug. 27, 2015).

外部专家。[①] Allen 法官特别看重外部顾问的作用,因为外部董事的经验有限。[②] 特委会聘请外部的法律和财务顾问,不论结果如何,外部法律和财务顾问的咨询费用全部由公司承担,而由这些外部无利害关系的法律和财务顾问来评估利益冲突交易。由特委会的独立性,可以推导出它聘请的专家也应该是独立的,才符合要求,发生法律效果。法律顾问和财务顾问的独立性要求之一是,与控股股东聘请的法律顾问和财务顾问分开,例如,在 Dell 电脑公司私有化退市中,控股股东和特委会分别聘请法律顾问和财务顾问。

4. 特委会的注意义务

若特委会只有充分赋权,没有法律责任,也会造成特委会行为的扭曲、社会福利水平的下降。作为董事会的替代,特委会的义务承继于董事会的受信义务,同时也享受商业判断规则的保护。特委会对批准或否决控股股东的提议,承担受信义务的法律责任。一般来说,特委会成员在选任时已经董事会判断其不具有利益冲突,即不会违背忠实义务。[③] 特委会的受信义务主要是注意义务。[④] 在上市公司私有化退市的语境中,它的受信义务包括出售公司控制权时的 *Revlon* 义务,即为股东获得最大化的价格。美国特拉华州法院还认为,一个功能良好运作的特委

---

① See In re John Q. Hammons Hotels Inc. Shareholder Litigation, 2009 WL 3165613, at * 12 n. 38 (Del. Ch. Oct. 2, 2009) ("[I]t is not sufficient for the special committee to merely be disinterested and independent. Rather, the committee must be given sufficient authority and opportunity to bargain on behalf of the minority stockholders, including the ability to hire independent legal and financial advisers.").

② See William T. Allen, *Independent Directors In MBO Transactions: Are They Fact or Fantasy*?, 45 Business Lawyer 2055 (1989 - 1990).

③ See Gregory Varallo, Srinivas Raju & Michael Allen, *Special Committees*, Oxford University Press, 2011, p. 21.

④ See Scott V. Simpson & Katherine Brody, *The Evolving Role of Special Committees in M&A Transactions: Seeking Business Judgment Rule Protection in the Context of Controlling Shareholder Transactions and Other Corporate Transactions Involving Conflicts of Interest*, 69 Business Lawyer 1117 (2014).

会，前提是各成员对自身的义务已经有充分的知情。[①] 这也是特委会成员的注意义务的应有之义。美国实践中特委会一般会至少做两件事情证明自己尽到注意义务。一是聘请独立的财务顾问和法律顾问。二是特委会须对控股股东支付给公众股东的对价进行市场检验，广泛招揽，与潜在的其他竞标者或潜在的交易对手进行询价，以确保控股股东支付的对价是市场上可得到的最高对价，从而证明特委会已经勤勉尽责地与控股股东进行最大努力的谈判。

(二)少数股东多数决的功能与前提

控股股东重大利益冲突交易的第二道清洁机制是少数股东多数决规则。该条件历经多年的判例检验，最终得到美国特拉华州法院的背书，也经历了一个争论和校准的过程。少数股东多数决规则对利益冲突的清洁机理有两个理论基础。一是本人—代理人理论。受信义务人的利益冲突交易因得到本人的同意或追认而获得正当性。[②] 二是少数股东的批准是对第三方法官审查的替代。如果公司决议已经完全知情和无利害关系的股东会批准，则法院的干预没有必要或是多余的。这个理论将公平视作由充分信息基础上的无利害关系的第三方所做的过程，并将独立第三方的审查等同于法官的审查。[③] 技术层面的问题则是少数股东多数决规则的计数，是分子和分母的关系。作为分子的多数决是指超过50%，也就是51%同意即符合要求。有争议的是，分母基数的确定究竟是所有的少数股东，还是出席股东大会的少数股东，其在 PNB 案之前有

---

① See Potter Anderson & Corroon LLP, *Special Committees*: *A Primer*, Corporate Governance Advisor, Aspen Publishers, March/April 2007, Vol. 15, No. 2, http://www.potteranderson.com/media/publication/167_Special_20Committees_20A_20Primer_20_20JFG_20MKR_20Corp_20Gov_20Adv_20April_2027_202007.pdf.

② See Reinier Kraakman et al. eds., *The Anatomy of Corporate Law*, Oxford University Press, 2009, p. 35 – 37.

③ See Webb Hecker, *Fiduciary Duties in Business Entities Revisited*, 61 University of Kansas Law Review 923 (2013).

争议。Strine 法官在 PNB 案中解释为趋于严格的前者，基数是全体的少数股东。他认为，“批准（ratification）的清洁效果，取决于这样一个直觉：当受影响的少数股东中的大多数批准该交易，少数股东的自利决定是公平的充足证明，司法不必介入。我不认为，当（利益冲突）交易仅仅是多数赞成时，我还有同样的信心。这个立场要求我们不能将那些不出席会议投票的人视作赞同。在合并的语境下，特别是这样，因为拒绝投票的人更大可能性属于被动的反对者”①。

少数股东多数决规则对控股股东利益冲突清洁具有三个功能。其功能之一是对特委会的最终监督。如果说特委会是形成交易条款和公平对价的谈判力量，那么，股东会则是对特委会谈判结果的最后的核查和监督力量。② 当特委会在谈判的时候，已经预先知道特委会与控股股东之间的谈判结果将会提交关联股东回避表决的少数股东中单独表决时，这对特委会的行动预先设置了监督，会引导特委会的行为向少数股东多数决规则预期的方向发展。

少数股东多数决规则的功能之二是让控股股东和特委会谈判而成的对价接受市场检验。这是 Subramanian 的洞见。如果没有少数股东多数决规则，假设持股 60% 的控股股东与子公司的独立董事组成的特委会谈判，意图将子公司合并。控股股东与特委会达成的条件是每股 10 元，控股股东运用手中的 60% 投票权，赞成该交易；如果有少数股东多数决规则，因控股股东回避表决，愿意比控股股东出价更高（如出价每股 12 元）的第三方才可能出现和竞标。在少数股东多数决规则下，有可能中间杀出个“程咬金”（deal jumper），它能提供比控股股东更高的报价。面对控股股东和竞标者各自的报价，少数股东的选择会倾向于选择更高的报价者。如果控股股东不提价，则竞标者可以用它从少数股东多数决规则那里得到的投票权阻止大股东的私有化退市提议。那么控股股东只

---

① In re PNB Holding Co. Shareholders Litigation, 2006 WL 2403999 (Del. Ch.).

② See Guhan Subramanian, *Fixing Freezeouts*, 115 Yale L. J. 2, 53 (2005).

能被迫以更高的价格收买竞标者,或将它的股份卖给第三方。[①] Smith *v.* Von Gorkom 案所确立的规则是,市场检验是特委会是否尽到受信义务的考虑因素之一。少数股东多数决规则的市场检验功能在实际控制人或控股股东持股少于 50% 的情况下会比较明显,可能会导致由于第三方的竞标而让实际控制人失去控制权。特别是控股股东和特委会之间经过公平谈判达成的方案一旦被少数股东多数决规则所否决,不仅会扼杀已谈成的交易,而且会让目标公司暴露在竞标者的争夺之中,竞标者会比控股股东出价更高,而因为特委会和董事会已经批准了控股股东的更低出价,意味着出价者的更高出价很难被董事会以不公平而加以拒绝,否则有违 Revlon 案所确定的最大化出售价格的义务。如果实际控制人持股 51% 或以上,少数股东多数决规则的市场检验功能会被削弱,因为竞标者预期不能获得公司的控制权而不出现。

少数股东多数决规则的功能之三是确保全体少数股东得到中位数的价格,[②]确保股东偏好的中间化得到满足。假设公司有十位少数股东参与投票,对股份的内心估值和保留价格分别从 1 元到 10 元。最乐观的投资者对股份的估值是 10 元,最悲观的投资者对股份的估值是 1 元。当提案的对价从 1 元逐级上升,少数股东同意票数和比例逐步上升。当对价到 6 元时,会有六位股东同意。Booth 认为,不同于荷兰式拍卖,少数股东多数决规则这个结果与阶梯拍卖(stair-step auction)的结果是一致的。[③] 估值为 1 元的股东,最后得到 6 元的对价;同时,估值为 10 元的股东,也得到了 6 元的对价。在组合投资和多元化投资中,少数股东多数决规则还最大化了交易的发生数量。[④] 基于少数股东多数决规则的功

---

① See Guhan Subramanian, *Fixing Freezeouts*, 115 Yale Law Journal 2, 53 – 54 (2005).

② See Richard Booth, *Majority-of-Minority Voting and Fairness in Freeze-out Mergers*, 59 Villanova Law Review Online: Tolle Lege 87 (2014).

③ See Richard Booth, *Majority-of-Minority Voting and Fairness in Freeze-out Mergers*, 59 Villanova Law Review Online: Tolle Lege 87 (2014).

④ See Richard Booth, *Majority-of-Minority Voting and Fairness in Freeze-out Mergers*, 59 Villanova Law Review Online: Tolle Lege 87 (2014).

能,有学者认为少数股东多数决规则比特委会更加重要。①

少数股东多数决规则要发挥功能,也有内置的前提。一是向少数股东充分地披露信息,使少数股东的投票决策是基于充分的知情。二是股东投票或决策中不存在被威胁或胁迫的嫌疑。前两个是要约收购司法审查中对股东决策所沿袭下来的常规保护。三是参与少数股东多数决规则的少数股东与控股股东不存在隶属或合谋关系。② 下面分别阐述三个前提。

1. 信息披露

关于公司信息披露义务的执法,在美国有联邦和州的双轨制。在公司法层面,诚实(duty of candor)信息披露是受信义务的基本内容,公司内部人和控股股东须向少数股东披露所有的重大信息。披露不实,则构成欺诈,商业判断规则的假定被推翻。③ 在美国联邦证券法层面,上市公司负有信息披露的义务,特别是关于受信义务人的重大利益冲突交易。

对少数股东多数决规则质疑不同于特委会所面临的结构偏差或者品质(integrity)问题。从定义上看,与交易和控股股东无利害关系方能成为少数股东多数决规则中的少数股东。④ 对少数股东多数决规则清洁效力的诘问是三个方面:信息披露⑤、要约收购司法审查所传承下来的严格审查控股股东是否存在对少数股东股东投票的胁迫或暗示的胁迫⑥和

---

① See Richard Booth, *Majority-of-Minority Voting and Fairness in Freeze-out Mergers*, 59 Villanova Law Review Online: Tolle Lege 87 (2014).

② See Lewis v. Vogelstein, 699 A. 2d 327 (Del. Ch. 1997), in William Allen, Reinier Kraakman & Guhan Subramania, *Commentaries and Cases on the Law of Business Organization*, 4th ed., Wolters Kluwer, 2012, p. 293 - 294.

③ See William Allen, Reinier Kraakman & Guhan Subramania, *Commentaries and Cases on the Law of Business Organization*, 4th ed., Wolters Kluwer, 2012, p. 290.

④ See William Allen, Jack Jacobs & Leo Strine, Jr., *Function Over Form: A Reassessment of Standards of Review in Delaware Corporation Law*, 56 Business Lawyer 1287 (2001).

⑤ See J. Robert Brown, Jr., *Speaking with Complete Candor: Shareholder Ratification and the Elimination of the Duty of Loyalty*, 54 Hastings Law Journal 641 (2002 - 2003).

⑥ See William Allen, Jack Jacobs & Leo Strine, Jr., *Function Over Form: A Reassessment of Standards of Review in Delaware Corporation Law*, 56 Business Lawyer 1287 (2001).

少数股东集体行动问题。在信息披露方面,美国特拉华州法院对作为少数股东投票基础的信息对称从疑虑、部分承认到最终相信信息披露的完备,这个演变的发生有若干原因。其一,美国联邦证券执法和州公司司法的协力。美国证交会在信息披露方面的严格执法,大大弥补了州法的事后司法救济的不足。特别是《萨班斯 - 奥克斯利法案》实施以来,美国证交会对公众公司的信息披露执法越来越严厉和有效。我们知道,除了前述的加强独立董事和董事会的独立性,《萨班斯 - 奥克斯利法案》的另一个重点是信息披露。[①] 美国证交会执法的力度加强,获得广泛认可。在这样的环境下,美国特拉华州法官的态度在发生改变。“在今日的环境中,给予那些基于少数股东多数决规则认可后的利益冲突的合并交易非完全的清洁效果,缺乏充分的正当性。证交会的信息披露监管和私人律师的努力,再加上机构投资者的股东积极主义放大了信息披露执法的效果,新技术带来的大量信息流动更加促进了信息披露执法。这时候,不认可少数股东多数决规则更加缺少正当性。”[②]其二,当今互联网信息传播的力度,大大不同于 1994 年 Kahn *v*. Lynch 案的技术面貌。[③] 在 In re MFW 案中 Strine 法官提到,互联网增强了股东获取信息的能力,让股东变得更加通晓,因此更有力获得和处理公司和市场的信息。[④] 信息充分下的、没有胁迫压力的股东和董事投票,优于法院的判断。[⑤]

2. 投票(预受要约)无胁迫

此前提是确保少数股东在自由意志支配下的自由投票(合并式的私有化退市)或预受要约(TOFO 式的私有化退市)。在 Pure Resource 案

---

① See Stephen M. Bainbridge, *The Complete Guide to Sarbanes-Oxley*, Adams Business, 2007, p. 38 – 72.

② See William Allen, Jack Jacobs & Leo Strine, Jr., *Function Over Form: A Reassessment of Standards of Review in Delaware Corporation Law*, 56 Business Lawyer 1287 (2001).

③ See Miriam Bitton & Odelia Minnes, *Exploring the Standard of Review of Transactions with Controlling Shareholders after In re MFW Shareholders Litigation*, 7 J. Bus. Entrepreneurship & L. 447, 464 – 465 (2014).

④ See In re MFW S'holders Litig., 67 A. 3d 496, 530 (Del. Ch. 2013).

⑤ See In re MFW S'holders Litig., 67 A. 3d 496, 533 (Del. Ch. 2013).

中,法院对控股股东要约收购是否存在胁迫所给出的操作化的标准是:少数股东多数决规则须是要约收购启动前所约定的要约生效的条件;在后端的简易合并中,给少数股东的对价应与要约收购的条件一样;控股股东必须承诺不报复。① 在TOFO交易中,这三个操作化的标准具有确定性,也是“安全港”的内在构成。此外,对于侵犯股东投票权(shareholder franchise)的董事会行为(往往在控股股东的指示下),包括对股东自由意志的干预,司法审查标准要求董事会必须提供“令人信服的正当化理由”(compelling justification),否则违反受信义务。②

对少数股东多数决规则质疑的是,当要约收购的发动主体从第三方转到控股股东时,控股股东主导的交易结构内生的对少数股东的胁迫或压迫是天然的。③ 强制披露只能解决公众股东的信息不对称问题。控股股东和交易设计的胁迫性,再加上少数股东的集体行动困境,使得质疑少数股东多数决规则清洁作用更加严重。④ 美国特拉华州法院最终认可在一定条件下少数股东多数决规则的清洁功能,与近几年美国股票市场投资者结构的变化有关。市场结构的变化和法律的合力使得美国特拉华州法院最终对少数股东的投票和意思自治赋予更大的法律意义。第一,美国股票市场投资者日益以机构投资者为主,特别是对冲基金的作用日益明显。据统计,在1965年,美国股票市场中,机构持股16%;到2001年,机构持股上升到61%。⑤ 机构投资者的行为模式更加理性,更能克服集体行动的困境。第二,股东积极主义的兴起。随着机构投资者

---

① See In re Pure Resources Inc., S'holders Lit., 808 A.2d 421 (Del. Ch. 2002).

② See Blasius Industries, Inc. v. Atlas Corp., 564 A.2d 651 (Del. Ch. 1988).

③ See A. C. Pritchard, *Tender Offers by Controlling Shareholders: The Specter of Coercion and Fair Price*, 1 Berkeley Business Law Journal 83 (2004).

④ See J. Robert Brown, Jr., *Speaking with Complete Candor: Shareholder Ratification and the Elimination of the Duty of Loyalty*, 54 Hastings L. J. 641 (2002-2003).

⑤ See Marcel Kahan & Edward Rock, *Embattled CEOs*, 88 Tex. L. Rev. 987 (2010); Paul Rose, *The Corporate Governance Industry*, 32 J. Corp. L. 887, 897 (2007); Leo E. Strine, Jr., *The Delaware Way: How We Do Corporate Law and Some of the New Challenges We (and Europe) Face*, 30 Del. J. Corp. L. 673, 688 (2005).

在投资者中的占比优势变化，股东积极主义的兴起使得集体行动问题进一步缓解。[①] 这对上市公司私有化尤其有意义，因为私有化退市相比其他隐蔽的控股股东交易，更容易观测和评估，[②]更容易调动机构投资者的介入积极性。机构投资者在美国联邦证券诉讼和州公司并购交易诉讼中，均积极发起诉讼成为首席原告。[③] 实证研究表明，少数股东积极主义的影响力日益扩大，使得控股股东更愿意选用特委会，而且因为担心少数股东多数决规则的阻扰，不愿意选择将交易生效条件设定为少数股东多数决规则，[④]担忧机构投资者借助少数股东多数决规则增加谈判优势。美国上市公司持股的机构化和少数股东积极主义的兴起，使得法官相信少数股东完全有能力保护自己，而不需要父爱主义的司法审查。第三，专业的投票咨询机构的中介服务为少数股东提供专业化的投票建议。美国市场近年来兴起一个新的“守门人”行业——投票顾问（proxy advisors），他们为机构投资者提供专业的投资咨询服务。[⑤] 例如，“机构投资者服务”（ISS）作为最有影响力的投票顾问之一，为它的客户提供投票评估的服务，做出投赞成票、反对票或弃权的建议，推荐给机构投资者客户。作为市场“守门人”的投资咨询机构的职业化服务，有力地保护少数股东。这些因素让美国特拉华州法院逐步认可少数股东多数决规则。

3. 参与少数股东多数决规则的股东无利害关系

少数股东多数决规则实际发挥清洁作用的第三个条件是参与少数股东多数决规则的少数股东与控股股东不存在隶属关系，或不存在与控

---

① See Donald C. Langevoort, *The SEC, Retail Investors, and the Institutionalization of the Securities Markets*, 95 Va. L. Rev. 1025 (2009).

② See Vikramaditya Khanna & Umakanth Varottil, *Regulating Squeeze-Outs in India: A Comparative Perspective*, 63 Am. J. Comp. L. 1009, 1045 (2015).

③ See David H. Webber, *Private Policing of Mergers and Acquisitions: An Empirical Assessment of Institutional Lead Plaintiff in Transactional Class and Derivative Actions*, 38 Delaware Journal of Corporate Law 907 (2013 – 2014).

④ See Suneela Jain, Ethan Klingsberg & Neil Whoriskey, *Examining Data Points in Minority Buy-Outs: A Practitioners' Report*, 36 Delaware Journal of Corporate Law 939 (2011).

⑤ See Stephen Choi, Jill Fisch & Marcel Kahan, *The Power of Proxy Advisors: Myth or Reality*, 59 Emory Law Journal 869 (2009 – 2010).

股股东的先前协议,否则会导致参与少数股东多数决规则的少数股东相互之间对表决事项的利益和激励方向错配,减损少数股东多数决规则的效果。在 CNX Gas 案中,机构投资者 T. Rowe Price 是第一大少数股东,持有少数股东的 37% 股份。在要约收购之前,控股股东与 T. Rowe Price 已达成私下收购协议,锁定了出售价格。而且 T. Rowe Price 既是被控制公司的少数股东,又是母公司的少数股东。这使得不论少数股东预受要约的价格和数量是多少,T. Rowe Price 都能获利。[①] 私下收购协议在司法审查中被发现,法院否决该案少数股东多数决规则的效果。另外在 Pure Resources 案中,法官经审查发现,部分少数股东是被合并公司的管理层,与控股股东有私下的股东投票协议,已受到控股股东的影响,不符合少数股东无利害关系的内在要求。[②] 总之,对于少数股东和多数股东的隐蔽联系和事前协议,美国法的解决办法是依赖信息披露基础上的司法程序进行发现。[③]

(三)公司资产浪费的禁止

依据目前的美国特拉华州公司判例法,充分、有效模拟公平谈判双重清洁机制,使得利益冲突交易避开完全公平司法审查,但仍受制于不违反公司浪费。浪费指的是公司资产的交易所得到的对价是如此地不成比例的小,以致超出任何一个理性的人在交易时愿意得到的对价范围。[④] 从美国司法实践来看,公司浪费的禁止主要适用于高管的薪酬是否过度。[⑤]

---

① See In re CNX Gas Corporation Shareholders Litigation, 2010 WL 2291842, Case No. 5377 – VCL (Del. Ch. May 25, 2010).

② See In re Pure Resources, Inc., S'holders Lit., 808 A. 2d 421 (2002, Del. Ch.).

③ See Vikramaditya Khanna & Umakanth Varottil, *Regulating Squeeze-Outs in India: A Comparative Perspective*, 63 American Journal of Comparative Law 1009 (2015).

④ See Lewis, 699 A. 2d at 336 ("Roughly, a waste entails an exchange of corporate assets for consideration so disproportionately small as to lie beyond the range at which any reasonable person might be willing to trade.").

⑤ See Steven C. Caywood, *Wasting the Corporate Waste Doctrine: How the Doctrine Can Provide a Viable Solution in Controlling Excessive Executive Compensation*, 109 Michigan Law Review 111 (2010).

公司浪费的规则构成一个底线的司法审查。股东会的多数决不能保护明显不平衡的(wildly unbalanced)交易,表面审查即可发现公司资产非理性(irrationally)地流失,①属于浪费公司资产。即使是股东对利益冲突交易的批准,依然受制于公司浪费禁止的审查。② 公司资产浪费的禁止属于对公司决策的实体内容的审查,是注意义务的一部分,③也叫作决策的理性(rationality)。如果董事会的决策是基于理性的商业目的,则适用商业判断规则,法院不干预。④ 原告援引公司浪费,需要推翻商业判断规则。而克服商业判断规则的推定是较困难的。例如,在迪士尼高管薪酬案中,美国特拉华州法院认为,原告在立案阶段(pleading)没有提出具体的事实可以表明董事会的决策是不符合理性的商人决策。⑤ 将来可能没有必要再适用公司资产浪费的审查。Allen 等法官认为,已经妥当地经过公司程序的决议,如果法院再介入审查,等同于法院认定公司的行为失常(bizarrely)。⑥ 法官不会比无利害关系的董事或股东更加理性。

五、双重清洁机制的中国移植及效果检验

美式“安全港”的移植需注意三个方面。第一,在美式“安全港”下,

---

① See William Allen, Reinier Kraakman & Guhan Subramania, *Commentaries and Cases on the Law of Business Organization*, 4th ed., Wolters Kluwer, 2012, p. 292.

② See William Allen, Reinier Kraakman & Guhan Subramania, *Commentaries and Cases on the Law of Business Organization*, 4th ed., Wolters Kluwer, 2012, p. 292.

③ See D. Gordon Smith & Cynthia Williams, *Business Organizations, Cases, Problems, and Case Studies*, Wolters Kluwer Law & Business, 2012, p. 380.

④ See Sinclair Oil Corp. *v*. Levien, 280 A. 2d 717, 720 (Del. 1971); D. Gordon Smith & Cynthia Williams, *Business Organizations, Cases, Problems, and Case Studies*, Wolters Kluwer Law & Business, 2012, p. 381.

⑤ Brehm *v*. Eisner, 716 A. 2d 244, 262 (Del. 2000). *Comment, Brehm v. Eisner, Or Some Reflections about the Disney Case*, 26 Delaware Journal of Corporate Law 1105 (2001).

⑥ William Allen, Jack Jacobs & Leo Strine, Jr., *Function Over Form: A Reassessment of Standards of Review in Delaware Corporation Law*, 56 Business Lawyer 1287 (2001).

控股股东的行为有两个选项,选择“安全港”,或者接受法院的严密的完全公平司法裁判。所谓“安全港”是对完全公平司法审查的逃避,“安全港”豁免之所以有价值是以严密的完全公平司法审查为前提的。可以说,“安全港”是在完全公平司法审查的阴影笼罩之下逐步形成的。如果一个法域对上市公司控股股东重大利益冲突交易没有严格的行政监管和成熟的司法裁判,控股股东不会有激励去选择和寻求“安全港”的豁免。第二,美国拥有一个具有商事审判专长与优势的特拉华州衡平法院与州最高法院。该州的两级法院累积了大量的以受信义务为核心的商事裁判经验。[①] 在这个过程中法官与公司律师进行互动,再加上美国证交会对上市公司治理与信息披露的日益严格监管,从而使得州法院尤其是衡平大法官审时度势,通过判例法形成针对受信义务人的某类利益冲突行为的“安全港”。第三,公司内部治理发挥作用离不开有效资本市场、商业伦理、法官、投行中介、职业董事群体等所组成的特定生态系统;[②]同理,依赖公司内部治理良好运作的双重清洁机制发挥功能也离不开特定的生态系统。不仅特委会和少数股东多数决规则是不可分割的整体,而且双重清洁机制与它发挥作用的前提条件也构成一个更大的整体。只移植双重清洁机制的某一部分,难以奏效。

下文从非终局性的利益冲突和终局性的利益冲突,考察各主要国家和地区在公司内部程序以清洁利益冲突方面距离美国式的“安全港”的一些规定,然后再来审慎中国的规定。

(一)非终局性的重大利益冲突的域外规范经验

在股权分散为主的公司法域,董事的利益冲突是规范的重点。第一,对于董事的利益冲突交易,公司内部会有相应的内部审批程序,要求

---

① See E. Norman Veasey, *Law and Fact in Judicial Review of Corporate Transactions*, 10 University of Miami Business Law Review 1 (2002).

② See Troy Paredes, *A Systems Approach to Corporate Governance Reform: Why Importing U. S. Corporate Law Isn't The Answer*, 45 William and Mary Law Review 1055 (2003 – 2004).

经过无利害关系的董事的批准、股东会批准等。[①] 例如,在德国,经过监事会许可的董事自我交易,以及在意大利,经过无利害关系董事批准的自我交易,不论公平与否,自我交易生效。[②] 同样,法国法要求涉及董事利害关系的交易需要董事会批准,利害关系董事回避,否则对公司有损害的交易是无效的。[③] 第二,在董事自我交易的股东会批准方面,公司法不强制必须股东会批准,因为股东会的成本比较高,[④]一般看公司章程的规定,公司章程对于重大的董事自我交易一般需要提交股东会表决。

公司股东不同于董事的地位,一般而言不是信义义务人。控股股东的利益冲突交易问题,与董事的自我交易一样,趋势是越来越依赖董事会中无利害关系董事的通过。[⑤] 在股东会表决与控股股东的交易时,对于控股股东是否在股东会回避,从股东自利性的假定出发,则有反对的声音,股东在股东大会上有权就对自己有利的方案投票,符合资本多数决原则。[⑥] 在美国这是通过判例法发展起来的制度激励,并非强制要求。即使是与控股股东的交易,很少有强迫股东会的投票。[⑦] 例如,在英系的公司法中,控股股东的重大利益冲突一般属于股东压迫,适用不公平损害(unfair prejudice)的救济,但是,对于不公平损害的"安全港",或者控股股东应该如何做才属于公平的,则没有相关的经验总结。"安全港"形成的雏形依赖于对公平的认定,在对公平的认定过程中,形成一些简单

---

① 参见朱羿锟:《董事问责:制度结构与效率》,法律出版社 2012 年版,第 33 ~ 43 页。

② See Luca Enriques, *The Law on Company Directors' Self-Dealing: A Comparative Analysis*, 2 International and Comparative Corporate Law Journal 297 (2000).

③ See Luca Enriques, *The Law on Company Directors' Self-Dealing: A Comparative Analysis*, 2 International and Comparative Corporate Law Journal 297 (2000).

④ See Reinier Kraakman et al. ed., *The Anatomy of Corporate Law*, Oxford University Press, Second Edition, 2009, p. 167.

⑤ See Reinier Kraakman et al. ed., *The Anatomy of Corporate Law*, Oxford University Press, Second Edition, 2009, p. 164.

⑥ 参见廖大颖:《证券市场与企业法制论》,台北,元照出版公司 2007 年版,第 170 ~ 175 页。

⑦ See Reinier Kraakman et al. ed., *The Anatomy of Corporate Law*, Oxford University Press, Oxford University Press, Second Edition, 2009, p. 167.

明了且特别有代表性的指标,再进行提炼。而英国判例法在这方面尚未形成可操作性的具体公平表征。[①]

(二)挤出少数股东(上市公司私有化交易)的域外规范经验

欧盟法偏重于事前的结构限制,而非事后的司法审查。[②] 根据欧盟指令,对法定合并的限制很严格,但对于要约收购挤出合并,则赋予持股一定比例的多数股东享有对少数股东的余股挤出权。只要得到少数股东多数决的同意,即视为公平推定,不再审查。[③] 这是类似美国"安全港"的后端,但是忽略了在前端,董事会对少数股东的保护职能。

在英国公司法法域(commonwealth jurisdictions)下,挤出合并一般有三种方式,强制收购(余股挤出)、协议安排(scheme of arrangement)和减资。例如,在印度实践中最常用的控股股东挤出少数股东的方式是减资。[④] 协议安排是英式公司法的特殊制度,协议安排的通过,需要股东批准门槛更高,因为控股股东和少数股东利益不一致而使得少数股东有权作为单独的类别进行股东表决,而且需要法院批准,时间长;优势是少数股东没有评估权。在我国香港特别行政区上市的中概股公司私有化常常适用开曼或百慕大的公司法[⑤]和我国香港特别行政区的证券法。根据开曼或百慕大的公司法,在协议安排方式下,亲自或委派代表出席法院大会并在会上表决的代表不少于75%目标股份的股东人数的大多数,以投票方式批准私有化方案。这一方式的前提有两个:(1)代表至少75%

---

① 参见林少伟:《英国现代公司法》,中国法制出版社2015年版,第260~268页(英国法上确定不公平的两个标准是违反关于公司事务如何进行所达成的协议和基于衡平原则的考虑)。

② See Ronald Gilson & Alan Schwartz, *Constraints on Private Benefits of Control: Ex Ante Control Mechanisms versus Ex Post Transactions Review*, 169 Journal of Institutional and Theoretical Economics 160, 162 - 163(2013).

③ See Marco Ventoruzzo, *Freeze-outs: Transcontinental Analysis and Reform Proposals*, 50 Virginia Journal of International Law 841 (2010).

④ See Vikramaditya Khanna & Umakanth Varottil, *Regulating Squeeze-Outs in India: A Comparative Perspective*, 63 American Journal of Comparative Law 1009 (2015).

⑤ 在开曼、百慕大成立的公司,在我国香港特别行政区资本市场上市和私有化,适用注册地开曼或百慕大的公司法。

的参会的独立股东的表决票批准私有化；(2)投反对票的独立股东所持票数不超过所有独立股东所持表决票的10%。参会股东所持票数的绝大多数(不少于3/4)通过特别决议案，以批准并落实以注销和废除目标股份的方式削减目标公司的股本；以及股东以普通决议案，批准在削减股本后立即增加目标公司的已发行股本，使其相等于注销计划股份前的金额，并将因上述注销计划股份形成的储备用于支付新股份的面值，该等新股份的数目相等于注销的目标股份股数，发行给买方团。通过协议安排的方式进行私有化的方案需要经过法院批准，而且还有人头票要求。需要提及的是，我国香港特别行政区已废除人头票要求，在我国香港特别行政区注册的上市公司采用协议安排方式进行私有化交易，相比仍然要求人头票的开曼/百慕大公司要更为简便。除了适用注册地的公司法要求，香港证监会要求吸收合并式的私有化遵守《收购守则》下关于私有化的股东批准要求和香港联交所上市规则关于下市的股东批准要求，包括私有化必须在独立股份的持有人的会议上，获得至少75%的独立股份的投票权的批准；投票反对私有化的票数，不得超过所有独立股份的投票权的10%。我国香港特别行政区市场上的上市公司私有化的批准门槛很高，不过，这些程序通过要求，不具有排除司法审查的“安全港”效果。

(三)中国台湾地区的移植及效果检验

我国台湾地区紧跟国际公司法的最新进展，2015年我国台湾地区“企业并购法”草案引入美国式特委会。“企业并购法”第6条第1项修正为：“公开发行股票之公司于召开董事会决议并购事项前，应设置特别委员会，就本次并购计划与交易之公平性、合理性进行审议，并将审议结果提报董事会及股东会。但规定无须召开股东会决议并购事项者，得不提报股东会。”但我国台湾地区对美国式“安全港”的法律移植属于“半套”移植，[①]

① 参见曾宛如：《半套公司治理移植经验：以审计委员会与特别委员会为例》，载《月旦民商法杂志》第43期(2014年)。

没有引入与特委会构成一个整体的另外一个支柱少数股东多数决,草案仍然维持“企业并购法”第18条第5项关于股东豁免回避表决的规定:“公司持有其他参加合并公司之股份,或该公司或其指派代表人当选为其他参加合并公司之董事者,就其他参与合并公司之合并事项为决议时,得行使表决权。”同时,我国台湾地区“公司法”上本有股东回避规定,即股东对于会议的事项,有自身利益关系致有害于公司利益的可能性时,不得加入表决,也不得代理其他股东行使其表决权,[①]然而,从效率出发,“企业并购法”优先于“公司法”相关规定的适用。[②] 这使得草案对双重清洁机制的不全面引入,被批评为“断简残篇的引进”。[③]

(四)中国大陆地区的移植及效果检验

目前,中国A股上市公司私有化退市的法律途径主要有两个:直接吸收合并和要约收购。下文立足中国本土实践,从两种私有化退市途径的交易描述、重大利益冲突、现有法律外部规制的不足、公司内部双重清洁机制的应用四个逻辑层次展开分析,为结论部分从外部规制和公司内部治理两方面的政策建议提供理论基础。

1. 途径一:控股股东吸收合并A股上市公司的法律规制疏漏

控股股东通过吸收合并A股上市公司进行私有化退市,须遵循公司法和证券法的双重规定。在公司法层面,公司合并须经过双方董事会、股东大会的特别决议。其中,董事会至少一半董事出席,合并提案须经过全体董事的过半数通过;上市公司股东大会没有最低出席人数要求,合并提案须经出席股东大会的表决权的2/3以上通过。公司章程可以在公司法的基础上有更高的特别规定。控股股东吸收合并A股上市公

---

① 参见我国台湾地区“公司法”第178条、第206条。

② 参见蔡昌宪:《下市交易中利益冲突之净化机制》,载《台大法学论丛》第44卷第2期(2015年)。

③ 参见曾宛如:《半套公司治理移植经验:以审计委员会与特别委员会为例》,载《月旦民商法杂志》第43期(2014年)。

司的提案,在董事会表决时与控股股东有关联的董事必须回避表决;在股东大会表决时控股股东及其关联股东必须回避表决。合并还必须依法履行债权人通知和公告程序,并根据各自债权人于法定期限内提出的要求向各自债权人提前清偿债务或为其另行提供担保。在证券法层面,上市公司的董事会须聘请独立财务顾问出具独立财务顾问的意见和专项核查意见,聘请律师出具公司合并的合法性法律意见书。

控股股东吸收合并 A 股上市公司属于利益冲突程度比较严重的交易。控股股东控制上市公司董事会,使得董事会没有独立的意志与力量去维护公众股东的利益。控股股东主导的合并上市公司方案会有诸多对公众股东不公允的安排。监管部门已经意识到控股股东吸收合并 A 股上市公司中的利益冲突问题。例如,我国的《企业会计准则第 20 号——企业合并》把这类合并称为“同一控制下的企业合并”,对同一控制下的合并方案的定价有特殊的估值、记账和会计准则。① 然而,目前的法律规制仍显薄弱,也表现在公司法和证券法两个层面。在公司法层面,上市公司的控股股东、实际控制人和董事会对公众股东都承担受信义务,而在受信义务的移植国家②,包括我国的商事审判对受信义务的裁判不深入、不成熟或不发达,③难以依赖司法裁判保护公众投资者。在证券法层面,证券监管部门不区分是关联方还是非关联方发起的对 A 股上

① 参见财政部《企业会计准则第 20 号——企业合并》第二章“同一控制下的企业合并”。

② See Hideki Kanda & Curtis Milhaupt, *Re-examining Legal Transplants: The Director's Fiduciary Duty in Japanese Corporate Law*, 51 American Journal of Comparative Law 887 (2003). 笔者指出日本对美国公司法的忠实义务的移植失败。

③ 这个判断是基于两个法律实证研究的一致结论。根据实证研究(2005~2007 年),董事的勤勉注意义务在北京法院的审判实践中演变成简单的正常经营标准,形式化的审查董事的经营是否在授权范围内和是否合法合规。注意义务在我国司法机关的发展停步不前。参见甘培忠等主编:《新类型公司诉讼疑难问题研究》,北京大学出版社 2009 年版,第 343~344 页。另外一个实证研究(2001~2010 年)的发现是,“法律、行政法规或公司章程的具体规范是法院判断被告是否违反义务的唯一依据……对许多法院来说,经营者的忠实和勤勉义务已经等同于‘守法义务’。这一立场表现为某些判决过分依赖形式化审查,机械地理解和适用法律”。参见王军:《公司经营者忠实和勤勉义务诉讼研究——以 14 省、直辖市的 137 件判决书为样本》,载《北方法学》2011 年第 4 期。据笔者的不完全观察,我国公司法的受信义务纠纷很大一部分以公司决议瑕疵之诉表现出来,导致公司决议瑕疵之诉和相关制度比较完善。

市公司的吸收合并,在股权定价方面适用统一的监管标准:董事会决议公告日作为公众股东手中股权的定价基准日,一般是定价基准日的前20个交易日上市公司股票交易的均价为公众股东所得到的对价。[①] 为了吸引公众股东接受,控股股东在这个定价基准上给予一定的溢价。关键问题不是从财务估值的实体上去论证给予公众股东的对价是否公允,而是对价的形成过程是否符合程序正义。公众股东手中的股权以什么样的价格被控股股东收购,公众股东毫无议价能力,而是控股股东提议,然后再由控股股东控制下的董事会去聘请投行财务顾问进行财务估值的论证。整个价格形成的过程,缺乏公平谈判下的程序正义所带来的可信度。更隐蔽的严重问题是,如同 Bebchuk、Kahan 和 Subramanian 所指出的,如果法律上依赖市场价格的股票估值,迷信市场价格,将诱发控股股东的机会主义行为。[②] 比如,控股股东及控股股东控制下的董事会选择市场股价的低迷期公告合并决议,然后以之作为定价基准日。看起来符合监管要求,而实际上股票价格有诸多市值管理的可操纵的灰色地带。依赖股票市场的价格作为公众股东手中股权的定价基准,是中国证券法的极大误区。应着重为公众股东寻找到能与控股股东对等谈判的机构,经过对等的谈判谈出来的对价,方能推定为公允。股价仅是参考

---

① 《上市公司重大资产重组管理办法》2016年修订依然沿袭一直以来的惯例,其第45条第1款规定:"上市公司发行股份的价格不得低于市场参考价的90%。市场参考价为本次发行股份购买资产的董事会决议公告日前20个交易日、60个交易日或者120个交易日的公司股票交易均价之一。本次发行股份购买资产的董事会决议应当说明市场参考价的选择依据。"

② See Lucian Bebchuk & Marcel Kahan, *Adverse Selection and Gains to Controllers in Corporate Freezeouts*, in Randall Morch ed., Concentrated Corporate Ownership, The University of Chicago Press, 2000, p. 250 – 252; Guhan Subramanian, *Fixing Freezeouts*, 115 Yale Law Journal 2 (2005). 美国 Dole 公司私有化退市中,控股股东 David Murdock 的行为完全符合 Bebchuk、Kahan 和 Subramanian 的理论预测:他在公司私有化退市之前先打压公司股价、隐瞒公司的实际成本节约数据、伪造公司经营预期数据等。参见张巍:《资本的规则》,中国法制出版社2017年版,第201~203页。

因素之一。[①]

2. 途径二:控股股东要约收购A股上市公司的法律规制疏漏

通过要约收购进行上市公司私有化退市,首先应区分非关联方的要约收购和关联方的要约收购。前者往往是敌意收购。而控股股东或管理层等内部人作为收购人发起的要约收购是友好收购,也是关联方主导的收购。与美国等地的公司法不同的是,中国公司法没有规定简易合并,因此,中国的要约收购上市公司私有化退市的交易结构,不是美国式的要约收购和简易合并的组合,而是要约收购和触发退市的组合。第一步是控股股东向上市公司的公众股东发出要约收购,将要约收购生效的条件设定为投资者预售要约的股权比例达到上市公司主动退市的条件。公开发行的股份达到公司股份总数的25%以上;公司股本总额超过人民币4亿元的,公开发行股份的比例为10%以上,[②]公司方符合上市标准。只要投资者预售比例达到足够的数量,使得公司的股本总额与股权分布等发生变化不再具备上市条件,即可实现第二步——主动退市。主动退市之后的第三步则是控股股东对目标公司进行吸收合并。一旦退市,被合并公司脱离上市公司身份,不受中国证监会的关联股东回避表决的强制要求,大股东可以参加股东会投票。控股股东提名的董事也可以参与董事会表决。凭借控股股东的资本多数决,吸收合并决议的通过更加容易。在合并决议中,控股股东可以用现金作为对价,以更低的成本完成余股挤出的目标。在这样的制度背景下,要约收购作为成本更低、进度更快的私有化退市途径,将在中国市场扮演重要的角色。

---

① 比如,在上市公司的异议股东回购请求权中,早期美国特拉华州法院仅仅对股价赋予40%的权重,另外赋予盈余价值25%的权重,资产价值25%的权重,股息10%的权重。多个估值参数进行加权平均后得出异议股东应该得到的上市公司的股权价值。后来特拉华州法院几乎完全放弃了股票市场价格作为估值要素。参见谭津龙:《公司法体系中的异议股东评估权制度》,法律出版社2015年版,第109、112~116页。必须指出的是,异议股东回购请求权中的估值更多的是追求实体正义意义上的公允,而合并中的对价对于公众股东是否公允的裁判标准是追求程序正义意义上的公允,也就是笔者反复强调的对价的形成过程是否公平。

② 《证券法》(2014年修正)第50条第1款第3项、第55条(暂停上市)和第56条(终止上市)。

如果是无关联方对A股上市公司发起以私有化退市为目标的要约收购,由于目标公司的董事会对于收购人具有独立性,能保护公众股东免受不公允要约的伤害。在商业判断规则下,司法保持最低限度的介入。然而,当控股股东对被控制公司发起要约收购时,利益冲突问题严重。一是被控制公司的董事会不具有独立性。二是控股股东对要约收购的发起拥有时机优势、内部信息优势和定价优势。

中国《上市公司收购管理办法》(以下简称《收购办法》)中关于要约收购的规则的假定是非关联方发起要约收购。在这个假定下,要约收购的程序规则借鉴了美国1968年《威廉姆斯法》,规定了要约的期限、要约的程序、要约收购的信息披露等,基本上可以确保非关联方的要约收购对于上市公司的公众股东是公允的。由于《收购办法》的立法想象局限于非关联方的要约收购,而要约收购上市公司私有化退市的发起人是控股股东等关联方,这类收购的利益冲突和对公众股东的不公允问题在《收购办法》既有规则的考虑范围之外。中国《证券法》第四章和《收购办法》没有意识到控股股东要约收购的内在胁迫性,没有区分无关联方发起的要约收购和控股股东发起的要约收购这二者之间的本质差别。一个比较典型的缺漏是,如同在吸收合并中的监管标准主要依赖股票市场定价,要约收购的定价同样过于依赖股票市场的定价[①]——定价基准日是要约收购提示性公告日,这容易被控股股东所操纵和利用。针对关联方的要约收购,如同下文的政策建议部分所表明的,根据"安全港"的公平模拟的方法论,应有一套特别的制度以符合程序正义的要求。

3. 双重清洁机制的中国实践

控股股东发起的上市公司私有化退市中的利益冲突明显,而目前我国法律的正面规制漏洞较多。那么,我国能否依赖公司治理及双重正当

---

① 《收购办法》(2014年修订)第35条第1款规定:"收购人按照本办法规定进行要约收购的,对同一种类股票的要约价格,不得低于要约收购提示性公告日前6个月内收购人取得该种股票所支付的最高价格。"之前的《收购办法》也是同样的规定,依赖股票市场定价几乎形成了中国股票市场要约收购规则和上市公司重大资产重组规则的路径。

程序以达到利益冲突的公司内部清洁呢？

第一，关于第一层清洁程序——价格形成机制中的中立机构——的中国实践。在无关联方发起的私有化退市中，价格形成机制中的中立机构是董事会；在关联方发起的私有化退市中，价格形成机制中的中立机构是特委会。那么在中国，谁能替代既有的董事会，承担与控股股东对等谈判的功能？客观地看，中国公司治理内部机构尚需要建设一个客观、中立的能对抗控股股东的独立谈判与评估机构。(1)在独立性方面，美国式的特委会不仅对中国公司实践来说还比较陌生，而且独立董事的独立性难以支撑美国式特委会在我国的移植与功能运作。独立董事的独立性和正直性是特委会作为中性决策机关的基础。对于上市公司，中国证监会要求上市公司或拟上市公司的董事会的1/3必须是独立董事，审计委员会至少有一位成员是会计专业的独立董事。但现实中的独立董事在公司治理中只起到很有限的作用，难以依赖其遏制控股股东的隧道行为。而与独立董事功能几乎等价的监事会“表现堪称失败”。[①] (2)在职权方面，独立董事表面上权力很大，例如，证券监管要求重大关联交易[②]应由独立董事认可后，方能提交董事会讨论；独立董事作出判断前，可以聘请中介机构出具独立财务顾问的评估报告，作为其判断的依据。[③] 而实践中，独立董事聘请第三方中介机构出具独立财务顾问意见的很少。[④]

---

① 参见郭雳：《中国式监事会：安于何处，去向何方？——国际比较视野下的再审思》，载《比较法研究》2016年第2期。

② 重大关联交易是指上市公司拟与关联人达成的总额高于300万元或高于上市公司最近经审计净资产值的5%的关联交易。

③ 2001年中国证监会《关于在上市公司建立独立董事制度的指导意见》(已失效)第五(一)1段。

④ 在中国平安保险集团收购深圳发展银行的案例中，原深圳发展银行的独立董事谢某忠曾经对于收购人中国平安保险集团和深圳发展银行内部董事达成的收购对价质疑，认为他们根据股票市场的价格，低估了深圳发展银行的股票价值。谢某忠要求聘请瑞信做独立第三方估值。瑞信的估值结果是，平安银行1股只能换深圳发展0.13~0.18股。而平安保险集团和深圳发展银行的方案是平安银行1股换大约深圳发展0.2股。参见李保华：《平安银行、深发展整合小考：找寻小股东利益平衡点》，载《经济观察报》2010年8月30日，第19版。独立董事谢某忠的异议没有阻碍中国平安保险集团收购深圳发展银行的进程。

(3)在功能定位方面,代表公众股东利益的独立机构的功能不仅仅是对控股股东的提案进行投票表决,而是要与控股股东进行对等的谈判,深度介入对价形成的过程,在正当程序的程序正义下推定最终的结果是公允的。而我国所确立的关联董事回避表决制度,仅有表决权回避,没有对公众股东所被动接受的对价的形成过程产生影响。在对价形成过程中,独立谈判机构是否尽到注意义务和履行注意义务下的若干行为标准,比如,聘请独立的财务顾问、法律顾问,对控股股东的报价进行询价式的市场检验,是否具有真正的谈判力,等等,应是监管与裁判的重点方向。

第二,中国证监会在上市公司强制推行少数股东多数决规则,不仅在规范层面违反公司法,有违公司法理,而且在实践层面的效果是财产规则理论所预测的效率损失,过犹不及。

尽管公司法和证券法分属不同的部门法,中国证监会只有证券法的执法授权,在权力范围上仅限于证券法事项,而不能介入公司治理。不过,中国证监会已经在独立董事、现金分红、[①]上市公司的股东大会等事项深度介入公司治理。证监会强制规定:涉及上市公司增发、配股、可转债以及重大资产重组、股抵债、子公司分拆上市等重大影响社会公众股股东利益的事项,必须经参加表决的社会公众股股东所持表决权的半数以上通过,称为上市公司的关联股东表决权回避或表决权排除制度。实际就是美国的少数股东多数决规则。因此,在控股股东对A股上市公司进行私有化退市中,控股股东将被强制回避表决,上市公司的社会公众股东表决权单独计算。值得一提的是,美国的少数股东多数决规则是任意性规范,属于判例法激励下的私人秩序。我国上市公司股东利益冲突交易中的股东表决回避则属于中国证监会的强制性规则,不区分利益冲突交易的规模大小、性质和对公司利益的效果。这是中国证监会基于大股东"掏空"上市公司的历史教训而自身监管无力作出的立法,目的是用少数股东多数决规则替代证券监管。然而,这是违反《公司法》的。《公司法》

① 参见张辉:《上市公司法律规范体系建构》,社会科学文献出版社2010年版,第45页。

关于股东表决权回避只有一种情形,只要求公司为股东提供担保时,相关的股东回避表决。在其他任何股东利益冲突交易中,股东会表决时控股股东没有义务回避。表决权是股权的本质属性之一。中国证监会对股东利益冲突的强制回避表决制度没有《公司法》依据,属于证券监管部门侵入公司治理领域。不过由于我国公司法和证券法领域的违宪审查制度不健全等体制性原因,无人挑战中国证监会的越权行为。从公司法理上说,除非滥用控制权,控股股东有权利为了自己的利益在股东大会行使表决权。

中国少数股东多数决规则的运行情况如何呢?法权的保护有财产规则、责任规则和禁易规则。[①] 财产规则对权利的保护是指当某人想剥夺他人的权利,必须通过自愿的交易,通过卖方所同意的对权利的估值,才能发生权利转移。这种权利的保护形态产生最小限度的国家干预。一旦原初的权利已经配置好,国家不需介入以决定权利的价格。财产规则下的双方谈判中,当事人双方均参与权利的定价。最重要的是,如果卖方认为买方给的价格不够,卖方(权利人)有否决权。而责任规则是指只要某人愿意支付一个客观评估的价格,就能改变原初的权利配置。这个估值可以是原始权利所有人被第三方评估者裁定的出售价格。但一旦客观的估值被设定,即使原始权利人抱怨说客观估值低于他的主观估值,也得不到法律的支持。相比财产规则,责任规则增加一个额外的国家干预程序:借助权威第三方的估值——而不是由私人自己定价。责任规则下,法权的强制转移或侵害为法律所允许,如强制征收。财产规则和责任规则对法权的保护各有利弊。责任规则有利于交易的强制推行,有效率上的优势,但法权保护失于薄弱。而财产规则可以比较充分的保护法权,因为未经权利人同意则法权交易不得进行,但财产规则容易导致卖方敲买方“竹杠”的问题,[②]是一种效率损失。Goshen 指出,公司法

① See Guido Calabresi & A. Douglas Melamed, *Property Rules, Liability Rules, and Inalienability: One View of the Cathedral*, 85 Harvard Law Review 1089 (1972).

② See Richard A. Epstein, *A Clear View of the Cathedral: The Dominance of Property Rules*, 106 Yale Law Journal 2091 (1997).

中的少数股东多数决规则对少数股东股东权的保护属于财产规则。① 他将少数股东作为一个集体,控股股东的私有化退市方案需经过少数股东中的大多数集体同意方才有效表决通过。② 既然少数股东多数决规则增强了公众股东同意的权重,具有类似财产规则的保护性质,那么理论预测会发生"敲竹杠"问题。③

"敲竹杠"问题不是一定发生。在财产规则的法权保护下,如果控股股东和非控股股东之间的市场谈判成本低,则"敲竹杠"的效率损失可以避免。化解财产规则所带来的"敲竹杠"问题的办法是促进当事人在财产规则也就是少数股东多数决规则下的有效谈判。控股股东和公众股东的谈判是否成功,受到交易成本的影响。成熟资本市场上的股东之间的谈判成本相对较低,少数股东多数决规则的负效应较小。但由于中国资本市场和投资者在三个方面的特征,控股股东与公众股东之间的谈判成本、交易成本比较高,证券监管所强制要求的少数股东多数决规则,一定程度上阻止控股股东和被控制公司之间有效率的利益冲突交易的发生。这种效率损失的实践表现则是控股股东的提案被少数股东多数决规则所否决。④ 这

---

① See Zohar Goshen, *The Efficiency of Controlling Corporate Self-Dealing: Theory Meets Reality*, 91 California Law Review 393 (2003).

② See Zohar Goshen, *The Efficiency of Controlling Corporate Self-Dealing: Theory Meets Reality*, 91 California Law Review 393 (2003).

③ Edward Rock 警告少数股东多数决规则的使用会在美国资本市场导致少数股东(特别是对冲基金积极主义)"敲竹杠"问题,提醒要谨慎地使用少数股东多数决规则,并呼吁对少数股东多数决规则的规范效果(doctrinal effect)进行重新审视。See Edward Rock, *Institutional Investors in Corporate Governance*, in Jeffrey Gordon & Wolf-Georg Ringe eds., Oxford Handbook of Corporate Law and Governance, Oxford University Press, forthcoming, 2018, p.33.

④ 早期的案例是新航入股东航,由于东航计划向控股股东东航集团定向增发构成关联交易,东航集团不能参与投票表决。结果,东航的定向增发方案遭到A股流通股股东90%以上表决权的反对。"东新恋"告吹。参见王高英:《表决权排除适用例外之可行性分析》,载顾功耘主编:《公司法律评论》2009年卷,上海人民出版社2010年版,第415页。在GOOGLE网站输入"股东大会表决未通过""被少数股东否决"等词条进行检索,有相当数量的报道是关于上市公司关联交易由于少数股东多数决规则被否决的例子,例如,童璐:《反对有效!30天13家公司议案遭股东大会否决》,载证券时报网2016年7月1日,http://www.stcn.com/2016/0701/12777484.shtml。关于控股股东和少数股东之间谈判与交易的效率损失Ⅰ和效率损失Ⅱ,参见朱慈蕴、沈朝晖:《不完全合同视角下的公司治理规则》,载《法学》2017年第4期。

三个方面的特征或市场的结构性不足如下:其一,少数股东多数决规则发挥功效的前提是控股股东和上市公司向少数股东完整、准确地披露所有与少数股东决策相关的重大信息。充分的信息披露是公司少数股东作出决策和正确投票的关键前提。而中国上市公司的信息披露是很不充足的。少数股东在进行表决时面临的信息不对称问题严重。上市公司信息披露的“八股文”问题突出,①中国证监会的信息披露执法还不成熟,专业性有待加强,控股股东和管理层之间的信息不对称问题比较严重。其二,机构投资者能降低控股股东与公众股东之间的信息不对称,便于降低控股股东和公众股东之间的谈判成本。“成熟投资者在信息的搜集和评估方面进行投资,以逻辑一致和职业化的基础,依据他们的发现进行投资。”②而我国的情况是,尽管中国证监会努力培育机构投资者,期待机构投资者在公司董事选任、经营者激励与监督、重大事项决策等方面发挥作用,然而总体来说,中国上市公司的公众股东仍以散户为主,理性冷漠问题严重。控股股东和公众股东之间的沟通成本、谈判成本、交易成本较高。正如集体行动的逻辑所指出的,股东投票是一个很高成本的活动,因为股东要搜集、吸收、消化信息,作出判断。这个过程会耗费大量的时间、精力和金钱,而收益却是全体股东所享有。个体股东而非机构股东为主的投资者结构,使得股东的集体行动问题严重。其三,按照股价反映信息的准确程度与速度,股票市场的效率机制分为强式有效、半强式有效和弱式有效。股票市场的效率机制越完善,股东投票或决策所需要付出的成本越小,因为相关的信息反映在股票价格的波动之

---

① 参见亚洲公司治理协会:《中国内地公司治理缘何退步》,载《新财富》2017 年第 4 期。该文指出:“许多公司的季报只是简单数字的堆砌,却鲜有提供数字背后相应的解释。而年报中的公司治理章节内容更是具有非常明显的公式化,甚至是照抄一些法律条文。这些报告的主要作用是为监管机构提供标准化的信息,使得监管工作变得更加轻松,但却没有为投资者提供任何有助于投资决策的实质信息。亚洲公司治理协会在调查中发现,内地公司年报的非财务报告部分中披露的少数有用信息之一,是有关风险评估的内容。”

② Zohar Goshen, *The Efficiency of Controlling Corporate Self-Dealing: Theory Meets Reality*, 91 California Law Review 393 (2003).

中,公众股东可以通过观察上市公司股价的变动以控制信息消化成本和决策成本,股东大会决议的表决通过成本会降低,不易发生效率损失,甚至散户可以搭机构投资者的“便车”而获得保护,然而,中国股票市场的股价和公司基本面等信息严重脱节,股价反映信息的贴合程度仅是弱式有效的市场机制。

此外,少数股东多数决规则发挥功能的另一个前提条件是参与少数股东多数决的少数股东是无利害关系的。这个问题在中国未引起足够重视。① 如果少数股东和控股股东有私下表决权合意,实际已构成《收购办法》的一致行动人,这样的少数股东不应参与少数股东多数决。少数股东与控股股东之间是否存在表决上的合意或一致行动关系,适用证券法上的“一致行动人”的推定判断标准。② 这有赖于充分的信息披露将控股股东和少数股东之间的业务、融资、商业合作等关系披露出来。对于引起合理怀疑的关系,证券交易所可通过问询函的方式要求其进一步披露。关于控股股东与少数股东,特别是机构投资者之间是否存在一致行动的关系,应成为财务顾问的专项核查意见之一和律师尽职调查的法律意见书的重点内容之一。

六、政策建议兼结语

在股权相对集中的市场,控股股东重大利益冲突的事前预防、清洁、行政监管和事后司法审查是一个永恒的命题。基于控股股东重大利益冲突交易的利弊并存,公司法对其的规制经历从简单的禁止、可撤销、完

---

① 有研究者发现华电能源与控股股东的重大关联交易中,尽管控股股东华电集团回避表决,但是第二、三、四大股东与控股股东存在股权方面的关系或者其他隐蔽关系。参见赵骏、吕成龙:《上市公司控股股东自利性并购的隧道阻遏研究》,载《现代法学》2012 年第 4 期;李文莉:《非公允关联交易的监管制度研究》,法律出版社 2013 年版,第 9 页(李文莉在调研中发现机构投资者受大股东的利诱而倒戈的现象)。

② 《收购办法》(2014 年修订)第 83 条关于一致行动人的若干情形推定。

全公平司法审查，到“安全港”的制度演变轨迹。笔者以上市公司私有化退市利益冲突的双重清洁机制为源头与主要素材，揭示美国法院对双重清洁机制的利益冲突净化效果由不承认、疑虑、部分承认到最终背书的演变过程。可以发现，这个制度变迁过程是与21世纪《萨班斯－奥克斯利法案》以来美国公司治理结构、资本市场股东基础结构、市场中介（股东投票咨询业）的发育、证券执法强化以及互联网技术普及时代的来临等因素导致的本地知识深刻变化直接相关的。美国公司判例法对利益冲突双重清洁机制的背书具有公司制度变迁的世界示范与引导意义。

在《公司法自我执行模型》发表五周年后，Black、Kraankman 联合 Tarassova 反思自我执行模型在俄罗斯的失败教训后发表了一篇论文，论文的副标题是《我们错在哪里》。[①] Black 与 Kraankman 发现自己错了，他们为俄罗斯设计的自我执行的公司法没能遏制住控股股东、实际控制人——他们称为“大盗”——的利益冲突交易。Black 与 Kraankman 总结的核心问题是俄罗斯对控股股东利益冲突交易的执法太弱，而且缺少执法的制度基础设施与政治意愿。[②] 三位学者痛心疾首于自己构思的为转型经济体设计的公司法自我执行模型在俄罗斯的司法、执法环境中虚有其规则，给出的直接政策建议是加强制度层面的基础设施建设。

尽管我国的公司证券方面的制度基础设施要优于俄罗斯孱弱的法制环境，Black 与 Kraankman 加强制度建设的首要建议与思路也同样适用于我国。中国 A 股上市公司私有化退市的两种途径的外部法律规制

---

① See Bernard Black, Reinier Kraakman & Anna Tarassova, *Russian Privatization and Corporate Governance: What Went Wrong*, 52 Stanford Law Review 1731 (2000). 中文译本参见［美］伯纳德·布莱克、芮里尔·柯艾克曼、安娜·塔若索瓦：《俄罗斯私有化与公司治理：错在何处》，彭冰译，载《清华法学》2003 年第 2 期。本文参考了彭冰的译文，下同。

② See Bernard Black, Reinier Kraakman & Anna Tarassova, *Russian Privatization and Corporate Governance: What Went Wrong*, 52 Stanford Law Review 1731 (2000). 例如，尽管俄罗斯股份公司法规定有少数股东多数决规则，但实践中却没有得到执行。即使法院只需要执行简单的程序性规则（例如，由无利害关系的股东批准自我交易），法院也毫无助益。

的缺漏明显,而由双重清洁机制所构成的美国式"安全港",在我国法中尚未完整形成。美国式"安全港"是一个整体,它功能发挥与运行成本高,这是它能替代完全公平司法审查的原因,避免控股股东的规制套利。在美国司法与证券监管生态中生长出来的"安全港",成功移植到其他法域所需要的前提条件很多。这是一个结构性的问题。基于中国的司法商事审判专业性弱①的制度基础设施框架(infrastructural lanscape)以及上市公司内部治理水平下降②的情况,利益冲突的有效规制需要遵循证券监管与司法裁判协力、强制与赋权并用、"功能重于形式"等原理。具体的政策建议方面分为外部规制和内部治理两个层面。Black 与 Kraankman 指出,"只有在……企业的内部建立起控制自我交易的制度之后,才放松对自我交易的行政控制(bureaucratic controls)"③。利益冲突的外部管控与内部治理这两个层面是紧密联系的。如下建议有的适用于控股股东的所有类型的重大利益冲突交易,但主要是针对上市公司私有化退市。

在利益冲突的外部管控层面,其一,上市公司私有化退市的信息披露应该有特别的监管。外部规制的加强是公司内部治理发挥作用的基础。信息是资本市场有效和公司治理发挥作用的基础。私有化退市中的信息披露尤其要加强。在证券法层面,上市公司私有化退市除了要约

---

① 根据世界银行的"Doing Business in China"项目对中国公司少数股东保护程度的评估和打分(以 0 ~ 10 分为范围,10 分为最佳),2017 年上海的"少数股东保护度指数"为 4.5 分,"利益冲突的监管指数"为 5 分,"股东治理指数"为 4.5 分,"董事责任的指数"为 1 分,"股东诉讼的容易度指数"为 1 分,"股东权指数"为 1 分。北京的得分也类似。均不及格,其中公司商事司法审判的短板是重要原因。参见世界银行官方网站,http://www.doingbusiness.org/data/exploreeconomies/china#protecting-minority-investors,最后访问日期:2017 年 10 月 8 日。

② 根据亚洲公司治理协会出版的《亚洲公司治理观察》,中国上市公司的治理水平近四年不断下降。See The Asian Corporate Governance Association, *CG Watch* 2016: *Ecosystems Matter*, http://www.acga-asia.org/upload/files/research_preview/20161014021202_3.pdf. [英]史蒂夫·约翰逊:《中国公司治理退步》,载 FT 中文网 2016 年 11 月 10 日,http://www.ftchinese.com/story/001070081? full=y。

③ Bernard Black, Reinier Kraakman & Anna Tarassova, *Russian Privatization and Corporate Governance: What Went Wrong*, 52 Stanford Law Review 1731 (2000).

收购或者股东投票委托书征集所必需的信息披露,还应有增强版的信息披露,强制性的额外披露更多的信息。立法精神是通过增强版的强制信息披露制度,以解决上市公司私有化退市中如何确保公众股东得到的对价是公允的这个核心问题。披露的重点在于对价的公允性论证。可参照美国证交会的规则 13e－3 和附件 13E－3(Schedule 13E－3)。其二,关于公众股东手中股权的估值,我国的监管标准应放弃对股价的市场迷信,不应以股价作为定价基准与证券合规标准,至少不能作为主要的定价基准,而应转向定价与估值形成过程的公平谈判基准。具体到上市公司私有化退市的监管方面,中国证监会上市部和并购重组委在审核上市公司重大资产重组中积累了股权类资产公允评估与审核的丰富经验,可以之作为基础构建我国未来上市公司私有化退市中公众股东保护的事前的行政监管制度,发挥其专业优势,以弥补事后的司法救济的不足。不论是何种交易形式的上市公司私有化退市方案(合并、要约收购或者减资等),除非符合完善之后的双重清洁机制的“安全港”,控股股东收买公众股东手中股权所支付的对价是否公允这个上市公司私有化退市中最核心的问题,应纳入中国证监会并购重组委员会的审核事项。股价仅是参考因素之一。

在利益冲突的内部清洁层面,其一,改善独立董事的独立性、履职和作为独立谈判机构的功能定位。在独立性方面,可参照美国司法审查的独立董事独立性要求,①依赖独立董事组建特委会。肯綮之处在于独立董事的选举制度上。在股权分散的上市公司,独立董事是全体股东投票选举出来的,容易独立于某几个股东;而在股权集中的上市公司,独立董事同样是股东选举出来的,大股东对独立董事的选举具有较大的决定权。控股股东选举出来的独立董事,在制度逻辑上难以独立于控股股

---

① 参见郭雳:《上市公司私有化交易的审查标准与利益平衡——主动退市的境外经验与启示》,载《北大法律评论》编委会:《北大法律评论》第 15 卷第 2 辑,北京大学出版社 2014 年版,第 402 ~403 页。

东。建议在独立董事选举时,限制大股东的投票权权重,[①]这样让股权在投票选举独立董事的时候尽量分散,使得选出来的独立董事只能代表公众股东的利益。Bebchuk 更是主张上市公司中的某些独立董事只能由公众股东选举(minority-election rule),使他们成为独立性增强版的独立董事,维护公众股东利益免受控股股东压迫。[②] 独立董事履职和作为独立谈判机构的功能定位不仅是被动的表决,更重要的是要赋予它谈判的实权与能力,包括单独聘请外部顾问。其二,《收购办法》的漏洞需填补,增加规定控股股东发动要约收购的情形。根据公平模拟的方法论,控股股东要约收购的利益冲突清洁应是模拟无利害关系第三方下的要约收购。《收购办法》对于非关联方的要约收购,要求董事会评估、对公众股东做出推荐,并有权采取反收购措施。这更接近美国的要约收购规则下的董事的积极作为义务。相应地,控股股东要约收购下的公平模拟也应要求目标公司设立独立于控股股东的独立委员会,作为公众股东的代理人。它有权采取在非关联方要约收购下的董事会权限范围内所能实施的一切合法措施。其三,由于上文所建议的不论何种形式的私有化退市方案均须经由中国证监会并购重组委的审核(以替代和弥补事后司法救济的不足),此时少数股东多数决规则可由强制性改为任意性规范,控股股东在发起上市公司私有化退市时若遵行少数股东多数决规则,行政监管部门在审核时可采取适度宽松的尺度,在就控股股东是否滥用控制权的商事裁判时可改为举证责任倒置。发起私有化退市的控股股东将有两个行动选项,一个选项是那些由于交易成本高导致私有化退市方案被少数股东多数决规则“敲竹杠”的控股股东可以不选择少数股东多数决规则,而是基于自身的持股比例使公司通过私有化退市方案,但要受到中国证

① 彭冰:《中央和地方关系中的上市公司治理》,载《北京大学学报(哲学社会科学版)》2008 年第 6 期。

② 关于在控股股东存在的情况下增强独立董事独立性的 Bebchuk 新方案,参见 Lucian Bebchuk & Assaf Hamdani, *Independent Directors and Controlling Shareholders*, 165 University of Pennsylvania Law Review 1271 (2017)。

监会并购重组委的实质审查；另一个选项是控股股东遵循少数股东多数决规则，甚至模仿设立美式的特委会，交易节奏放缓，但可得到少数股东多数决规则的制度激励，在重组委审核时适用适度宽松的政策或者简易程序，在事后的商事裁判时可改为举证责任倒置甚至转换裁判标准。最后，对于自愿选择适用少数股东多数决规则的上市公司私有化退市方案，独立财务顾问和律师法律意见书核查的重点核查项目须包括参与少数股东投票的机构投资者或法人股东是否与关联股东存在隐蔽的关系，并出具专项核查意见向公众投资者披露。

从更一般的视野来看，制度基础的建议与建设仅仅是应对私有化退市以及控股股东重大利益冲突的一个方面。Black 与 Kraakman 从更宏观的视野提出控制控股股东利益冲突交易的三层结构：影响利益冲突交易可行度以及惩罚风险的法律与制度基础设施；影响所有企业，特别是整个商业环境的一般监管和经济因素；仅涉及特定企业或控制者的因素。[①] 例如，整体商业环境越差，控股股东价值创造的收益越小，越倾向于利益冲突交易。公司法自我执行模式在俄罗斯的失败是俄罗斯在这三个层面的“结构缺陷”（structural flaws）所致。回到中国未来应对上市公司私有化退市的法治发展问题上，法律制度建设仅是一个方面，以法律规则为核心可向市场、经济、社会、文化等不同层次延伸揭示制度改革建议，例如，对于上市公司私有化退市规制而言，比较重要的是培育资本市场的监督力量，才能避免“结构缺陷”的问题。这些建议已经超越笔者所述的范畴。从 Black 与 Kraakman 避免“结构缺陷”的视角来看，控股股东重大利益冲突的双重清洁机制是依赖公司治理内部程序的自我清洁，它看似简单，其实与它赖以发挥功能的诸多前提构成一个有机的结构整体，任何前提或环节的缺憾都可能造成利益冲突无法自我清洁。双重清洁机制的比较法移植须避免“结构缺陷”，方能使之发挥功能，成为有力的规制工具。

---

① See Bernard Black, Reinier Kraakman & Anna Tarassova, *Russian Privatization and Corporate Governance: What Went Wrong*, 52 Stanford Law Review 1731 (2000).

附录

30年判例演变（evolution of doctrine from 1983 and convergence in 2013）

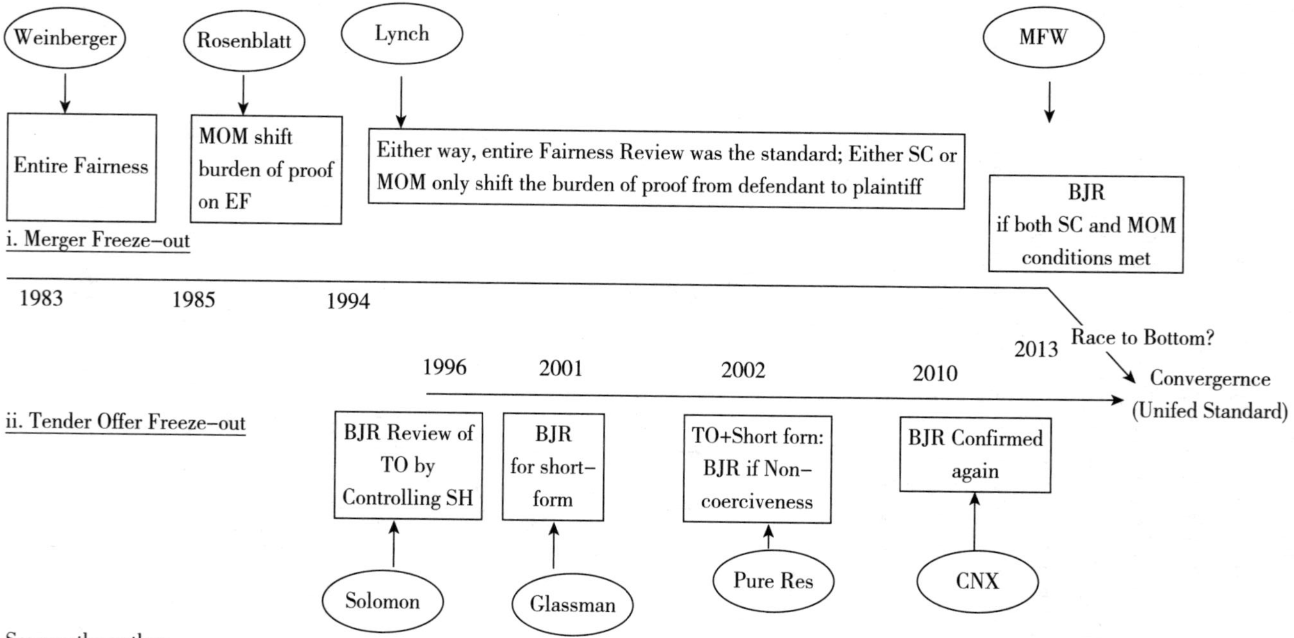

Source: the author

图1　特拉华模式：控股股东挤出合并的司法审查标准的演变与趋同

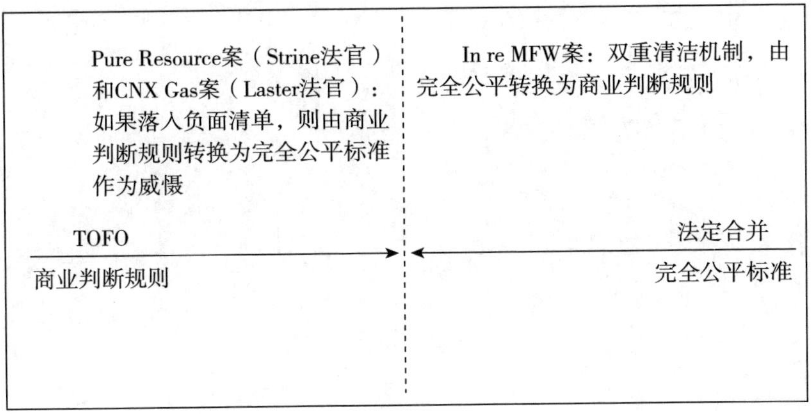

图2　上市公司私有化交易“安全港”相向而行的未竟趋同(截至2016年10月)

Chapter 4 经济法学

论反不正当竞争法一般条款的规范演进与司法适用

宁立志　赵　丰*

目次

摘要：我国《反不正当竞争法》一般条款的修法设计和实践适用已引发诸多争议，反映出我国理论界与实务界在此问题上仍缺乏通识的话语体系及立法论和方法论的共识。从规范演进的视角来看，一般条款作为早期概念法学的产物，其新发展已呈现出立法论向方法论、强道德性向弱道德性、原则化向规则化、宽松主义向严格主义等鲜明转向。在此基础之上，我国《反不正当竞争法》一般条款的规范适用应立足于"在立法论上缓和争执，在方法论上引致共识"这一出发点：首先，从适用主体和

* 宁立志，武汉大学法学院教授，武汉大学知识产权与竞争法研究所所长；赵丰，重庆大学法学院弘深青年教师、助理研究员，武汉大学法学院、德国马克斯·普朗克创新与竞争研究所联合培养博士。

本文原载于《知识产权》2022年第12期，第40～65页。

权限来说,为充分应对新经济、新业态、新模式所带来的监管挑战,未来应赋予中央一级的市场监管机构适用一般条款来认定非类型化不正当竞争行为的权限;其次,从适用空间和顺位来说,一般条款与具体条款之间具有严格之补充适用关系;最后,从适用标准和范式来说,对竞争行为的评价可遵循"确认制度利益""评估利益损害的量""考察利益损害的质""符合基本原则解释与立法目的限定"这四个具体步骤。

关键词:反不正当竞争法;一般条款;弱道德性;严格主义;利益衡量

从法律术语和规范形式的产生来看,一般条款是已历经一个多世纪的法学成果。关于一般条款,有学者将其界定为一种需要法官于个案中斟酌一切情事进行价值补充或具体化的概念,其有时连具体的文义都不存在。[①] 这使得立法者难以确立一套法官可以据以进行逻辑操作的标准,而只是为法官指出一个方向,使其朝此方向进行判断。[②] 相较于繁杂的具体条款,一般条款往往以尽可能普遍的方式包含所有拟规范行为的范围,以作法律上的同一处理。因此,一般条款能免于一一列举的烦琐负担,凸显其在立法上的经济性及灵活性特征。同时,其为正确反映社会情势索性委于法官进行判断,为实现个案正义提供规范供给,以适应时代的变化或思考方法的变化的特性,[③]也赋予其极强的生命力,更使得其作为概念法学的产物而能在自由法学、利益法学、价值法学等对概念法学的冲击下依然被沿用至今。但这种出于法典无法穷尽对生活事实调整的无奈,抑或逃避庞杂立法任务的怠惰心态,使经立法者授权法官自由判断的具有高度抽象性、不确定性及普遍性的一般条款也一直在批判及争执中前行。值得关注的是,在一般条款的理论发展与实践适用的过程中,其不断趋向适应地实现转向,业已形成自身相对成熟的法律适

---

① 参见梁慧星:《民法解释学》,中国政法大学出版社 1995 年版,第 293 页。

② 参见黄茂荣:《法学方法与现代民法》,法律出版社 2007 年版,第 565 页。

③ 参见[日]加藤一郎:《民法的解释与利益衡量》,梁慧星译,载梁慧星主编:《民商法论丛》第 2 卷,法律出版社 1994 年版,第 82 页。

用方法。

作为进行法律移植的后发国家,我国虽早在《反不正当竞争法》立法之前便通过适用《民法通则》(已失效)的基本原则来实现类似《反不正当竞争法》一般条款的适用效果,但尚缺乏一般条款的立法理论和适用方法,导致一般条款的立法论争议从未休止,并一直延伸到《反不正当竞争法》颁行二十余年后修法而仍未终结。可以说,在某种程度上,这一问题已消耗了大量学术资源,使得我国理论界与实务界未能在一般条款适用方法论上取得共识和实质突破,实属遗憾。从《反不正当竞争法》修法的整个历程来看,立法者在立法目标上仍然举棋不定,对《反不正当竞争法》的目标定位缺乏明确把握,更存在传统与现代、本土化与全球化、中国特色与世界潮流、大修与小修、私益保护与私益保护兼顾公益保护等的分野和抉择。① 对于作为反不正当竞争规则"帝王条款"之一般条款来说,其影响更为明显,甚至导致学界连一般条款是否存在及法律性质为何的问题都没有达成共识,遑论司法实务中的适用问题。但不言而喻的是,法律规范是将活动解释为属于或者不属于某一秩序,故只有当规范被认可时,秩序才能稳定。② 显然,在一般条款的规范问题上,抑或对其的解释与适用问题上,理论界与实务界的诠释并非全然被认可,所以,立法所期待的秩序的稳定性和确定性尚未实现。不过,值得期待的是,当前我国《反不正当竞争法》的司法解释③已经出台,《反不正当竞争法》的新一轮修订也正在开展之中。这或许能为凝聚学界在一般条款的适用理论与范式方面的共识提供重要的契机。

---

① 转引自郑友德:《浅议我国〈反不正当竞争法〉的修订》,载王先林主编:《竞争法律与政策评论》(第3卷),法律出版社2017年版,第3页。

② 参见[德]京特·雅科布斯:《规范·人格体·社会——法哲学前思》,冯军译,法律出版社2001年版,第45~46页。

③ 最高人民法院《关于适用〈中华人民共和国反不正当竞争法〉若干问题的解释》(法释〔2022〕9号)。

一、一般条款的发轫与转向

在法律的演进和移植过程中，“变异机制”往往隐藏在沟通的代码与媒介的形成之间，而正是因为代码及媒介的辩证两面性，才使得转变的内容往往具有偶然性和不确定性。[①] 这在我国一般条款规范的引入中也有所体现。正如我国在借鉴国际上的反不正当竞争立法后，依然难以就“一般条款”存在与否、如何适用等问题达成基本共识，固然其缘由主要在于立法模糊这一大问题，但缺少统一的论证标准和话语体系也是该问题得不到妥善解决的一个重要症结。当然，须指出的是，探究一般条款的规范本源也许仍旧不能使学界达成共识，但追寻其规范演绎的起点和路径对于构建共同的话语体系是十分必要的，否则各说各话的阐释无疑会使规范解读因缺乏理解的前结构而陷入解释学的循环之中。

一般条款的规范形式与法律术语并非同时诞生的。正如多数学者所言，一般条款(也有文献称为“概括条款”)的规范形式由1804年的法国《民法典》首创，[②]并运用至侵权责任法规范的建构之中[③]，也正是在法国法官擅用抽象的法律原则而发展出填补损害请求权的背景下，制止不正当竞争的权益(droit de la concurrence déloyale)被顺理成章地归类到一般侵权责任条款的规范体系之下，而非被视为一块特定的法律领域。[④] 但与此相比，德国司法在传统上却更倾向于信赖“作为规则之治的

① 转引自[德]贡塔·托依布纳：《法律：一个自创生系统》，张骐译，北京大学出版社2004年版，第20～21页。

② 也有学者提出“一般条款是德国人在其民法典第138、157、242和826条等中的创造性规定”。参见王喜军：《德国民法典的编纂及其对我国民法典的启示》，载《兵团党校学报》2010年第3期。

③ 参见王利明：《侵权法一般条款的保护范围》，载《法学家》2009年第3期。

④ 参见[德]弗诺克·亨宁·博德维希主编：《全球反不正当竞争法指引》，黄武双、刘维、陈雅秋译，法律出版社2015年版，第258页。

法治”,[①]甚至认为“不正当竞争”仅是法国法的概念。在这一理念的指导下,德国法院也于1880年依据德国《商标法》得出反面司法推论,即法律未禁止的就是合法的,[②]而正是在这一层合法外衣的包裹之下,不正当竞争行为更加肆虐横行。为应对上述问题,德国立法者直接诉诸单独立法的形式以寻求对该类行为的规范和救济。在此立法过程中,受到德国和法国民法典影响,[③]德国第六编撰委员会的报告第一次创造性地使用了“一般条款”(Generalklauseln)的称谓。[④] 不过,身处于对德国《民法典》草案“概念法学”的批评浪潮之中,[⑤]为追寻法律的确定性,德国立法者仍然遵守抽象概念与具体规范条文之间的区分,[⑥]一般条款的形式也并未被当时的立法版本所接受和采纳。直至历经新类型不正当竞争行为的残酷洗礼及德国《民法典》的援引困境之后,德国立法者为更全面地保护竞争,于1909年德国《反不正当竞争法》中采用“一般条款”加“典型列举”的立法方式。[⑦] 值得注意的是,随着一般条款的规范和术语在各国民法、竞争法中得到广泛适用以及法律规范性研究趋于成熟,最初意义上的一般条款已经产生了多层次的转向。

---

① 参见赵希:《德国司法裁判中的“法感情”理论——以米夏埃尔·比勒的法感情理论为核心》,载《比较法研究》2017年第3期。

② 参见范长军:《德国反不正当竞争法研究》,法律出版社2010年版,第2、9页。

③ 此时正处于德国《民法典》草案的修改时期,直至1895年年底德国《民法典》草案的修改工作才结束,同年10月和次年1月,草案分别提交德国联邦议会和帝国国会审议,1896年7月,帝国国会通过,同年8月,德皇威廉二世批准,并定于1900年1月1日施行。参见张梅:《德国民法典的制定背景和经过》,载《比较法研究》1997年第4期。

④ Vgl. Marietta Auer, Materialisierung, Flexibilisierung und Richterrcht, Mohr Siebeck Tuebingen, 2005, S. 115. Fn. 40.

⑤ 参见[德]K. 茨威格特、H. 克茨:《比较法总论》,潘汉典等译,法律出版社2004年版,第87页。

⑥ Vgl. Berichte der Ⅵ. Kommission des Reichstags, V91. Stenegraphische Berichte Bd. 152 (Ⅸ. Legislaturperiode, Ⅳ. Sess. 1895/97, Anlagenbd. Ⅱ), Drucks. Nr. 192. S. 1196f.

⑦ 参见任超:《民法中一般条款的界定——德国法上的理论以及对中国的借鉴》,载张仁善主编:《南京大学法律评论》2016年春季卷,法律出版社2016年版。

(一)立法论向方法论的转向

回溯历史,一般条款的最初规范是立法者选择立法技术路线的产物。这尤其反映在德国《民法典》的制定过程中。德国《民法典》草案公布的时期,正是德意志民族情绪高涨的时期。对于这样一部缺少"民族特殊考虑"的德国《民法典》第一草案,多数人所持的观点是无法忍受"把他们的精神出卖到一个非德意志的法典之中"[①]。这在某种程度上也为德国《民法典》立法技术路线的特殊选择埋下了伏笔。同时,在概念法学激辩思潮的影响下,德国立法者既没有完全采纳《普鲁士普通邦法》个案列举式的规则体系,也没有全部接受法国《民法典》指令准则式的立法体裁,而是基于法律的稳定性和裁判的可预见性,在选择抽象概括式立法方式的前提下,为了减少抽象概括立法体裁的缺点及防范其所可能产生的风险,[②]在法典中规定了一些一般条款。[③] 按照 Canaris 教授的立法建构体系理论进行解读,"一般条款模式"不过是与"固定的构成要件模式""动态系统模式"并列的立法模式之一。[④] 在此理论的延伸影响之下,最初意义上的一般条款主要是被作为单纯列举式结构的对立概念而使用的,其功能也主要在于纵向的体系化整合以及横向的扩张解释和法律续造。这一点在 1909 年德国《反不正当竞争法》的立法意图中也有所体现,即"当初的立法目标是为制止不正当商业行为确立一个清晰的法律基础,故,立法者将其限定为仅处理区别于一般侵权法的事项(德国《民法典》第 823 条),其中一般条款就是用于制止所有违背'善良风俗'

---

① [德]罗尔夫·克尼佩尔:《法律与历史——论〈德国民法典〉的形成与变迁》,朱岩译,法律出版社 2003 年版。

② 生活现象的多变性以及日常用语的灵活性造就了这种局限性,立法者再殚精竭虑,也无法摆脱这种局限性。转引自[德]卡尔·拉伦茨:《德国民法通论》,王晓晔等译,法律出版社 2003 年版,第 35 页。

③ 参见[德]卡尔·拉伦茨:《德国民法通论》,王晓晔等译,法律出版社 2003 年版,第 32 ~ 35 页。

④ 参见任超:《民法中一般条款的界定——德国法上的理论以及对中国的借鉴》,载张仁善主编:《南京大学法律评论》2016 年春季卷,法律出版社 2016 年版,第 137 ~ 161 页。

的竞争行为(Gute Sitten,借用了德国《民法典》第826条的术语),以及数个涵摄具体行为的规范,尤其是误导广告、贬损竞争者和保护商业秘密"[①]。但随着司法实践的日益丰富及理论研究的日益充盈,德国学界曾激论的一般条款的立法论主轴逐渐过渡到了方法论的阵地。此时的一般条款主要被视为方法论层面的辅助性工具(Methodische Hilfsfigur),[②]即在法之续造[③]及案例群规范方面发挥规范性价值,并与以往通过抽象逻辑演绎而适用一般条款的方式形成鲜明反差,使之更贴近于社会生活实践,成为具体法律概念(后期是法律原则)与具体类型化之间的介质。更重要的是,随着保护竞争秩序不受扭曲、保护消费者这些新的法律诉求的出现,一些标杆性的判决结果事实上已经突破了1909年德国《反不正当竞争法》一般条款的保护目的及立法论初衷。而此时,以德国为中心的利益法学及以英国和美国为首的现实主义法学的兴起,刺激了现代法学方法论的争鸣。这些方法论的大讨论一方面冲击和淡化了所谓的"法律漏洞说""沉默运作的力量(拒绝公开的法律续造)""一般条款滥用质疑"等;另一方面也使得司法机关在争议之间找寻到了一个隐蔽场所,通过借助这类一般条款来续造法律,以满足实践"不容质疑"的需求并维护司法系统的稳定性。[④] 但显然,与之相比,我国反不正当竞争法的理论界与实务界如侵权责任法学界一样出现了关于立法论的论战,[⑤]而一些解释方法论的成果在我国究竟是基于"法学概念的伦理化适用"还是"利益评价适用",甚至基础性的"一般条款存在与否"等问题上,都尚

---

① [德]弗诺克·亨宁·博德维希主编:《全球反不正当竞争法指引》,黄武双、刘维、陈雅秋译,法律出版社2015年版,第284~285页。

② Vgl. Ralph Weber, einige Gedanken zur Konkretisierung von Generalklauseln, AcP, 192 (1992), S. 524f.

③ 也有学者总结为"法之获取的方法""法之发现方法"等。

④ 参见[德]莱纳·施罗德:《世纪之交的德国方法大讨论——科学理论式的精确化努力抑或对法与司法功能变迁的回应?》,雷磊译,载舒国滢主编:《法学方法论论丛》(第1卷),中国法制出版社2012年版,第82、90~93页。

⑤ 参见张新宝:《侵权责任法学:从立法论向解释论的转变》,载《中国人民大学学报》2010年第4期。

未形成体系或引致共识。

(二)强道德性向弱道德性的转向

在德国1909年《反不正当竞争法》于体系架构中纳入一般条款时,立法者对“不正当”的一般性认定就是局限于德国《民法典》中“善良风俗”这一法律术语。这也就预示着当时的一般条款具有不可避免的强道德性,导致在此后的司法实践中,“善良风俗”常常被司法著述甚至被法院解释为“淳朴得体的公德或者善良的经营者”①。这也同样发生在反不正当竞争国际规范的建构过程中。由于法国和英国在20世纪初是推动反不正当竞争国际保护的重要力量,在历经是否采用一般条款进行规范的争执后,最终在1925年海牙会议中,《巴黎公约》借鉴法国的法律理念引入了不正当竞争行为的定义——“违反诚实商业习惯的竞争行为”。事实上,在后续实践中,法国法院也发展了“商业诚实行为”要件而趋于标准客观化。② 因此,“诚实行为”的界定虽然需要各成员进行吸收转化,但却饱受批判,包括概念过于宽泛、轮廓不够清晰及难以精准操作等。除适用上的难题外,“二战”后现代法学方法论的发展及20世纪60年代至70年代消费者运动的高涨,也为一般条款的弱道德化提供了契机。前者指向的是,在对“价值判断和价值观念及通过法学所形成的一般概念都起源于民族精神”③的概念法学的批判中,利益法学兴起并提出“法律命令先于一般概念的形成及其序列,它来自生活的实际需要和对它们的评价调整,而不是来自一般概念的观念。在这个意义上,利益及其评价构成了法律的一般基础和起源”④。这在某种程度上重构了一般条款的适用基础,即从一般条款的概念逻辑引致利益及其评价本身。而

---

① 转引自[德]弗诺克·亨宁·博德维希主编:《全球反不正当竞争法指引》,黄武双、刘维、陈雅秋译,法律出版社2015年版,第297页。

② 参见[德]弗诺克·亨宁·博德维希主编:《全球反不正当竞争法指引》,黄武双、刘维、陈雅秋译,法律出版社2015年版,第30~31页。

③ R. W. M. D. ,*The Jurisprudence of Interests*. 10 Cambridge Law Journal 308 (1949).

④ 舒国滢等:《法学方法论问题研究》,中国政法大学出版社2007年版,第90~91页。

在该理论的传播过程中，消费者运动的兴起无疑是火上浇油，传统的仅保护诚信经营者的共同基础瞬间变得摇摇欲坠。不仅如此，对于反不正当竞争规则专门立法的国家而言，为应对消费者整体利益的法律保护问题，解决方案往往是拓宽一般条款，将消费者保护植入该法律制度。其结果就是将反不正当竞争法的私法属性转变为一般的"市场法"，并从最初阶段的与侵权法、知识产权法的特别关系，转至与反垄断法的紧密联系。[①] 这也为后续一些国家和地区采取与反垄断规则合并立法的模式提供了实践与法理基础。从进入21世纪以来的德国《反不正当竞争法》修改来看，一般条款的弱道德化，甚至可以说去道德化的发展尤为明显，如德国《反不正当竞争法》于2004年修法时已用"不正当"替换了1909年版本的"善良风俗"。虽然在2008年修法后与消费者关系的"不正当"中尚存留"违反专业上的勤勉注意"（2016年修法版本已改为"谨慎经营"），[②]但总体来看，该法的一般条款已经完全摒弃了"道德"判断，"不正当"一词更多是从竞争功能角度进行的考量，考量因素包括各方利益、规模、相关竞争者数量、行为性质、严重性、持续性和反复性等。[③] 这种趋势也被其他国家或地区所接纳，如我国台湾地区的学者就曾指出，善良风俗应该是认定经营者行为是否欺罔或显失公平的最后一个标准，而非第一个标准，也就是只有发生法律急难（Rechtsnotstand）时才能加以引用，否则公平交易法将变成道德色彩浓厚的法律，从而降低它在现实上所必要的说服力。[④] 从我国的实际情况来看，一方面，修法过程中基本价值型原则冗长赘余、不减反增；另一方面，各家理论观点也左右不一，导

---

① 参见［德］弗诺克·亨宁·博德维希主编：《全球反不正当竞争法指引》，黄武双、刘维、陈雅秋译，法律出版社2015年版，第5~8页。

② 参见《德国〈反不正当竞争法〉》（2016修订版），范剑虹、张琪译注，载《澳门法学》2017年第1期。

③ 参见［德］弗诺克·亨宁·博德维希主编：《全球反不正当竞争法指引》，黄武双、刘维、陈雅秋译，法律出版社2015年版，第297页。

④ 转引自刘孔中：《公平交易法》，台北，元照出版公司2003年版，第185页。

致立法形式的品质忧患[①]及司法实践的适用混乱。

(三)原则化向规则化的转向

一般条款是概念法学体系下为克服成文法的僵化性和局限性而创造的产物,其本源上应从属于“概念与体系”的严密架构之下,故在德国《民法典》中,立法者已经通过使用不确定概念或一般条款的方式,授权法官实施自我评价。[②] 可见,此时的一般条款往往与不确定概念相提并论,根本原因就在于二者在不同程度上均有价值填充的必要性。但在德国纳粹统治时期,法律成为其实施正当性统治的工具,如“具体的秩序思考”等价值观常常通过设定一般条款的方式注入制定法之中。[③] 而其实现的途径则包括两个方面:一方面是借助既有抽象的一般条款,将其目的客观解释为有实质性评价标准的具体的一般条款;[④]另一方面则是将所有的形式概念转化为符合其价值观的“具体的概念”,从而使传统的形式概念发挥一般条款的功能,成为新型的一般条款形式。[⑤] 在此境遇之下,德国逐渐形成了一般条款的滥用与非滥用的法学方法激辩,同时可推论的是,当时学界对一般条款的认知并不局限于所谓法条形式的完整性问题。“二战”后,基于“具体的概念”的理论体系并未就此消亡,反而借助“人格”的基点实现了理论的修正,即从“民族概念”转移至“人格

---

① 朗·富勒教授认为法的形式品质主要包含:第一,法的普遍性或一般性;第二,法的公开性;第三,法的不溯及既往;第四,法的清晰性;第五,法的无矛盾性;第六,法的可操作性;第七,法的稳定性;第八,已公布规则与官员行为之间的一致性。See J. W. Harris, *Legal Philosophies*, Butterworths, 1980, p. 130.

② 参见[日]清井秀夫:《法理学概说》,有斐阁2007年版,第257页。

③ 参见顾祝轩:《制造“拉伦茨神话”:德国法学方法论史》,法律出版社2011年版,第67~69页。

④ 例如,将“违反良俗”的标准解释为“与德意志民族的本质相关联的道义世界观,尤其是纳粹世界观及其共同理念相违背”。转引自顾祝轩:《制造“拉伦茨神话”:德国法学方法论史》,法律出版社2011年版,第161页。

⑤ 参见顾祝轩:《制造“拉伦茨神话”:德国法学方法论史》,法律出版社2011年版,第161页。

概念”,[1]继续充当“个别”与“普遍”这一涵摄关系的私法的结构模型。进入20世纪中叶后,大陆法系法学家埃塞尔(Josef Esser)在1956年发表的《私法中法官造法的原则与规则》一书中首次提出“原则与规则”的二元论。[2] 而原则法理学构建的巅峰则是德沃金身处的20世纪80年代至21世纪初。这也就意味着,一般条款的规范及概念的出现要早于原则法理学的构建。更重要的是,在20世纪70年代,受到原则法理学的影响,拉伦茨所主张的人格概念最终转向了法律原则。[3] 而与其渊源颇深的一般条款也当然发生了本质的变化。这一变化就在于,一般条款既在成文法规范上呈现了包含“以法律原则原形态的价值与功能概念”的传统形式的完整法条,也在原则法理学上常常被等同于“以法律原则原形态的价值与功能概念”(区别于前述的完整法条形式)、法律原则或以法律原则为构成的内容本身。[4] 这也凸显了,囿于“原则与规则”二元论划分标准的理论分歧与模糊,在一般条款的性质认定上,德国法学界也处于各说各话的情况。譬如,若依照拉伦茨所谓的“原则实定化后,其作为法律命题型原则依旧不会失去作为原则的属性”[5]以及拉兹主张的“法律原则与法律规则的区分不在于逻辑而在于程度”[6],则无论一般条

---

① Vgl. Monika Frommel, Die Rezeption der Hermeneutik Karl Larenz und J0-sef Esser, 1981, S. 62f.

② 转引自顾祝轩:《制造“拉伦茨神话”:德国法学方法论史》,法律出版社2011年版,第106页。

③ 参见顾祝轩:《制造“拉伦茨神话”:德国法学方法论史》,法律出版社2011年版,第160~161、191页。

④ Vgl. Looschelders, Schuldrecht allgemeiner Teil, 11. neu bearbeitete Aufl. 2013, S. 28f. 正如日本学者伊藤进将“公序良俗”划分为“规制行为意义上的公序良俗”“作为法体系根本理念乃至最高理念的公序良俗”“作为基本原则的公序良俗”“作为判断标准的公序良俗”。转引自刘银良:《“公序良俗”概念解析》,载《内蒙古大学学报(人文社会科学版)》2004年第6期。

⑤ Larenz, Methodenlehre der Rechtswis-senchaft, 3. Aufl. 1975, S. 464.

⑥ 原则与规则的界分标准为:其一,规则规定了相对特定的行为,而原则指向高度不特定的行为,从两者指向的对象看,可以明显发现其间并不存在清楚的界限。其二,由于高度不特定行为的实施是通过许多特定行为之实现完成的,我们可以依据一般性的权衡为应用于特定领域的权衡提供正当性说明,所以原则可以证明规则的正当性,而非相反。转引自陈景辉:《原则与法律的来源——拉兹的排他性法实证主义》,载《比较法研究》2006年第4期。

款的法条形式如何,均应以原则论处。但与此相反的是,如果依照德沃金的逻辑区分标准,即“适用方式是否为全有或全无”“是否具备不同分量或重要性维度”①,则仅明确包括某一法律原则或其概念的一般条款似乎不符合法律原则的形态,反而与“构成要件加法律后果”的法律规则的逻辑结构更为接近。② 更有甚者,依旧坚持一般条款与不确定的价值概念属于非常相近的类别,③而使得一般条款的性质落在了既非规则亦非原则的法律概念的范畴。不过,抛却理论的争议,仅从德国《反不正当竞争法》一般条款规范的发展情况来看,其在形式和适用上也确实发生了一些朝向规则式的变化。这主要体现在两个方面。一方面是从传统民事思维下的“诚实信用原则”“公序良俗原则”等回归竞争视阈下的“不正当”的法律概念。这就意味着,对于不正当的评价不再固定式借由诚实信用等原则,而是转向不正当概念的具体化及“追加的价值评价”。④这事实上也反映了当今时代利益诉求和保护的多样化。另一方面则是在立法规范保持构成要件抽象化的同时,直接明确了不正当竞争行为的法律后果,如德国修法时将该法一般条款直接规定为“不正当的商业行为是被禁止的”,使其演变成连接行为构成要件与法律后果的“连接规范”。⑤ 值得指出的是,虽然囿于对“向一般条款逃逸”的防范及价值评价的转向而使得一般条款显现出规则化的倾向,但是这并未改变一般条款须借由“不确定法律概念”或“需要价值补充之概念”为核心意旨的本质,⑥而“不正当”概念本身就已经昭示了这一点。因此,与其探讨一般

---

① 转引自陈景辉:《原则与法律的来源——拉兹的排他性法实证主义》,载《比较法研究》2006年第4期。

② Vgl. Peter Noll, Gesetzgebungslehre, 1973, S. 264; Zitien yon Joem Ipsen, Richterrecht mad Verfassung, 1975, S. 65.

③ Vgl. Bemd Ruethers, die unbegrenzte Auslegung, 7. Aufl. 2012, S. 121.

④ 参见顾祝轩:《制造“拉伦茨神话”:德国法学方法论史》,法律出版社2011年版,第196～197页。

⑤ 参见[德]安斯加尔·奥利:《比较法视角下德国与中国反不正当竞争法的新近发展》,范长军译,载《知识产权》2018年第6期。

⑥ 参见吴秀明:《竞争法研究》,台北,元照出版公司2010年版,第6页。

条款在原则法理学下的争议定性,[①]倒不如将前面指出的核心要义作为认定标准,并在明确适用方法上予以规范化或达成理论共识(如德国[②])。而2022年3月我国最高人民法院发布的反不正当竞争法司法解释,其第1条关于一般条款与其他法律或具体条款之适用关系的规定,即具有一锤定音之效,更为明确一般条款的适用范式提供了基本依据和准则。

(四)宽松主义向严格主义的转向

制定法或法秩序中存在漏洞,这一(方法论)问题早在很久以前就已经为人所知,但法官在何种条件下应当赋予或拒绝一种相应的诉求却未得以明确。不过,德国帝国法院其实早在德国《民法典》生效之前就已经自我宣称拥有法的续造功能了。这也使得其以违反风俗之判决发展出了卡特尔法和集体劳动法的基本原理。[③] 然而,第三权力(Die dritte Gewalt)以及法官个人权能在客观上的增长却与德国司法体系的落后并不配套,导致德国司法的受信任度与权威性显著降低。正如德国法学家

---

① 在一般条款的定性问题上,我国民法学界亦未达成共识,并在《民法总则》立法前后掀起一股研究小高潮,但总体来看也呈现出规则化适用的倾向,主要分为以下四种学术论说。第一,一般条款原则论。例如,于飞教授认为,诚实信用原则与公序良俗原则在性质上都属于一般条款,而在分类上均系民法的基本原则。第二,一般条款规则论。例如,陈甦教授提出,涵盖基本原则的一般条款属于规则,其本身适用符合全有或全无的判定模式,而单纯的价值宣示型基本原则不具有一般条款的意义。第三,一般条款二元论。例如,王利明教授提出,一般条款具有双重性,即其既具有基本原则的性质,甚至就是法律原则本身,同时又有大量作为具体规则的形式存在,并认同当一般条款作为法律规则时,其便是裁判性规范,可以为诉争中的司法裁判提供直接依据和准则。第四,一般条款概念论。例如,有学者梳理德国法后认为,一般条款并不等同于传统意义上的一般法律规范,而是应回归一种高度的价值性或者功能性概念。参见于飞:《论诚实信用原则与公序良俗原则的区别适用》,载《法商研究》2005年第2期;陈甦主编:《民法总则评注》(上册),法律出版社2017年版,第52页;王利明:《民法总则研究》,中国人民大学出版社2018年版,第90~91页;任超:《民法中一般条款的界定——德国法上的理论以及对中国的借鉴》,载张仁善主编:《南京大学法律评论》2016年春季卷,法律出版社2016年版,第161页。

② 如德国理论界与实务界通说认为,"对于法官造法而言,一般条款被证明是特别重要的授权规范"。转引自[德]迪特尔·施瓦布:《民法导论》,郑冲译,法律出版社2006年版,第75页。

③ 参见[德]莱纳·施罗德:《世纪之交的德国方法大讨论——科学理论式的精确化努力抑或对法与司法功能变迁的回应?》,雷磊译,载舒国滢主编:《法学方法论论丛》(第1卷),中国法制出版社2012年版,第65~70页。

海德曼在1929年还赞美德国帝国法院的法的续造活动,但在1933年就对一般条款(尤其是当时德国《民法典》第242条)的运用进行了最为尖锐的批评,当然,这也与纳粹统治时期德国的司法运用备受质疑有关。① 但即便如此,囿于立法的特性和现实的需求,注定了一般条款具有生存的空间,其也得益于精致的法学方法论所施加的适用限制及现实具体化实践所形成的确定规则。这在形式上反映出一般条款的规范和适用已从宽松主义逐步转向严格主义。正如当初一般条款的诞生是为了应对纷繁复杂的行为而作出的选择一样,当繁杂的图景日益清晰于具体列举条款及客观适用规则之内时,一般条款的适用空间必将逐步萎缩和明晰。这一点既在大陆法系国家或地区发生,也在英美法系国家出现。譬如,现行德国《反不正当竞争法》在历经修改后,一方面,其通过明确绝对禁止规范、特别禁止规范的形式极大地压缩了一般条款的适用空间,使得现实中已经很少有案件直接适用一般条款;②另一方面,其在立法上也设计了适用一般条款的最低门槛,即在消费者利益保护中须考察其对消费者经济行为的影响是否具有显著性或严重性等。又如,1914年美国《联邦贸易委员会法》第5条a款第1项是一项著名的竞争法概括条款③,但其对"公共秩序或善良风俗"(public policy)的角色定位多是案件中之确认(confirmatory)功能,目的在于测定消费者损害之可能性及加强证据力,或者在立法或司法中被引用来证实消费者损害之存在,而非必须具备之要件。但即便如此,美国联邦贸易委员会亦注意到该条款可能具有超越合理范围之嫌疑,故而运用准则加以限制:(1)应引据正式之根据,不论是法律还是司法判决;(2)应具有广泛接受的基础;(3)应具有

---

① 参见[德]莱纳·施罗德:《世纪之交的德国方法大讨论——科学理论式的精确化努力抑或对法与司法功能变迁的回应?》,雷磊译,载舒国滢主编:《法学方法论论丛》(第1卷),中国法制出版社2012年版,第70~71、92~93页。

② 转引自[德]弗诺克·亨宁·博德维希主编:《全球反不正当竞争法指引》,黄武双、刘维、陈雅秋译,法律出版社2015年版,第296~297页。

③ 该条款规定:"商业上或影响商业之不公平竞争方法以及商业上或影响商业之不公平或欺罔之行为或手段,乃构成违法。"

比较明确的行为准则。[①] 我国学界虽曾对"向一般条款逃逸"的问题给予不少关注,但从修法成果与司法实践情况来看,这一立场本身并不够明确。[②]

二、反不正当竞争法视角下一般条款的规范功能与限度

虽然一般条款否定论已经越发式微,但一些学者还是指出,2017 年修订后的《反不正当竞争法》关于一般条款的规范仍显得形神不调、表里不一。[③] 毕竟学界所批驳的部分规范依旧保持了原样。严格来说,证成

---

① 转引自赖源河:《公平交易法新论》,台北,元照出版公司 2015 年版,第 425 页。

② 譬如,一般条款适用缺乏一致性标准,进而导致司法机关在宽严度上呈现含混把握的问题,如珠海格力电器股份有限公司诉佛山市顺德区超智电器实业有限公司擅自使用他人企业名称纠纷案[(2017)粤 0604 民初 15831 号],广东公牛节能科技有限公司诉慈溪市公牛电器有限公司侵害商标权、不正当竞争纠纷案[(2017)浙民申 3327 号],欧普照明股份有限公司诉张家港市杨舍镇塘市吉隆铺电器经营部等侵害商标权、不正当竞争纠纷案[(2017)苏 0582 民初 7992 号],其在明确适用市场混淆条款时,仍同时适用"违反公认的商业道德"或"诚实信用原则"等;中国移动通信集团江苏有限公司南通分公司与南通市通州区隆欣通信设备贸易有限公司擅自使用他人企业名称纠纷上诉案[(2017)苏 06 民终 4035 号],其直接将"诚实信用原则"作为市场混淆行为的构成要件;金庸诉江南等著作权侵权及不正当竞争纠纷案[(2016)粤 0106 民初 12068 号(2018 年 8 月 16 日审结)],其将一般条款的适用条件(原则)与构成要件混同,并在仅选取诚信原则的情况下,将原则适用与利益衡量混同;宋某辉诉山东环港网络科技有限公司虚假宣传纠纷案[(2017)鲁 0191 民初 271 号],其在未依据《反不正当竞争法》作为赔偿依据时,直接罗列适用《反不正当竞争法》第 2 条"自愿、平等、公平、诚实信用的原则"。更甚者,康成投资(中国)有限公司诉宁波大润发优特购物有限公司等侵害商标权纠纷、不正当竞争纠纷案[(2017)浙 02 民初 1088 号],其在认定被告侵犯原告文字商标专用权的情况下,直接援引了 1993 年《反不正当竞争法》第 2 条作为裁判依据;北京四季沐歌太阳能技术集团有限公司诉苏州四季沐歌管业科技有限公司侵害商标权纠纷、不正当竞争纠纷案[(2017)苏 0509 民初 5514 号],其在认定被告侵犯原告商标专用权的情况下,判决提出只要行为违背《反不正当竞争法》第 2 条规定的竞争原则,仍应认定为不正当竞争;北京爱奇艺科技有限公司、上海众源网络有限公司与宁波千影网络科技有限公司不正当竞争纠纷案[(2018)沪 0104 民初 243 号],其在适用 2017 年修订《反不正当竞争法》第 12 条第 2 款第 4 项规定的同时,又再次适用"违反自愿、平等、公平、诚实信用的原则""公认的商业道德"这些基本原则对竞争行为进行重复评价。

③ 参见朱宁宁:《修法要给法的"适用"留下空间——访中国知识产权法学研究会会长刘春田》,载《法制日报》2017 年 9 月 26 日,第 10 版。

一般条款的确立,应主要基于以下两点。第一,从一般条款的本源看,其特征在于用语组成的一般性、抽象性及价值填充的必要性,当然,如仅从立法的传统来看,也涵盖否定性评价或责任条款配置的法条完整性问题。而以此检视我国2017年修订的《反不正当竞争法》,可以发现:该法第2条第2款关于不正当竞争行为的概括符合一般性的特征;其中"扰乱市场竞争秩序"的用语具有一定的模糊性和抽象性,对其的认定亦需要借助第1条立法目的及第2条第1款价值型原则的指引①和限定(无论是否含有及如何解读"违反本法规定"均不影响这一点)②;同时,该法第1条立法目的"制止不正当竞争行为"与第17条关于"不正当竞争行为的民事责任"的规定也都明确了对不正当竞争行为的否定性评价及责任条款的配置。故,该法第2条第2款符合一般条款的本质特征及规范要求。③ 第二,从立法目的视角看,虽然2017年修法在关于是使用"违反本法规定"还是使用"违反前款规定"的术语争议方面最终回归规范原点,但却重新反映了立法起草者的本意,④即在修订草案说明中明确通过修改规范的形式来打破一些学者之前所解读和坚持的"封闭式"的立法目的论基调,从而认可了一般条款的存在及适用空间。这是值得肯定的。综上两点,我国《反不正当竞争法》第2条第2款为该法的一般条款,后续的分析也将以此为基点。

---

① 依照拉伦茨的观点,一般条款的适用须借助于基本原则的具体化,因此,其应以基本原则为法律解释准则,确保法律秩序价值的统一性和贯彻性。参见龙卫球:《民法总论》,中国法制出版社2001年版,第72~73页。

② 此处区别于一些学者所主张的一般条款应由第2条第1款与第2款构成,参见郑友德:《浅议我国〈反不正当竞争法〉的修订》,载王先林主编:《竞争法律与政策评论》(第3卷),法律出版社2017年版,第5页;以及一些学者主张的一般条款应为第1款的说法,参见谢晓尧:《竞争秩序的道德解读:反不正当竞争法研究》,法律出版社2005年版,第31页;甚至一些学者主张的一般条款就是第2条(含第3款)的意见,参见邵建东、方小敏主编:《案说反不正当竞争法》,知识产权出版社2008年版,第11页。

③ 2019年修正的第17条第2款增加"情节严重"。

④ 参见张茅:《关于〈中华人民共和国反不正当竞争法(修订草案)〉的说明——2017年2月22日在第十二届全国人民代表大会常务委员会第二十六次会议上》,载《中华人民共和国全国人民代表大会常务委员会公报》2017年第6期。

在前文的论述中已经叙明,基于"原则与规则"二元论的视角去定性一般条款的问题,囿于标准的不统一,国内外学界对此尚存争议。因此,与其去回应一般条款的性质定位问题,不如基于实证主义思维,效仿德国,通过一般条款的本源和转向所总结的域外已成熟的技术、经验,仿如社会学中定性与定量研究之外的"饱和经验法"这一本土化落地方法,[①]对方法论构建中的一重要基础,即一般条款的功能,进行分析和明确。总结下来,主要有以下几点。第一,在授权功能方面,学界通说已明确一般条款赋予了法官"或执法者"[②]法律再造的空间。[③] 也有学者因此将一般条款称为"合法功能",即使法官之法律续造具有合法之作用。[④] 第二,在兜底功能方面,德国的制度及理论已经说明,如果有具体禁止规范可供引用,就不再需要援引一般条款。也就是说,一般条款的适用前提必须是具体禁止性规范难以被适用。因此,一般条款与具体条款之间的关系不宜被局限地视为传统上的竞合规范之间的关系。[⑤] 同时,一般条款的适用也具有其限制性,包括立法目的、基本原则的限制和法律冲突关系之间的限制等。第三,在价值评判与利益衡量功能方面,价值填充的必要性是一般条款的本质特征,其指引着利益衡量在行为不正当性判定中的适用。正如有德国学者认为:"对于一般条款,从其字面意思上相对而言看不出多少东西,其内容主要由司法判例和法学界来加以补充。"[⑥]

---

① 参见贺雪峰:《饱和经验法——华中乡土派对经验研究方法的认识》,载《社会学评论》2014 年第 1 期。

② 关于这一点我国立法则有保留,笔者将在后面相关部分予以分析。

③ 参见吴秀明:《竞争法上之概括条款——公平法第二十四条法律适用原则与规范功能之再检讨》,载吴秀明:《竞争法研究》,台北,元照出版有限公司 2010 年版,第 8 页。

④ 参见《德国民法典》,台湾大学法律学院、台大法学基金会编译,北京大学出版社 2016 年版,第 120 页。

⑤ 例如,有学者主张"一般条款与具体条款之间是竞合关系。"参见邵建东:《我国反不正当竞争法中的一般条款及其在司法实践中的适用》,载《南京大学法律评论》编辑委员会:《南京大学法律评论》2003 年春季号,法律出版社 2003 年版,第 200 页。意见相左的是,我国台湾地区学者认为"公平法第十八条到第二十三条之四是不公平竞争的具体禁止规范,也可以说是第二十四条概括规定的具体案例,彼此之间并不是基于一般规定与特别规定的法律竞合关系",参见刘孔中:《公平交易法》,台北,元照出版公司 2003 年版,第 166 ~ 167 页。

⑥ [德]迪特尔·施瓦布:《民法导论》,郑冲译,法律出版社 2006 年版,第 75 页。

这充分说明了一般条款的运用侧重于实践中上述功能的发挥。第四,在体系功能方面,一般条款作为成文法中的道德与法律之间的耦合,在实现和丰富了"一般规范"与"具体规范"的体系化架构的同时,也在上游衔接起立法目的,于下游接续起法律责任,可谓是支撑整部反不正当竞争法的规范适用体系,①保有着其最初意义上的立法论功能。

(一)一般条款的适用主体与权限

考虑到一般条款的适用弹性较大,对执法人员能力的要求较高,我国学界及立法者倾向于对一般条款的适用采取从严把握的态度。学界论说对司法机关适用一般条款持肯定意见,但对行政机关适用一般条款的态度则主要存在两种观点。一种观点是否定行政机关适用一般条款的权力。其认为行政执法与侵权归责之间存在是否奉行法定原则的差异,即人民法院在处理不正当纠纷时,可根据案件的实际情况在《反不正当竞争法》第二章未列举的情况下适用一般条款,但由于该法没有针对违反一般条款设定相应行政责任,故遵照行政处罚法定原则,行政机关依然不能适用一般条款查处不正当竞争行为。② 而另一种观点则肯定行政机关可适用一般条款,其理由包括"赋予级别较高的行政执法部门适用一般条款认定不正当竞争行为的权限,可以消除上述法律及权力滥用的隐患,如规定只有省级以上的监督检查部门才有认定权,并且在具有疑虑时还应将有关问题提交国家监督检查部门进行判断""民事侵权性质与行政违法性质的切割式分离,会导致不正当竞争行为的认定自动滤除了扰乱市场竞争秩序这一要件,而且行政机关认定竞争行为与实施处罚并非一回事,监督检查部门可以出面予以指出、认定、劝告乃至制止"③。

---

① 参见柴耀田:《反不正当竞争法一般条款的体系化功能——德国2015年〈反不正当竞争法〉改革对中国修法的启示》,载《电子知识产权》2016年第10期。

② 参见王瑞贺主编:《中华人民共和国反不正当竞争法释义》,法律出版社2018年版,第6页。

③ 邵建东主编:《竞争法教程》,知识产权出版社2003年版,第35~36页。

此问题的结论事实上决定了我国的一般条款是完全的一般条款(司法机关与执法机关均适用)还是一个有限度的一般条款(仅司法机关可以适用)。首先,从2017年修订后的《反不正当竞争法》文本角度来看,其对该法第二章所有具体类型化的不正当竞争行为均统一设计了民事责任(第17条)并单独设计了行政责任(第18条至第24条),而并未对一般条款认定的不正当竞争行为单独设计行政责任。这是第一种观点所持的依据。不过2017年修法新增第27条规定:“经营者违反本法规定,应当承担民事责任、行政责任和刑事责任,其财产不足以支付的,优先用于承担民事责任。”这一条应从立法目的上被解读为,仅为前述具体条款中的不正当竞争行为责任承担提供了适用顺序上的法律指引,还可以从文义角度,认为经营者违反本法规定的所有不正当竞争行为均应当承担民事责任、行政责任和刑事责任,从而为一般条款设计了行政责任呢?从逻辑上来说,笔者认为应持前者的理解,原因在于后者的解读根本无法成立。例如,即便将“本法规定”扩张至包括一般条款认定的所有不正当竞争行为,那么这些不正当竞争行为的行为人应承担包括刑事责任在内的所有责任吗?显然未达到刑事可责性要件的不正当竞争行为的行为人不必承担刑事责任,故文义上的解读就不能机械理解为经营者对所有不正当竞争行为均应当承担三种责任,而是强调某类具体不正当竞争行为的行为人在承担三种责任的情况下,其责任承担顺序应如何安排。其次,立法者的立法意图还体现于修法过程的调整中。例如,2017年2月全国人大常委会公开的《反不正当竞争法(修订草案)征求意见》拟新增第15条授权国务院决定的权限的条款。[①] 对此,有观点解读为,第15条就是对一般条款的授权条款,授权国务院对新型不正当竞争行为的认定作出决定,原因在于其不仅明确细化了认定该类行为的条件和

---

① 《反不正当竞争法(修订草案)征求意见》第15条规定:“对经营者违反本法第二条规定,且本法第二章第六条至第十四条和有关法律、行政法规未作明确规定,严重破坏竞争秩序、确需查处的市场交易行为,由国务院工商行政管理部门或者国务院工商行政管理部门会同国务院有关部门研究提出应当认定为不正当竞争行为的意见,报国务院决定。”

标准,还配备了相应法律责任(该修订草案第28条),解决了“法无明文规定,行政机关不得执法”的困境。[①] 足见,从呈报此稿的原国家工商行政管理总局的意见来看,其是主张第一种观点的。但囿于依据《行政复议法》第7条和《行政诉讼法》第53条,国务院不能作为行政诉讼和行政复议的对象,可能导致当事人缺乏司法救济途径,以及该条具有排除司法认定其他不正当竞争行为权力的嫌疑等。故从全国人大常委会的二审稿来看,其直接删除了这一兜底、授权规范与相应的法律责任条款,这在某种程度上体现了立法者对一般条款持有“既保持开放又适当限制”的态度和立场,以及延续了抑制行政机关偏好干预市场的“家长式”执法作风的做法。[②] 因此,从文本解读和立法目的角度出发,2017年《反不正当竞争法》并未在一般条款的适用上为行政机关设定一个授权规定,更未设计一个与之相配的行政责任条款。至于后者肯定说观点中,学者所提出的行政机关认定、责令停止与处罚并非一回事的观点也并不能成立,固然此观点在理论上尚且行得通,但行政机关的认定、责令停止本质上是行政处罚程序中的中间环节,在司法实践中也常常被视为一个可诉的具体行政行为,既如此,其行为仍属于行政责任的一种,仍是超过了行政法定的范畴。最后,从立法趋势来看,随着各国在其不正当竞争规则中已列举了大多数不正当竞争行为,并且在理论与实践中已经构建了或多或少的复杂案例群,以指导或解释特别规定的偶发问题和一般条款,导致现实中在商业行为的评价上很少以一般条款来作直接判断,甚至法院对这一兜底条款的适用门槛也显著高于从前。[③] 而且从我国的行政执法来看,“其他不正当竞争行为”案件整体上呈现出一个先升后降的发展趋势,也即自1995年至2002年其案件数量持续走高,而自2003年以来

---

① 参见孟雁北:《〈反不正当竞争法(修订草案)〉研讨会综述》,载《竞争政策研究》2017年第2期。

② 参见孔祥俊:《〈反不正当竞争法〉修改完善的若干思考》,载陈云良主编:《经济法论丛》2017年第1期,社会科学文献出版社2017年版,第205页。

③ 参见[德]弗诺克·亨宁·博德维希主编:《全球反不正当竞争法指引》,黄武双、刘维、陈雅秋译,法律出版社2015年版,第8、297页。

则出现明显的下降情况，近年来占比亦跌至10%左右，[①]这应与我国《反不正当竞争法》(1993年)实施十年来的配套规范等的出台和执法案例的积淀有关，从而使一些行为在类别界定上更为清晰明确。同时，未来随着新法类型化的进一步完善，行政执法适法范围应获得进一步明确，从而实现“科学立法”与“严格执法”的统一。值得注意的是，随着新经济、新业态、新模式的层出不穷，[②]严格执法的落实也遭遇挑战，鉴于此，2022年11月，国家市场监管总局发布的《反不正当竞争法(修订草案征求意见稿)》新增第37条：“经营者违反本法第二条规定，实施严重破坏竞争秩序、确需查处的不正当竞争行为，本法和有关法律、行政法规未作明确规定的，由国务院市场监督管理部门认定，由省级以上市场监督管理部门责令停止违法行为。”可见，起草者有意赋予中央一级的市场监管机构适用一般条款来认定其他不正当竞争行为，因此，为适应时代的现代化发展，未来我国反不正当竞争法中的有限的一般条款转变为完全的一般条款是值得期待和肯定的。

(二)一般条款的适用空间与顺位

正如前文在一般条款原则化与规则化的讨论中已经明确，有立法参与者主张“人民法院在处理不正当纠纷时，根据案件的实际情况，既可以适用本法第二章的规定，也可以适用本法第2条一般条款的规定”[③]。这一选择性适用关系并不成立，而应视为“一般条款是认定法律未列举行为的开放性依据”[④]。正如我国台湾地区关于“公平交易法”的学界通说一样，“具体条款并不排除概括条款的适用，只不过是在法条援引上，如果有具体禁止规范可供引用，就无须再援引概括条款，因两者之间只有

---

① 参见1996年至2016年的《中国工商行政管理年鉴》。

② 参见《关于〈中华人民共和国反不正当竞争法(修订草案征求意见稿)〉的说明》，载中国政府网2022年11月27日，http://www.gov.cn/xinwen/2022-11/27/content_5729081.htm。

③ 王瑞贺主编：《中华人民共和国反不正当竞争法释义》，法律出版社2018年版，第6页。

④ 孔祥俊：《不正当竞争行为的一般条款》，载《中国工商报》2017年11月23日，第5版。

‘补充原则’关系之适用”[①];以及德国立法所明确的特别规定与一般条款的适用关系,即行为如果满足“附录”即所谓的“黑名单”中所列举的30项不正当商业行为的构成要件,则不需要审查其侵害的显著性,就构成不合法行为,属于行为本身不合法,这也减轻了商业交易的负担。[②] 虽然我国在立法中并未通过“其他”“绝对、相对禁止条款”的立法形式明确《反不正当竞争法》第二章具体不正当竞争行为与一般条款的适用关系,但遵循一般条款的本源功能,这一补充适用关系应在理论界和实务界达成共识,在反不正当竞争法司法解释中其也基本被确立。在此大前提下,还应进一步讨论具体条款中作了规定与未作规定之间的分际。

第一,优先适用具体条款包括对“等”“其他”之类推[③]的适用。有学者曾提出,“所谓《反不正当竞争法》第二章没有规定的情况,既应包括非具体化条款的行为,也应包括具体化条款中未作规定的新式的行为”[④]。事实上,后面的说法并不严谨,因具体化条款中未作规定的新式的行为既可能包括通过类推可以适用的情形,也包括无法或不应通过类推进行适用的情形,因此,不能就此一概而论。首先,从文义解释的角度,“等”在我国汉语的用语中,一般存在两种含义:一是表示列举的未尽,如发达国家有德国、法国、美国等;二是表示列举后煞尾,[⑤]如现时的社会主义国家有中国、古巴、越南、朝鲜、老挝等(五国)。而通过梳理我国2019年《反不正当竞争法》包括“等”字(内容类型)列举的条款,[⑥]可以发现,其均指向的是列举未尽的情况,除此之外,2019年《反不正当竞争法》部分

---

① 转引自刘孔中:《公平交易法》,台北,元照出版公司2003年版,第166~167页。

② 参见范长军:《德国反不正当竞争法研究》,法律出版社2010年版,第86~87页。

③ 关于“类推解释”与“类推适用”的关系,学界观点并不一致,但无论是类推解释,还是类推适用,都是以类比推理作为其逻辑结构,从实践适用的角度来看,并无对两者进行严格区分的必要。参见谢斐:《以立法意图重构类推解释的边界——基于法律续造相关理论的反思》,载《法律方法》2018年第1期。

④ 邵建东、方小敏主编:《案说反不正当竞争法》,知识产权出版社2008年版,第21页。

⑤ 参见戴长林、周小军:《新刑法条文中“等”字含义辨析》,载《法学》1999年第7期。

⑥ 包括第6条第1、2、3项;第8条第1款;第10条第1项。

具体条款还设计了“其他”式(行为类型)的兜底。① 其次,“等”“其他”立法者未穷尽列举的情形,表示立法者允许实践进行类推,也凸显出其具有司法与执法实践中适用的优先性,亦即在符合“等”“其他”类推解释后的涵摄范围内的内容或行为也应依照具体条款进行适用和规制。值得注意的是,“等”字的类推主要依据前述内容的相似性和同质性,如商品名称、包装、装潢等相同或近似的标志,此时对于如“作品名称”而言,在“等标志”的类推解释的涵摄范围之内。而“其他”的类推依据的是前述行为的相似性和同质性,此时应以行为构成要件作为主要判断依据,如第6条市场混淆行为中第4项“其他足以引人误认为是他人商品或者与他人存在特定联系的混淆行为”中的“有一定影响力+足以引人误认”,即为市场混淆的构成要件的行为判断基础。最后,类推的适用并非任意扩大解释,而是通过对相关概念内涵的分析和界定,所进行的合理推理或推论,这才是类推的本质属性所在,这也就意味着类推的一般思维结构可以结合目的解释或基本原则解释等予以限定。② 而通过类推后无法涵摄在其之内的行为才能被最终被认定为无法适用该具体条款。

第二,穷尽具体类型化的条款之后并非当然适用一般条款。一般条款对于具体条款而言并非绝对的兜底,因为对于已经具体化的行为规制条款,其应是明确了该行为的构成要件与保护范围,因此,如从形式上判断某行为是具体条款的规制范畴,那么无论最后判定其是否符合具体条款的构成要件,都不能再寻求一般条款的救济。有司法文件就曾指出,“凡属反不正当竞争法特别规定已作明文禁止的行为领域,只能依照特别规定规制同类不正当竞争行为,原则上不宜再适用原则规定扩张适用范围”③。这一点也可以以实际中的判例予以分析,如在“金庸诉江南等

① 包括第6条第4项、第9条第1款第1项、第12条第2款第4项。

② 参见魏治勋:《类推解释的思维结构及其与类推(适用)的根本区分》,载《东方法学》2018年第1期。

③ 最高人民法院《关于充分发挥知识产权审判职能作用推动社会主义文化大发展大繁荣和促进经济自主协调发展若干问题的意见》(法发〔2011〕18号)。

著作权侵权及不正当竞争纠纷案"[1]中,法院判定有一定影响力的作品的人物名称和人物关系并未在《反不正当竞争法》具体条款中予以规范(理由还包括当事人未以具体条款进行救济和抗辩),从而直接引入一般条款进行详细的论证,最后得出所谓"不正当"的结论。但事实上,对于作品的人物名称和人物关系的保护的类型应当分析是否应归入"商业标志性权益"的保护范畴之中,[2]在此之下,如上述内容经过商业化的运用从而具有与其他标志一样的商业标志性权益,那么可以在其不受商标法保护之时提供反不正当竞争法的保护,但依据规范,反不正当竞争法对此类商业标志权益的保护提供的是禁止混淆的保护,这也就意味着如不符合禁止混淆条款的构成要件的规定,则不能再适用一般条款超越立法之外而扩大保护,除非其规则适用后的结果将导致明显的利益失衡或违反正义。[3] 而法院在该判决中就明显犯了这两个错误:一是将作品本身的商业价值与作品的人物名称和人物关系是否具有商业标志性权益直接画上了等号,而事实上商业标志性权益的来源在于是否进行了商标性质的使用,显然该判决并未顾及此点;二是该判决轻易地否定了具体条款的适用可能性,其根源在于对具体条款的实质内涵把握不够透彻,也具有偷工减料的嫌疑,而直接忽视了对市场混淆行为条款中"等""其他"的类推的适用。

综上,具体条款与一般条款之间的关系是具有补充适用之关系,而其适用空间与顺序则是,在适用《反不正当竞争法》时,首先进行形式的判断,以明确该行为的类型是否已规制在具体条款之中;其次,如该行为类型不在具体条款规制的范畴之内,则再寻求一般条款的规制,而如该行为类型已经在具体条款进行了规范,则适用具体条款;最后,凡是落入

---

① 广东省广州市天河区人民法院民事判决书,(2016)粤0106民初12068号。

② 参见孔祥俊:《作品名称与角色名称商品化权益的反思与重构——关于保护正当性和保护路径的实证分析》,载《现代法学》2018年第2期。

③ 参见谢晓尧:《竞争秩序的道德解读:反不正当竞争法研究》,法律出版社2005年版,第44页。

具体条款的规制行为类型之内的,不管该纠纷行为是否符合具体条款规范的构成要件,之后不得再依据一般条款进行重复判断和救济,除非其规则适用后的结果将导致明显的利益失衡或违反正义。正如德国法所强调的,不能适用具体条款而适用一般条款的行为必须已显现出明显的不正当性,而且存在根据具体条款进行审查的连接点,只不过是缺乏全部的连接点而已。① 上述要件的限制无疑进一步明确了一般条款与具体条款的适用关系和连结。

三、反不正当竞争法视角下一般条款的适用标准与范式

在前文关于一般条款的法律定性及内容解释的基础上,一般条款适用的问题理应得到进一步明确和完善,尤其是在我国司法实务界对该问题的处理仍然标准不一、理论失据的情况下,厘清其中存在的适法错误与瑕疵是十分必要的,这对于维系法律系统的稳定性也具有极其重要的意义。正如有学者提出,由于缺乏确定的适用标准与范式,在适用一般条款时,法院对适用路径往往举棋不定,这确实有害于实现法律的确定性。因此,下文将以司法实践问题为导向,上述规范解读为依据,对我国《反不正当竞争法》一般条款的实践适用问题进行以下厘析。

关于一般条款的适用标准与范式的问题,学界已有一些理论研究成果,譬如,有学者提出了"3+1"的判断模型,即竞争观、损害观和法益观"三观"加上竞争行为正当性的利益衡量方法;②还有学者则提出三要素审查法,包括存在可以受法律保护的利益、存在具体竞争关系以及须实

---

① 参见范长军:《德国反不正当竞争法研究》,法律出版社 2010 年版,第 120~121 页。

② 参见孔祥俊:《论反不正当竞争的基本范式》,载《法学家》2018 年第 1 期。

施商业行为(如提供具体的商品或者服务);[①]甚至有学者展示了一般条款原则性思维适用的“技术路线”,即在确立各个独立的利益相关者的基础上,根据不同主体的利益诉求,分别提取支持其主张的规范命题(次级原则),并对其进行表达、证成与检验,而后对规范命题背后的利益关系进行评估、考量和权衡,从而在方案选择中作出最终裁决。[②] 还有学者从法益的角度阐述了司法适用一般条款的三步走模式,如首先通过一般条款引入其他竞争相关的合法权益,其次以其为标准认定是否存在合法权益受损的事实,最后进一步判定是否存在不当竞争行为。[③] 可以说,诸上学术成果从不同面向为大家展示了一般条款的适用标准与范式,虽然在路径上各有不同,但其整体能反映出一种适用导向,即区别于具体条款的构成要件的判断模式,一般条款奉行的应是以利益衡量为重心的裁量方法。这也符合从严把握的适用态度,以避免对资源配置中起决定作用的市场进行不适当的干预,也防止走向不适当扩张一般条款适用范围甚至滥用倾向的老路。[④] 区别于上述学者的观点的是,笔者将从制度利益的层次结构视角出发,结合前文的学理阐述和规范解读,提出一个具体适用一般条款的标准与范式,以供司法实践参考。

(一)确认制度利益起点及内容

虽然在一般条款适用的利益的起点上学者们的论述并不相同,如孔祥俊教授主张“反不正当竞争法上的利益可以仅为正当的竞争利益,而不必是侵权法意义上的特定合法权益或者可诉的法益”。黄武双教授则

---

① 参见黄武双:《互联网不正当竞争的认定——中国知识产权名家讲坛第24讲》,载微信公众号“西南知识产权”2018年12月29日,https://mp. weixin. qq. com/s/lfzaQQl - 6RuQCXk-iZThHA。

② 参见谢晓尧:《一般条款的裁判思维与方法——以广告过滤行为的正当性判断为例》,载《知识产权》2018年第4期。

③ 参见吴峻:《反不正当竞争法一般条款的司法适用模式》,载《法学研究》2016年第2期。

④ 参见孔祥俊:《不正当竞争行为的一般条款》,载《中国工商报》2017年1月23日,第5版。

主张为“一个直接受损害的利益,包括消费者的利益”。而谢晓尧教授则认为包括“原被告利益、消费者利益、各产业界的利益等”。但细究下来,其区别仅在于司法介入阶段上的不同,因为一部法律的制度利益在方向上是明确的,而其立法过程本身也是在利益的平衡与选取中所凝固的具体制度设计,因此,制度利益应然成为该法律制度一个不可分割的属性。① 而从不正当竞争行为规制的立法来看,其制度利益当然指向的是孔祥俊老师所主张的“正当的竞争利益”,这也是所有市场参与者共同的基础。② 但在一般条款民事救济的视角下,诉讼程序的启动往往就是以经营者个人或消费者群体的合法利益的损害为起点的。这些利益当然也是制度利益中的组成部分,但并非唯一的,也不是判断正当性的根本性要件。其理由在于司法裁判阶段会要求法官对于凡是涉及和符合该制度利益的正当竞争利益进行综合衡量。除此之外,我国反不正当竞争制度之内的利益还有以下特性。

第一,一般条款启动程序的利益须以经营者的利益损害为前提。这一点凸显了我国在立法之中的保守色彩和法律定位不明的情况,但依据2019年《反不正当竞争法》第17条关于民事责任的规定,也仅能解读出经营者在自身合法权益受损时,才可向人民法院起诉,正如在全国人大常委会法制工作委员会经济法室王瑞贺主任编著的释义中,特别强调“只有合法权益受到侵害的经营者主张权利,并向人民法院提起诉讼的,人民法院才能受理”③。这无疑排除了消费者的诉讼请求权,也否定了经营者以消费者合法权益或竞争秩序利益作为其单独诉由而启动2019年《反不正当竞争法》一般条款进行民事救济的可能。

第二,一般条款启动程序的利益既包括实际损害性,也理应包括潜

① 参见梁上上:《利益衡量论》,法律出版社2013年版,第95页。

② 参见[德]弗诺克·亨宁·博德维希主编:《全球反不正当竞争法指引》,黄武双、刘维、陈雅秋译,法律出版社2015年版,第6页。

③ 王瑞贺主编:《中华人民共和国反不正当竞争法释义》,法律出版社2018年版,第60页。

在损害性。早期曾有学者主张,一般条款的适用仍应以竞争者或消费者之损害已发生为前提。[①] 但事实上,在该竞争行为未发生实质损害时,其也具有妨碍竞争秩序之可能性或危险性,譬如,在不正当有奖销售中,其抽奖式最高额有奖销售的行为规制并不以消费者或其他市场参与者具有实质损害为前提。因此,现在我国台湾地区学界的主流观点认为,一般条款之构成要件并不以该行为产生实际损害为必要,即只要行为人有故意或过失,以及该行为实施后足以影响交易秩序之可能性,达到抽象危险性之程度为已足。[②] 不过,这一点在我国2019年《反不正当竞争法》中规定得却并不严谨,因为从体系解释的角度看,一般条款以扰乱和损害为要件,而其民事法律责任条款仅有致损赔偿的规定,并将致损受损与赔偿认定紧密联系在一起,缺乏对于排除妨碍请求权及停止侵害请求权的明确规定。同时,虽然"海带配额案"[③]中明确要求启动程序利益必须达到实质损害性,但前述"金庸诉江南等著作权侵权及不正当竞争纠纷案"的判决无疑打破了这一标准,为当事人"可合理预期获得的商业利益"这一潜在利益损害提供了保护,并以"侵权人获利"这一替代性的损害赔偿计算方式作为潜在损害性的"保护伞",因此,这也意味着未来经营者以潜在损害性为诉由具有其救济空间。

第三,一般条款启动及裁判程序的利益应具备相对的合法性。正如竞争本身是中性的一样,按照庞德的观点,利益也可以看作人们——不管是单独的还是在群体或社团中或其关联中的——寻求满足的需求、欲望和期望。[④] 在此视角下,利益当然也具有合法与非法的形式,但如果经

---

① 参见赖源河:《公平交易法新论》,台北,元照出版公司2002年版,第432~433页。

② 参见汪渡村:《公平交易法》(第3版),台北,五南图书出版公司2015年版,第245页。

③ 参见山东省食品进出口公司、山东山孚日水有限公司、山东山孚集团有限公司诉青岛圣克达诚贸易有限公司、马某庆不正当竞争纠纷案,最高人民法院(2009)民申字第1065号民事裁定书。

④ 转引自[美]罗斯科·庞德:《法理学》(第3卷),廖德宇译,法律出版社2007年版,第14页。

营者主张保护的利益是非法形式的,则通常会导致不构成不正当竞争。[①] 同时,在某一裁判中被认定给予保护的合法利益并非确认其合法形式的绝对性,这一点也区别于权利的特征。

第四,一般条款裁判程序的正当竞争利益具有开放性、模糊性和非法定性。事实上,从法律方法论的角度看,也只有将利益作广义的理解,才能使利益衡量的方法的功能真正地发挥出来。[②] 这也正如前文的阐述中所明确的那样,利益衡量中除了考察已明确规范的经营者、消费者的合法权益,对竞争秩序利益的解读要具有一定的广泛性和动态性,包括产业利益(具体因素有竞争效率、技术创新)及社会成本利益(具体因素有行为影响的广泛度、效仿的可能性)等,但同时也应明确对公众其他利益方面的保护,如环境保护、健康保护等则并非制度内的利益,对竞争秩序利益的开放解读仍应以"竞争秩序"为内核,而非泛化的公众利益。

(二)利益衡量的"量"的标准

在利益损害的"量"的标准问题上,我国仅在民事责任条款中规定了损害赔偿额的计算,但却并未明确启动一般条款的"量"的标准,以及利益衡量时又有哪些"量"的要求。关于这一点,德国与我国台湾地区的规范则都在一定程度上进行了明确,譬如在德国,这一"量"的维度被该国学者称为"相关"标准,即在竞争中立与自由的视角下,不正当竞争行为须达到自由竞争不能容忍的程度为何。[③] 具体来看,其 2008 年修法中一般条款所规范的"足够显著"标准在 2015 年修法时发生了位移,即从一般条款转向了具体条款,并从总的一般条款转向了消费者一般条款。也就是说,该法已对经营者的利益损害并不再要求具有足够显著性,仅是

---

① 参见孔祥俊:《论反不正当竞争的基本范式》,载《法学家》2018 年第 1 期。

② 参见吴从周:《概念法学、利益法学与价值法学:探索一部民法方法论的演变史》,中国法制出版社 2011 年版,第 10 页。

③ 参见柴耀田:《反不正当竞争法一般条款的体系化功能——德国 2015 年〈反不正当竞争法〉改革对中国修法的启示》,载《电子知识产权》2016 年第 10 期。

在个别具体条款中,以及对消费者、市场参与者要有显著的影响性,但这仍不影响实践中在适用一般条款时对损害程度要求的严格标准。而在我国台湾地区“公平交易法”第24条案件处理原则中则明确说明,判断概括条款中“足以影响交易秩序”中的“足以”因素,应从受害人数之多寡、造成损害之量及程度、是否会对其他事业产生警惕效果及是否为针对特定团体或组群所为之等,并同时对此规定限制性条件,如单一、个别非经营性之纠纷,则应寻求民事救济,这反映出我国台湾地区在经营者民事救济与行政机关介入方面采取的是两分法,显然后者的标准要高于前者。虽上述规范略有不同,但二者的交集却对于我国的适用具有重要的借鉴意义,即对于经营者的民事救济在利益损害的“量”的标准问题上并不要求达到消费者保护或行政机关介入的所谓“足够显著性”的标准,尤其是在起诉阶段。不过,在市场竞争中,损害往往是竞争的常态,这就要求在裁判阶段应以涉案行为对于经营者权益的损害须达到自由竞争所不能容忍的程度为行为不正当性认定的界限。同时,损害(得失)的程度可以考量的具体情形有行为所采取之方法手段、行为发生的频率规模、行为违背商业伦理之程度、所牵涉竞争要素的种类、行为人与相对人关于交易内容之理解程度与获取管道是否对等、当事人纠纷争议解决能力与资源之多寡、市场结构因素、交易习惯与产业特色等。[①] 也就是说,利益得失量的认定与上述行为的事实因素分不开。参照我国学者在民事案件中利益衡量的模式,[②]根据我国《反不正当竞争法》一般条款的制度利益,可以大体绘制如图1所示。

---

① 参见吴秀明:《竞争法研究》,台北,元照出版公司2010年版,第101页。

② 参见梁上上:《利益衡量论》,法律出版社2013年版,第104~108页。

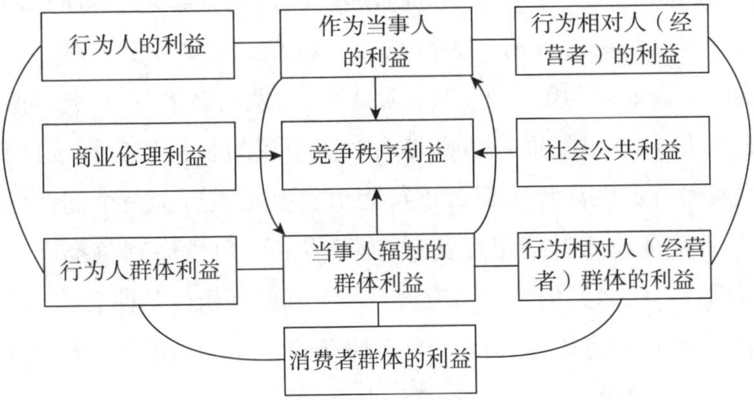

图 1 《反不正当竞争法》一般条款的制度利益分析

(三) 利益衡量的“质”的标准

在经过利益认定及其量的评估后，须在此基础上进行“质”的利益衡量，其本质是背后利益层次结构与利益的价值秩序之间的比较，这是许多学者所主张的在利益衡量时应适用的利益位阶理论，从适用来看应把握以下两个步骤。

第一，须指出的是，在制度利益内部尚有不同的利益分配和目标保护。这意味着，对于某一市场竞争行为类型应首先判断其所对应的主要保护目标。例如，在市场混淆行为规制中，其主要保护的目标是特定经营者的利益，其次才是消费者与市场竞争秩序的利益，此时的判断应以主要保护目标为主。而有些市场竞争行为则可能同时存在几个不同的目标保护方向，此时则需要进行进一步的利益衡量。[1] 而至于何为主要保护目标，则主要根据行为的性质来作判定。譬如，在广告屏蔽软件案件[2]中，德国法院的判决就很明确地指出，首先应分析被告是否是出于有目的地阻碍或妨碍竞争对手，如果判定为是，则该行为主要针对的就是

① 参见范长军：《德国反不正当竞争法研究》，法律出版社 2010 年版，第 61 页。

② 参见孔祥俊：《论反不正当竞争的基本范式》，载《法学家》2018 年第 1 期。

特定(或范围内)的经营者或其产品,那么该类市场竞争行为所针对的保护目标主要就是经营者的合法权益,此时,就应主要考量其对经营者的损害程度。而如果判定为非(如法院认为“付费白名单”的广告屏蔽仅是被告进入市场的手段,而竞争必然会对竞争者的收益产生影响,而非有目的地阻碍特定经营者),那么该行为事实上是进行了一个商业模式的创新,但此商业模式对特定经营者、消费者和竞争秩序利益都产生了直接的影响,因此,对其的判定就应遵循相关利益平衡的具体思路。

第二,在市场竞争行为体现为多种保护目标的情况下,其利益平衡的具体思路应遵循法学方法论上的利益位阶理论,当然,正如前文所析,德国《反不正当竞争法》是将三种利益置于同等地位而在此基础上进行利益平衡。如在上述广告屏蔽案件中,其对利益得失的考察结果就是行为相对人(经营者)的利益影响是出于自然竞争的结果,况且原告可以通过其他技术手段进行制约或者开辟其他盈利模式,故对其个体及群体甚至产业发展、行业伦理的利益损害从技术中立及动态发展来看,影响实际上是有限的。但该行为却对消费者的利益及技术创新等竞争秩序的利益具有积极促进的效果,进而通过利益平衡判定该行为并非不正当。与此对比的是,虽然我国《反不正当竞争法》在一般条款中特别强调了市场秩序利益的优先地位,似乎传递出一种公益大于私益的导向,但事实上,从图1的利益结构中,我们可以发现,市场秩序利益的内容既有偏向行为人利益的(如竞争效率、技术创新利益等),也有偏向于行为相对人(经营者)利益的(如行业商业伦理利益及产业利益等),而按照传统的利益位阶理论,即在高位阶利益与低位阶利益冲突时,高位阶利益应优先获得保护,尤其是在与宪法的秩序相连接时,就会获得更大的正当性。但其在正当竞争利益的制度利益框架中的位阶冲突却并不非常明显。同时值得注意的是,此时作为判定标准的消费者利益并不是经营者合法权益的一个反射,而恰恰相反,其在市场竞争中往往担负着较强的市场竞争自由的评判功能。总之,在《反不正当竞争法》一般条款的适用过程中,多重目标的利益平衡并不特别突出某一利益的位阶,其整体上遵照的还是对行为属性及其对各个利益客体的动态影响的事实因素比较评判标准，如某一市场竞争行为对行为相对人(经营者)及其群体等的利益影响并不明显且对其他利益有促进意义，则不宜认定为不正当竞争行为。

(四)基本原则解释与立法目的限定

在一般条款的适用过程中，当然也离不开基本原则的解释功能与立法目的的限定指引，否则就易引发一般条款及其利益衡量的滥用。而立法目的与基本原则本身就是制度设计时的重要价值标靶，通过对二者的妥善合理适用，司法者可以较好地把握一般条款的适用方向。

1. 基本原则解释

法律基本原则或法律制度的本质要求在许多情况下都是解释法律或法律行为的基点，[①]而法律解释又是在法律适用过程中不可或缺的环节。事实上，市场竞争的基本原则一方面发挥着对竞争法律适用关系中所遇到的具体问题进行合理解释的功能；[②]另一方面该原则本身也型构了《反不正当竞争法》的法律解释方法或规范，即平等释法、公平释法等，以保证法官或法律适用者解释法的渊源文本时的可预测性，使被解释的法律规范更确定，增长法律决定的理性[③]和稳定性。同时，由于法律规范的具体规定毕竟有限，不可能对纷繁复杂的具体案件都能够提供恰如其分、可丁可卯的答案。[④] 因此，基本原则的确立就是为了克服这一成文法的局限性，来弥补成文法的不足。[⑤] 尤其是在对非具体化的竞争行为进行行为正当性的评判时，综合价值评判与利益平衡是对该行为认定的关键。这就要求在行为认定时，既要考察该市场竞争行为是否符合一般条款(主要体现的是利益平衡)和立法目的，也要融入市场竞争基本原则所

---

① 参见崔建远：《基本原则及制度本质乃解释的基点》，载《求是学刊》2017 年第 1 期。

② 参见黄赤东、孔祥俊主编：《反不正当竞争法及配套规定新释新解》，人民法院出版社 1999 年版，第 20 页。

③ 参见王夏昊：《论法律解释方法的规范性质及功能》，载《现代法学》2017 年第 6 期。

④ 参见孔祥俊：《法律解释与适用方法》，中国法制出版社 2017 年版，第 438 页。

⑤ 参见许中缘、屈茂辉：《民法总则原理》，中国人民大学出版社 2012 年版，第 175 页。

蕴含的多元价值考量。但须指出的是,按照拉伦茨的原则位阶理论,公平、自愿、平等原则相比诚信与遵守商业道德原则来说,其已是上位阶原则的存在,故在具体适用时理应后者优先,除非在后者的适用发生冲突或者违背上位原则时,方得有前者上位原则的适用空间。另外,值得再次提醒的是,虽然现实中的立法文本、适用实践与司法政策均强调了诚信原则与公认的商业道德在判定行为正当性中的重要作用,诚然其也仍将在未来司法实践具有重要的参考与指导价值并担当行为正当性评判的重要标准,但从反不正当竞争法的发展趋势来看,弱化主观性和道德性的竞争行为评价范式越发流行及重要,如其对于竞争属性、利益衡量、损害程度等的考量,相较于普遍的、抽象的、泛道德性的基本原则而言,某种程度上更符合本法的法律定位和立法目的的实现。

2. 立法目的的限定

反不正当竞争法须以目的条款来统领价值取向,确立价值标准,奠定立法基调,控制整体制度的具体结构和内容。这一点与我国其他具有立法目的条款的法律并无明显差别,也是我国社会主义法律一以贯之的目的性要求。与之相近的学术视角是,立法的目的或者司法制度建构的目的,往往被视为法律适用的"社会效果",自然在此基础上的严格的规则之治也难以摆脱立法目的的主导与限定。① 这意味着对于立法目的的适用与坚守,将出现适当的符合目的与不适当机械适法这两种结果,因此,对于立法目的的适用要有明确的空间划定,总结来看主要有以下正反两个方面。

第一,在立法目的的适用空间上,首先,立法目的作为目的解释或者历史解释可以指导法官在适用一般条款时进行上述方法论的释法。但是,值得强调的是,对一般条款进行文义解释时并不需要立法目的的直接介入,而是只有在文义解释模糊不清时,方能寻求背后立法目的的介

---

① 参见刘治斌:《立法目的、法院职能与法律适用的方法问题》,载《法律科学》2010年第2期。

入。另外,在进行一般条款的体系解释时,如对其与法律责任的规范解读,立法目的可以作为隐藏在其中的主线的存在为体系解释提供目的性的佐证。[①] 其次,立法目的具有弥补法律漏洞的功能,但因立法漏洞存在情况的不同,对于立法目的的适用也并不相同。对此,曾有学者提出法律漏洞所存在的两种情形,即一种是自始存在的漏洞,另一种是嗣后存在的漏洞。[②] 前者的出现是因为立法者并未意识到漏洞问题的存在,后者则是立法者故意遗漏的漏洞。这就意味着对于前一种漏洞,去探寻立法目的的意图的方法无疑是水中捞月,因此,就必须在一般价值理念的指引下对立法目的予以重构。譬如,对于"守法原则"的规定,从修法情况来看,事实上立法者并无在此问题上有过纠结或阐释,也并非出自对学者意见的采纳,因此可以大致判定是一种自始存在的漏洞,那么对于其的解释和补充就要遵循一般价值理念。正如前文所述,囿于立法体系和法律规范的问题,违法行为与不正当竞争行为之间并不应认定为存在当然的证明关系。至于后一种漏洞,则需要对立法者的真实意图进行仔细探寻,这一点也集中体现在消费者诉权以及行政机关的权限的问题之上,如从法律的规范调整来看,虽然在一般条款中明确对消费者合法权益的保障以及曾尝试过对于行政机关的授权,但事实上,从最后修法结果中的具体规范用语来看,立法者对此均持否定的态度。最后,立法目的对于完善法官的法律推理具有重要意义。在现实的司法实践中,法官援引一般条款的说理往往过于笼统和恣意,而立法目的的指引发挥着缩小法官之间的论证适用差异的功能,并为法官推理提供权威性的思考来源,当然,这一点的功能发挥仍有待于一般条款方法论适用的成熟和推广。

第二,在立法目的的适用限制上,首先,应明确适用一般条款与适用立法目的并非同一个问题,正如前文所述,只有在适用一般条款出现解释不明或违反正义时,才得寻求立法目的的适用,这也是立法目的适用

① 参见[德]卡尔·恩吉施:《法律思维导论》,郑永流译,法律出版社2014年版,第92页。

② 参见孔祥俊:《法律方法论:裁判模式、自由裁量与漏洞填补》(第3卷),人民法院出版社2006年版,第148页。

的形式上的限制。其次,立法目的不具有直接适用的可能,不能作为直接法源进行援引,如在一般条款关于“违反本法规定”的解读中,即便可将基本原则条款纳入一般条款的适用范围从而使基本原则成为直接的法源,但也不能将立法目的进行如上解读和适用。另外,对于立法目的的解读和适用不能违反上位阶的一般法律思想,尤其是不得与宪法的规定相抵触。最后,从 2019 年《反不正当竞争法》立法目的本身来看,对于立法目的的适用既不能僵化解读,也不能过于宽泛,而是应充分考量其文字背后所蕴含的价值追求以及具体的适用语境。

四、结语

反不正当竞争立法中一般条款存在的主要功能是为解决法律未预见的新问题提供处理方案。这意味着,在未来纷繁复杂的市场业态和竞争行为的发展过程中,一般条款的适用将会成为一个不可回避的司法命题。而在对这个司法命题的回应过程中,任何指望单一静态规则的决断都是难以完成的任务,只有寄望于在方法论讨论和司法适用过程中累积制度常识和司法共识,方能达致对纠纷的兼顾公平与效率的处理。与过往陷入立法论而缺乏经验命题累积不同,在我国关于一般条款适用方法论的争鸣之中,适用主体与权限、适用空间与顺位、适用标准与范式成为亟待解决的核心问题,虽然竞争法学界给出的方案呈现些许差异,但从一般条款司法适用的整体趋势把握上,可以明确,对涉嫌不正当竞争行为的任何审查都必须侧重于与市场和竞争有关的方面,而不再单纯是基于道德或法律原则的判断。此外,在避免对产业利益、创新利益等形成寒蝉效应的考量之下,严格主义的处理态度以及利益衡量的基本范式理应成为未来司法适用的基本取向。在此框架下,再去累积制度常识和凝聚司法共识,无疑是一条能供给确定性和可预期性的有益路径。

地方债务置换风险分配的理论检讨与法治化改造

李安安*

目次

摘要:地方债务置换被视为财政金融领域的一项重大制度创新,但存在合法性与合理性不足的困境。以金融手段化解财政风险是地方债务置换的制度运作逻辑,这一风险分配逻辑是财政风险金融化惯性思维的产物,存在深刻的路径依赖背景。地方债务置换并非理性设计的产物,而是应急性的阶段性选择,应当通过确认地方财政自主权并保持央行独立性、塑造地方债务置换的市场化品格与调适政府经济行为、引入风险责任并建构地方债务治理问责机制等方式推进地方债务置换风险分配的法治化变革。

---

* 李安安,武汉大学法学院副教授,法学博士。
本文原载于《法学》2018 年第 5 期,第 118 ~ 128 页。

关键词:地方债务置换;风险分配;财政风险;金融风险

第五次全国金融工作会议将服务实体经济、防控金融风险、深化金融改革明确作为金融工作的三大任务,强调“要把主动防范化解系统性金融风险放在更加重要的位置,科学防范,早识别、早预警、早发现、早处置,着力防范化解重点领域风险,着力完善金融安全防线和风险应急处置机制”,预示着从严监管、防范风险将是未来相当长一段时间内金融业发展的主旋律。在诱致金融风险的诸多要素中,居高不下的地方政府债务无疑是重要因素,而 2015 年推出并延续至今的地方债务置换则是促使财政风险向金融风险转化的关键肇因。笔者试图厘清地方债务置换的意义与构造,检视地方债务置换的正当性困境,反思地方债务置换风险分配的制度逻辑,并尝试推进地方债务置换风险分配的法治化改革。

一、地方债务置换的意义、构造与正当性疑问

(一)地方债务置换的现实意义与制度构造机理

近年来,世界上的很多发达国家正陷入一场貌似无休止的债务危机,从美国的“财政悬崖”到欧洲的债务危机,莫不如此。特别是在欧洲,主权债务危机导致失业率居高不下,复苏遥遥无期,紧缩政策没有实现降低债务的目标,货币政策也未能撬动经济发展,早期负债过多所引发的灾难性后果终于集中性爆发。[①] 中国当下面临的政府债务压力丝毫不亚于美欧等发达国家,只不过这种压力更多的是来自地方政府债务而已。学界普遍认为,地方政府债务是引爆中国金融危机的重要风险点,“中国版次贷危机”之论断有着充分的现实依据而绝非危言耸听。自审

① 关于欧债危机的背景性分析,可参见[法]托马斯·皮凯蒂:《21 世纪资本论》,巴曙松等译,中信出版社 2014 年版,第 557 页;[德]丹尼尔·施特尔特:《21 世纪债务论》,胡琨译,北京时代华文书局 2015 年版,前言第 1 ~ 2 页。

计署于2011年首度拨开地方债务的迷雾之后,关于地方债务是否会引发金融危机的讨论就未曾停止过,地方债务亦由此成为经济和社会生活领域的核心性议题。根据审计署2013年公布的《地方政府债务审计报告》,截至2013年6月底,地方政府负有偿还责任的债务为10.88万亿元,负有担保责任的债务为2.67万亿元,可能承担一定救助责任的债务为4.34万亿元,地方政府债务规模合计17.89万亿元。[①] 如此庞大的债务规模,将政府与金融机构牢牢捆绑在一起,至少具备了引发系统性金融风险的潜在可能性。为化解地方债务风险,从国务院《关于加强地方政府性债务管理的意见》的出台到地方政府融资平台的清理整顿,从《预算法》的修改到第五次全国金融工作会议对地方政府债务终身问责的强调,国家运用行政、经济与法律等多重手段对地方债务进行了综合治理。特别是在2015年推出并延续至今的地方债务置换,通过"发新债偿旧债"的方式,将地方政府原来非标准化和不可流通债务,转化为公开的、标准化的和可流通的债券,化解了存量债务到期的风险,延缓了地方政府到期偿还债务的压力,被视为财政金融领域一项重大的制度创新。

对于地方债务置换这种带有中国特色的制度安排,学界多持肯定态度甚至不乏赞誉之词。从防范系统性风险的角度看,地方债务置换通过以时间换空间的方式为地方债务问题的最终解决赢得了缓冲机会,达到了预期效果,对于保障地方政府的有序运作尤其是维护财政稳定发挥了积极作用。但如果我们从地方政府的道德风险与逆向选择、地方政府公司化与政府权力市场化、财政风险向金融风险的传导等维度认知地方债务置换,会得出迥异的价值评价。地方债务置换无疑具有多重面向,其本质和内涵的揭示有赖于制度构造机理这一逻辑起点的厘清。从制度构造看,地方债务置换并不复杂,其是在财政部甄别存量债务的基础上,把银行存款、城投债、信托融资等地方政府原有的短期和高成本债务置换成中长期、低成本的地方政府债券,以降低融资成本,延长债务偿还期

① 参见李扬主编:《中国债券市场2015》,社会科学文献出版社2015年版,第372页。

限,改善地方政府的资产负债表。由此可以看出地方债务置换的法律内涵是:其一,地方债务置换是在财政部主导下推出的财政活动,具有鲜明的行政性色彩,同时又借助于市场的力量,具有一定的市场化特征,因此可以将地方债务置换视为一种复合型的财政行为。[①] 其二,地方债务置换并没有改变地方政府作为债务人的身份,但改变了债务的载体形式、偿还期限以及债权人的群体构成,属于民法上"债的变更"以及商法上"债务重组"的范畴,债权人可依循民商法原理主张权利。其三,地方债务置换打破了财政与金融的法律边界,将本属于财政领域的风险转嫁给了金融领域,把风险在地方政府、金融机构、投资者等主体之间进行了重新配置,因此可以将其视为一种风险转移的财政政策工具。

综合上述分析,我们可以将地方债务置换的本质归纳为通过金融手段实现地方财政风险转移的政府债务重组行为。地方债务置换是在中国经济增速进入下行通道、地方财政收入锐减、还债高峰陆续来临等社会背景下的应急性选择,具有"试错"性质,并非理性的制度设计的结果。至于地方债务置换的正当性及其中国经济社会带来的深刻影响,下文予以专门分析。

(二)地方债务置换正当性的法理追问

自地方债务置换问世以来,争议与质疑从未间断,始终面临正当性困境的拷问,既存在合法性缺失的问题,又存在合理性存疑的问题。就合法性而言,目前的地方债务置换的总规模已经超过11万亿元,对地方政府、商业银行、资本市场和公众投资者正在产生越来越大的影响,如此重要的财政行为,本应在严格的法律约束下,通过人大督导、政府落实、公众监督的民主过程加以推进,但检视当下的地方债务置换,无论是法律依据还是法律程序,都面临严重的合法性危机。从法律依据上看,现

① "财政行为"是财税法理论界近年来尝试提炼和证成的核心概念范畴之一,可以将其理解为财政主体实施的,能够产生财政法律效果且需要财税法进行评价的行为。参见刘剑文、侯卓等:《财税法总论》,北京大学出版社2016年版,第255页。

行法律和行政法规均未对地方债务置换进行规定，国务院《关于加强地方政府性债务管理的意见》也仅有一个原则性条文："对甄别后纳入预算管理的地方政府存量债务，各地区可申请发行地方政府债券置换，以降低利息负担，优化期限结构，腾出更多资金用于重点项目建设。"其实，每年的地方债务置换都是根据财政部当年的相关"意见"或"通知"作出的，如财政部发布的《关于对地方政府债务实行限额管理的实施意见》《关于2015年采用定向承销方式发行地方政府债券有关事宜的通知》《关于做好2017年地方政府债券发行工作的通知》等。无论是"意见"还是"通知"，都属于"政策文件"的范畴，不是严格意义上的法律规范，由此可以看出地方债务置换合法性依据有待加强。从法律程序上看，尽管地方债务置换经过了全国人大的批准，但缺乏实质审查与问责制衡，《宪法》赋予的人大监督权未能有效发挥实际作用。从依宪执政的角度加以审视，不难发现地方债务置换制度运作中的行政权与立法权配置严重失衡，置换额度与置换对价的确定、责任设定与救济程序的安排等均背离财政法定的依宪执政精神，而正是这些因素加剧了地方债务置换的正当性困境。

就合理性而言，地方债务置换同样存在明显缺憾。作为当代人文社会科学的主题之一，合理性意味着对价值事实和意义问题的特别关注，具体包括合规律性、合目地性与合规范性三个方面的意旨。[①] 如果以这三个标准来检视地方债务置换的话，不难发现其合理性的不足，具体表现在三个方面：首先，地方债务置换无规律性可循。作为一个颇具中国特色的财政现象，地方债务置换是财政体制改革"试错"的产物，既没有现成的经验可资借鉴，也没有共识性的规律以供遵循。"与传统社会模式不同，现代社会是风险社会，其最为稀缺的价值需求是对于确定性的追求。"[②]地方债务置换的存续期限与未来走向等问题均不明朗，这种不

① 参见欧阳康：《合理性与当代人文社会科学》，载《中国社会科学》2001年第4期。

② 管斌：《金融法的风险逻辑》，法律出版社2015年版，第84页。

确定性决定了其难免偏离“实质合理性”与“社会妥当性”的价值坐标，违背财政制度变迁的内生性规律。其次，地方债务置换的目的可能落空。地方债务置换的目的是通过降低债务成本，延长债务偿还期限，化解地方政府存量债务到期可能引发的系统性风险，达到地方政府债务良性存续的效果。就短期观察而言，地方债务置换确实帮助地方政府度过了难关，但是否根除了地方债务的系统性风险以及能否实现地方政府债务良性存续的目的，尚未可知。这是因为，地方债务置换本身并没有消除风险，只是转移了风险，这些风险或许在其他领域产生破坏性影响。由于预算软约束以及监督问责机制的缺位，地方债务置换可能异化为地方政府及其工作人员转嫁财政风险和规避法律责任的政策工具，从而使地方政府债务良性存续的目的落空。最后，地方债务置换的规范性缺失。地方债务置换缺乏严格的法治约束，具有鲜明的政策主导性特征，而政策的应急性和易变性必然导致地方债务置换无法形成良好的规范秩序。“政策繁多而法律稀缺”是财政领域的一大弊端，地方债务层面的法律制度供给尤为短缺。可以说，当下的地方债务置换属于典型的“政策主治”，尚未进入制度性治理的阶段。“制度性的治理，特别是通过法律的治理，作为现代化的基本指标和保障，也是现代化建设必须提供与建成的治理模式。”①也有论者指出，“政府不能单独决定财政政策，财政政策必须体现立法机构的民意，这是财政法治的要义”②。因此，夯实地方债务置换的法律规范基础，将其纳入法治化的轨道，已经迫在眉睫。

二、地方债务置换风险分配的制度逻辑分析

随着风险社会的来临，以财富分配为逻辑的传统社会结构出现了分

---

① 程燎原：《用法治方式推进和巩固法治》，载《法学研究》2013年第2期。

② 邢会强：《财政政策与财政法》，载《法律科学》2011年第2期。

化与重组,以风险分配为逻辑的社会结构开始形成并逐渐强化。[①] 地方债务置换既是一种风险管理的手段,也是一种风险分配的工具,其旨在通过以时间换空间的方式实现财政风险的重新配置。由此需要追问的问题是:地方债务置换风险分配的制度逻辑是什么?如何评估这种制度逻辑所产生的影响?如何评价这种制度逻辑的妥当性?厘清这些问题是助推地方债务置换走出正当性困境的基础,更是建构地方债务置换风险分配法治化制度体系的前提。

(一)以金融手段化解财政风险:地方债务置换的制度逻辑

面对积重难返的巨额地方债务,欲将其风险转移出去,必须仰仗反应灵敏、威力巨大的经济政策工具。由于金融是跨时间、跨空间的风险配置载体,转移地方债务风险的重任就自然而然由金融承担,地方债务置换正是借助金融的力量实现了财政风险的"乾坤大挪移"。这具体表现在:第一,在债务形式上,通过发行地方政府债券这种新型的金融产品来置换地方融资平台贷款或其他形式的存量债务,优化了地方政府的资产负债结构;第二,在债务成本上,通过低成本的地方政府债券替代高成本的银行贷款、城投债、信托融资等,可有效减轻地方政府的利息负担;[②] 第三,在债务期限上,地方政府债券的加权平均期限为 6 年以上,明显高于置换前 3 年左右的地方债务偿还期限,有助于解决地方政府融资与投资期限错配的问题;第四,地方政府债券的发行没有采用招投标等市场化的操作方式,而是通过"定向承销"这种带有准行政性质的手段迫使商业银行等金融机构认购,意味着地方债务的风险转嫁给了金融机构;第五,地方政府债券已经于 2015 年被纳入中国人民银行常备借贷便利(SLF)、中期借贷便利(MLF)、抵押补充贷款(PSL)以及商业银行质押

---

① 参见李友梅:《从财富分配到风险分配:中国社会结构重组的一种新路径》,载《社会》2008 年第 6 期。

② 根据财政部的匡算,2015~2016 年债务置换累计为地方政府节约利息支出 6000 亿元。参见李扬主编:《中国债券市场 2016》,社会科学文献出版社 2016 年版,第 348 页。

贷款的抵押品或质押品范围,为"公债货币化"预留了制度空间,可能导致基础货币投放过多,诱发通货膨胀,进而损及社会利益。[①] 不难看出,地方债务置换是财政部、中央银行、地方政府与金融机构之间博弈的结果,是财政权力与货币权力交织运用的产物。以金融手段化解财政风险是地方债务置换的制度运作逻辑,也是地方债务置换的实质所在。

在成熟的市场经济国家,财政与金融之间有着严格的法律界限,不允许财政风险与金融风险的直接相互转化。但在我国,财政与金融之间的界限没有那么泾渭分明,金融又被称为"第二财政",事实上行使着财政职能,即"在动员资源过程中,金融业替代税收功能;在资源配置过程中,金融业替代财政功能"[②]。无论是以金融手段化解财政风险,还是以财政手段化解金融风险(如向商业银行进行财政注资),都被视为正常的经济现象,前者被称为"财政风险金融化",后者被称为"金融风险财政化"。[③] 经过不断的金融体制改革,尽管金融功能错位的状况得到了一定程度的矫正,但基于"弱财政、强金融"的制度变迁背景,中央政府加强了对金融的控制,地方政府则全力以赴展开对金融资源的竞争,金融对于财政的附属地位依然未有根本改观。在此背景下,所谓"财政金融化"的经济和权力现象应运而生,它是指政府以金融市场和金融手段为媒介,依靠货币权力实现财政职能与目标的经济干预形式,其核心不在于财政活动中所使用的金融手段,而在于货币权力与财政权力的结合,以及政府利用这种权力组合所掌握的经济资源控制力。[④] 出于金融控制的考量,我国的金融市场从制度源头上选择了政府干预下的银行主导型间接

---

① 地方政府借助中央银行增发货币"增加税收"偿还了地方债务,将地方政府与金融机构之间的债权债务关系转变成了地方与中央之间的财政关系,这实质上是采用"公债货币化"的手段处置地方债务风险。参见阳建勋:《论我国地方债务风险的金融法规制》,载《法学评论》2016年第6期。

② 周立:《改革期间中国国家财政能力和金融能力的变化》,载《财贸经济》2003年第4期。

③ 参见秦海林:《财政风险金融化影响经济增长的模型分析与实证检验》,载《财贸研究》2011年第2期。

④ 参见鲁勇睿:《通货膨胀的货币宪法规制》,中国社会科学出版社2016年版,第29页。

融资体系并形成了强烈的路径依赖,这意味着地方政府围绕金融资源配置的竞争必然绕不开商业银行尤其是国有商业银行。通过影响辖区内商业银行信贷决策进而争取银行信贷资金,是地方政府金融努力的重要方向,这种金融努力一方面表现为对国有商业银行和股份制商业银行分支机构的"属地型干预",另一方面表现为对地方商业银行的"控制型干预",二者共同导致了信贷结构的扭曲。[①] 在这种扭曲的"政银关系"之下,商业银行只能源源不断地为地方政府提供信贷融资,当地方政府欠缺偿债能力时也只能被动接受财政主导下的债务置换方案。可以说,地方债务置换正是"财政风险金融化"惯性思维的自然延伸,金融的"第二财政"角色是其难以走出的路径依赖背景。

(二)地方债务置换风险分配的利益冲突与权衡

制度是理性构建的产物,也是利益平衡的产物。地方债务置换作为财政金融领域一项重大的制度举措,对政治、经济、社会等方面影响甚巨,备受关注,亟待进行妥当性评估。与此同时,"以金融手段化解财政风险"的风险分配逻辑隐含着金融与财政两种制度利益的冲突问题,因而需要对地方债务置换进行制度利益权衡,以便作出妥适的制度安排。由于地方债务置换涉及中央政府、地方政府、金融机构以及公众投资者等主体间的利益变动,影响货币市场与资本市场的多重利益调整,其风险分配的过程也是利益冲突及利益再平衡的过程。需要说明的是,地方债务置换虽然是经过全国人大和国务院批准,在财政部主导下推出的重大改革措施,但不能据此认为中央政府的财政利益在地方债务置换过程中居于核心地位。在中国特色的"财政联邦制"之下,中央与地方的财政

---

① 参见李安安:《金融资源配置中的地方政府竞争及其法律治理》,载《人大法律评论》编委会组编:《人大法律评论》(2016 年第 3 辑),法律出版社 2017 年版,第 18 ~37 页。

利益彼此相对独立,中央对地方政府的债务不存在法定上的偿还责任。[①]国务院办公厅在2016年10月发布的《地方政府性债务风险应急处置预案》明确指出,“地方政府对其举借的债务负有偿还责任,中央实行不救助原则”,足以说明了这一点。财政部主导推出地方债务置换,更多的是站在国家利益的立场,为防范系统性财政风险而作出的顶层设计,不是为了分担地方债务。毋庸置疑,在地方债务置换风险分配的逻辑假定中,地方政府的财政利益是作为核心利益加以优先考虑的,以商业银行为代表的金融机构的金融利益没有受到应有的关注,至于地方债务置换对于中央银行、资本市场及公众投资者的影响则遭遇了漠视。

地方政府作为债务置换的最大受益者,其财政利益得到了充分保障。从效果上看,地方债务置换化解了存量债务到期的风险,降低了地方政府违约可能引起的系统性风险,又解决了历史遗留的隐患问题,即“将原本通过融资平台形成的地方政府债务通过地方政府债接续,使得形成地方政府债务的发债和信用主体明确,杜绝了以后通过企业负债增加政府债务可能造成的不易监管和风险主体混淆的隐患”[②]。但需要明确的是,地方债务置换并没有消除地方政府的偿债责任,只是延缓了偿债期限,如果在置换债券到期后地方政府仍没有偿还能力,依然存在系统性风险爆发的可能。地方债务置换具有突出的行政性色彩,本身并没有改善政府内生性的债务融资能力和还款能力,也没有提升地方政府的治理水平,反而容易诱发地方政府的道德风险(如故意漏报存量债务),导致实质性的债务增发,进一步放大地方债风险。2014年修改的《预算法》尽管规范了地方财政行为,强化了预算约束,但由于配套法律机制的尚付阙如以及选择性执法的沉疴待解,预算软约束的问题难以根除。愈

---

① “财政联邦制”的核心要义是处理中央与地方的财政关系,即中央与地方在财政领域的集权与分权问题,其实质就是财政的地方分权。1994年的分税制改革标志着“财政联邦制”在中国的确立,由此建立起来的财政体制使得地方财政权力获得了扩张的空间,地方政府从中央政府手中取得了越来越多的财政独立性。参见王世涛:《论单一制中国的财政联邦制——以中央与地方财政关系为视角》,载《北方法学》2010年第5期。

② 李扬主编:《中国债券市场2015》,社会科学文献出版社2015年版,第377页。

演愈烈的地方政府竞争导致地方政府的公司化倾向与融资冲动不断强化，地方的改革创新与“行为联邦制”则使得中央对地方的非法举债行为给予监管宽容。① 这些因素叠加在一起，将会削弱地方债务置换的正面效果，甚至将中央与地方的财政关系锁定在一个恶性循环的怪圈之中难以自拔。

商业银行是地方政府债券的最主要持有者，故也是地方债务置换风险分配的直接承压主体。地方债务置换对商业银行的消极影响主要体现在：第一，置换债券与平台贷款之间利率差异会给商业银行带来收益损失。这种以“牺牲”商业银行利息来降低地方政府负担的“父爱主义”做法，显示出中央政府不会为商业银行坏账“埋单”的坚决态度以及与地方债务进行责任切割的急迫心态。第二，置换后资产期限的延长加剧了银行资产负债错配的风险。目前发行的地方政府置换债券期限分别为3年、5年、7年和10年，平均期限要远远高于置换前的商业银行贷款，期限较长的特征加上置换债券尚不能自由流通的现实造成银行资产与负债期限的失衡。第三，债务置换的实质为债务展期，尽管暂时消除了债务违约的可能性，但并未根除违约风险，而是将其转移至未来一定时间。② 这意味着，商业银行依然坐在“债务地雷”的火山口上，如果未来的经济与地方财政收入没有明显好转，甚至地方债务出现恶化，商业银行的债务链断裂将是大概率事件，财政风险会演化为金融风险，金融危机的爆发势难避免。有学者认为，中国经济如果不幸发生大面积危机，一定会是从房地产泡沫突然被刺破开始的，由地方政府的各类投资平台的“债务地雷”所引爆，表现为过剩产能引发的银行不良资产激增、商业

① “行为联邦制”是郑永年教授提出的一个概念，是指通过中央与各省之间的显性或隐形谈判所形成的一种相对制度化的模式。谈判中的一个要素是：各省得到的某种利益是制度化的或特定的，作为回报，各省保证，他们将代表中央以特定的方式做出行动。参见郑永年：《中国的“行为联邦制”——中央—地方关系的变革与动力》，邱道隆译，东方出版社2013年版，第35页。

② 参见陈松威：《存量债务置换与地方政府债务风险管理》，载《湖北经济学院学报》2016年第5期。

银行的支付危机和债务链断裂。[1] 考察世界金融史,其实也可以发现,每一次金融危机都是由于不良债务的积累而爆发,而且通常是在自然人和企业中产生,然后政府的救助将这种债务问题转移到政府的资产负债表上,引发一国或者地方政府的财政危机,不断发酵而形成严重的银行业危机乃至经济危机,最终酝酿为剧烈的政治危机甚至颠覆性的社会危机。[2] 因此,地方债务置换的风险分配逻辑可能诱发金融危机的论调绝非夸大其词,有必要警醒和认真对待。

地方债务置换对于中央银行也有着非常重要的影响。事实上,从地方债务置换推出之日起,就有关于其是否属于中国版量化宽松货币政策(QE)的讨论。例如,有论者认为,债务置换将会导致中央银行直接或间接购买置换之后的债务工具(地方政府债券),从而增加基础货币供给,类似一种债务旋转门,也就是债务在政府与中央银行之间的转换,中央银行以增发货币的方式偿还政府债务。[3] 在中央银行将地方政府债券纳入常备借贷便利、中期借贷便利、抵押补充贷款以及商业银行质押贷款的抵押品或质押品范围之后,市场的担心与学界的疑问越发强烈。从国际环境看,美国、欧盟、日本等发达经济体的贸易保护主义思潮抬头,纷纷通过货币竞争性贬值转嫁风险,中国的货币政策面临调整的现实压力。从国内环境看,经济发展进入"新常态","土地财政"的传统经济增长模式难以为继,地方的财政收入锐减,债务居高不下,存在"财政赤字货币化"的现实诉求。事实上,我国近年来的货币超发已经非常严重,以房地产为代表的生活物价指数飞速上涨,"实体经济空心化"与泡沫经济不断加剧,通货膨胀已经成为剥夺人民财富的重大威胁。有学者对此认为:"中央政府由于握有货币发行权,便可以通过发行货币即征收通货膨

---

① 参见刘志彪:《我国地方政府公司化倾向与债务风险:形成机制与化解策略》,载《南京大学学报(哲学·人文科学·社会科学版)》2013年第5期。

② 参见刘剑文:《强国之道——财税法治的破与立》,社会科学文献出版社2013年版,第217页。

③ 参见李扬主编:《中国债券市场2016》,社会科学文献出版社2016年版,第349页。

胀税偿债,也正是有了这个撒手锏,面对高额债务和巨大的赤字,它才可以高枕无忧……在当前的货币体制下,地方债务危机是无法从根本上加以治理的。”①因而,地方债务置换的风险分配逻辑隐含着一个令人不安的推理:一旦中央银行滥用货币发行权,将地方债务货币化,社会公众将成为政府巨额债务的实际“埋单人”,地方债务置换这一所谓的制度创新则蜕变为权力与资本合谋掠夺经济资源的盛宴。

上述分析表明,地方债务置换在化解财政风险的同时却酝酿着新的金融风险。与财政风险相比,金融风险具有更强的传染性与破坏性,特别是在金融体制变革频仍的转型时期,金融风险更是暗潮涌动、险象环生,牵一发而动全身。“以金融手段化解财政风险”的风险分配逻辑看似完美高超,却暗藏玄机,预示着一个更加不确定的未来,所以地方债务置换并非理性设计的产物,而是应急性的阶段性选择。有学者认为,制度利益衡量的基准应定位于与社会公共利益相协调,并注意“在复数制度中选择妥当制度,避免误入歧途”以及“结合法律情境探寻制度利益,避免利益误判”②。当前,虽然我们尚不能得出地方债务置换已经误入歧途的结论,但可以看出地方债务置换存在妥当性不足以及制度局限性的问题,对财政与金融之间的制度利益权衡多有偏颇之处,亟待通过相关的法律制度变革加以纠偏与补足。

三、地方债务置换风险分配的法治化改造及其路径选择

由于地方债务置换主要涉及财税法与金融法的利益调整和制度规则变动,推动地方债务置换风险分配的法治化改造就有必要置于财税法与金融法的共同上位法——经济法的语境下加以展开。经济法的理论

---

① 吴礼宁:《货币宪法学:知识谱系与中国语境》,法律出版社2015年版,第324~325页。
② 梁上上:《利益衡量论》(第2版),法律出版社2016年版,第174~184页。

研究和司法实践表明,具体的法律关系只有融于“主体—行为—责任”的范式框架之中,才能获得实在的法律意义和制度空间。① 鉴于此,笔者从主体、行为、责任三个维度来论证实现地方债务置换风险分配的法治化及其相关制度变革的路径。

(一)主体维度的变革进路:赋权与赋能

在当下这个“走向权利的时代”,权利(力)赋予以及提升权利(力)行使的能力显得日益重要,法律赋权与法律赋能的理念深入人心。地方债务置换既是地方政府“权利贫困”下不得已的选择,又与中央银行能力不足、抵御不了外在压力息息相关。在主体维度上,赋予地方政府财政自主权和强化中央银行保持独立性的能力殊为关键。

1. 地方财政自主权的立法确认

众所周知,1994 年的分税制改革是央地财政关系的“分水岭”。在此之前,地方政府受益于分权让利的财政政策,不存在太大的财政压力。但在此之后,地方政府的财政收入急剧下降,不得不借助土地开发与城市扩张来推动地方经济增长,地方政府的行为模式开始发生根本性改变。② 分税制虽然开启了财政分权的新时代,但央地间权责的不清晰,以及协调与争议解决机制的缺乏,使得财政分权的制约功能丧失,最终导致财政风险加大。③ 特别是对于地方政府而言,承担的事权过多但又不享有对应的财权,面临的财政压力可想而知,“市级财政勉勉强强,县级财政摇摇晃晃,乡级财政哭爹喊娘”的形象说法说明了基层财政的窘迫状况。作为调整央地财权划分依据的《关于实行分税制财政管理体制的决定》既不是法律,也不是行政法规,仅仅是国务院的文件,显得相当不严肃,导致央地财政关系的随意性,严重背离财政法定的基本原则。既

---

① 参见张继恒:《经济法的部门法理学建构》,载《现代法学》2014 年第 2 期。

② 参见孙秀林、周飞舟:《土地财政与分税制:一个实证解释》,载《中国社会科学》2013 年第 4 期。

③ 参见刘剑文:《财税法专题研究》(第 3 版),北京大学出版社 2015 年版,第 125 页。

然中央已经明确了对地方债务不救助原则,就必须赋予地方财政自主权,确保其财权与事权相匹配,以便地方政府根据本地实际情况作出适合的财政安排。"地方财政自主权,必须在规范的立场上循序形成,否则将会产生国家权力在中央与地方间配置的失序,难以达到中央整合与地方自主的财政分权预期。"[①]类似的观点认为,地方财政自主权必须锲入法治化视角,在宪法和法律允许的范围内,地方的财政自主权必须得到保障。[②] 对于地方债务置换风险分配的法治化改造而言,法律赋权是基础性工程,具有"源头治理"的意义。我们建议以地方债务置换的推出为契机,由全国人大制定"财政收支划分法",明确央地间财政权责的边界,赋予地方政府财政自主权及相对独立的财政主体地位。与此同时,考虑到我国存在地方保护主义现象,必须严格规范地方政府在税率设置、税收优惠等方面的权力,防止因地方财权的强化而导致市场分割、限制竞争等消极后果的出现。[③] 地方财政自主权的法律确认及其边界的厘清,能够矫正失序的财政分权框架,塑造地方政府独立的法律人格,确保央地间财政关系在法治化的轨道中良性发展。

2. 中央银行独立性的底线保持与能力强化

中央银行独立性是个老生常谈的话题,但置于"财政赤字货币化"的语境下,依然值得认真审思。不少学者担心,如果未来经济状况恶化导致地方债务大面积违约,不排除中央政府通过中央银行实施债务货币化。这并非杞人忧天,而是有着充分的实践依据。据统计,中央银行的基础货币供应从 2010 年年底的 18.5 万亿元,增加到 2016 年年底的 30 万亿元,累计增加了 62.2% ,而同期广义货币(M2)余额从 72.59 万亿元增加到 155 万亿元,累计增加了 114% ,已经出现明显的货币超发现象。[④]

---

① 徐键:《分权改革背景下的地方财政自主权》,载《法学研究》2012 年第 3 期。

② 参见熊伟:《财政法基本问题》,北京大学出版社 2012 年版,第 126 页。

③ 参见何锦前:《地方财政自主权的边界分析》,载《法学评论》2016 年第 3 期。

④ 参见陈道富:《当前货币调控需关注的几类变化》,载《证券时报》2017 年 4 月 19 日,第 A007 版。

货币超发意味着通过赤字融资来缓解财政压力,借助通货膨胀将政府的债务偿还责任转嫁到纳税人身上。判断中央银行独立性的一个标准是,发行货币是否是根据经济的客观需要而不受财政透支的干扰。[①] 显而易见,我国的中央银行尚达不到该标准,具备将地方公债进行货币化处理的操作空间。为防止财政风险通过中央银行向金融风险转化,笔者建议修改《中国人民银行法》,将年度货币供应量、利率和汇率等重大事项的决定权作为中国人民银行的法定职权,同时取消财政性再贷款制度,以消除银行对财政的暗补现象。鉴于将地方政府债券纳入金融机构抵押或质押业务范围可能对货币政策造成冲击,有必要完善中央银行公开市场操作的业务规范,明确地方政府债券抵(质)押的条件与程序。上述改革无疑有助于提升中央银行的业务独立性和组织独立性,但尚未触及经济独立性和人事独立性。在推进中央银行独立性的渐进式改革过程中,应坚守底线思维,尊重财政与金融之间的法律边界,杜绝财政赤字货币化。立法机关则应适时赋予中央银行更多自由和权力,提升中央银行的政治地位,减少政府对中央银行的干预,不断强化中央银行独立判断、独立决策、独立执行、独立担责的能力。

(二)行为维度的变革进路:市场化与法治化

地方债务置换既然立足于金融市场,自然应遵循金融的市场逻辑与法治规约,确保其行为模式合理正当且于法有据。这要求不断祛除地方债务置换的行政化色彩,塑造地方债务置换的市场化品格,并推进相关政府经济行为的法治化变革。

1. 地方债务置换的市场化塑造

党的十八届三中全会明确提出了"财政是国家治理的基础和重要支柱"的重大命题,赋予了财政前所未有的新定位。有学者认为,"地方债

---

① 参见杨松等:《银行法律制度改革与完善研究——调控与监管的视角》,北京大学出版社2011年版,第95页。

关乎国家治理,地方债危局蕴含国家治理契机"[①]。置于国家治理的语境下,我们可以发现,地方债务置换关系到政府与市场关系的深刻法律调整,其得失成败完全可以作为检视财政金融领域国家治理能力的一个试金石。我国当前的全面深化改革仍以经济体制改革为引领,以处理好政府与市场的关系为关键,核心问题则是政府转变职能和简政放权。[②] 但地方债务置换在处理政府与市场关系上存在明显缺憾:"定向承销"的发行方式剥夺了商业银行等金融机构的自主选择权,"以金融手段化解财政风险"的风险分配逻辑则混淆了财政与金融之间的法律界限,违背了市场的逻辑,造成激励机制扭曲,诱发地方政府行为悖论。在注重发挥市场在资源配置中的决定性作用的当下,应当在地方债务置换的过程中嵌入市场化的要素,以强化其风险分配规则的时代回应性特征。例如,在地方政府债券的发行环节,可以更多采用招投标、竞争性谈判等市场化方式,改变"定向承销"一统天下的局面。在交易环节,尽快培育地方政府债券流通市场,适当提高债券利率,引入做市商和竞价交易机制,鼓励社会保险基金、企业年金、保险公司等机构投资者和个人投资者在符合法律规定的前提下投资地方政府债券。只有解决了地方政府债券利率和流动性问题,才能发挥市场机制的作用,回归政府与市场关系的理性定位。

2. 政府经济行为的法治化调适

为了适应地方债务置换从行政化走向市场化的变革,政府经济行为需要作出一系列的法治化调适。首先,引导社会资本进入需要由政府购买公共服务的领域以及基础设施建设领域,强化政府与社会资本合作(PPP)的规范化与法治化,以此作为地方债务置换的主要替代性机制。改革开放40多年来,我国积累了可观的社会资本,但受制于诸多体制机制因素,其难以进入公共服务设施领域,即使进入了公共服务设施领域,

---

① 熊伟:《地方债与国家治理:基于法治财政的分析径路》,载《法学评论》2014年第2期。

② 参见张守文:《政府与市场关系的法律调整》,载《中国法学》2014年第5期。

也多因政府违约失信或者风险分配机制的不合理而难以为继。由于基本立法的缺位,PPP 非但没有成为化解地方债务的良药,反而加剧了地方债务的乱象。2017 年 7 月《基础设施和公共服务领域政府和社会资本合作条例(征求意见稿)》的公布标志着 PPP 立法取得了实质性进展,但该征求意见稿既没有规定风险防范及其责任分担问题,也缺乏对政府行为的约束,存在硬伤和短板。当务之急是充分吸收社会意见,提高立法的科学性与社会适应能力,尤其是要确保政府在财政支出责任方面的公信力,在政府与社会资本之间构建最优的风险分配机制。唯有如此,PPP 才能成为化解地方债务的利器以及替代地方债务置换的正确制度选择。其次,在地方政府债券的发行中引入市场化的信用评级制度,让地方政府接受债券市场的检验,通过声誉机制和投资者的行为选择机制倒逼地方政府将负债阳光化,借以提升地方政府的信用和法治水平。地方债务置换拉长了债务偿还期限,债券持有人的权益在将来能否实现维系于地方政府的信用。在社会转型期,地方政府的信用状况不容乐观,近年来在贵州、湖南等地屡屡发生的"撤函事件"足以说明这一点。信用评级作为一种市场化的法律评价与约束机制,在引入地方政府债券的发行过程中,能够通过有效的声誉机制规范地方政府的举债行为,投资者也会根据信用评级结果通过"用脚投票"迫使地方政府改善债务治理。诚如有学者所言,让金融市场的无数投资者来扮演地方政府融资行为的约束者角色,充分发挥市场机制特有的透明和高效特征,用时时变化的金融产品价格信号来"发现"地方政府的信用状况,进而对地方政府的未来行为选择产生市场的压力。[①] 此外,还可以考虑在局部地区进行财政性破产制度的法律试点,允许政府实质性违约的出现,推进政府债务重组,积累经验,凝聚共识,形成可复制、可推广的法律制度模式。

---

① 参见黄韬:《央地关系视角下我国地方债务的法治化变革》,载《法学》2015 年第 4 期。

(三)责任维度的变革进路:风险分配与问责机制

地方债务置换在造成行为扭曲的同时,也会引发责任逃逸的问题,即相关主体借助地方债务置换逃避财政责任。在责任维度上,需要基于风险分配正义的理念引入风险责任和问责机制。

1. 风险责任的引入

前文指出,随着风险社会的来临,以财富分配为逻辑的传统社会结构出现了分化与重组,以风险分配为逻辑的社会结构开始形成并逐渐强化。在此背景下,传统意义上以平等、公平、正义为基本价值理念的制度安排已经捉襟见肘,引入一种基于风险责任理念的风险分配社会政策,以明确界定风险责任、合理分配风险,从而应对和规避风险,应该是一种有效的制度选择。[①] 在地方债务置换中引入风险责任,意味着相关主体应该为其决策和行为可能产生的风险后果承担相应的责任,其主要关注的是中央政府与地方政府之间、同一地方政府内部的前任与后任之间、债券发行人(地方政府)与债券持有人(金融机构与公众投资者)之间的风险分配与责任承担问题。就中央政府与地方政府之间的风险责任配置而言,如果法律赋予了地方政府财政自主权,地方政府可以自行决定举债问题,对外独立承担责任。但在目前地方政府尚未取得独立的财政自主权的状况下,中央政府对地方债务所谓的“不救助原则”更多的是一种政策宣誓,不具有法律层面的效力。考虑到不合理的央地间财政收支划分,中央政府应当加大财政转移支付的力度,加重财政支出的责任,并在地方政府确实丧失偿债能力且债权人穷尽救济手段时,承当相应的补充责任。[②] 就同一地方政府内部的前任与后任之间的风险责任配置而言,为了防止财政机会主义以及财政行为短期化,在加强离任审计法律

---

① 参见张广利、俞慰刚:《应对现代社会风险:基于风险分配的社会政策思考》,载《社会科学研究》2008 年第 2 期。

② 参见熊伟:《地方债与国家治理:基于法治财政的分析径路》,载《法学评论》2014 年第 2 期。

约束的同时,更应当将“领导责任”纳入问责机制的范围,使其对自己在任期间的重大财政决策承担相应后果。就债券发行人与债券持有人之间的风险责任配置而言,整体上应贯彻“买者自负”的市场法则,但顾及地方债务置换不是一种完全的市场行为,有必要引入“监管有责”的理念,由中央政府督促地方政府履行债务偿还责任。

2. 地方债务治理问责机制的建构

风险责任的引入与地方债务治理问责机制的建构之间存在内在的契合关系。2017年第五次全国金融工作会议特别提出,“各级地方党委和政府要树立正确政绩观,严控地方政府债务增量,终身问责,倒查责任”。这是地方债务领域第一次引入终身问责制,意义重大。问责制是一种超越“违法责任”的责任机制,代表着现代社会经济条件下“责任”作为一种系统性的制度结构所具有的整合与调节功能,其要义在于每一个扮演一定角色的社会成员都承担相应的义务和权责,并加以常规化的督促,若有违背或落空则必当追究,不允许“脱法”。[①] 根据问责制制度结构的角色担当、说明回应和违法责任的“三段式”传统,地方债务治理问责机制的建构路径是:首先,厘清地方政府在债务治理中的权力边界与职责范围,明确其勤勉和适当地履行该特定角色所蕴含的义务及要求,确保不出现错位、越位和缺位现象。其次,针对地方债务的重大事项,由地方政府向立法机关、上级政府和社会公众进行解释说明,进行充分的信息披露,防止“暗箱操作”和利益输送。最后,根据地方债务治理的实践需要,创设新的法律责任类型,如“引咎辞职”[②],弥补传统法律责任的规制局限性。此外,地方债务治理问责机制的建构还涉及司法审查与公众参与的复杂问题,限于篇幅,笔者拟另行撰文探讨,在此不再展开。

---

① 参见史际春、冯辉:《“问责制”研究——兼论问责制在中国经济法中的地位》,载《政治与法律》2009年第1期。

② 有学者认为,“引咎辞职”不仅属于政治责任,而且是法律责任,是与懈怠和不作为之间存在“非直接因果关系”的一种新型责任。参见邓峰:《领导责任的法律分析——基于董事注意义务的视角》,载《中国社会科学》2006年第3期。

四、结语

地方政府债务风险具有财政风险和金融风险的双重属性,并且知其存在却难以查明,禁其作祟却挥之不去,成为最难治愈的公共性问题之一。地方债务置换作为财政金融领域的一项重大改革举措,本来承担着结构性控制地方政府债务风险的使命,但应急性的安排替代了合法性的考量,导致其实质合理性与社会妥当性存在明显缺憾。"以金融手段化解财政风险"的风险分配逻辑尽管在短期内见到了效果,但在缓解财政风险的同时却放大了金融风险,这种顾头不顾尾或顾尾难顾头的问题处置方法所衍生的一个必然结果就是暂时被"休眠"的问题在不久的将来"苏醒"后会以更猛烈的方式迸发出来。在全面深化改革的当下,"各自为政"与"碎片化"的改革模式已经难以为继,强化改革的系统性和协调性势在必行,这对于横跨财政与金融两大领域的地方债务问题而言尤为重要。

财政是国家治理的基础和重要支柱,金融是现代经济的核心,作为财政与金融交织演化产物的地方债务则关涉国家的政治安定、经济增长、社会发展与法治昌明,因而是一个治国理政的重大现实问题,也由此决定了地方债务置换在财政金融体制改革中举足轻重的地位。党的十八届四中全会以来,"凡属重大改革都要于法有据"成为全社会的价值共识,这是改革进入"深水期"后,强调运用法治思维与法治方式推进改革的顶层理念指引,是改革法治化的重要标志,与早期改革的法律框架模式截然不同。地方债务置换在我国的推行已经三年有余,但时至今日在诸多方面依然于法无据,并且其"以金融手段化解财政风险"的风险分配逻辑隐含着巨大的法律陷阱,难以形成稳定的法律秩序。随着地方存量债务于2018年基本置换完毕,地方债务置换的法律规制重心将从地方政府债券的"发行"环节转向"交易"环节,地方债务置换对商业银行和中央银行的压力日趋加大,对资本市场以及公众投资者的影响开始显现,置换债券流通过程中的信息披露、信用评级、违约处置、偿还机制等问题亟待法律回应。因此,我们必须未雨绸缪,推进和落实地方债务置换风险分配的法律变革,为打赢防范化解重大风险攻坚战提供有力支撑。

Chapter 5 网络与信息法学

人脸识别技术应用的利益衡量与合法性认定

赵精武*

目次

摘要:人脸识别技术虽可提升服务质量,但也产生了技术滥用风险,部分公共场所、经营场所的管理者出于节省成本等方面的考量,在未经告知或获得同意的情况下采用人脸识别技术,对个人权益产生了不利影响。然而,在立法层面,完全禁止或完全允许技术应用均是不可取的,如何兼顾个体、产业、社会公众等多方利益成为现实难题。对法律价值位阶层面的公共利益与个人利益比较与平衡并不足以为实践指明人脸识别技术应用的合法性边界,并且,以公共安全为目的在公共场所采用人

* 赵精武,北京航空航天大学法学院副教授,法学博士,北京科技创新中心研究基地研究员,工业和信息化部工业和信息化法治战略与管理重点实验室研究员。

本文原载于《法律科学》2024 年第 1 期,第 1 ~ 11 页。

脸识别技术也不能当然确认其合法性。为了弥补过往二元利益平衡的弊端,更适宜以整体性利益架构为基础进行动态权衡,剖析人脸识别技术应用对个体利益、产业利益、使用者利益以及社会公众利益的影响。尤其在《人脸识别技术应用安全管理规定(试行)(征求意见稿)》的背景下,可以将利益权衡的结果与作为立法目的的制度利益予以比较,以确定人脸识别技术应用的合法性,以便为司法实践提供更为明确的判断标准。

关键词:人脸识别;安全可信;比例原则;利益权衡;公共场所

一、问题的提出

人脸识别技术应用的监管问题持续受到学界关注,其核心在于该项技术在具体的应用场景中如何平衡安全和效率两种不同的法律价值。一方面,人脸识别技术的广泛应用缩短了身份验证的烦冗环节,可方便高效地完成批量身份验证;另一方面,人脸识别信息作为《个人信息保护法》所规定的敏感个人信息,理应采取更严格的保护措施,但实践中仍出现违法收集人脸识别信息的现象,并且还将人脸识别信息与其他信息相结合,用于办公场所监控员工是否认真工作、线上消费者对于特定商品的面部表情变化等场景,严重侵害了自然人的人格尊严。[①] 然而,规范人脸识别应用行为的问题解决并不是简简单单地通过强化执法就可以实现;网络空间治理的基本思路并不是限制技术应用,而是促进技术创新

---

① 国内有关滥用人脸识别技术的事件时有发生:(1)在最高人民检察院于2023年3月发布的“个人信息保护检察公益诉讼典型案例”中,湖南省长沙市望城区人民检察院发现望城区17家医疗卫生机构过度收集服务对象的指纹和人脸等个人生物识别信息。(2)2021年“3·15”晚会曝光科勒卫浴、宝马4S店、万店掌等线下门店在消费者不知情的情况下利用人脸识别设备记录消费者去过哪些门店、去过几次等信息,以便确定自己的接待方式和报价区间。(3)中国药科大学在课堂上尝试使用来自旷视科技的人脸识别系统,能够捕捉学生的眨眼、皱眉、微笑等表情和动作,以便对学生的课堂状态进行分析。

安全应用与数字经济发展。[①] 客观而言,人脸识别技术在公共安全保障、身份核验安全等领域确实具有增效作用,并且相较于人工审核而言,甚至还能够避免内部员工消极怠工、违规核验等风险。因此,为了进一步平衡安全和效率,国家互联网信息办公室在2023年8月发布了《人脸识别技术应用安全管理规定(试行)(征求意见稿)》(以下简称《人脸识别技术应用征求意见稿》),对该技术应用作出更为详细的体系化规定。不过,《人脸识别技术应用征求意见稿》在明确技术应用的合法性边界时,仍然存在部分争议:《人脸识别技术应用征求意见稿》第4条提及将"具有特定的目的和充分的必要性"以及"采取严格保护措施"作为采用人脸识别技术处理人脸信息的法定条件,其中"特定的目的"和"充分的必要性"究竟如何理解?是否存在过度限缩人脸识别技术应用范围的风险?此外,《人脸识别技术应用征求意见稿》还将公共场所使用人脸识别技术作为一类特殊情形予以规范,但是并没有对"公共场所"的概念和范围作出相关解释。事实上,这些争议在学理层面可以归结为同一个问题,即按照何种标准判断人脸识别技术应用具有合法性和正当性?所谓的"特定的目的"和"充分的必要性"本质上仍属于价值判断的范畴,故而需要进一步回答两个关键问题,一是按照何种法益平衡范式判断是否具有采用人脸识别技术的必要性,二是如何在实践中解释"特定的目的"与"充分的必要性"的具体判断标准。

二、人脸识别技术应用监管的学说现状与研究疏漏

(一)人脸识别技术应用监管的学说现状与研究不足

目前,学界有关人脸识别技术应用的讨论已经相当充分,从人脸识别信息的保护到技术滥用对人格尊严的侵害均有提及,论证模式大抵可

① 参见张凌寒:《平台"穿透式监管"的理据及限度》,载《法律科学》2022年第1期。

以归结为根据具体的技术风险类型确定相应的治理模式以及义务履行标准。现阶段,人脸识别技术应用监管的学说主要包括个人信息保护论、多元协同治理论两类观点。个人信息保护论主要是从个人信息保护的视角解释人脸识别技术的规制模式,人脸识别信息作为《个人信息保护法》的敏感个人信息,理应遵循更为严格的个人信息保护规则。人脸识别技术滥用构成侵害自然人的个人信息自决权,因为在大多数情况下自然人并不知晓自己的人脸识别信息何时以及如何被收集。因此,相关的治理主张也大多表现为通过"分级分类保护""知情同意原则"等机制限制个人信息处理者收集人脸识别信息的行为。① 此外,该类学说中还存在同意规则改良论,即认为同意规则在治理人脸识别技术滥用领域存在失灵问题,②尤其在公共场所领域存在大量未能获得公众同意的情形,③主张按照使用目的等要素细化自然人单独同意的方式和内容。④

多元协同治理理论则认为现有的立法体系并不足以全方位预防和控制技术滥用风险,而应通过"动态治理""协同治理""场景化治理""多元主体共治"等治理架构从法律、技术、市场、伦理等方面规范人脸识别技术应用。该类学说的支持者通常以欧美生物识别信息保护和人脸识别技术应用限制的监管模式为例,如"基于使用目的和风险预防限制或

---

① 参见倪楠、王敏:《人脸识别技术中个人信息保护的法律规制》,载《人文杂志》2022年第2期;赵精武:《用户标签的法律性质与治理逻辑》,载《现代法学》2022年第6期。

② 部分学者认为,现阶段存在"个人信息处理者未能与自然人达成同意协议而擅自收集人脸识别信息""同意协议中采用'包括但不限于'等条款不当扩大个人信息使用范围""人脸识别技术所具有的特定指向性使得'同意'机制无法保护关联的个人信息"三类失灵现象。参见林凌、贺小石:《人脸识别的法律规制路径》,载《法学杂志》2020年第7期。

③ 实践中有关人脸识别技术应用的法律纠纷大多是与过度收集、强制索权、超范围收集等问题相关,尤其是公共场所利用设备采集人脸识别信息大多没有获得社会公众的同意。参见刘成、张丽:《"刷脸"治理的应用场景与风险防范》,载《学术交流》2021年第7期。

④ 同意规则改良论的部分支持者也提出"应用告知不等于知情同意",主张应当按照身份验证、人脸搜索等应用方式,设置逐层严格的单独同意规则,对于身份验证这类使用目的,需自然人提供书面的单独同意;对于人脸搜索等使用目的,因其属于人脸识别的后续使用目的,则需要自然人在书面的单独同意中说明已经同意后续处理活动。参见叶涛:《公共场所人脸识别技术应用的利益衡量与类型构造》,载《浙江社会科学》2022年第7期。

禁用该技术”和“基于使用主体区分公私不同机构的使用规则”。[①] 此外,部分支持者还认为仅明确人脸识别技术提供者、使用者的法定义务并不足以解决技术滥用风险,而应当从企业社会责任、行业自律以及公众个人信息保护意识等角度提升实际的治理效果,推进“多元主体协同共治”。[②]

人脸识别技术的不当使用可能导致三类风险:第一,技术安全风险。任何信息技术均不可能达到绝对安全可靠的技术水平,人脸识别技术在身份核验层面的高效性和准确性也不意味着能够达到核验的绝对准确性。第二,个人信息和个人隐私泄露风险。这类风险常表现为个人信息处理者在未告知或未获得同意的情形下,擅自采集人脸识别信息,并且,由于技术使用者事前未能确认相关设备和信息系统的安全性,在面对外部网络攻击或者内部员工私自携带人脸识别数据时未能采取及时有效的措施,导致所采集的人脸识别信息外泄。第三,科技伦理风险。随着数据分析处理技术的强化,人脸识别技术识别的对象不单单是面部信息本身,还包括面部的动态信息,即根据面部的表情变化判断个人的情绪变化,部分企业甚至将该技术用于办公场所,监督员工是否认真工作。这些应用模式除了侵害个人隐私,显然也极易引发人类成为机器监管对象等主客体倒置的科技伦理问题。[③] 至于相应的治理策略,尽管部分学

① 参见赵精武:《刷脸问题治理逻辑的一般规则转向——以技术透明度为基本立场》,载《北方法学》2022 年第 1 期;王鑫媛:《人脸识别技术应用的风险与法律规制》,载《科技与法律(中英文)》2021 年第 5 期。

② 参见徐祥运、刁雯:《人脸识别技术的社会风险隐患及其协同治理》,载《学术交流》2022 年第 1 期。

③ 也有学者提出人脸识别应用存在“社会风险”,一种风险表现形式是被窃取或伪造,可能造成公共系统瘫痪、换脸伪造等社会风险。参见于洋:《论个人生物识别信息应用风险的监管构造》,载《行政法学研究》2021 年第 6 期。还有学者从风险来源观之,认为大规模的数据泄露导致的国家安全问题,本质上还是属于第二类风险,并非独立风险类型。另一种风险表现形式则是“技术利维坦”,人类逐渐成为人工智能算法的附庸,但依然没有超出科技伦理的风险范畴。参见徐祥运、刁雯:《人脸识别技术的社会风险隐患及其协同治理》,载《学术交流》2022 年第 1 期。

者强调通过算法治理规则解决潜在的科技伦理风险,[①]但问题在于,算法安全问题并非人脸识别技术滥用的特殊问题。人脸识别技术的核心之一是算法模型,相应地,人脸识别技术应用的安全问题在某种程度上也可以归结为算法安全,因为不可靠的算法模型同样可能引发数据泄露、算法不公等问题。算法安全导致数据泄露、算法不公等问题普遍存在于使用算法的信息系统,故而与其说其是人脸识别技术应用的监管重心之一,不如说是算法安全治理需要解决的现实问题。此外,学者们还提出了"技术优化路径""风险探析路径""法律规制路径""应用场景分类治理路径"等主张,但本质上还是在"具体问题具体分析"层面提出方向性治理建议,而非具体的解决方案。

(二)人脸识别技术应用监管的研究疏漏:合法性边界

时至今日,我国个人信息保护、数据安全、算法治理等相关的法律法规相继出台,这些规定均能适用于人脸识别技术应用领域,解决个人信息保护、算法公正、技术安全风险等问题,国内相关研究讨论已经相当充分。如此看来,似乎并没有再行讨论人脸识别技术监管的必要。然而,现阶段的人脸识别技术监管重心早已不是个人信息保护等问题,而是进入该技术应用实践的合法性监管领域。

《人脸识别技术应用征求意见稿》和最高人民法院《关于审理使用人脸识别技术处理个人信息相关民事案件适用法律若干问题的规定》在内容上似乎存在重叠。但从立法目的和立法背景来看,该司法解释发布于《个人信息保护法》之前,主要是为了填补人脸识别技术应用监管的规则空白以及推进《民法典》等法律的适用。而作为人脸识别信息保护规则的《人脸识别技术应用征求意见稿》,则是在《个人信息保护法》的基础

---

① 从算法治理的角度剖析人脸识别技术应用的规范问题,倾向于通过行业资质要求、采用安全保障技术等措施确保算法的安全性与准确性,进而确保人脸识别技术的应用方式尊重人格尊严。参见曾雄、梁正、张辉:《人脸识别治理的国际经验与中国策略》,载《电子政务》2021年第9期。

上对人脸识别技术应用具体要求的细化,更确切地说,《人脸识别技术应用征求意见稿》的目的是为实践中判断人脸识别技术应用的合法性边界提供依据。这种立法趋势的变化在学理层面则表现为研究议题从风险预防、风险治理到具体应用监管的转变。风险预防、风险治理理论是用以解决应当以何种方式监管人脸识别技术应用,不仅包括立法,还包括科技伦理审查、公民意识提升、行业自律等机制。而具体应用监管则是在保障技术安全的基础上,兼顾市场的技术应用需求。“一刀切式”地要求企业优先采用具有相同技术效果的身份验证技术可能会实质性限缩该项技术的可用范围,但若允许企业自行选择身份验证技术,则难以排除技术滥用的风险。因此,在学理层面,将问题总结为“人脸识别技术应用的必要性如何确定”并不准确,应当总结为“人脸识别技术应用方式能否确保利益权衡”。因为狭义的技术应用必要性认定往往局限于数据处理目的与相关服务之间的关联程度,并且其结论也会导向人脸识别信息收集行为是否必要,而非人脸识别技术应用是否必要。相对地,“利益权衡”问题虽然属于抽象层面的价值判断问题,但是“利益权衡”的一般范式和具体标准直接关系到人脸识别技术应用的合法性认定。在人脸识别技术尚未出现时,公共场所的公共安全保障程度并没有发生显著变化,如果严格按照必要性要求,出于公共安全目的的技术应用似乎也不具备“必要性”,也即必要程度并未超过个人权益,那么,立法层面的“公共安全”之必要性则需要通过利益权衡方式予以解释,因为公共场所的安全采用普通的视频监控即可达到公共安全保障的目的,涉及不特定多数人,虽然普通的视频监控同样能够解决安全问题,但是从安全效果和安全成本来看,配置人脸识别功能,能够在安全事件发生之初最大限度控制损害程度。尤其是在发生犯罪活动后,公安机关通过人脸识别技术能够尽早识别犯罪嫌疑人,避免犯罪活动的再次发生,也与个体性的安全法益相匹配。总结而言,现阶段的人脸识别技术监管更需要在学理层面提供相应的利益权衡范式,以便在实践活动中具体判断技术应用的必要性和合法性。

三、人脸识别技术应用的利益权衡理论

(一)人脸识别技术应用的利益平衡理论

人脸识别技术应用的利益平衡问题早有学者关注,但大多是以“安全与效率兼顾”“成本效益分析”等价值评价为主,鲜有涉及体系性利益平衡理论的分析,并且对应的结论多是强调应用方式应当符合公开、透明、民主参与等基本原则。在具体分析利益平衡问题上,现有研究主要进行有限类别的法律价值比较:一是公共安全保障与个人信息保护的利益比较;二是人脸识别技术应用的成本效益分析;三是企业与用户的利益冲突与平衡。(1)公共安全保障与个人信息保护的利益平衡讨论常见于公共场所人脸识别技术应用的必要性分析,强调应当兼顾公共安全利益与个人信息利益。一方面,基于风险社会理论,人脸识别技术应用是为了最大限度地预防新型社会风险,具有显著的公共利益导向;另一方面,公共场所应用人脸识别技术是以公权力依法行使为前提,公权力不能以公共安全为由侵蚀个人信息权益。有学者就此提出了人脸识别信息的共享性和有序性特征,前者是指为了维护公共安全应当允许应用人脸识别技术,后者则是指人脸识别技术应用在公共场所大规模应用应当受到限制,这也是公共安全与人脸识别信息保护之间利益平衡的一致性要素。[①] 这种利益平衡分析并未脱离公共利益与个体利益的讨论范畴,亦是信息安全与信息使用平衡问题的另一种表述形式,其引申而出的结论也必然无法脱离多元协同治理论的范畴。这种分析模式固然可以解释人脸识别技术应用的治理框架应当如何设计,但还是侧重风险预防与风险治理,而不是在执法或司法实践中如何判断人脸识别技术应用的合

---

① 参见袁泉:《公共空间应用人脸识别的法理逻辑与制度建构》,载《北方法学》2022年第1期。

法性。(2)收益与风险的比较是为了在法律层面确定数据利用与数据安全何者优先的问题。如果“收益 > 风险”,则数据利用优先;如果“收益≤风险”,则数据安全优先。[①] 这里的“收益”主要是指经济价值,即人脸识别技术本身的市场经济价值早已得到肯定,无论是在辅助企业进行内部管理或服务优化,还是支撑社会治安,均展现出广阔的市场应用前景。同时,该项技术在身份核验领域的效率是人工核验、证件核验等传统方式无法相提并论的。但由于技术应用方式的不同,其潜在的风险程度和风险类型也不同,并且任何技术均存在相应的技术风险,故而收益与风险的比较成为判断技术应用合法性的关键环节。也有学者提出“效益平衡原则”,即在人脸识别技术应用之前,除了需要评估技术安全风险,还需要进行成本和效益的核算,量化比较技术应用可能造成的负面损失与通过技术应用能够获得的经济利润。[②] 这类利益平衡观点虽是主张量化评估“成本—收益”的核算,但结论还是侧重应用结果正面效益与负面效益的匹配性,将量化评估作为企业业务合规的内容之一。(3)至于常见的用户与企业利益平衡比较则与第一种利益平衡模式较为相似,只不过比较的对象从“公私主体”转变为私法层面的“用户与企业”。[③] 在该利益平衡模式下,与个人信息权益冲突的是企业的商业利益。虽然用户在刷脸时,享受了信息服务的便捷性和高效性,但是人脸识别信息一旦泄露或被滥用,大概率会导致相关的个人信息泄露。因为常见的个人信息泄露并非一次性泄露所有的信息,而是某个网络节点的部分个人信息泄露,进而导致其他网络节点的相关个人信息泄露,最常见的形式便是“撞库”。在价值平衡层面,企业的数据使用需求与个人信息保护需求发生冲突,常见的利益平衡理论便是“兼顾安全与使用”,安全是使用

---

① 参见邢会强:《人脸识别的法律规制》,载《比较法研究》2020 年第 5 期。

② 参见蒋洁:《人脸识别技术应用的侵权风险与控制策略》,载《图书与情报》2019 年第 5 期。

③ 参见徐祥运、刁雯:《人脸识别技术的社会风险隐患及其协同治理》,载《学术交流》2022 年第 1 期。

的前提,使用与安全并不存在根本性的冲突对立。人脸识别技术应用的合法性表现在,在保障人脸识别信息依法收集和处理的前提下,可最大限度地实现企业业务模式的优化。

(二)人脸识别技术应用利益平衡的理论不足及其成因

前述三类利益平衡论均存在不同程度的理论局限性,主要表现为利益类型与利益标准的不匹配。其一,在公共安全保障与个人信息保护的利益平衡中,两种利益未能置于同一时空下予以比较,既没有提及处于室内的公共场所与室外的公共场所之间的差异性,也没有比较其他公共安全保障措施的实施效果。其二,在收益与风险的利益平衡中,经济学意义上的成本效益分析模式与法律层面的利益平衡分析并不完全相同。前者以效率优化为目的,后者则是以判断利益架构是否正当为目的。并且,抽象价值层面的收益与风险均存在未来发生的不确定性特征,将两个不确定的利益概念进行比较,其平衡方案显然也难以确定。其三,在用户与企业的利益平衡分析中,忽视了人脸识别技术应用的社会效应,仅仅注重技术使用者与技术服务接受者之间的权益平衡,这种利益平衡实际上是具体法律关系的权利义务分析,并没有涉及技术应用行为的合法性标准。

这些利益平衡分析多采用了"二元利益比较"的模式,主张多元协同治理。这种"二元"对"多元"的论证过程忽视了对人脸识别技术应用法律关系的考察,忽视了利益平衡的起点应当是以整体利益结构为基础,然后分析利益冲突的关键节点并判断何种利益应当优先得到保护。换言之,此时的"利益平衡"表述为"利益权衡"更为恰当,因为不可能存在一种方案满足所有的利益诉求的情形,所以需要通过权衡利弊的方式实现整体利益结构的最大化。"利益平衡"是一种最终的利益分配方案,其目的是使得各方主体的利益诉求都能得到一定程度的满足;而"利益权衡"则是一种动态的利益分配调整过程,其目的是使得整体利益状态符合社会治理目标。最常被提及的一种利益是"公共利益",但该项利益自身固有的模糊性、动态性等特征，使得大部分利益平衡方案始终停留在基本原则或法律价值层面的粗略比较，与之相对应的个体利益（如个人信息权益等）则具有具体性、特殊性。对于“公共利益”内涵的诠释，难以达成共通性的解释结论，但这并不等于仅能在抽象层面探讨公共利益与个体利益孰者优先的问题。在具体应用场景中，公共利益的平衡问题应当转化为基本原则的适用问题，而非例外情形予以讨论。

利益权衡的基本逻辑不应当是“为了A利益而牺牲B利益”，而是“在保障A利益的前提下怎么协调B利益”。诸如公序良俗、诚实信用等基本原则具有典型的“公共利益”属性，但是在判断特定技术应用的合法性时，这些基本原则应为所有技术应用普遍遵循，而不是作为例外情形予以免责的依据。例如，出于公共安全目的采用人脸识别技术时，其内在的利益权衡过程可以总结为：首先，人脸识别技术应用方式是否遵守了公序良俗等基本原则；其次，如果遵守了，那么按照该原则，其中的核心利益是个人利益还是企业利益；最后，因为出于公共安全目的采集人脸识别信息本质上还是为了个人安全，无论是个人信息权益，还是个人安全权益，均属于个人利益，因而利益权衡的方式应当在保障人脸识别信息安全风险不变的情况下，为了确保公共场所设置的人脸识别系统和装置不损害个人信息安全状态，进而衍生出“显著标识提醒义务”“敏感个人信息严格保护义务”等义务内容，用以冲抵可能增加的技术滥用风险。

（三）利益权衡理论的引入与再审视

利益权衡与行政法领域的比例原则较为相似，后者主要是指行政机关在实施具体行政行为时应确保行政目标实现和行政相对人权益保护。比例原则不仅适用于行政法领域，而且适用于民法、刑法领域。[①] 当然，

---

① 参见范剑虹：《欧盟与德国的比例原则——内涵、渊源、适用与在中国的借鉴》，载《浙江大学学报（人文社会科学版）》2000年第5期。

比例原则[①]也存在自身的局限性,如在复杂的实践场景中,行政相对人的利益群体不同、可供选择的行政手段不同等往往可能导致在具体适用过程中利益权衡标准不统一。并且,在必要性审查环节,"最小损害"的判断模式容易陷入纯粹的数量比较,进而引发滥诉问题。[②] 尽管存在这些局限性,但比例原则的确体现了利益权衡的预设前提——整体性利益框架。

需要注意的是,利益、法益与权益三个词常被混同替换使用,但严格来说,三者之间仍然具有一定的差异性。相较于其余两个概念,"利益"一词强调的是一种人与人之间就某种特定需求所形成的利害关系,在具体的法律关系中,利益则表现为相应的权益。而学界关于"法益"概念的理解存在分歧,刑法学界的主流观点将法益概念与权益概念混同,其根源是受到日本学者对法益概念的推崇。对于利益权衡所涉及的"利益",有学者将之划分为当事人的具体利益、群体利益、制度利益和社会公共利益,分别对应"双方当事人之间的各种利益""案件判决结果对类似群体的利益""法律制度中的利益""涉及经济秩序和社会公德的利益"。[③] 这种利益架构的优点在于将制度利益、社会公共利益设置为参照物,在制度利益无法反映社会公共利益时,相应的制度利益就应当被突破,形成新型的利益权衡方案。以"人脸识别第一案"为例,假设杭州野生动物世界有限公司(以下简称杭州动物世界)采用的人脸识别技术不会造成个人信息泄露,并且不采用人脸识别技术可能导致公共安全无法保障,

---

① 比例原则的内容主要包括适当性审查、必要性审查以及均衡性审查三部分:适当性审查是为了判断行政目标的正当性以及执法手段是否有助于行政目标的实现;必要性审查则是"最小损害"的另一种表述方式,从手段类型、手段要素、手段效果以及实施主体等多个方面判断所选择的手段是否能够达成最小侵害的审查效果;均衡性审查则是引入成本收益分析、成本效能分析、公共意见的社会学分析等非法学方法论判断公共利益保护与公民利益侵害之间是否达成平衡状态,常见的评估方式表现为"对个人权益损害越大,相应的社会公共利益保护范围更显著"。

② 参见蒋红珍:《论比例原则:政府规制工具选择的司法评价》,法律出版社2010年版,第209~315页。

③ 参见梁上上:《利益衡量论》(第3版),北京大学出版社2021年版,第136~144页。

那么杭州动物世界使用刷脸设备就是合法的、正当的。此时选择保护杭州动物世界能够实现利益的最大化，选择不保护杭州动物世界则会导致诸多其他利益的失衡。然而，在司法实践中，杭州动物世界既无法确保人脸识别技术的安全性足以控制个人信息泄露风险，也无法确保不采用人脸识别技术就不能保障相同水平的公共安全保障目标，法院也不出意外地没有认定杭州动物世界采用刷脸设备的合法性。由于"社会公共利益"的界定模式过于庞杂，并且具体利益、群体利益、制度利益以及社会公共利益的实际主体具有重叠性，存在"主体标准与价值位序标准混同"的问题，[①]因此，有必要重新对人脸识别技术应用领域的利益层次架构进行调整，从利益主体、利益保护目标明确平衡的统一标准。

四、人脸识别技术应用的合法性边界认定：以利益权衡理论为基础

（一）三步判断

在人脸识别技术应用的利益权衡中，公私利益二元平衡模式忽视了人脸识别技术行业的产业利益与人脸识别技术使用者的利益。在具体的法律关系中，相应的法律主体涉及研发者、使用者、用户与社会公众等多方主体。故而在利益权衡过程中，不能仅以公共利益与个体利益划分方式进行区隔，否则只会陷入一般性的法律价值位阶比较的理论困局，并且无法关注到微观层面的利益性质差别。

第一步，利益权衡的前提条件预设。不同的应用场景往往意味着不同的技术应用需求，其所对应的合法性判断标准也会有所不同。通常而言，人脸识别技术的应用目的包括"安全保障"和"经营性活动"两种，前者是指通过该项技术实现高效的身份核验和可疑行为监控，后者则是指

① 参见劳东燕：《法益衡量原理的教义学检讨》，载《中外法学》2016 年第 2 期。

通过该项技术实现业务模式优化、内部管理效率提升等目的。在“安全保障”层面,首先需要判断的要素是人脸识别技术能够达到什么程度的安全保障水平、潜在的技术安全风险以及是否存在多个可替代的技术方案。这是因为一旦人脸识别技术存在显著的安全风险或诸多可以替代的技术方案,那么就没有利益权衡的需要了。仅仅在社会公共利益层面,采用一种技术方案提升安全状态,然后又减损其他领域的更多的安全利益,只会使社会公共利益的整体性减损。在“经营性活动”层面,首先需要判断的要素是技术应用可能涉及自然人的何种利益。不同于前一种情形,“经营性活动”的技术应用通常属于人脸识别技术的后续利用,如工作状态监控、身体状态健康监控等情形,涉及除个人信息之外的利益权衡问题。

第二步,基于预设条件的不同主体利益权衡。将利益分为个体利益、产业利益、使用者利益以及社会公共利益,并与先前的预设条件结合,具体判断承认人脸识别技术应用合法性后对这些利益的影响。例如,假设在公园进出口采用人脸识别技术的目的是“公共安全保障”,并且公园管理方的管理能力与管理资源有限,人工审核进出可能会增加游客进出时间,同时人脸识别技术的产品提供方能够确保刷脸设备符合技术安全标准,此时,如果认可人脸识别技术具备合法性,虽然进出公园的游客个人利益可能受到一定限度的减损,但是使用者(公园管理方)的利益、社会公共利益(如公共安全等)均能够得到的保护。相应地,人工智能应用产业的相关商业利益也能得到法律认可,因为这类技术应用模式并不会造成利益失衡的不利结果。进出公园的游客群体虽然需要提交人脸识别信息,但是可以享受更为便捷的进出服务,并且园内社会治安秩序也能够得到保障。

第三步,利益权衡的判断不仅包括数量层面的权衡,还包括内容层面的权衡。前述第一步判断是为了限缩有必要进行利益权衡的场景范围,第二步则是为了在数量层面判断人脸识别技术应用是否可能造成“多数人”的利益减损。为了避免第二步可能导致的非理性利益数量平衡偏差，此时就需要将第二步的利益平衡结果与包含了社会治理的制度利益进行比较。在《人脸识别技术应用征求意见稿》中，制度利益表现为第 1 条所提及的立法目的，即“规范人脸识别技术应用，保护个人信息权益及其他人身和财产权益，维护社会秩序和公共安全”。在具体的技术应用场景中，这种制度利益可以解释为“技术应用不应当违背禁止性规定，保护个体利益的同时，也能够实现社会公共利益的保护”。结合第二步的利益影响结果，虽然游客的个体利益受到部分减损，但这种减损仅仅在发生实质性的安全风险事件时才会存在。因此，可以认定该类人脸识别技术应用的合法性与制度利益具有一致性。

（二）利益权衡理论的“特定的目的”和“充分的必要性”之解释

《人脸识别技术应用征求意见稿》第 4 条提及的“特定的目的”和“充分的必要性”之要件可以视为利益权衡的直接法律依据。（1）从文义解释来说，所谓的“特定的目的”通常对应的是目的明确性要求，这里的“特定”不仅是指个人信息处理者应当明确告知自然人收集人脸识别信息的目的，还强调告知的目的内容应当明确具体。在利益权衡过程中，这是第一步所需要明确的前提预设条件，因为模糊不清的处理目的难以明确人脸识别技术应用对个体利益、产业利益、使用者利益、社会公共利益的影响。如果仅以公共安全、身份核验等笼统性表述作为处理目的，不仅不能完成一般性应用模式的合法性判断，而且会构成利益权衡第三步所涉及的个人利益减损问题。因为此时的处理目的并不足以支撑个人对其人脸识别信息处理方式作出充分自主的决定，减损的是个人的知情权，因此难以证成相关技术应用具有合法性。（2）所谓的“充分的必要性”通常对应的是最小必要原则。在特定场景下，人脸识别技术的应用属于“没有可替代的其他技术方案”，即“不得不采用”之情形。一方面，“充分的必要性”与“特定的目的”相关联。为了实现特定的目的，只有采用人脸识别技术，即“目的和手段的一致性”符合“充分的必要性”之要求。另一方面，“充分的必要性”也是补充利益权衡的另一个环节,合法性与必要性属于两个不同的判断环节。在完成利益权衡之后,如果不存在“充分的必要性”,亦即在利益权衡的第三步中,对个人利益的影响能够控制到更低程度时,则需要对可替代的技术方案再进行一次利益权衡。

假设刷卡进出能够发挥人脸识别技术相同的安全保障效果,在进行相同的应用目的确认的第一步权衡后,第二步的利益平衡则转变为采用刷卡技术方案对个体利益、产业利益、使用者利益以及社会公共利益的影响。此时,刷卡进出技术方案具有合法性,由于此时所需要的信息从原本的敏感个人信息转变为一般个人信息,个体利益、使用者利益以及社会公共利益都能够得到保护。因为进出公园所需要的一般个人信息是进出公园所必需的,并不等于个体利益无法得到保护。而使用者(公园管理方)可以采取成本更低廉的技术方案实现相同的技术效果,其实际利益反而能得到更大保护。刷卡进出同样能够保证园区的公共安全和进出秩序,社会公共利益的保护亦能得到落实。在第三步中,制度利益则转变为《个人信息保护法》第1条提及的“保护个人信息权益,规范个人信息处理活动,促进个人信息合理利用”。前述的利益权衡状态以更低的泄露风险、更少的敏感个人信息保护了自然人的个人信息权益,并且刷卡所需录入的个人信息也符合“促进个人信息合理利用”这一制度利益内容,故而刷卡技术应用具有合法性,而且无直接涉及减损个体权益的风险,也满足了必要性要求,故公园管理方更应当采用刷卡进出的方式。

(三)利益权衡理论的制度化方式:个人信息保护影响评估

学理层面的利益权衡方式表现为《个人信息保护法》与《人脸识别技术应用征求意见稿》中所提及的个人信息保护影响评估机制。具体评估事项包括“处理人脸信息是否具有特定的目的和充分的必要性”“采取的保护措施是否合法有效并与风险程度相适应”“可能对个人权益带来的损害和影响,以及降低不利影响的措施是否有效”等内容。所谓的个人信息保护影响评估本质上是对采用新兴信息技术可能产生的个人权益不利影响进行事前评估和衡量,以此督促个人信息处理者选择更为稳妥的技术应用方案。诚然,个人信息保护评估机制的创设目的并不是实现利益权衡,而是以事前的自评估或他评估方式实现自我管理、自我约束的治理效果,并不涉及企业对自己所处的整体性利益层次结构进行权衡,并且其制度功能多被理解为“检验个人信息处理是否合规、降低个人信息安全风险、减轻或免除个人信息处理责任”[①]。但是,利益权衡范式的实际功能在于提供一种技术应用合法性的评估路径,避免诸如“公共安全”“公共利益”“公共场所”等较为笼统概念成为技术应用者、监管机构等判断和预测人脸识别技术应用法律效果的障碍,过度限制或过宽允许人脸识别技术的应用范围。

现行立法并未对个人信息保护影响评估的评估流程、标准以及结果作出明确规定,但《信息安全技术　个人信息安全影响评估指南》(GB/T 39335—2020)则将评估实施流程明确为评估必要性分析、评估准备工作、数据映射分析、风险源识别、个人权益影响分析、安全风险综合分析、评估报告、风险处置和持续改进、制定报告发布策略等环节。其中,个人权益影响分析涉及个人信息敏感程度分析、个人信息处理活动特点分析、个人信息处理活动问题分析以及影响程度四个阶段。在人脸识别技术应用领域,评估环节则表现为:首先,个体利益是自然人对其敏感个人信息的特殊权益;其次,人脸识别信息处理活动如果以“经营性活动”为使用目的,那么该类个人信息处理活动还可能涉及差别性待遇等问题;再次,判断采用的人脸识别技术是否存在显著的安全漏洞风险以及实际的风险级别;最后,结合前述结果判断流程,综合分析可能对个人权益产生的负面影响及其影响程度。与利益权衡范式相比,个人信息保护影响评估将“利益”转变为“风险”进行衡量和评估,合法性的技术应用除了

① 刘权:《论个人信息保护影响评估——以〈个人信息保护法〉第55、56条为中心》,载《上海交通大学学报(哲学社会科学版)》2022年第5期;赵精武:《用户标签的法律性质与治理逻辑》,载《现代法学》2022年第6期。

需要满足“风险可控”“风险可接受”等标准,还需要满足“增加的个人权益负面影响风险”小于“降低的其他安全风险”。

现行法律规范未明确个人信息保护影响评估所采用的评估标准,有学者主张相关评估标准可通过“安全事件可能性分析”、“个人权益影响分析”和“综合分析”三个层面予以明确,或采用《信息安全技术　个人信息安全影响评估指南》所列举的严重、高、中、低四个等级,或者企业自行设置的风险级别进行细化。① 从利益权衡范式来看,与利益相对应的“风险”评估过程并不是一个精准量化过程,并且《人脸识别技术应用征求意见稿》第15条所提及的评估事项多是以“程度”“所必需”等为限定词,个人信息保护影响评估并没有强制设置具体的评估标准,而是由评估主体自行选择参照物进行风险程度的比对,由此确定风险级别。个人信息保护影响评估的目的在于个人信息处理者在技术应用前评估技术手段与技术目标之间的必要性以及合法性,其与数据安全风险评估不同的是,该评估机制更侧重对个体利益影响的评估,而不是单纯的安全风险量化评估。相应地,其评估逻辑可以理解为权衡该技术应用对个体利益的影响程度以及这种影响程度是否与合法状态下的利益权衡架构有区别,倘若存在显著区别,则可以认定其技术应用将对个人权益产生较大负面影响。

五、利益权衡理论对人脸识别应用场景的限缩功能:以公共场所为例

(一)从一般到具体:应用场景范围的限缩逻辑

既有学说普遍认可,非基于公共安全或个人财产安全目的的人脸识

① 参见董新义、袁心悦:《个人信息保护影响评估的程序法规制》,载《江汉大学学报(社会科学版)》2023年第1期;张凌寒:《算法评估制度如何在平台问责中发挥作用》,载《上海政法学院学报(法治论丛)》2021年第3期。

别技术应用需要以自然人的明确同意为前提,因为信息技术的便捷性不能作为自然人有义务接受该类信息技术服务的正当性基础,考虑到存在特殊人群的“数字鸿沟”,刷脸认证往往也不是最佳的技术优化方案。因此,在人脸识别技术应用合法性讨论中,最核心的问题是“公共场所”内安装人脸识别设备和信息系统是否合法,并且这种安装行为是否以公共安全保障为前提。在此基础上进而延伸出两个子问题:其一,“公共场所”的范围如何划定。现行立法常将“公共场所”与“经营场所”并列,并且大多采取列举的方式将车站、码头、机场、医院、商场、公园、影剧院、展览会、运动场、银行、学校、游泳馆、车站、儿童游乐场、学生集体宿舍、港口等作为“公共场所”。这些公共场所彼此之间的开放程度、活动属性存在较大差异,显然无法一并作为人脸识别技术应用的合法例外情形。其二,从“公共安全”这一目的出发可否推导出技术应用存在法律意义上的“必要性”。诚然,对于部分自然人而言,接受公共场所的人像采集并不会让自己发生“实际的经济损失”,并且有助于公共场所的安全保障,这种“必要性”属于自然人能够接受的范围。但是这种“必要性”程度可能导致公权力扩张的偏差结论,即在任何公共场所都可以免责性地安装人脸识别设备和信息系统。由此可见,即便是基于公共安全在公共场所进行人脸识别,也不完全属于《人脸识别技术应用征求意见稿》第 10 条规定的情形,故而有必要首先基于人脸识别技术应用场景的法律性质对公共安全进行层次性限缩。在前述的三步利益权衡范式中,第一步的“前提条件预设”恰是为了区分不同目的、不同场景中人脸识别技术应用的正当性基础,这是因为目的、场景的不同会导致相应的整体性利益架构不同,也意味着会形成不同的利益权衡方案。

其一,应用场景的公共性与私人性影响人脸识别技术应用的合法性,私人性场所通常具有封闭性、人员有限性、活动内容私人社交性等特征,此时是否接受人脸图像采集和识别完全属于意思自治的范畴。需要澄清的是,鉴于《个人信息保护法》有关个人信息处理的“知情同意规则”,学者们习惯性地将“同意”理解为公法领域个人信息处理者的强制性义务,人脸识别信息收集也应当以“同意”为前提。但实际上,即便没有《个人信息保护法》的相关规定,从民法视角来看,个人信息处理者与自然人之间的信息服务合同关系也决定了人脸识别信息的处理活动需要以合意为基础,亦即自然人同意。《个人信息保护法》之所以对相关内容作出细致规定,除了为确保条款内容的体系性完整,还为了通过公法的介入化解个人信息处理者与自然人之间的实际地位不平等问题,避免自然人因信息不对称等问题做出错误的意思表示。这种私法性特征所表现的整体性利益架构仅以自然人和个人信息处理者双方的个体利益为限,其应用场景大多是封闭式的私人空间,并不会涉及产业利益等,故而没有必要进行利益权衡范式中的第二步利益权衡,仅以合同双方之间的权利义务平衡即可。换言之,有必要进行利益权衡的应用场景主要还应以“公共场所”为限。

其二,即便在公共场所设置人脸识别设备和信息系统也不当然具有正当性基础。举例来说,商场出于挖掘潜在客户、识别老客户等经营性目的而采用人脸识别技术,即便其兼具保障商场公共安全的目的,也无法使其合法化。因为不仅其技术应用方式与技术应用目的不匹配,而且其技术应用效果与权益损害风险也不匹配。在实践中,绝大部分商场所采用的人脸识别设备与信息系统往往是以外包服务的形式交由第三方技术公司处理的,人脸识别数据的安全性难以得到保障。此外,倘若商场仅以公共安全的目的采用人脸识别技术,虽然在利益权衡的第二步中能够得出“个体利益存在减损风险,使用者利益、产业利益和社会公共利益得到保护”的理想结论,但这种结论无法当然满足利益权衡第三步所提及的“制度利益”。因为此时的“制度利益”内容之一是保障个人信息安全,一旦商场所采用的人脸识别技术不具有可靠性或超目的处理人脸识别信息,商场顾客的个人信息显然面临极大的安全风险,也就不符合理想化的利益权衡效果。因此,还有必要在应用目的层面对“公共场所”范围进行限缩。执法机构采用人脸识别技术虽然也是以公共安全为目的,但由于其公共职能属性,相应的整体性利益框架只有个体利益和社会公共利益两类,这两类利益的权衡重心则转至第三步,即执法机构采用人脸识别技术是否具有实现国家安全、公共安全以及公民安全的必要性,采用比例原则进行判断即可。

(二)从具体到特定:公共场所概念范围的限缩依据

在对人脸识别技术应用的“公共场所”进行范围限缩之前,有必要对“公共场所”的概念予以明确解释。《人脸识别技术应用征求意见稿》以及人脸识别技术应用相关的法律法规,均提及了公共场所应用的特殊情形,但是对于什么是“公共场所”以及其包含的具体类型并没有明确规定,而且公共场所与经营场所等概念并列出现,导致公共场所的实践认定标准模糊。审视现行立法体系,除了《民法典》第1198条提及经营场所、公共场所的类型,有关“公共场所”的概念界定或范围列举常见于刑法、行政法等公法领域,并且多是以具体场所类型的方式予以列举。而在司法实践中,法官一般认为公共场所具有“公共秩序”和“人口密集”两种属性。例如,在“张某诉上海地铁某运营有限公司、淮安市某保安服务公司健康权纠纷案”中,法院认为“公共场所合理安全保障规则”具有公共秩序属性;[①]在“王某妨害传染病防治案”中,法院则将市场、饭店、药店、政务大厅等均认定为“公共场所”。[②] 学界主流观点认为公共场所应当满足“公众可以自由出入”和“供社会公众从事社会生活”两个要件,既与公共利益、社会公德相关,也允许公权力介入。[③] 有学者将民事立法过程中的“公共场所”争议总结为两类。一是原《侵权责任法》第37条的“公共场所”实际是指“向社会公众提供服务的经营场所”,并非真正意义上的公共场所,故而宾馆、商场、银行、饭店等不属于民法意义上

---

① 参见《人民法院抓实公正与效率践行社会主义核心价值观典型案例》,载中华人民共和国最高人民法院网2023年8月2日,https://www.court.gov.cn/zixun/xiangqing/408162.html。

② 参见《最高人民法院发布依法惩处妨害疫情防控犯罪典型案例》,载中华人民共和国最高人民法院网2022年4月29日,https://www.court.gov.cn/zixun/xiangqing/357481.html。

③ 参见张新宝:《我国隐私权保护法律制度的发展》,载《国家检察官学院学报》2010年第2期。

"公共场所";二是公共场所应当是指公共服务性场所,包括机场、码头、公园、餐厅等。[①] 不过,也有学者认为公共场所的概念界定难以统一,但是从特征方面却可以总结为具有开放性、公共性、多元性和不确定性;对于存在争议的特定场所,则可以根据开放程度予以解释,如公园、广场属于完全开放的公共场所,学校属于半开放公共场所,宾馆、民宿属于封闭公共场所。[②] 公共场所还可以分为"完全性的公共空间"和"半公共空间"。[③] 除此之外,从私密性的角度反面解释公共场所概念也较为常见。因为公共场所对应的概念是私密场所,故而公共场所也被部分学者解释为"公众可以任意逗留、集会、游览或利用的场所",具有开放、共享、自由的特性。[④] 由此可见,对于公共场所的概念界定,实际上聚焦于开放性与公众活动性,为此,也有学者将"公众场所"概念学说总结为"开放说"与"用途说",前者强调公共场所允许社会公众随意进出;后者则强调公共场所应当用于开展公众活动。[⑤]

客观而言,公共场所的核心特征在于其公共性,既包括对不特定人开放,也包括不特定人能够在该场所从事不特定的活动。[⑥] 这里的不特定人并不局限于主体身份的不特定性,还指向主体人数的不特定性,因为在实践层面,公共场所首先应允许社会公众进出和从事相关活动。虽然并不以特定人数为量化标准,但能够进出的人群应当符合一般认知的"多数人"。并且,公共场所也不以是否有偿进出或有条件进出作为核心认定标准,诸如收费进出的游泳馆、仅限师生进出的学校校园等场所虽

---

① 参见刘小璇:《论公共场所管理人的安全保障义务》,载《法学杂志》2019年第8期。

② 参见王四新、周净泓:《网络空间隐私权的保护研究——基于公共场所隐私权理论》,载《四川理工学院学报(社会科学版)》2018年第6期。

③ 参见胡建淼、岑剑梅:《论公共摄像监视——以隐私权为中心》,载《法律科学》2008年第4期。

④ 参见李延舜:《公共场所隐私权研究——法理、要素及类型》,载《法学论坛》2018年第6期。

⑤ 参见董皞、王裔莹:《论公共场所监控设备收集个人信息泛化的规制进路——兼评〈个人信息保护法〉第26条》,载《法律适用》2023年第10期。

⑥ 即便在网络空间,平台的公共性也通常被解释为"开放中立"。参见张凌寒:《生成式人工智能的法律定位与分层治理》,载《现代法学》2023年第4期。

然进出存在条件,但不能否认其具有一定程度的社会开放性。在认定公共场所的过程中,最常遇到的问题便是特定场所仅限多数的特定个人或特定人群进出,尤其是绝大多数经营场所均具有这个特点。需要强调的是,公共场所的认定标准通常是多元化的,其核心要素应当是与私密性相对应,故而需要结合场所内的人员之间是否存在社会交往互动予以认定。倘若彼此之间均属于亲朋好友,特定场所的社会交往活动也是以私密信息为主,那么显然就不属于公共场所范畴。

(三)从理论到实践:公共场所范围的限缩

第一,具体用途层面的范围限缩。在公共场所设置人脸识别技术需要根据具体用途和设置场地予以进一步明确:在进出口安装刷脸门禁和在公共场所内安装人脸识别设备的必要性并不等同。一方面,在进出口安装刷脸门禁时,其目的是高效率完成身份核验,避免可疑人员进出公共场所造成混乱,此时的人脸识别技术应用显然需要限于人口流动量较大的公共场所及其特定区域,这与实践中宾馆、酒店等公共场所要求强制实名身份登记具有相似性。另一方面,在特定场所内部安装人脸识别设备时,由于涉及对不特定个人的人脸识别信息采集、跟踪和处理,对个人权益的影响更为显著,故而需要明确设置的区域、方式以及技术是否会造成个体利益的实际减损,亦即相应的利益权衡结果是否与制度利益相符合。

第二,具体环境层面的范围限缩。《个人信息保护法》所强调的制度利益是非必要不收集人脸识别信息和最大限度保护人脸识别信息,故而在公共场所设置人脸识别设备同样需要根据设置场所和位置评估其合法性。结合利益权衡所涉及的个体利益、产业利益、使用者利益以及社会公共利益来看,公共场所设置人脸识别设备应当满足三个条件:一是公共场所存在预防公共安全风险的必要。若无公共安全为目的,虽然使用者利益和产业利益能得到保护,但个体利益和社会公共利益却未能保护,所以大范围采集人脸识别信息和监控社会公众显然侵害了个人隐私、个人信息权益以及社会公众的人格尊严。二是公共场所具有人口密集的特点。因为在人流量较少的区域公共安全事件发生概率较低,并且即使发生公共安全事件,当事人也能够在第一时间尽可能躲避危险,所以并没有进行人脸识别的必要性。三是“公共场所”不涉及个人活动的特定区域。虽然酒店、宾馆等属于公共场所,但其内的客房显然属于私密的空间,因此不应设置人脸识别设备。

第三,公共场所活动层面的范围限缩。游泳馆和车站均属于公共场所,但是在这两个场所采用人脸识别技术的合法性判断却有所不同:在游泳馆内,基于公共安全目的安装人脸识别设备和系统,仅在前提预设条件层面就无法满足合法性要求。因为游泳馆所发生的公共安全事件大多与溺水相关,设置安全员等传统措施完全能够作为人脸识别技术的替代方案,传统的视频监控录像等技术方案能够发挥相同作用,专门采集人脸识别信息没有必要。不过,如果选择设置刷脸进出门禁,其前提应当是除了刷脸进出技术方案,不存在相似效果的替代方案。而车站的人流量显著高于游泳馆,无论是车站进出口还是车站内部设置人脸识别设备和系统,都能更好地保障公共安全。

第四,场所安全性层面的范围限缩。尽管《人脸识别技术应用征求意见稿》第14条禁止物业公司将人脸识别技术作为唯一的身份验证方式,但并没有否定物业公司可以采用刷脸进出的模式,只不过从利益权衡的角度来看,刷脸进出需要满足“技术安全可靠”“应用目的仅以小区安全为限”“小区所存在的安全风险确实需要通过刷脸技术予以有效控制”等目的。这里需要强调的是,倘若小区近期存在盗窃案频发且采用的身份验证方式难以有效排除可疑人员时,在进出口采用人脸识别技术则符合相应的合法性要求。

六、结语

我国人脸识别技术应用治理已经进入全新阶段，细化和判断人脸识别技术应用的合法性成为执法和司法的关键。一概否定经营性场所采用人脸识别技术提升业务能力的合法性，或者一概承认公共场所采用人脸识别技术保障公共安全的合法性，均不可取。不同于大数据、人工智能、区块链等信息技术，人脸识别技术作为应用导向的新兴技术，决定了其治理逻辑应当以具体场景作为合法性判断的前提条件。根据人脸识别技术应用的安全性、必要性和可靠性进行利益权衡时，不能单单进行法律价值位阶的分析，更应当关注技术应用对整个利益的影响，并以制度利益作为参照物，判断人脸识别技术应用的合法性。